TRYSORAU CUDD

DARGANFOD TREFTADAETH CYMRU

TRYSORAU CUDD

DARGANFOD TREFTADAETH CYMRU

Golygwyd gan Peter Wakelin a Ralph A. Griffiths

COMISIWN BRENHINOL HENEBION CYMRU

ROYAL COMMISSION ON THE ANCIENT AND HISTORICAL MONUMENTS OF WALES

ISBN 978-1-871184-36-5
(Mae argraffiad Saesneg hefyd ar gael, sef ISBN 978-1-871184-35-8)

Manylion Catalogio (CIP) y Llyfrgell Brydeinig. Mae cofnod catalogio'r llyfr hwn ar gael gan y Llyfrgell Brydeinig.

Y panel golygyddol ymgynghorol: David Browne, Dr Toby Driver, yr Athro Ralph A. Griffiths, Stephen Hughes,
Penny Icke, Brian Malaws, Richard Suggett, Dr Peter Wakelin
Dylunio: John Johnston, Owain Hammonds
Digido: Fleur James
Mynegeio: John Noble

Comisiwn Brenhinol Henebion Cymru

Adeilad y Goron, Plas Crug, Aberystwyth, Ceredigion, SY23 1NJ

Ffôn: 01970 621200   *e-bost:* chccymru@cbhc.gov.uk   www.cbhc.gov.uk

Oni nodir fel arall ar dudalen 317, mae Hawlfraint y Goron, Comisiwn Brenhinol Henebion Cymru, ar bob testun a delwedd.

Noddir gan
Lywodraeth Cynulliad Cymru
Sponsored by
Welsh Assembly Government

Cynnwys

Rhagair

Huw Edwards

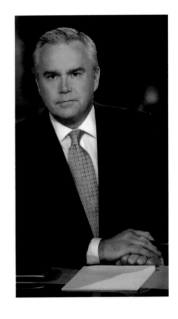

Mae gan Gymru hanes rhyfeddol o gyfoethog ac amrywiol, ac yn y llyfr hwn adroddir yr hanes hwnnw gan ddefnyddio un o'n trysorau cenedlaethol mwyaf – y casgliad enfawr o ddelweddau sydd gan Gomisiwn Brenhinol Henebion Cymru.

Sefydlwyd y Comisiwn Brenhinol ym 1908, a dathlwn ei ganmlwyddiant yn llawn balchder a diolch. Crëwyd dau o sefydliadau mawr eraill Cymru, y Llyfrgell Genedlaethol a'r Amgueddfa Genedlaethol, flwyddyn ynghynt ym 1907. Tri chasgliad mawr, felly, sydd rhyngddynt yn cynrychioli treftadaeth Cymru.

Mae'r Comisiwn Brenhinol yn debyg i asiantaeth dditectif fawr gan mai nod ei arbenigwyr yw hybu dealltwriaeth ddyfnach o Gymru drwy ddadlennu pynciau, lleoedd, adeiladau a phersonoliaethau nad ydym ni, am gyfnod rhy hir o lawer, wedi cael gwybod eu gwir arwyddocâd. Dyna pam y penderfynodd BBC Cymru y byddai'n faes delfrydol ar gyfer cyfres o raglenni dogfen, a pham yr oeddwn i'n falch o gymryd rhan ynddi a chael mynd â'r camerâu i un o'm hoff adeiladau yng Nghymru, Capel Als yn Llanelli (cewch ddarllen amdano trosodd).

Bu cyfres y BBC, Hidden Histories, yn dilyn gwaith y Comisiwn am flwyddyn a rhagor wrth i'w arbenigwyr gynnig dehongliadau newydd o dreftadaeth Cymru – dehongliadau a amrywiai o ddirgelion bryngaerau o'r Oes Haearn a threfi a chaerau Rhufeinig i dai canoloesol, safleoedd y Chwyldro Diwydiannol a chofadeiliau Oes Fictoria. Dilynodd y ffilmio ffotograffydd y Comisiwn wrth iddo weithio liw nos i geisio canfod yr arysgrif a arferai fod ar Biler Eliseg. Dilynwyd ei archaeolegydd-o'r-awyr wrth iddo ddod o hyd i

eglwys ganoloesol goll drwy astudio ôl cnydau. Dilynwyd un o'i syrfewyr wrth iddi olrhain y dulliau a ddefnyddiwyd wrth godi traphont ddŵr Pontcysyllte, a dilynwyd ei arbenigwyr ar ddyddio'r blwyddgylchau mewn pren wrth iddynt ddehongli tarddiad Plas Dinefwr yn Llandeilo.

Mae hyd a lled y dasg yn rhyfeddod llwyr. Gan y Comisiwn y mae'r archif ffotograffig helaethaf yng Nghymru, sef dros 1.5 miliwn o ffotograffau ac, ar ben hynny, 100,000 o gynlluniau a lluniadau, 40,000 o fapiau a rhyw 3 miliwn o dudalennau o destun. Drwy wefannau'r Comisiwn, felly, gall pobl o bedwar ban byd gael gafael ar wybodaeth am ryw 80,000 o safleoedd, a'r rheiny'n amrywio o domenni claddu i ffwrneisiau chwyth. Gallant nodi pa gofnodion sydd gan y Comisiwn a chael gweld delweddau digidol.

Ganrif ar ôl ei eni, mae'r Comisiwn yn dal i weithio'n galed ac ar lawer ystyr nid oes pen draw i'w dasg. Caiff yr amgylchedd hanesyddol ei ddehongli mewn ffyrdd newydd: erbyn hyn mae capeli fel Capel Als yn werth eu hastudio lawn cymaint â chestyll; mae archaeoleg alltraeth yr un mor bwysig â safleoedd ar dir uchel. Oherwydd offer newydd, mae potensial y broses o ddod o hyd i safleoedd a dadlennu tystiolaeth amdanynt wedi'i drawsffurfio. Mae yma archif o werth parhaol i'w gynnal a'i ddatblygu. Ni fu awch y cyhoedd am wybodaeth am yr amgylchedd hanesyddol erioed mor fawr.

Gan fod gwaith y Comisiwn Brenhinol yn ymwneud yn bendant iawn â dyfodol Cymru yn ogystal â'i gorffennol, rwyf wrth fy modd o gael fy nghysylltu â gwaith amhrisiadwy'r Comisiwn. Gobeithio'n wir y gwnewch chi, hefyd, fwynhau'r dathliad hwn o'r hyn y mae'n ei wneud.

Huw Edwards yw un o newyddiadurwyr a darlledwyr amlycaf Prydain. Treuliodd bedair blynedd ar ddeg fel Prif Ohebydd Gwleidyddol y BBC a bydd yn cyflwyno'r Ten O'Clock News yn gyson. Mae ef wedi ysgrifennu a chyflwyno rhaglenni dogfen ar wleidyddiaeth, cerddoriaeth glasurol, hanes a'r Gymraeg ac mae wrthi'n ysgrifennu llyfr am gapeli Cymru.

001   Capel Cymraeg o Fri: Capel Als, Llanelli

Camp gweithwyr cyffredin, yn ddynion a menywod: gwychder gwaith saer, gwaith plastr ac organ Capel Als.
DS2008_186_001 NPRN 6419

Uchod: Manylyn o'r gwaith cerfio yn y capel.
DS2008_186_015 NPRN 6419

Uchod de: Tu blaen Capel Als yn Marble Halls Road, Llanelli, a'r Ysgol Sul ar y chwith iddo.
DS2008_186_001 NPRN 6419

Nid yw capeli Cymru bob amser wedi'u hystyried yn destun a oedd yn werth gwneud astudiaeth ystyrlon ohono. Mae'n farn sy'n newid yn gyflym. Gan fod darn enfawr o ddiwylliant a threftadaeth Cymru yn mynd ar goll wrth i'n capeli ddiflannu, mae'r Comisiwn o ddifri ynglŷn â'r cyfrifoldeb sydd arno i'w cofnodi. Wrth ymweld â chapel anghydffurfiol hynaf Llanelli, Capel Als, yn ddiweddar, fe gwrddais â rhai o ymchwilwyr y Comisiwn wrth i ni ffilmio darn ar gyfer cyfres y BBC, Hidden Histories.

Pam Capel Als? Gan nad i hwnnw y byddwn i'n mynd yn blentyn, gallaf fod yn gymharol ddiduedd. Mae Capel Als yn cynrychioli dau o brif rymoedd anghydffurfiaeth yn fy rhan i o Gymru. Eglwys i'r dosbarth gweithiol oedd hi'n bennaf ac roedd pob un o'i haelodau yn siarad Cymraeg. Ar ben hynny, roedd y gweinidogion yn ffigurau gwleidyddol yn ogystal â chrefyddol. Roedd un o'r gweinidogion yn un o gewri ei oes. Daeth David Rees, gŵr o Dre-lech, i Lanelli ym 1829 ac arwain Capel Als am 40 mlynedd. Er bod pobl yn cofio amdano fel arweinydd crefyddol mawr, mae ei waith fel diwygiwr cymdeithasol, ymgyrchydd gwleidyddol a phropagandydd beiddgar yn haeddu cael llawn cymaint o sylw. Dan ei arweiniad ef, gosodwyd Capel Als yng nghanol prif ffrwd gwleidyddiaeth radical ei oes. Ymladdodd yn erbyn tra-arglwyddiaeth Eglwys Loegr a mynnu rhyddid crefyddol i anghydffurfwyr. Ymgyrchodd dros gael gwell amodau i'r gweithwyr. Bu'n rhan o'r broses o greu banc cynilo cyntaf Llanelli a llyfrgell gyntaf y dref. Credai'n gryf yn nyletswydd yr eglwys i helpu'r tlodion a thanlinellodd gyfrifoldeb cymdeithasol y cyfoethogion. Ymhlith rhai carfanau bu'n ŵr eithriadol o amhoblogaidd a chafodd ei watwar a'i ddilorni droeon gan wasg Lloegr – does dim anrhydedd uwch i'w gael.

Yn fy marn i, David Rees yw'r ffigur mwyaf yn hanes Llanelli. Ni wnaeth unrhyw unigolyn arall fwy nag ef i wella ansawdd bywyd yn y dref. O dan ei arweiniad, tyfodd Capel Als yn un o gapeli cryfaf Cymru. Ond nid y

capel a welwn ni heddiw yw'r adeilad a adawyd gan David Rees, er bod adeiladwaith y capel hwnnw'n eithaf tebyg. Cafodd yr adeilad ei ehangu a'i wella'n fawr ym 1894-5 yn ystod gweinidogaeth Dr Thomas Johns.

Ym 1880, roedd Capel Als wedi cael organ bib o flaen pob capel arall yn Llanelli. Cwmni Bishop, Llundain, a adeiladodd yr organ, a phan ddaeth Mr Bishop i Lanelli i gasglu ei arian, cafodd ei syfrdanu pan gyflwynwyd iddo fag a 300 o ddarnau aur ynddo. Flynyddoedd lawer yn ddiweddarach, disgrifiodd ei daith yn ôl i Lundain ar y trên ac yntau'n dal ei afael yn dynn yn y bag hwnnw. Mae i'r capel draddodiad cerddorol gwych, ac am flynyddoedd lawer cynhaliai côr a cherddorfa'r capel wyliau cerddorol a barhâi am wythnos gyfan ac a fyddai'n denu miloedd ar filoedd o bobl o bob rhan o dde a gorllewin Cymru. Ailosodwyd organ Bishop ar ôl adeiladu'r capel dan oruchwyliaeth Owen Morris Roberts, y pensaer capeli nodedig a weithiai ym Mhorthmadog. Cymysgedd braidd yn rhyfedd oedd yr adeilad wedi'r ailgodi: nid yw'r tu allan sgwâr a chlogyrnaidd yn paratoi'r dieithryn ar gyfer gogoniant godidog y tu mewn. I mi, mae'r cyfuniad o safon y gwaith pren, y plastro (a'r nenfwd gwych yn arbennig), y teils a'r gwydr lliw (peth anarferol mewn capel) yn wefreiddiol. Er fy mod i wedi ymweld â'r lle droeon, mae pob ymweliad yn bleser pur.

Mae sawl capel nodedig yn Llanelli, gan gynnwys Seion, y Tabernacl a'r Capel Newydd [gweler ysgrif 071], ond mae mawredd a phwysigrwydd cymdeithasol Capel Als yn ei godi i frig y rhestr bob tro. Dyma adeilad a fydd yn atgoffa to ar ôl to o drigolion Llanelli o gamp gweithwyr cyffredin eu tref gynt, yn ddynion a menywod.

Gan fod llawer o'n capeli gorau mewn perygl, mae'r Comisiwn Brenhinol ar y cyd â Capel, Cymdeithas Treftadaeth y Capeli, wedi cofnodi bron 7,000 ohonynt ar hyd a lled Cymru. Mae'r gwaith hwnnw wedi bod yn hollbwysig, felly, wrth sicrhau ein bod ni'n gwybod rhagor am y capeli ac yn deall eu lle yn nhreftadaeth ein cenedl.

Huw Edwards

De: Enghraifft o ffenestr liw anarferol o gyfoethog mewn capel anghydffurfiol.
DS2008_186_018 NPRN 6419

Rhagymadrodd: Trysorau Cudd

Peter Wakelin

Mae tirweddau Cymru wedi'u ffurfio dan ddylanwad miloedd ar filoedd o flynyddoedd o weithgarwch dynol – gan bobl sydd wedi trin y tir, wedi darparu lloches i'w teuluoedd, wedi hela, wedi addoli, wedi ymladd, wedi cloddio dan ddaear mewn mwyngloddiau a chwareli, wedi trefnu, wedi chwarae, wedi teithio, wedi masnachu. Mae pob cenhedlaeth wedi byw mewn ffyrdd a oedd ychydig bach yn wahanol – ac weithiau'n eithaf gwahanol – i ffordd o fyw y genhedlaeth o'i blaen. Mae pob un ohonynt wedi gadael ei hôl ac mae'r olion hynny i'w cael o hyd yn y byd o'n hamgylch.

Yn y llyfr hwn adroddir stori Cymru drwy gyfrwng cant o ysgrifau darluniadol sy'n ymchwilio i dirweddau, adeiladau, safleoedd, henebion ac olion arforol. Daw'r mwyafrif llethol o'r delweddau o archif cyfoethog Comisiwn Brenhinol Henebion Cymru, corff y mae ei waith oddi ar 1908 wedi helpu i osod sylfeini'r wybodaeth am dreftadaeth y wlad. Mae pob ysgrif ddarluniadol yn ehangu ar ddelwedd a wnaed neu a gasglwyd gan y Comisiwn Brenhinol fel curadur y cofnod cenedlaethol o dreftadaeth Cymru. Ymhlith y delweddau ceir printiau ffotograffig cynnar, lluniadau gwreiddiol gan benseiri, mapiau, awyrluniau, adluniadau dychmygus, modelau digidol a ffotograffau atgofus o fryngaerau a chestyll, bythynnod a phlastai, glofeydd a ffermydd.

Mae'n llyfr sy'n dathlu canrif gyntaf y Comisiwn Brenhinol. Ymhlith y cyfranwyr iddo mae ei staff, cyn-aelodau o'i staff, Comisiynwyr a phartneriaid sydd wedi cyfrannu dros y blynyddoedd diwethaf at ddatblygu'r wybodaeth am ein treftadaeth adeiledig. Mae'r ysgrifau'n ymdrin yn gronolegol â phob oes o'r cyfnod cynhanesyddol hyd heddiw. Ar ddechrau pob un, ceir gorolwg cryno o bob cyfnod, a rhwng cromfachau sgwâr ceir croesgyfeiriadau at ysgrifau eraill [001-100]. Nodir lleoliad y safleoedd yn ôl eu siroedd hanesyddol cyfarwydd, a cheir map ohonynt gyda'r mynegai. Ar ddiwedd y llyfr awgrymir deunydd darllen pellach. Yn achos pob safle neu adeilad a ddarlunnir, mae modd cael manylion amdano ar Coflein, cronfa ddata ar-lein y Comisiwn, drwy ddefnyddio'r Rhif Cofnodi Sylfaenol Cenedlaethol (NPRN) o dan bob pennawd. Gellir hefyd chwilio Coflein am safleoedd, adeiladau, tirweddau ac olion arforol eraill: ceir ynddi 80,000 o gofnodion ac mae'r nifer yn codi o flwyddyn i flwyddyn.

Ymchwilir i rai o gofadeiliau enwocaf Cymru yn y llyfr hwn, gan gynnwys muriau tref Conwy [ysgrif ddarluniadol 041], traphont ddŵr osgeiddig Pontcysyllte [058], a ffantasi hyfryd Clough Williams-Ellis, Portmeirion [090]. Ond mae'r mwyafrif o'r ysgrifau darluniadol yn tynnu sylw at drysorau nad ydynt mor adnabyddus. Pwysleisia llawer ohonynt fywydau beunyddiol cenedlaethau'r oesoedd a fu. Trafodir, er enghraifft, ymdrechion dygn yr helwyr-gasglwyr i oroesi mewn amgylcheddau gerwin [006], dulliau amaethwyr o warchod eu cnydau a'u hanifeiliaid yn yr Oes Haearn [020], a ffyrdd pobl o dreulio'u hamser hamdden yn yr Oesoedd Canol [044]. Ceir rhai hanesion annisgwyl – er enghraifft, yr un am y bobl Neolithig a gododd loc o bren a hwnnw deirgwaith maint hengor enfawr Avebury yn Wiltshire [013], neu'r ffermwyr ym Morgannwg a gododd dai sylweddol i'w moch [055].

Gyferbyn: Y mecanwaith sydd o'r golwg yn nhŵr cloc y Gelli Aur, Llandeilo, Sir Gaerfyrddin. Codwyd y plasty ym 1826-32.

DI2005_1145 NPRN 17391

Isod: Ymchwilio ac arolygu gofalus sydd wedi datgelu hanes Castell Caerdydd. Codwyd y domen fawr o bridd gan Wilym Goncwerwr ym 1081. Ychwanegwyd y gorthwr gwag ati tua 1140 a thŵr y porth tua 1300.

DI2005_0667 NPRN 33

Uchod: Mae adeiladau traddodiadol Cymru wedi cael mwy a mwy o ofal dros y degawdau diwethaf, diolch yn rhannol i waith y Comisiwn Brenhinol wrth gynyddu'r ymwybyddiaeth o'u pwysigrwydd. Codwyd Llowes Court rhwng yr unfed ganrif ar bymtheg a'r ddeunawfed ganrif yn y Clas-ar-Wy yn Sir Faesyfed.

DI2005_0783 NPRN 81340

De: Ceir hyd i safleoedd archaeolegol newydd bob blwyddyn gan deithiau hedfan y Comisiwn Brenhinol. Mae'r ôl crasu yn y cae hwn yn dangos safle eglwys ganoloesol. Cafwyd hyd iddo ym mis Gorffennaf 2006 yn Llwydfaen yn nyffryn Conwy.

DI2007_1582 NPRN 94948

Ym 1908 gellid dweud bod y cyfan o hanes Cymru, ar ryw ystyr, yn 'oesoedd tywyll'. Bryd hynny, yr oedd llawer llai yn hysbys am ein gorffennol nag a wyddom ni ganrif yn ddiweddarach. Mae gwybodaeth wedi'i thrawsffurfio gan ymchwilwyr annibynnol, darlithwyr prifysgol, curaduron amgueddfeydd, a staff cyrff fel Ymddiriedolaethau Archaeolegol Cymru, yr Arolygiaeth Henebion a'r Comisiwn Brenhinol. Mae hirhoedledd ac amrywiaeth cyfraniad y Comisiwn fel asiantaeth dditectif treftadaeth (ys dywed Huw Edwards yn ei Ragair) wedi bod yn gwbl arbennig.

Mewn llawer ysgrif ddarluniadol yn y llyfr hwn disgrifir ffyrdd ymchwilwyr o weithio yn ogystal â'u darganfyddiadau. Yn amlach na pheidio, maent wedi dod â darnau gwasgaredig ynghyd i olrhain yr hanes. Yn amyneddgar ac yn araf, er enghraifft, y datblygodd y ddealltwriaeth o gyfnod y Rhufeiniaid yng Nghymru. Gwnaed hynny ar sail darganfyddiadau strae a chanfyddiadau gofalus sydd wedi datgelu'r rhwydwaith o ffyrdd Rhufeinig [023] a phatrwm yr amddiffynfeydd milwrol [022]. Ffrwyth cofnodi medrus ar filoedd o gartrefi preifat oedd y gronfa gynyddol o wybodaeth a fu'n fodd i *Houses of the Welsh Countryside* amlygu patrymau datblygiad pensaernïol brodorol [004]. Mae technegau ymchwilio wedi'u datblygu'n barhaus. Ym 1908 nid oedd yr un awyren wedi hedfan dros dir Cymru; ym 1925 cyhoeddodd y Comisiwn awyrluniau am y tro cyntaf; ers y 1980au, mae teithiau hedfan systematig wedi dod o hyd i filoedd o olion archaeolegol coll drwy sylwi ar dystiolaeth fyrhoedlog ohonynt mewn cnydau a glaswelltir [010, 035]; erbyn hyn mae technegau synhwyro-o-bell yn datblygu'n gyflym.

Bellach, ceir gwell dealltwriaeth o gofadeiliau o bwys rhyngwladol oherwydd i'r Comisiwn Brenhinol a'i

bartneriaid eu hastudio'n fanwl. Enghreifftiau ohonynt yw Ogof Pen-y-fai (Paviland) ar glogwyni Gŵyr [006], Eglwys Gadeiriol Tyddewi [039] a Chastell Caerdydd [073]. Ambell waith, mae modd olrhain bywyd unigolyn: gwyddom o leiaf fod Rustica yn enw ar ferch a oedd yn ei harddegau yn yr Oesoedd Canol Cynnar [026], gallwn ddechrau deall cymhellion yr offeiriad nodedig, Dr John Davies, Mallwyd [050], a gallwn weld cartref a gwasg y nofelydd Kate Roberts [088, 094]. Fel y mae *Cyflwyno Fframwaith Ymchwil ar gyfer Archaeoleg Cymru* (2008) wedi'i ddangos yn ddiweddar, erys llawer cwestiwn heb ei ateb ond mae gwaith aruthrol wedi'i gyflawni.

Gan mlynedd yn ôl, prin oedd yr ymchwilwyr a ymddiddorai mewn cynhanes fel pwnc ac nid oedd mathau pwysig o heneb wedi'u cydnabod – henebion fel y cymhlygion seremonïol Neolithig y gellir eu canfod drwy astudio ôl cnydau [010] neu'r pentyrrau eang ac enigmatig o gerrig llosg a thoredig a elwir yn dwmpathau llosg. Heddiw, mae'r dystiolaeth ynghylch cymhlethdod aneddiadau cynhanesyddol yn dal i ddod i'r golwg [016, 019] ond ceir llawer dirgelwch o hyd. Er bod achos cryf, er enghraifft, dros ddadlau i bobl Neolithig gludo cerrig glas Côr y Cewri yr holl ffordd o Sir Benfro [011], mae'n bosibl mai gweithrediad rhewlifol a gludodd y cerrig yno. Prin ddechrau yr oedd yr astudio ar archaeoleg yr Oesoedd Canol Cynnar ganrif yn ôl. Ers hynny, mae goleuni wedi'i daflu ar yr oes hynod ddiddorol honno, oes pan ddechreuodd Cymru ddatblygu'n uned ddiwylliannol bendant. Mae'r dehongli manwl ar feini arysgrifenedig, yn arbennig, wedi bod yn agoriad llygad [033]. O ran yr Oesoedd Canol, yr arfer gynt oedd hoelio sylw'n bennaf ar gestyll a mynachlogydd Eingl-Normanaidd – ar waith y goresgynwyr yn hytrach na'r amddiffynwyr – ond yn fwy diweddar, mae'r cestyll a godwyd gan y tywysogion Cymreig wedi cael sylw ymchwilwyr [037]. Nid tan yr ychydig ddegawdau diwethaf y gwelwyd gwerthfawrogi priodol ar werth byd-eang y dreftadaeth ddiwydiannol drwy ddadlennu athrylith peirianwyr Prydain, bywiogrwydd adeiladwyr y rheilffyrdd cynnar [057], a ffyrdd cymunedau o ymaddasu i'r Chwyldro Diwydiannol [061].

Gan nad yw'r dirwedd wedi peidio â datblygu, mae dwy bennod yn y llyfr yn adolygu archaeoleg ac adeiladau'r ganrif ddiwethaf, canrif a welodd newidiadau aruthrol ac aflonyddu enfawr yn sgil y

Uchod: Ym 1899, nid oedd ymchwiliadau fel gwaith maes S. Baring Gould ar Foel Drygarn yn Sir Benfro – lle mae rhagfuriau o'r Oes Haearn yn amgylchynu claddedigaethau o'r Oes Efydd – ond newydd ddechrau astudio'r cyfnodau olynol o adeiladu cynhanesyddol.

AP_2006_4256 NPRN 404665

13

*De: Pontycafnau, Merthyr
Tudful, a gynlluniwyd gan y
peiriannydd lleol arloesol,
Watkin George, tua 1793.
Byddai'r dramiau a dynnid
gan geffylau yn croesi pentan
y bont tra byddai'r dŵr i yrru
gwaith haearn Cyfarthfa yn
llifo ar hyd y cafn haearn o
dan y pentan ac ar hyd y
landar pren uwch ei ben.
Credir mai hon oedd y
draphont neu'r bont reilffordd
gyntaf erioed i'w chodi o
haearn.*

PYCA04 NPRN 34860

ddau ryfel byd [081, 085]. Ym 1908 yr oedd rhai capeli o bwys heb eu hadeiladu eto, ac nid oedd practis Herbert L. North, pensaer blaenllaw ym myd y celfyddydau a'r crefftau, ond wedi agor ychydig o flynyddoedd ynghynt [079]. Yn ystod yr ugeinfed ganrif, bu'n rhaid i raglenni cofnodi y Comisiwn Brenhinol gynyddu i gyd-fynd â dirywiad bythynnod gwledig [088], dileu'r diwydiant glo [083] a phrosiectau cyfoes a oedd o bwys hanesyddol [096].

Un canlyniad i'r holl ymchwilio yw bod miloedd o henebion ac adeiladau wedi'u diogelu ar sail cyngor y Comisiwn ers iddo gyhoeddi ei *Inventory* cyntaf ym 1911, a gwerthfawrogir llawer ohonynt bellach fel trysorau'r genedl [002]. Deil y Comisiwn i gyflwyno argymhellion i Lywodraeth y Cynulliad, yn enwedig drwy Fenter Archaeoleg yr Uwchdiroedd a'r gwaith arolygu o'r awyr, ac mae'n cynorthwyo i asesu meysydd brwydrau hanesyddol [100]. Mae astudiaethau arloesol fel *Houses of the Welsh Countryside* a *Copperopolis*, gwasanaethau gwe y Comisiwn, gweithgareddau estyn-allan ac arddangosfeydd wedi'u bwydo i'r broses o reoli safleoedd ac wedi rhoi hwb i ymrwymiad perchnogion a chymunedau. Gall yr ymrwymiad hwnnw fod lawn mor rymus wrth sicrhau manteision cadwraeth â diogelu safleoedd yn statudol. Gwelwyd cryn newid agwedd: er enghraifft, yr oedd bygythiad parhaus i glirio safleoedd diwydiannol pan ddechreuodd y Comisiwn eu hastudio ddeugain mlynedd yn ôl, a châi

*Uchod a de: Un o'r
campweithiau yn yr arddull
Beaux Arts yw Bethania,
Capel y Bedyddwyr Cymraeg
ym Maesteg, Morgannwg.
Cynlluniodd William Beddoe
Rees bob manylyn ohono –
o'r ffasâd i ddolenni'r drysau –
ym 1908, blwyddyn sefydlu'r
Comisiwn Brenhinol.*

DS2006_118_022 NPRN 13780

adeiladau brodorol eu newid yn gyson heb fawr o gydymdeimlad â'u natur a'u naws.

Adnoddau bregus yw adeiladau hanesyddol a safleoedd archaeolegol a gallant ddirywio neu gael eu hesgeuluso neu eu clirio. Felly, mae deall eu harwyddocâd yn hanfodol wrth eu rheoli gan fod yr adnoddau'n brin. Mae cofnodion y Comisiwn wedi darparu gwybodaeth hollbwysig wrth atgyweirio adeiladau anghyfannedd ac adeiladau sydd wedi'u difrodi gan dân [043], ac maent yn diogelu gwybodaeth am gannoedd o adeiladau sydd wedi diflannu'n llwyr, fel ffatri Dunlop Semtex ym Mryn-mawr [086] a chaer Rufeinig Penllystyn [003]. Mae cofnodion hŷn hefyd yn werthfawr wrth amlygu'r hyn sydd wedi'i golli - mae lluniau'r cardiau post a roddwyd ar fenthyg i'r Cofnod Henebion Cenedlaethol gan Thomas Lloyd i'w copïo yn dangos tai a ddymchwelwyd a strydoedd sydd wedi newid llawer iawn [074]. Mae ar gynllunwyr, athrawon, gwarcheidwaid ac unigolion preifat eisiau gwybodaeth a gwerthusiadau awdurdodol nad oes yr un budd breintiedig na rheidrwydd gwleidyddol wedi dylanwadu arnynt. Er bod angen ffynonellau diduedd ar y rhai sy'n gwneud penderfyniadau, bydd datblygwyr ar y naill law a charfanau pwyso ar y llaw arall yn darparu gwybodaeth sy'n cyd-fynd â'u dibenion hwy eu hunain. Bydd hyd yn oed atyniadau treftadaeth yn wynebu tensiynau rhwng cynnig dealltwriaeth hanesyddol a sicrhau bod ymweld â hwy yn brofiad difyr. Os nad yw cyd-destun amodau ddoe yn glir, mae'n demtasiwn i bob un ohonom eu barnu yn ôl safonau heddiw a thybio, er enghraifft, fod bryngaerau yn amddiffynfeydd gwyllt a chyntefig yn hytrach nag yn fynegiant rhodresgar o rym a chyfoeth

[018], neu haeru bod gwaith diwydiannol yn fwy annynol na'r dewisiadau a orfododd bobl i heidio ato.

Pam dinoethi trysorau cudd, ac eithrio i fodloni ein chwilfrydedd? Mae pobl yn gwerthfawrogi'r gorffennol fel arf i ddeall y presennol a'u hatgoffa o amrywiaeth. Mae'n rym sy'n gweithredu o blaid y gymuned ac yn ysbrydoliaeth greadigol. Arwydd o gymdeithas aeddfed yw ei bod hi'n deall hanes, ac nid oes dim sy'n dod â ni wyneb yn wyneb â'r hanes hwnnw yn fwy uniongyrchol na'r dystiolaeth bendant ohono sydd o'n cwmpas ymhobman. Dywedir yn aml bod hanes fel cof personol: hebddo, ni all neb wybod pwy ydyw, ac mae'n amhosibl ei ddysgu. Yr ymadrodd Cymraeg sy'n pwysleisio cyswllt hwnnw â chymunedau yw *cof cenedl*. Ym mhob math o ffyrdd ymarferol, bydd y gorffennol yn taflu goleuni ar faterion heddiw – er enghraifft, drwy wneud yr hyn a allai ddigwydd o ran newid yn yr hinsawdd yn fwy byw drwy ddatgelu'r newidiadau yn lefel y môr ers yr Oes Fesolithig neu ddangos sut y bu'n rhaid i bobl tua diwedd yr Oes Efydd ymaddasu wrth i'w cyflenwadau bwyd brinhau.

Rhoir unrhyw galedi heddiw mewn persbectif gan y gwrthdaro yn yr Oesoedd Canol Cynnar [034], dinistr dychrynllyd y Rhyfel Byd Cyntaf [082] neu lafur caled menywod fel Mrs Matthews a fu'n gwthio llwyth ar ôl llwyth o fwyn mewn berfa yn un o weithfeydd copr Abertawe [056]. Mae storïau o hanes yn helaethu ein profiadau personol ac yn ehangu ein gorwelion; ac mae hyn wedi ysgogi twf yn niddordeb pobl mewn olrhain achau a symud ymlaen o hynny i ymchwilio i sut ac ymhle y bu eu hynafiaid yn byw ac yn gweithio.

Mae'r llyfr hwn yn rhoi sylw i drysorau cudd – enw lluosog, sylwer – er mwyn mawrygu'r ymwybyddiaeth o le a mawrygu hefyd yr amrywiaeth sydd wedi deillio o'r gwahaniaethau rhwng gogledd a de, gororau a pherfeddion gwlad, pren a charreg, uwchdir ac arfordir, tlawd a chyfoethog, gwryw a benyw. Mae patrymau'r traddodiadau adeiladu rhanbarthol ymhlith sylfeini arbenigrwydd lleol; mae'r olion a adawyd gan bobl sydd wedi llifo ar draws tir Cymru yn ein helpu i sylweddoli cymaint yw ein cymhlethdod cenedlaethol. Dyma dir sydd

Uchod: Mae ffotograffau yn y Cofnod Henebion Cenedlaethol yn gofnod difyr o fywyd mewn bythynnod a thai ar adeg pan oedd cymdeithas yn newid yn gyflym. Tynnwyd y ffotograff hwn o gegin Plas Penmynydd, Môn, tua 1930.

CD2003_626_036 NPRN 15829

De: Mae'n debyg mai synagog Allt-yr-ynn yng Nghasnewydd yw'r un lleiaf ym Mhrydain. Tynnwyd y ffotograff hwn ohoni, ac un o'i haelodau hŷn, Mr Harry Poloway BEM MBE CStJ, yn 2007.

DS2007_188_003 NPRN 406440

wedi bod yn gartref i Neanderthaliaid, gwerin y Biceri, Celtiaid, Rhufeiniaid, Llychlynwyr, Eingl-Sacsoniaid, Normaniaid, Iddewon, Ffleminiaid, i deuluoedd a heidiodd o Iwerddon, Lloegr, yr Eidal a Sbaen i gymoedd y de yn anterth dyddiau'r cymoedd hynny, ac i fewnfudwyr a ffoaduriaid o'r Almaen, Somalia, Pakistan ac Irac yn yr ugeinfed ganrif. Yn briodol ddigon, felly, mae gwaith cofnodi'r Comisiwn Brenhinol yn estyn y tu hwnt i eglwysi a chapeli i *gurdwaras* y Sikhiaid, synagogau, mosgiau, cysegrfannau Bwdhaidd a themlau'r Hindŵiaid.

Os yw economïau'r Gorllewin yn yr unfed ganrif ar hugain yn dibynnu ar greu ac arloesi, mae'r dreftadaeth adeiledig yn ffynhonnell amhrisiadwy o ysbrydoliaeth iddynt. Atgoffir cymunedau ôl-ddiwydiannol difreintiedig o'r ynni a'r mentergarwch a barodd iddynt ffynnu gynt, dylanwadir ar benseiri gan arddulliau adeiladu traddodiadol [092], dysgir gwersi am gynaladwyedd drwy wybod am y crefftau a fanteisiodd i'r eithaf ar ddefnyddiau lleol wrth godi bythynnod [066], ac ysbrydolwyd ffilmio celfydd iawn ar gyfres deledu gan y BBC gan y safleoedd y bu'r Comisiwn

Brenhinol yn ymchwilio iddynt yn ystod blwyddyn ei ganmlwyddiant. Yn ddiweddar, comisiynodd y cylchgrawn *Planet* feirdd blaenllaw i chwilio am ysbrydoliaeth greadigol yng nghronfa gyfoethog y Comisiwn Brenhinol o ddelweddau mewn cyfres o'r enw 'Ancient Monuments: Present Words'. Dewis Gillian Clarke, Bardd Cenedlaethol Cymru, oedd awyrlun o Gastell y Bere, castell sy'n sefyll ar ben cefnen gul ym Meirionnydd. Lluniodd gerdd sy'n myfyrio am yr hyn a ddaw i'r meddwl o wybod am hanes. Atgynhyrchir y ddelwedd a'r gerdd isod gyda'i chaniatâd caredig.

Nid oes dwywaith na all treftadaeth chwarae rôl ganolog wrth sefydlu cymunedau cryfach drwy feithrin eu hunaniaeth a'u balchder. Mae bywydau pobl wedi'u cyfoethogi drwy iddynt wybod rhagor am eu

gorffennol, boed mewn hen drefi fel Dinbych [048], mewn ardaloedd yng nghanol dinasoedd neu ymhlith cymunedau gwasgaredig yr uwchdiroedd [062]. Bu'r mapio manwl ar y dirwedd ddiwydiannol sydd wedi goroesi ym Mlaenafon yn help i sicrhau cydnabyddiaeth ryngwladol i'r ardal fel Safle Treftadaeth Byd a newid canfyddiad ymwelwyr a phobl leol ohoni.

Mae llawer y gallwn ymfalchïo ynddo yn ein trysorau cudd, ac yn y ffordd y mae'r wybodaeth amdanynt wedi'i thrawsffurfio dros y can mlynedd diwethaf. Mae angen hyd yn oed i'r rhai sydd fwyaf cyfarwydd â Chymru eu hatgoffa'u hunain o bryd i'w gilydd o'r trysorau sydd i'w cael yma a'r dyfnderoedd o hanes a gynrychiolir ganddynt. Nod y llyfr hwn yw bod o gymorth i gyflawni'r union broses honno.

Isod: Adfeilion Castell y Bere, Meirionnydd. Codwyd y castell ar ben bryn yn gynnar yn y drydedd ganrif ar ddeg gan Lywelyn Fawr yn ystod ei ymgyrch i greu uned wleidyddol a fyddai'n cynnwys y rhan fwyaf o dir Cymru.

GTJ00182 NPRN 93719

At Castell y Bere
(Llywelyn ab Iorwerth 1173-1240)

Not hard to imagine them,
slipshod and slow on the slope to the summit,
hauling a castle up to the sky
in rain and wind, summer and winter,
stone by stone and timber by timber,
for his masons, carpenters, stone-carvers,
his craftsmen in leather and glass.
In sixty years it was over, surrendered.
Now, seven centuries on,
rain and wind, summer and winter
have scoured it of terror and blood.
All gone to grass. What remains
are Llywelyn's dream and his name,
and the vertebrae of a sheep –
a broken rosary dropped from the sky –
and two kites circling.

Gillian Clarke

Can Mlynedd o'r Comisiwn Brenhinol

David Browne a Ralph A. Griffiths[1]

Ar 10 Awst 1908 cafodd y Comisiwn Brenhinol ei awdurdodi a'i benodi gan y Brenin Edward VII '[to] make an inventory of the Ancient and Historical Monuments and Constructions connected with or illustrative of the contemporary culture, civilisation and conditions of life of the people in Wales and Monmouthshire from the earliest times, and to specify those which seem most worthy of preservation'. Er mai cyflawni'r gorchwyl hwn yng ngwaith y Comisiwn oedd yr anghenraid pennaf ym marn y deddfwyr, yr *inventory* oedd y paratoad hanfodol. Gan i ddiffyg gwybodaeth am gyfoeth henebion y wlad amharu'n ddifrifol ar y gwaith o ddiogelu safleoedd pwysig o dan y Ddeddf Henebion a basiwyd yn ystod teyrnasiad y Frenhines Victoria, y teimlad oedd bod angen corff annibynnol a swyddogol i lunio rhestr ddibynadwy a fyddai'n fodd i ddewis enghreifftiau ac argymell eu diogelu'n statudol. Yr un pryd, efallai i rai gredu y byddai'r Comisiwn Brenhinol newydd yn gwneud ei waith cyn pen fawr o dro ac y gellid, wedyn, fel yn achos y mwyafrif o Gomisiynau Brenhinol, ei ddirwyn i ben. Ond wrth i'r blynyddoedd fynd yn eu blaen, fe sylweddolwyd yn raddol bod yr amgylchedd hanesyddol yn newid yn gyson a bod pob cenhedlaeth yn magu diddordeb ynddo yn ei ffordd ei hun ac yn datblygu ffyrdd mwyfwy soffistigedig o'i ddeall – a dyna pam y mae'r Comisiwn Brenhinol yn dal i fodoli ar ôl can mlynedd, a bod cofnodi ac asesu ein safleoedd a'n henebion yn dal i fod wrth galon ei waith hyd heddiw.

Gan nad angen a berthynai i Gymru'n unig oedd hyn, fe sefydlwyd Comisiynau Brenhinol cyffelyb ar gyfer Lloegr a'r Alban yn ogystal ym 1908. Ond yr hyn sy'n drawiadol yw bod sefydlu'r Comisiwn i Gymru wedi cyd-ddigwydd â dadeni diwylliannol cenedlaethol a oedd eisoes wedi esgor ar Brifysgol Cymru (1893) a Llyfrgell Genedlaethol ac Amgueddfa Genedlaethol Cymru (ill dwy ym 1907). Byddai cysylltiad agos rhwng y rhain a'r Comisiwn Brenhinol newydd.

Gwŷr nodedig oedd y comisiynwyr cynnar (nid oedd yr un wraig yn eu plith), pob un ohonynt yn ffigur amlwg ym mywyd diwylliannol Cymru, â chyfraniad arbennig i'w wneud i'r gwaith. Cynrychiolent y traddodiad o waith gwirfoddol mewn cylchoedd diwylliannol sy'n parhau hyd heddiw ym mywyd cyhoeddus Prydain. Bu eu hymwneud â sefydliadau ysgolheigaidd a sefydlwyd flynyddoedd ynghynt, fel Cymdeithas Hynafiaethau Cymru ac Anrhydeddus Gymdeithas y Cymmrodorion, yn gymorth amhrisiadwy i'r Comisiwn Brenhinol o'r cychwyn cyntaf. Er y barnai rhai, efallai, mai anfantais oedd mai yn Llundain, fel yn achos y Comisiynau Brenhinol eraill, y bu ei swyddfa am ddeugain mlynedd cyntaf ei fodolaeth, golygai hynny fod modd ymweld yn hwylus â'r Amgueddfa Brydeinig, yr Archifdy Gwladol a Chymdeithas y Cymmrodorion – cymdeithas a oedd hefyd â'i phencadlys yn y brifddinas.

Cadeirydd cyntaf y Comisiwn Brenhinol oedd Syr John Rhŷs (a fu farw ym 1915), ieithegydd ac Athro Celteg ym Mhrifysgol Rhydychen. Ef a oruchwyliodd gyhoeddi'r pedair cyfrol gyntaf o *Inventories* a ddaeth [002] o'r wasg yn gyflym, y naill ar ôl y llall: Sir Drefaldwyn (1911), Sir y Fflint (1912), Sir Faesyfed (1913) a Sir Ddinbych (1914). Yr ail gadeirydd (tan iddo farw ym 1934) oedd Evan Vincent Evans, gŵr o gefndir tra gwahanol. Yn gyfrifydd ac yn newyddiadurwr wrth ei alwedigaeth, yr oedd yn gyfaill i wleidyddion Cymru ac yn un o golofnau achos yr Eisteddfod a'r Cymmrodorion. Rhoddai anogaeth frwd i ysgolheigion er na honnai ef ei hun ei fod yn ysgolhaig.

Amrywio hefyd wnâi cefndir y comisiynwyr cynnar. Ieithegydd arall, ac Athro'r Gymraeg ac Ieitheg Gymharol yng Ngholeg Prifysgol Cymru, Aberystwyth, oedd Edward Anwyl (a fu farw ym 1914). Clerigwr Anglicanaidd a drigai yn Surrey oedd G. Hartwell Jones (a fu farw ym 1944) ond yr oedd hefyd yn gadeirydd Cymdeithas y Cymmrodorion. Yr oedd Robert Hughes yn gyn-arglwydd faer Caerdydd, tref a godwyd yn ddinas ychydig ynghynt. Arbenigwr nodedig ar hanes Sir Benfro ac un arall o geffylau blaen y Cymmrodorion oedd y cyfreithiwr Henry Owen. Cafodd J. A. (Syr Joseph, yn ddiweddarach) Bradney, prif hanesydd Sir Fynwy, ei benodi'n gomisiynydd yn ystod y Rhyfel Mawr, pan oedd hefyd yn is-gyrnol yn y milisia. Yr olaf o'r comisiynwyr cynnar i gael eu penodi (ym 1920) oedd Syr John Morris-Jones, y bardd ac Athro'r Gymraeg yng Ngholeg Prifysgol Gogledd Cymru, Bangor.

Ni allai'r un o'r dynion hyn honni bod yn archaeolegydd wrth ei alwedigaeth; yn hytrach, fe gynrychiolent draddodiad hynafiaethol a roddai sylw i'r gorffennol 'Celtaidd'. Ond gwahanol iawn oedd dau gomisiynydd arall. Yr oedd W. E. Llewellyn Morgan, a oedd wedi ymddeol o'r fyddin, wedi treulio blynyddoedd yn llunio disgrifiadau maes o henebion: ystyrrid y disgrifiadau a luniodd ar gyfer y Comisiwn

Gyferbyn: Y comisiynwyr a'r staff cyntaf. Mae'n debyg mai yn Llanfihangel Abercywyn yn Sir Gaerfyrddin y tynnwyd y llun. O'r chwith i'r dde: Evan Vincent Evans, clerigwr anhysbys, George Eyre Evans (ymchwilydd), Syr Edward Anwyl, Edward Owen (Ysgrifennydd), Syr John Rhŷs (Cadeirydd), Griffith Hartwell Jones.

DI2007_0097 NPRN 54624

---

[1] Gyda chyfraniadau gan Hilary Malaws, David Percival a Peter White.

19

Golchlun o Eglwys Gadeiriol Llanelwy gan Mervyn Pritchard.

DI2008_0381 NPRN 140540

Brenhinol ar sail ei nodiadau cynharach yn ddigon haeddiannol i'w cynnwys yn *Inventory* Sir Benfro (1925). Yn olaf, Athro Archaeoleg Glasurol ym Mhrifysgol Lerpwl oedd R. C. Bosanquet (a fu farw ym 1925) ac iddo ef y gellir priodoli safon uchel y cofnodion am safleoedd Rhufeinig yn yr *Inventories* cyntaf. Gyda'i gilydd, yr oedd y comisiynwyr yn wybodus am bob rhan o Gymru ac yn ddylanwadol mewn cylchoedd ysgolheigaidd a chyhoeddus pan oedd hi'n dal i fod yn ddyddiau cynnar ar ddatblygiad archaeoleg a hanes fel galwedigaethau.

Yr oedd gofyn cael staff arbenigol i gyflawni gwaith y Comisiwn newydd o ddydd i ddydd ac yr oedd Edward Owen, yr ysgrifennydd cyntaf, yn ŵr wrth fodd calon y comisiynwyr. Rhwng 1908 a 1928, gwnaeth lawer i osod sylfeini cadarn i'r Comisiwn a sicrhau parch iddo. Yn hanesydd o fri a oedd â'i wreiddiau yn Sir Fôn, fe'i hyfforddwyd yn gyfreithiwr ac yr oedd ef, fel llawer gwas sifil o Brydain, wedi gwasanaethu yn Swyddfa India, lle bu'n goruchwylio cyfrifon y storfeydd milwrol ac yn paratoi adroddiadau ystadegol ar gyfer y wlad. Fel golygydd cyffredinol yr *Inventories*, aeth i ofal mawr i estyn cylch ei wybodaeth y tu hwnt i'w faes arbenigol ef ei hun, sef llawysgrifau o'r Oesoedd Canol a chyfnodau diweddarach. Edmygid ei ysgolheictod yn fawr gan y Cymmrodorion a Chymdeithas Hynafiaethol Sir Gaerfyrddin, ymhlith eraill. Yr oedd hefyd yn ymwneud yn agos â Phrifysgol Lerpwl, lle daeth yn

ddarllenydd yn Hynafiaethau Canoloesol Cymru (1921) tra bu'n ysgrifennydd y Comisiwn.

Grŵp amrywiol, os nad ecsentrig, o unigolion dawnus oedd staff Owen a chaiff eu hysgrifeniadau eu hedmygu'n aml heddiw. Yr oedd ei gynorthwyydd ym 1908, Edward Thomas, yn llenor nodedig â dawn i werthfawrogi'r dirwedd, ond gan nad oedd gwaith y Comisiwn wrth fodd ei galon (barnai ei fod yn 'fish out of water'), fe ymddiswyddodd er mwyn rhoi ei holl sylw i lenyddiaeth. Daeth Thomas yn un o feirdd rhyfel mwyaf disglair Prydain, ond fe'i lladdwyd mewn brwydr yn Arras ym 1917. Cafwyd cyfraniadau helaethach i'r Comisiwn gan dri aelod arall o'r staff cynnar. Rhychwantodd bywyd George Eyre Evans (1857-1939) flynyddoedd ffurfiannol archaeoleg fodern. Yn hynafiaethydd toreithiog â llu o gyhoeddiadau i'w enw cyn iddo ymuno â'r Comisiwn, câi ei gysylltu'n arbennig â Sir Gaerfyrddin ac, yn enwedig, ag amgueddfa a chymdeithas hynafiaethwyr y sir. Penodwyd Alfred Neobard Palmer (1847-1915) ym 1910 yn 'temporary assistant inspector of Ancient Monuments' am chwe mis yn ôl 15 swllt y dydd a gini at ei gynhaliaeth a'i gostau teithio. Gwael oedd iechyd Palmer a chymwynas gan Edward Owen, a oedd eisoes wedi sicrhau pensiwn y llywodraeth iddo i gydnabod ei ymchwiliadau hanesyddol, oedd ei benodi. Yn gemegydd wrth ei broffesiwn, daeth Palmer yn hanesydd lleol manwl-gywir a arbenigai ar hanes Wrecsam, lle mae'r llyfrgell astudiaethau lleol wedi'i henwi ar ei ôl. Er iddo ddod â thrylwyredd gwyddonydd at ei ddefnydd o dystiolaeth ddogfennol, nid oedd ganddo fawr o brofiad fel gweithiwr maes a châi drafferth darllen mapiau – does dim modd dibynnu'n llwyr ar y cofnodion yn yr *inventories* a seiliwyd ar ei waith.

Efallai mai Mervyn Pritchard, pensaer a gyflogid gan Swyddfa Gweithfeydd ac Adeiladau Cyhoeddus Ei Fawrhydi, a fyddai'n gwneud y cyfraniad mwyaf arhosol. Rhoddwyd ei wasanaeth ar fenthyg i'r Comisiwn i baratoi cynlluniau a lluniadau ar gyfer yr *Inventories* ac mae'n debyg mai ef oedd yn gyfrifol am lawer o'r ffotograffau. Gwaith Pritchard yw'r golchlun o eglwys gadeiriol Llanelwy ar wynebddalen y gyfrol ar Sir y Fflint, ac mae ei gynlluniau a'i luniadau pen-ac-inc i'w gweld yn *Inventories* Sir Ddinbych (1914), Sir Gaerfyrddin (1917) a Meirionnydd (1921). Yn *Inventory* Sir Benfro y gwelir ei ddoniau ar eu mwyaf llachar: olinwyd ei luniadau yn y stiwdio ar sail cyfres o ffotograffau a dynnwyd ym mis Gorffennaf 1922, ac er eu bod yn brin o'r manylion technegol a fyddai'n hwyluso gwaith dadansoddi manwl, maent yn cyfleu natur a nodweddion eu pynciau'n gampus.

Yn dilyn cyhoeddi'r *Inventories* cyntaf (o Sir Drefaldwyn a Sir y Fflint ym 1911-12), enillodd safon gwaith y Comisiwn ganmoliaeth yn y Senedd a barnwyd bod y cynnyrch yn cyfiawnhau'r gwariant; ond, yn naturiol, fe arafodd pethau oherwydd y Rhyfel Mawr. Er na châi ei dalu bryd hynny, llwyddodd Edward Owen i gadw'r gwaith i fynd ac fe gyhoeddwyd y gyfrol ar Sir Gaerfyrddin yn anterth y rhyfel ym 1917. Yr un pryd (ac er ei fod yn ei chwedegau), yr oedd Owen yn awyddus i gyfrannu i ymdrech y rhyfel drwy gymryd swydd yn adran ystadegau Swyddfa'r Rhyfel, ond gwrthodwyd ei gais. Am gyfnod byr wedi'r rhyfel, bu Owen yn cynnal y Comisiwn o'i gartref yn Wrecsam tan y llwyddwyd i ddod o hyd i swyddfeydd newydd yn Llundain. Pan ymwelai â'r brifddinas, arferai gysgu yn y swyddfa er mwyn cyflawni'r gwaith y disgwylid iddo'i wneud – ac ennyn cerydd ysgafn gan y Prif Gomisiynydd Gweithfeydd.

Yn ystod blynyddoedd yr hirlwm wedi'r rhyfel, bu peth amheuaeth ynghylch dyfodol y Comisiwn Brenhinol gan i'r Swyddfa Weithfeydd ystyried cael gwared ar Gomisiynau Brenhinol. Ysgogodd hynny'r cadeirydd, Vincent Evans, i annog Owen i gyhoeddi cyfrol Meirionnydd cyn gynted â phosibl, a phan ymddangosodd ym 1923 gweithred graff Evans oedd anfon copi at y Prif Weinidog, David Lloyd George, a ymatebodd drwy longyfarch y comisiynwyr ar 'doing a real public service'. Ni chodwyd cwestiwn parhad y Comisiwn am bron i ddeg mlynedd a thrigain wedi hynny. Eto i gyd, fe barodd y toriadau ariannol i

Inventory Sir Benfro gael ei oedi, ac ni chyfarfu'r Comisiwn yn ffurfiol am ddwy flynedd a hanner.

Oherwydd natur sylfaenol yr *Inventories*, yr oeddent yn rhwym o arwain y Comisiwn i gysylltiad â chyrff eraill a oedd yn ymwneud â'r safleoedd hanesyddol a'r henebion yr oedd wrthi'n eu cofnodi, ac mae hynny wedi bod yn wir am y Comisiwn ar hyd ei oes. Mor gynnar â 1916, cyflwynodd Owen sylwadau i glerc tref Cas-gwent ar y bwriad i ddymchwel darn o fur canoloesol y dref, ac ym 1926 fe gynrychiolwyd y Comisiwn ar y pwyllgorau a drefnai'r gwaith cloddio yn y gaer Rufeinig yn *Kanovium* (Caerhun). Yr oedd galw cyson ar Owen i roi sgyrsiau i gymdeithasau lleol a chenedlaethol, ac fe gyrhaeddai llif cyson o geisiadau am wybodaeth – er enghraifft, am y gaer Rufeinig yn Nhomen-y-mur, am abaty Hendy-gwyn, am gylchoedd cerrig, am enwau lleoedd ac, yn arbennig, am achau.

Ganol y 1920au, rhoes y datblygiadau mewn archaeoleg broffesiynol fwy a mwy o bwysau o blaid newid agwedd, methodoleg a strwythur y Comisiwn Brenhinol. Er i'r Comisiwn gyflawni ei orchwyl o ran nodi henebion a oedd yn werth eu diogelu, cafodd y gyfrol ar Sir Benfro (1925) ei beirniadu oherwydd diffyg gwaith maes gwreiddiol a'r methiant ynddi i ymgydnabod â'r datblygiadau ym maes cofnodi a dehongli pensaernïol.

Yr oedd Edward Owen yn barod i amddiffyn agwedd y Comisiwn at ei waith am fod iddo'r rhinwedd ei fod yn cyhoeddi rhestri o safleoedd a henebion yn gyflym yn *Inventories* y siroedd. Ond gwelai Owen hefyd fod angen ymgyfarwyddo'n gyson â datblygiadau ysgolheigaidd, a hynny er bod hinsawdd ariannol y blynyddoedd wedi'r rhyfel yn ei gwneud yn anodd dod o hyd i staff â chymwysterau addas am fod disgwyl iddynt weithio am y nesaf peth i ddim. Yn dilyn arolwg trwyadl o weithrediadau'r Comisiwn gwelwyd diwygio mawr ar ganllawiau gwreiddiol Edward Owen. Bu'r Comisiwn yn ffodus wrth sicrhau gwasanaeth Cyril Fox, cyfarwyddwr newydd Amgueddfa Genedlaethol Cymru, yn gomisiynydd ac ef, gyda chymorth R. C. Bosanquet, fu'n bennaf cyfrifol am y newidiadau a wnaed yn awr. Yr hyn a oroesodd o ganllawiau Owen oedd trefniant sirol yr *Inventories* a'r cynllun dosbarthu bras a luniwyd ganddo. Symudwyd o drefn lle defnyddid dogfennau ac adroddiadau hynafiaethol i ddull o weithio lle gwneid gwaith maes a olygai fynnu gwneud cofnod llawn o bob safle, adeilad neu wrthrych, a'r Comisiwn ei hun yn paratoi'r cynlluniau a'r disgrifiadau o bob un. O hynny ymlaen, câi categorïau neu fathau o adeiladweithiau a gwrthrychau eu nodi yn unol â'r drefn, ynghyd ag unrhyw amrywiadau pwysig yn y manylion, a cheid

Cyril Fox, 1882-1967, Comisiynydd Brenhinol a Chyfarwyddwr Amgueddfa Genedlaethol Cymru, 1926-48; fe'i hurddwyd yn farchog ym 1935.

Drwy garedigrwydd: Mrs Migallon

21

cyfeirio amlach at ddulliau Comisiynau Lloegr a'r Alban o ddisgrifio a mapio henebion.

Ni fanteisiwyd ar y cyfle i estyn cylch gwaith ymchwilwyr y Comisiwn i adeiladau a godwyd ar ôl 1714, ond yr oedd y flwyddyn honno'n derfyn diweddarach na'r un a bennwyd yn y canllawiau cyntaf. Bellach, tynnid sylw arbennig at adeiladweithiau domestig o bob math, gan gynnwys yr 'humbler dwellings'. Datblygiad newydd arall oedd ymgynghori ag 'official referees' y byddai eu cyngor arbenigol yn ategu arbenigedd y nifer fach o gomisiynwyr, yn enwedig yn y meysydd newydd o wybodaeth a oedd yn datblygu ar y pryd. Bu hynny'n fodd i'r Comisiwn recriwtio ymgynghorwyr o safon J. E. Lloyd (hanesydd nodedig yr Oesoedd Canol) a Mortimer Wheeler (yr archaeolegydd blaengar a ddaeth yn geidwad Amgueddfa Llundain ar ôl iddo ymddiswyddo ym 1926 o fod yn gyfarwyddwr Amgueddfa Genedlaethol Cymru).

Yn ystod dwy flynedd olaf ei ysgrifenyddiaeth, rhoes Owen drefn ar y gwaith a oedd eisoes wedi'i wneud ar Fôn. Ei olynydd, Wilfrid J. Hemp, a oruchwyliodd y gweithredu llawn yn unol â'r canllawiau newydd. Fel arolygydd a oedd wedi magu profiad o henebion Cymru yn y Swyddfa Weithfeydd, ac fel dadleuwr di-flewyn ar dafod o blaid archaeoleg ac archaeolegwyr, yr oedd Hemp ar lawer ystyr yn ŵr delfrydol at y gwaith. Ar y llaw arall, câi ei flino gan y beichiau gweinyddol a'i llethai mewn cyfnod o ddirwasgiad economaidd, ac mae'n debyg i'w ymdrechion dyfal i wasgu adnoddau o Drysorlys a oedd yn 'singularly ill-informed' fod yn llai llwyddiannus na rhai Vincent Evans am fod y gŵr hwnnw'n hen gynefin â choridorau Whitehall.

Adeg penodi Hemp, fe godwyd cyllideb flynyddol y Comisiwn o £1,250 i £1,700, ond yr hyn a gafwyd gan mwyaf yn ystod y degawd nesaf oedd brwydro cyson gan y cadeirydd a'r ysgrifennydd i sicrhau staff o ymchwilwyr arbenigol ac i adeiladu ar egwyddorion 1926 er mwyn codi safon yr adroddiadau. Penodwyd Leonard Monroe, pensaer hyfforddedig, yn gynorthwyydd i'r ysgrifennydd, a phenderfynodd Hemp gyflogi Stuart Piggott, archaeolegydd ifanc a oedd ar drothwy gyrfa ddisglair, yn lle penodi teipydd (ond ar gyflog teipydd o £3 yr wythnos). Er iddo fod yn argyhoeddedig y dylai pob aelod arbenigol o 'a skeleton staff of three' fod yn 'first rate man', amcangyfrif Hemp oedd y cymerai hi ddeugain mlynedd i gwblhau *Inventories* y siroedd i'r safon a fabwysiadwyd erbyn hynny.

Y prawf ar strategaeth ddiwygiedig y Comisiwn a stiwardiaeth Hemp oedd *Inventory* Môn, cyfrol yr oedd y gwaith arni'n mynd rhagddo ers canol y 1920au. Ym mis Tachwedd 1929, amcangyfrif Hemp

oedd 'it should be completed in about four years, if the services of a typist can be obtained'. Ym marn Hemp, fe ddibynnai hefyd ar gryfhau'r fintai o staff, yn enwedig mewn archaeoleg maes, ond wrth i'r llywodraeth ymgodymu ag argyfyngau economaidd dros y blynyddoedd nesaf, ni ddangosai'r Trysorlys fawr o gydymdeimlad. Droeon, oherwydd ei sefyllfa anodd, bygythiodd Leonard Monroe ymddiswyddo, ac ym 1933 fe wnaeth Stuart Piggott hynny. Parodd hynny i Hemp, hyd yn oed, ddweud wrth y Comisiynwyr na allent ddibynnu o hynny ymlaen ond ar gael ganddo'r 'lwfans statudol' o'i amser.

Fel y digwyddodd hi, fe gyhoeddwyd y llyfr ar Fôn ym 1937, a daeth ei ddull a'r strwythur ynddo'n batrwm ar gyfer cyfrolau'r *Inventory* dros yr hanner canrif nesaf. Un o'i nodweddion mwyaf trawiadol oedd pwyslais y gyfrol ar wneud astudiaethau cymharol o safleoedd ac adeiladau ac ar ddefnyddio enghreifftiau i sefydlu mathau o adeiladwaith er mwyn cynnig dealltwriaeth ddyfnach o gymdeithasau'r oesoedd a fu. Trefnwyd y disgrifiadau o safleoedd fesul plwyf a darparwyd cyfoeth o fapiau a chynlluniau. Dilynai sillafiad yr enwau lleoedd yr egwyddorion a argymhellwyd gan J. E. Lloyd yn hytrach nag arferion hynafol yr Arolwg Ordnans, a chafwyd rhestr ddefnyddiol o dermau. Canmolwyd y llyfr am iddo 'not only set a fresh standard for work in Wales, but also dealt more comprehensively with the archaeology and history of the district concerned than did the publications of the fellow Commissions for England and Scotland'. Yn drist iawn, bu farw Vincent Evans, y cadeirydd a oedd wrth y llyw adeg y trawsnewid ar waith y Comisiwn, ym mis Tachwedd 1934, cyn cyhoeddi *Inventory* Môn. Fe'i holynwyd gan Iarll Plymouth.

Yr eitem nesaf ar yr agenda oedd *Inventory* Sir Gaernarfon. Yr oedd llawer i'w ddweud o blaid cymhwyso'r wybodaeth a enillwyd ym Môn at y sir yr ochr draw i'r Fenai, ac yr oedd casglu deunyddiau ar Sir Gaernarfon eisoes wedi mynd rhagddo'n ysbeidiol. Ond daeth yr Ail Ryfel Byd i darfu llawer iawn ar gynlluniau'r Comisiwn ar gyfer y gyfrol honno. Yn ystod y rhyfel, rhedai Hemp y Comisiwn o'i gartref yng Nghricieth a bu hynny'n fodd iddo neilltuo diwrnodau hapus i wneud gwaith ymchwil ac ysgrifennu am sir a oedd yn flaenoriaeth gan y Comisiwn. Cymhwysodd ei ddiddordeb mewn hanes, achau a herodraeth at y cyfoeth o gerfiadau ac arysgrifau cerrig o'r Oesoedd Canol yno, a bu ei brofiad fel arolygydd i'r Swyddfa Weithfeydd yn fodd iddo gyflwyno adroddiad ym 1941 ar y clirio yng nghastell Conwy fel bod modd ychwanegu at y cynllun a oedd newydd gael ei arolygu. Yn fuan ar ôl i'r rhyfel ddod i ben, fe ymddeolodd Hemp a symudodd Leonard Monroe i

swydd arall. O ran staff profiadol ac, felly, o ran parhad ei waith, yr oedd y Comisiwn ar groesffordd.

Yn ystod y rhyfel, dechreuwyd gweithio ar linyn arall o waith ymchwil a chofnodi a gâi ei blethu'n ddiweddarach i waith y Comisiwn Brenhinol, a hynny drwy greu, ym 1940, y Cofnod Henebion Cenedlaethol ar gyfer Cymru, Lloegr a'r Alban am fod pryder y gallai adeiladau gael eu dinistrio gan y gelyn cyn i unrhyw gofnod gael ei wneud ohonynt. Er gwaetha'r adnoddau prin, aeth y corff newydd ati i gyflawni'r dasg aruthrol o lunio archif pensaernïol cenedlaethol yn gyflym, a chyn pen fawr o dro yr oedd ganddo gasgliad trawiadol o luniau a lluniadau, gan gynnwys Llyfrgell Conway, y llyfrgell a sefydlwyd ynghynt gan Sefydliad Courtauld. Secondiwyd Leonard Monroe o'r Comisiwn Brenhinol i'r Cofnod Adeiladau Cenedlaethol i roi sylw i dde Cymru. Yn ogystal, cyflogwyd ffotograffwyr ar hyd a lled y wlad i dynnu ffotograffau o adeiladau yn yr ardaloedd y bernid eu bod yn wynebu'r perygl mwyaf: y gŵr a wnaeth y gwaith mwyaf sylweddol yng Nghymru oedd George Bernard Mason, a gynhyrchodd ffotograffau o safon eithriadol yn ogystal. Ar ôl y rhyfel, magodd ffotograffwyr y Cofnod Adeiladau

Cenedlaethol yr arfer o gofnodi adeiladau yn wyneb bygythiad newydd, sef y câi llawer o dai chwaethus eu dymchwel am na allai eu perchnogion fforddio'u cynnal mwyach.

Ym 1946 yr oedd gan y Comisiwn Brenhinol ddarlun clir o'i raglen waith at y dyfodol, sef cwblhau *Inventory* Sir Gaernarfon ar hyd llinellau modern. Ond yr oedd angen gwneud penderfyniad arall cyn hynny ynghylch ble y dylai swyddfeydd y Comisiwn fod a phwy a ddylai arwain ei staff bach. Penodwyd A. H. A. Hogg (a fu farw ym 1989) yn ysgrifennydd ym 1949. Er mai peiriannydd sifil oedd Hogg wrth ei alwedigaeth, yr oedd ganddo ddiddordeb mawr mewn archaeoleg ers ei lencyndod a chryn brofiad o weithio allan yn y maes. Daeth i'r Comisiwn Brenhinol ar ôl bod yn ddarlithydd mewn peirianneg ym Mhrifysgol Caergrawnt. Ac yntau'n weithiwr maes tan gamp, fe drwythodd Hogg ddwy genhedlaeth o ymchwilwyr yn egwyddorion ac arferion cofnodi trwyadl ar sail defnyddio cadwyn, tâp a theodolit. Mae'n debyg mai ar ei anogaeth ef y penderfynwyd mai yn Aberystwyth y dylai swyddfa'r Comisiwn fod, yn hytrach na'i bod hi'n dychwelyd i Lundain. Mantais Aberystwyth oedd

Ffotograff o Gastell Conwy a phont reilffordd Stephenson a dynnwyd ar gyfer y Cofnod Adeiladau Cenedlaethol.

CD 2003_624_001 NPRN 121

*Un o ffotograffau arolwg
G. B. Mason o'r Faenol Fawr,
Bodelwyddan, ar gyfer y
Cofnod Adeiladau
Cenedlaethol ym 1954.*
DI2008_0368 NPRN 35813

ei lleoliad canolog yng Nghymru a'r cyfleusterau ysgolheigaidd gerllaw yn Llyfrgell Genedlaethol Cymru. Yn Aberystwyth y mae cartref y Comisiwn byth oddi ar hynny.

Erbyn 1949 yr oedd gweddill staff y Comisiwn bron i gyd yn ifanc a dibrofiad. Yr eithriad nodedig oedd C. N. Johns, gŵr a feddai ar wybodaeth helaeth fel archaeolegydd a fuasai'n gweithio ar gestyll y croesgadwyr yn Adran Hynafiaethau Palesteina yn ystod y 1930au a'r '40au. Yn union ar ôl y rhyfel fe'i trosglwyddwyd o'r Comisiwn Brenhinol i fod yn rheolwr Prydeinig ar hynafiaethau a chloddiadau yn Libya. Bu'n enw blaenllaw ym maes archaeoleg y Dwyrain Canol am amser maith wedi hynny, a rhoes ei brofiad maes ar waith yn effeithiol yng ngogledd Cymru. Yn ystod blynyddoedd yr adferiad economaidd a'r llewyrch cynyddol yn y '50au a'r '60au cynnar, cynyddodd nifer y staff a phenodwyd mwy a mwy o arbenigwyr mewn arolygu maes a chofnodi safleoedd ac adeiladau yn y pen draw gan gynnwys ffotograffydd arbenigol a darluniwr proffesiynol ato. Effaith holl wasanaethau'r rheiny oedd sicrhau i'r tair cyfrol ar Sir

Gaernarfon a gyhoeddwyd rhwng 1956 a 1964 gynnal a chodi'r safonau yr oedd y llyfr ar Fôn wedi'u cyrraedd ugain mlynedd ynghynt.

Ar y dechrau, fe achosodd y dogni ar betrol oedi yn y gwaith maes, a dwysawyd y trafferthion hefyd gan y tir mynyddig a thywydd gwael. Newid pwysig yn yr egwyddorion oedd symud y dyddiad terfynol ar gyfer cofnodi pensaernïaeth frodorol o 1714 ymlaen i 1750, ac archwilio rhywfaint ar adeiladau a godwyd rhwng 1750 a 1850. Yr oedd y newidiadau hynny yn y ffordd yr esblygodd dehongliad y Comisiwn o 'henebion' yn adlewyrchu treigl amser ac oes adeiladau, yn ogystal â syniadau ynglŷn â'r hyn y dylid ei gofnodi a'i ddiogelu. Yn siroedd mwy diwydiannol Cymru, byddai hynny'n esgor cyn hir ar broblemau mawr iawn o ran rhaglen y Comisiwn at y dyfodol. Fel y gwnaeth y pwyslais cynharach ar 'humbler dwellings' yn *Inventory* Môn (y cyhoeddwyd argraffiad newydd ohono ym 1960), mae'n sicr mai i ddylanwad Cyril Fox, un o'r Comisiynwyr, y dylid priodoli'r newid cyfeiriad, a'i waith ar y cyd ag Arglwydd Rhaglan, ar dai Sir Fynwy a gyhoeddwyd ym 1951-4.

Torrodd y cyfrolau ar Sir Gaernarfon dir newydd drwy gofnodi cannoedd o gytiau a chyfundrefnau caeau, drwy gynnwys disgrifiadau o safleoedd fel castell Caernarfon (yng Nghyfrol II), a thrwy roi sylw i bensaernïaeth frodorol leol ac eglwysi bach cefn gwlad Sir Gaernarfon. Yng Nghyfrol II fe gofnodwyd darganfyddiadau ynglŷn â gwersyll cyrch y fyddin Rufeinig ym Mhenygwryd a'r gaer Rufeinig ym Mhenllystyn. Yng Nghyfrol III fe gynhwyswyd yr arolwg cyflawn cyntaf erioed o Ynys Enlli, Ynys y Seintiau. Cyfoethogwyd y cyfan â llu o fapiau a chynlluniau celfydd yn ogystal â channoedd o ffotograffau.

Ym 1963 fe drosglwyddwyd y cyfrifoldeb dros y Cofnod Adeiladau Cenedlaethol i'r tri Chomisiwn Brenhinol ac fe gyfunwyd y cofnod hwnnw â'r cofnodion a gasglwyd dros yr hanner canrif blaenorol. Rhoddwyd hawl benodol i'r Comisiynau barhau â'r gwaith ar bensaernïaeth, ac yng Nghymru gwnaed Peter Smith yn gofnodydd brys â chyfrifoldeb arbennig dros bensaernïaeth ddomestig. Erbyn hynny, yr oedd y Comisiwn hefyd wedi casglu cryn archif o luniadau mesuredig, arolygon a ffotograffau drwy ei raglen ei hun o Inventories. Gan fod y cofnodion hynny'n dogfennu safleoedd archaeolegol ac adeiladau o bob cyfnod, bu eu cyfuno â'r casgliad newydd yn fodd i greu archif cenedlaethol sylweddol a ailenwyd yn Gofnod Henebion Cenedlaethol Cymru i amlygu ei gwmpas a'i bwysigrwydd unigryw. Ei brif swyddogaethau oedd 'to provide an index of all monuments, so that inquirers can be directed at once to the best information concerning any structure; and to fill the gaps in that information'. Ffrwyth yr amcanion uchelgeisiol a phwysig hynny oedd mynegai dosbarthol o gardiau, a hwnnw'n un arloesol yn ei ddydd, i bob safle ac adeiladwaith hysbys yng Nghymru. Dan reolaeth C. H. Houlder, fe osodwyd sylfaen yr archif strwythuredig, y gronfa ddata a'r gwasanaeth ymholiadau sydd gan y Comisiwn heddiw.

Pan aeth y Comisiwn ati i arolygu Sir Forgannwg, fe wynebai gorff llawer mwy, a mwy cymhleth, o bensaernïaeth na'r hyn a gafwyd yn yr Inventories blaenorol. O weld bod angen i'r ymchwilwyr dreulio mwy o'u hamser ar waith arolygu pensaernïol nag ar waith archaeolegol traddodiadol ar wrthgloddiau, sylweddolwyd y byddai modd gwneud y gwaith yn fwy effeithlon drwy roi'r gorau i gofnodi fesul plwyf a chofnodi ar sail cyfuniad o gyfnod a math o heneb. Canlyniad hynny oedd i Gyfrol I, a gyhoeddwyd ym 1976, roi ei holl sylw i Forgannwg gynhanesyddol a Morgannwg yr Oesoedd Canol Cynnar, trefn wahanol iawn i'r hyn a geid cyn hynny. Yn ei hanfod, gwaith A. H. A. Hogg a'i dîm oedd hynny – ynghyd â'r cynlluniau ar gyfer cyfrolau thematig pellach yn Inventory Morgannwg. Er i Hogg ymddeol o fod yn

ysgrifennydd ym 1973, daliodd i estyn cymorth i'r Comisiwn tan iddo gyrraedd ei saithdegau hwyr.

Yn y cyfamser, yr oedd sawl datblygiad pwysig arall wedi ehangu cyfrifoldebau'r Comisiwn Brenhinol. Ym 1969 fe fentrodd restru'r holl henebion maes hysbys yng Nghymru fel ffynhonnell gwybodaeth i awdurdodau lleol. Yr oedd y comisiynwyr yn effro i'r ffaith anochel mai cynnydd araf a wneid gan raglen awdurdodol a manwl yr Inventories. Peth defnyddiol, felly, fyddai gwneud arolwg cyflym, yn gyfochrog â'r gwaith traddodiadol, o'r henebion yr oedd cynlluniau datblygu yn fygythiad iddynt. Gan i'r henebion hynny gael eu diffinio fel 'all types of ancient structures which are no longer capable of active use', yr oedd modd cynnwys rhai henebion diwydiannol ac eithrio eglwysi a phlastai. Er mai mantais bellach y prosiect newydd hwnnw oedd bod modd rhoi blaenoriaeth i ddwy sir a oedd tan hynny heb Inventory, dwy yn unig o'r rhestri newydd a gyhoeddwyd: y gyntaf ar gyfer Ceredigion ym 1970 a'r ail ym 1973 ar gyfer 'Henebion Cynnar' Sir Fynwy.

Bu ail arbrawf ar ei ennill o fodolaeth archif cynyddol y Comisiwn o safleoedd a gawsai eu cloddio a'u cofnodi. Ym 1971 fe gyhoeddodd y Comisiwn yr hyn a fernid oedd yn 'first of a series of reports by which... the National Monuments Record of Wales hopes to provide accounts of the major field monuments for which no adequate descriptions exist'. Arolwg manwl o'r aneddiadau o gytiau ar ynys Gateholm yn Sir Benfro oedd hwnnw [027], ac i sicrhau datblygiad arall fe drodd y comisiynwyr at un o'r uwch-ymchwilwyr, Peter Smith, a oedd wrthi ers sawl blwyddyn yn astudio datblygiad tai Cymru o ran hanes ac arddull. Llwyddodd y gyfrol honno, Houses of the Welsh Countryside a gyhoeddwyd ddiwedd 1975, i gyd-ddigwydd â 'Blwyddyn Treftadaeth Bensaernïol', i ddangos yn bendant bod modd i'r Inventories fod ar ffurf wahanol eto ac yn astudiaethau cenedlaethol o bwnc penodol [004]. Yr oedd llyfr Smith yn gyfraniad o bwys Ewropeaidd i hanes pensaernïaeth ddomestig a chafodd gymeradwyaeth wresog pan gyhoeddwyd ef. Cyhoeddwyd argraffiad helaethach ohono ym 1988.

Bu cloddio'n un o weithgareddau mwyaf blaenllaw'r Comisiwn Brenhinol yn ystod cyfnod Hogg fel ysgrifennydd. Adlewyrchai hynny ei ddiddordebau ef ei hun a'r ffaith nad oedd fawr o sefydliadau eraill i roi'r gwaith mewn llaw. Rhwng 1957 a 1960, er enghraifft, cyfeiriwyd sylw'r staff at waith cloddio brys ar y gaer Rufeinig ym Mhenllystyn yn Sir Gaernarfon [003], ac ym 1962 fe gyfarwyddodd Hogg y gwaith cloddio cyffelyb yng nghyswllt cynllun trydan-dŵr ar safle carneddi o'r Oes Efydd yn Abercamddwr yng Ngheredigion. Am sawl tymor yn ystod y 1960au, gwnaeth L. A. S. Butler waith cloddio yng Nghonwy ganoloesol, gan gynnwys gwneud gwaith yng ngardd y ficerdy lle y dinistriwyd adeilad canoloesol, a hynny, efallai, yn ystod gwrthryfel Owain Glyndŵr. Gwnaed gwaith cloddio pellach y pryd hwnnw yn rhan o raglen *Inventories* Morgannwg, fel y gwaith yn Harding's Down yng Ngŵyr lle agorwyd rhan o ragfur a datgelu mynedfa a dau lwyfan cwt mewn bryngaer o'r Oes Haearn. Gwnaeth y Comisiwn lu o ddarganfyddiadau archaeolegol o bwys, gan gynnwys dod o hyd i chwe gwersyll cyrch Rhufeinig newydd rhwng 1954 a 1972.

O bwys mawr at y dyfodol oedd yr arbrofion a wnaed gan y Comisiwn ddechrau'r 1970au o ran defnyddio awyrluniau fertigol i gyflymu'r arolygu ar safleoedd o bwys cenedlaethol: o fryngaerau'r Gaer Fawr a Charn Ingli yn Sir Benfro ym 1973, ac ym 1974 o fryngaer y Garn Goch yn Sir Gaerfyrddin. Mabwysiadwyd y fethodoleg honno hefyd ar gyfer safle canoloesol castell Cefn-llys yn Sir Faesyfed.

Bu staff y Comisiwn yn weithgar yn y byd archaeolegol ehangach wedi'r Ail Ryfel Byd, pan oedd archaeolegwyr maes cymwysedig yn gymharol brin yng Nghymru. Yr oedd Hogg yn arbennig o nodedig am ei gyfraniad i astudiaethau o fryngaerau, ac am sawl blwyddyn bu partneriaeth ffrwythlon rhyngddo a'r hanesydd cestyll, D. J. C. King, wrth lunio'r rhestri o gestyll cynnar a chestyll o gerrig yng Nghymru a'r Gororau. Bu'n cydweithio â sawl un arall ar gyhoeddi adroddiadau ar y cloddio a wnaed cyn yr Ail Ryfel Byd ar fryngaer Pendinas ger Aberystwyth. Teyrnged deilwng oedd cyflwyno i Hogg ym 1981 gyfrol er anrhydedd iddo, cyfrol ac ynddi draethodau ar fryngaerau ym Mhrydain ac ar gyfandir Ewrop.

Ym mhob un o'r ffyrdd hynny, rhai ohonynt yn draddodiadol ac eraill yn newydd, trawsffurfiodd y Comisiwn ystyr ei gylch gwaith gwreiddiol. Er mai egwyddor yr *inventory* oedd yr un greiddiol o hyd, yr oedd rôl y Comisiwn o ran cofnodi a dehongli'r dirwedd hanesyddol wedi ehangu'n sylweddol.

Tua diwedd yr ugeinfed ganrif, daeth y ddyletswydd i gyfleu'r wybodaeth honno i'r cyhoedd yn alwad taer; yr un pryd, yr oedd ad-drefnu byd archaeoleg yng Nghymru yn codi sawl sialens a arweiniai at ailgyfeirio arall eto. Cyrhaeddodd y rheiny eu hanterth yn ystod y 1980au a buont yn fodd i'r Comisiwn ddatblygu canolbwynt pendant i'w weithgareddau.

Yr oedd pedwerydd ysgrifennydd y Comisiwn Brenhinol, Peter Smith (o 1973 tan 1991), wedi ymuno â'r sefydliad ym 1949 ar ôl treulio cyfnod byr fel pensaer dan hyfforddiant a chael ei ddadrithio gan y duedd fodernaidd a reolai fyd pensaernïaeth. Ar y

cychwyn cyntaf, ei brif nod oedd parhau ag *inventory* Morgannwg, a chyhoeddwyd pum cyfrol swmpus iawn rhwng 1976 a 2000. Cawsant ganmoliaeth – ond hyd yn oed wrth i'r mileniwm ddod i ben ni wireddwyd y cynllun yn llawn [005]. Yr un pryd, gwnaed cynnydd o ran cofnodi safleoedd a henebion Brycheiniog, a dechreuwyd adolygu'r llyfr ar Sir Faesyfed, a gyhoeddwyd ym 1913, i'w godi i safonau ysgolheigaidd modern. Ond wrth i bolisi'r llywodraeth roi mwy o bwys ar gyhoeddi'n gyflym ac wrth i'r galw am gyrraedd cyhoedd ehangach mewn modd darbodus ddwysáu, yr oedd parhau â rhaglen inventories y siroedd yn ymddangos yn anachronistaidd. Gwnaed ymchwil fuddiol i lwybrau eraill eto. Ag anghenion Morgannwg mewn golwg, efallai, ac yn sicr yng ngoleuni'r dirywiad yn niwydiannau trwm Cymru, fe hybodd cadeirydd y Comisiwn, W. F. Grimes, fwy o ymddiddori mewn olion diwydiannol, a hynny er ei fod yn arbenigwr o fri ar gyn-hanes. Bu'r sylw arbennig a roddwyd i'r systemau cynnar o deithio a chludo yng Nghwm Tawe yn rhagarweiniad i astudiaethau llawer helaethach o gamlesi Cymru ac olion diwydiannau Abertawe a'r cylch.

Yn ystod y degawdau wedi'r Ail Ryfel Byd, bu'r Comisiwn Brenhinol yn cynorthwyo mudiad hanes siroedd Cymru yn gyson, ac mae bron pob un o'r cyfrolau sydd wedi ymddangos – ac sy'n dal i ymddangos – yng nghyfres hanes siroedd Morgannwg, Ceredigion, Penfro, Meirionnydd a Mynwy wedi tynnu ar archif y Comisiwn am eu darluniau trawiadol ac, mewn rhai achosion, ar ei staff a'i gomisiynwyr am benodau.

Ar y llaw arall, yr oedd rôl y Comisiwn Brenhinol o ran cloddio yn rhwym o newid o'r 1970au ymlaen. Gan fod cloddio achub a chloddio ymchwilgar yn cymryd cryn amser, yn costio'n ddrud ac yn tynnu oddi ar lunio'r inventories, daeth straen gwneud y gwaith hwnnw'n fwyfwy amlwg yn sgil y newidiadau economaidd a chymdeithasol dirfawr ym Mhrydain ar y pryd. Oherwydd y newidiadau, yr oedd y cyhoedd yn fwyfwy effro i'r bygythiadau i'r amgylchedd hanesyddol – er enghraifft, yn sgil y cyflymu ar ddinistrio adeiladau fel plastai ac eglwysi ('plastai coll' ac 'eglwysi coll' Cymru), y dirywiad yn y diwydiannau trwm a'r ailddatblygu ar y dirwedd o ganlyniad i hynny. Effaith creu pedair Ymddiriedolaeth Archaeolegol Cymru yn unedau cloddio oedd dileu'r angen i'r Comisiwn ymroi i'r gweithgarwch hwnnw i'r un graddau â chynt, yn enwedig gan mai'r drefn erbyn hyn oedd cyflawni archaeoleg 'achub' yn gyflym. A chan mai angen yr oedd llawn cymaint o frys amdano oedd arolygu a chofnodi'r dirwedd hanesyddol am ei bod hi'n newid yn gyflym, bu modd i'r Comisiwn ganolbwyntio ar y rhan honno o'i genhadaeth.

Yn sgil sefydlu English Heritage i gyflawni swyddogaethau o ran yr amgylchedd hanesyddol yn Lloegr, penderfynodd y llywodraeth edrych o'r newydd ar y Comisiynau Brenhinol a chyflogi ymgynghorwyr rheoli i werthuso a oedd gwaith y Comisiynau yn cyfiawnhau'r gwariant arno. O ran Cymru, fe ddywedwyd yn eu hadroddiad ym 1988 mai 'Our strong impression of RCAHMW is that the best has become the enemy of the good. It is inward-looking, rather with the aura of an old-fashioned university department, it has not recognised the need for good management practices and the Commission has not fully recognised the value of integrating non-inventory activities into its priorities.... If RCAHMW is to represent good value for money, there needs to be major re-orientation of effort.' Derbyniwyd yr adroddiad di-flewyn ar dafod hwnnw gan y llywodraeth.

Yr oedd y ddadl ynghylch buddioldeb llunio Inventories 'statig' o'r siroedd, a hynny mewn byd o newid lle'r oedd angen i ddatblygwyr, cynllunwyr a pherchnogion allu sicrhau gwybodaeth gyfredol a dibynadwy am yr amgylchedd hanesyddol yn uniongyrchol, yn mynd rhagddi ers degawdau. Yn ystod y 1960au y gwelwyd y symud cyntaf oddi wrth lunio Inventories, a hynny adeg sefydlu'r Cofnodion Henebion Cenedlaethol yng Nghymru, yr Alban a Lloegr – cam a esgorodd ar wireddu egwyddor y cofnod dynamig. Ddegawd yn ddiweddarach, cefnogodd yr Arolygiaeth Henebion greu rhwydwaith o gofnodion o safleoedd a henebion (CSHion) a allai ymateb i ymholiadau cyfredol ar y lefel ranbarthol.

Mewn gwirionedd, yr oedd dewis arall yn lle cofnod statig yr Inventories yn bod ers cyn sefydlu'r Comisiwn, sef cofnod yr Arolwg Ordnans (yr AO) o safleoedd archaeolegol at ddibenion eu darlunio ar fapiau, a châi'r cofnod hwnnw ei drosglwyddo i'r Comisiynau Brenhinol yn y man. Dadl swyddog archaeoleg yr Arolwg Ordnans, C. W. Phillips, oedd hyn: 'This continuous aspect of the work is of great importance and compares favourably with that of some other institutions which are unable to continue their work in it effectively once they have completed the inventory of a county, excellent though that inventory normally is'.

Cloddio yng Nghefn y Fan, Sir Gaernarfon. Yng nghanol y rhes flaen mae A. H. A. Hogg, a fu'n Ysgrifennydd o 1949 tan 1973; ar y pen chwith yn y rhes flaen mae C. H. Houlder. Yn y cefn, yn y canol ar y chwith mae W. E. Griffiths ac, ar y chwith iddo, Peter Smith, a fu'n Ysgrifennydd o 1973 tan 1991.

DI2008_0182 NPRN 26248

Rhybuddiodd yn brudd na ellid disgwyl gweld cwblhau *inventories* y Comisiynau Brenhinol '... before much of the matter of their inquiry has been either damaged or destroyed'. Dangoswyd hynafiaethau ar fapiau'r AO o ddiwedd y ddeunawfed ganrif ymlaen (cyflwynwyd o leiaf ddwy o nodweddion eiconig y mapiau hynny gyntaf yng Nghymru, sef sgript Gothig ar gyfer hynafiaethau ym 1812 a theip Eifftaidd ar gyfer olion Rhufeinig ym 1816). Tan ddiwedd y Rhyfel Mawr, cawsai'r broses o adnabod a dehongli hynafiaethau ei chyflawni gan ymgynghori ag arbenigwyr a hynafiaethwyr lleol, ond ym 1920 yr oedd yr Arolwg wedi penodi ei swyddog archaeolegol cyntaf, sef O. G. S. Crawford, gŵr a ddatblygodd grŵp bach arbenigol a gynhwysai W. F. Grimes, a ddaeth yn ddiweddarach yn gadeirydd Comisiwn Cymru. Drwy gydol y 1950au a'r '60au bu cangen archaeoleg yr AO wrthi'n casglu cryn gorff o ddeunydd ynghylch hynafiaethau – llawer mwy na'r hyn yr oedd gofyn ei gael at ddibenion mapio. Yr oedd y mynegai i safleoedd yn cynnwys disgrifiad a dehongliad byr o bob safle ynghyd â chyfeiriadau llyfryddol ac arsylwadau maes. Fel rheol, ceid cynllun mesuredig hefyd, a hynny fel arfer ar y raddfa fapio sylfaenol briodol, ond fe'i hategwyd weithiau ag arolygon helaethach a thrawstoriadau i gynorthwyo'r dehongli a helpu'r broses o lunio'r map a gâi ei gyhoeddi.

Ym 1983 fe drosglwyddwyd i'r tri Chomisiwn Brenhinol adran archaeolegol yr Arolwg a'i fynegai gwerthfawr i safleoedd, ynghyd â'i gyfrifoldeb dros arolygu, dehongli a chynnal cofnod o'r safleoedd archaeolegol a ddarlunnir ar fapiau'r AO. Ers hynny, mae'r Comisiwn Brenhinol yng Nghymru wedi dal i ddarparu gwybodaeth fapio i'r Arolwg Ordnans ar gyfer mapiau ar y graddfeydd sylfaenol a'r mapiau a ddeilliai ohonynt fel y gyfres Landranger boblogaidd sydd ar raddfa o 1/50,000. Ffrwyth amhrisiadwy prosiectau arolygu archaeolegol y Comisiwn Brenhinol yw'r wybodaeth honno ac mae'n sicrhau y gall pob un o ddefnyddwyr mapiau'r Arolwg Ordnans werthfawrogi'r safleoedd hanesyddol a ddarlunnir.

Amcangyfrif yr ymgynghorwyr ym 1988 oedd mai 11% yn unig o adnoddau'r Comisiwn a gâi eu dyrannu i Gofnod Henebion Cenedlaethol Cymru. Eu hargymhelliad, felly, oedd newid y cydbwysedd rhyngddo a rhaglen gyhoeddi'r Comisiwn: dylid rhoi mwy o flaenoriaeth i'r Cofnod Henebion Cenedlaethol 'as the destination of... survey data' ar gyfer Cymru, ac y dylid datblygu technolegau cyfrifiadurol ar gyfer 'the storage, retrieval and dissemination of data'. Ynghyd â chynnig gwell strwythurau rheoli a rhoi pwys ar hyfforddi'r staff i sicrhau gallu'r Comisiwn at y dyfodol, dyma osod cylch gwaith clir i'r cadeirydd newydd, yr Athro J. B. Smith, a'r ysgrifennydd newydd, Peter

White, a ddaeth o English Heritage ar ôl magu profiad helaeth o weinyddu a rheolaeth ariannol; penodwyd y ddau ohonynt ym 1991. Y flwyddyn ganlynol, cadarnhawyd y newid ym mlaenoriaethau'r Comisiwn Brenhinol gan Warant Frenhinol ddiwygiedig.

Er bod corff aml-swyddogaeth yn awr ar y gweill i wasanaethu gwlad gymharol fach, ni roddwyd eto sylw dyledus i'r anghenion staffio – yn wir, o'r braidd y rhoddwyd i'r pwnc sylw teilwng ers 1908. Ond ym 1991 fe grëwyd swydd hollbwysig ym maes technoleg gwybodaeth, a dangosodd Terry James amynedd a dyfeisgarwch di-ben-draw wrth ailwampio data'r Comisiwn a chyflwyno'i gydweithwyr i faes cofnodi electronig. Bu defnyddio'r un feddalwedd â'r hyn a ddefnyddid ar gyfer y cofnodion rhanbarthol o safleoedd a henebion yn help i'r Comisiwn arwain partneriaeth a fu'n fodd i gyfnewid data drwy'r Gronfa Ddata Genedlaethol Estynedig (END) – datblygiad pwysig o ran datblygu cofnod ar gyfer Cymru gyfan.

Lawn cyn bwysiced oedd yr ehangu ar y rhaglen arolygu-o'r-awyr yn y 1980au a chyflwyno'r arolwg eithriadol o ffrwythlon o'r cyfan o uwchdiroedd helaeth Cymru. Mae'r ddwy fenter yn dal i gyfrannu'n arbennig i archaeoleg Cymru drwy ddod o hyd i filoedd o safleoedd nad oedd eu lleoliad yn hysbys cynt. Yr oedd angen sgiliau rheoli helaethach, felly, i weithredu isadeiledd mwyfwy cymhleth y Comisiwn ynghyd â'r adeilad ym Mhlas Crug yn Aberystwyth y symudodd y Comisiwn iddo ym 1990.

Yr un pryd, fe harneisiwyd proffesiynoldeb ac ysgolheictod digamsyniol staff y Comisiwn hyd yr eithaf. Dangosir i hynny ddigwydd, yn gyflymach mewn rhai achosion na'i gilydd, gan y prosiect mawr ar Gapeli Cymru, prosiect a aeth rhagddo mewn partneriaeth â Llyfrgell Genedlaethol Cymru a'r mudiad gwirfoddol, Capel. Ymhen amser, câi pob prosiect o'r fath ei ddyrannu i un o dair cangen a ymdriniai â'r prif swyddogaethau, sef arolygu ac ymchwilio, rheoli gwybodaeth, a gwasanaethau cyhoeddus, a staff pob un ohonynt yn cydweithio'n agos â'i gilydd.

Daliodd cyhoeddiadau'r Comisiwn i fod yn gryfder ac fe aethant ymhell y tu hwnt i *Inventories* y siroedd. Cynhyrchwyd llyfrau ar bynciau amserol a safleoedd neu adeiladau penodol. Enghreifftiau o'r rheiny yw'r astudiaethau o byllau glo Cymru, eglwys gadeiriol Aberhonddu, castell Trefdraeth a *Guns across the Severn* (amddiffynfeydd ar Fôr Hafren). Yn raddol, o'r 1990au ymlaen, datblygwyd portffolio o weithgarwch estyn-allan hefyd i gydategu'r rheoli ar yr archif. Cynorthwywyd hynny gan swyddog addysg ac fe'i trefnwyd o lyfrgell sydd, ar ei newydd wedd, yn croesawu'r cyhoedd.

Cryfder cudd oedd archif y Comisiwn Brenhinol ac fe roddodd *raison d'être* o'r newydd i'r sefydliad.

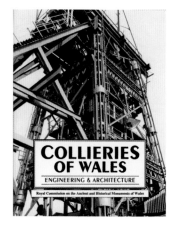

Collieries of Wales,
a gyhoeddwyd ym 1994.

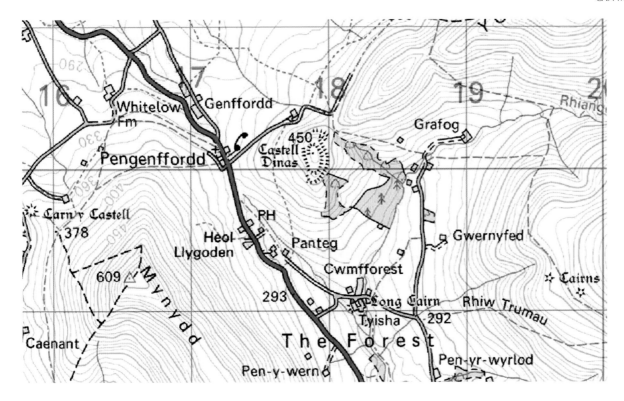

Mae'r Comisiwn Brenhinol yn gyfrifol am gyflenwi arolygon o safleoedd hynafol a hanesyddol i'r Arolwg Ordnans er mwyn iddynt gael eu cynrychioli ar fapiau o wahanol raddfeydd. Mae'r darn hwn o fap Landranger o'r Mynydd Du ym Mhowys yn dangos pum hynafiaeth, gan gynnwys amddiffynfeydd cymhleth Castell Dinas.

NPRN 92015
Hawlfraint y Goron.
Trwydded rhif:
100017916 yr AO.

Oherwydd blynyddoedd o fethu â buddsoddi digon yn y Cofnod Henebion Cenedlaethol, nid oedd ganddo unrhyw gynorthwyon darganfod modern ac effeithiol. Bu rhoi data'r cofnodion ar gyfrifiadur yn fodd i ddechrau datgloi ei gyfoeth, gan gynnwys y casgliad o ddelweddau – y mwyaf o'i fath yng Nghymru ac un a oedd yn sylweddol fwy na chasgliad y Llyfrgell Genedlaethol. Yr oedd y Cofnod Henebion Cenedlaethol wedi datblygu'n gaffaeliad i'r genedl gyfan ac yn un o natur wahanol i eiddo'r cofnodion rhanbarthol o safleoedd a henebion. Fe ehangodd yn gyflym yn sgil cyflwyno eitemau pwysig iddo gan lawer o gyrff cyhoeddus a phreifat gan ychwanegu at gofnodion arolygu manwl a chofnodion ffotograffig y Comisiwn ei hun. Bydd llu o sefydliadau cyhoeddus eraill, gan gynnwys Cadw ar ran Llywodraeth Cynulliad Cymru, yn trosglwyddo deunydd iddo o dro i dro. Mae casgliadau pwysig wedi dod i law o'r sectorau preifat a masnachol, ac un o'r mwyaf nodedig ohonynt oedd casgliad Aerofilms o awyrluniau arosgo hanesyddol yn 2008. Heddiw, casgliad y Cofnod Henebion Cenedlaethol o ryw 1.5 miliwn o ddelweddau yw casgliad cenedlaethol mwyaf Cymru. Cafwyd rhagolwg o'r dyfodol hwnnw pan gymerodd y Comisiwn ran ym mhrosiect Casglu'r Gemau, prosiect a fu'n gyfle i drefnu i lu o ddelweddau nodedig o'r Cofnod Henebion Cenedlaethol fod ar gael ar-lein ac i gychwyn rhaglen ddigido sy'n dal i fod yn un o flaenoriaethau'r Comisiwn wrth iddo wasanaethu'r cyhoedd.

Darparu mynediad gan y cyhoedd i'w gasgliadau yw un o brif amcanion partneriaeth SWISH (Gwasanaethau Gwybodaeth Gwe a Rennir ar gyfer Treftadaeth) wrth ddatblygu gwasanaethau cyhoeddus ar-lein. Y cydweithredu hwnnw â Chomisiwn Brenhinol yr Alban, yn ei swyddfeydd yng Nghaeredin, oedd y prosiect cyntaf o'i fath rhwng y ddwy weinyddiaeth ddatganoledig a sefydlwyd ychydig cyn hynny. SWISH sy'n cynnal Coflein, gwasanaeth rhyngrwyd di-dâl cyntaf y Comisiwn, ac arno ar hyn o bryd mae manylion rhyw 80,000 o safleoedd yn ogystal â'r catalog o archifau'r Cofnod Henebion Cenedlaethol. Mae'n cynnig mynediad uniongyrchol i fwy a mwy o ddelweddau a chofnodion digidol eraill ac yn adnodd a fyddai wedi rhagori llawer iawn ar ddisgwyliadau'r ymgynghorwyr ym 1988. Yn 2006 dechreuodd SWISH ddatblygu Porth Cymru Hanesyddol, porth sy'n cynnig mynediad i gofnodion amrywiaeth mawr o gyrff – gan gynnwys Amgueddfa Cymru, Cadw a phedair Ymddiriedolaeth Archaeolegol Cymru – o'r amgylchedd hanesyddol.

Bu partneriaeth SWISH yn fodd i ddefnyddio proses o chwilio mapiau ar-lein i gyrchu'r Cofnod Henebion Cenedlaethol. Wrth ddosbarthu cyllid ychwanegol i'r prosiect creadigol hwn, dangosodd Llywodraeth newydd y Cynulliad ei ffydd yng ngallu a dibenion y Comisiwn Brenhinol ac yn ei gyfran yn y gwaith o ddiogelu a llywio treftadaeth y genedl.

002 Yr *Inventories* Cynnar

ROYAL COMMISSION ON ANCIENT MONUMENTS IN WALES AND MONMOUTHSHIRE.

COUNTY OF MONTGOMERY.

MONUMENTS SPECIFIED BY THE COMMISSION AS ESPECIALLY WORTHY OF PRESERVATION.

No. in Inventory.	Parish.	Monument.	Remarks.
12	Bausley	Castle Camp	Forms (with Cefn Castell, parish of Middletown) part of the Breiddin scheme of defence.
33	Bettws Cedewen	'Cefn Ucheldre' Camp	Mound-and-bailey.
92	Castle Caereinion	Pen y foel Camp	
100	Castlewright	Caer din	
101	,,	Bishop's Moat	Mound-and-bailey.
143	Cletterwood	Buttington Church	Font formed of capital of pier from Strata Marcella Abbey.
149	Criggion	Breiddin	
174	Forden	Y Gaer	Roman.
214	Guilsfield	Gaer Fawr	
241	Hirnant	Carnedd Illog	
287	Kerry	Camp	
293	,,	The Double Dyche	
295	,,	Parish Church	
302	Leighton	Caer Digoll	
308/10	Llanbrynmair	Cairn and Circles	
311	,,	Tafolwern	Owain Cyfeiliog's mound-castle.
312	,,	Parish Church	Arcade of rude oak beams.
334	Llandinam	Cefn Carnedd	
364	Llandrinio	Parish Church	Norman arch and font.
387	Llandyssil	Cefn Bryntalch	Mound-and-bailey.
398	Llanerfyl	Parish Church	Inscribed Stone in churchyard.
419	Llanfair Caereinion	Y Gaer	Small Roman station.
420	,, ,,	Parish Church	14th-century effigy.
447	Llanfechain	Domen Gastell	Mound-and-bailey.
448	,,	Parish Church	Early English details.
463	Llanfihangel yng Ngwynfa	Beddau Cewri	Unexplored mounds of peculiar construction.

Tudalen o'r argymhellion cyntaf a wnaed gan y Comisiwn Brenhinol ynghylch pa henebion a oedd yn werth eu diogelu. Daw hwn o Inventory *Sir Drefaldwyn, a gyhoeddwyd ym 1911.*

Penderfynodd y comisiynwyr cyntaf lunio'u *Inventory* o safleoedd a henebion hanesyddol Cymru fesul sir. Casglwyd deunydd ar gyfer saith sir, sef Trefaldwyn, y Fflint, Maesyfed, Dinbych, Caerfyrddin, Meirionnydd a Phenfro, yn eithaf cyflym hyd at 1915, pan ddaeth y Rhyfel Mawr i darfu ar y gwaith. Yna, gwnaed gwaith maes pellach ar gyfer Sir Benfro tan 1923.

Pwysleisiodd canllawiau Edward Owen ar gyfer y saith *Inventory* y dylid defnyddio ffynonellau dogfennol a oedd eisoes ar gael yn hytrach na gwneud gwaith maes gwreiddiol. Anfonwyd holiaduron at bobl amlwg o'r ardal, ymgynghorwyd ag aelodau Cymdeithas Hynafiaethau Cymru, a holwyd tystion yn gyhoeddus. Yn naturiol, amrywio wnâi safon y wybodaeth a gasglwyd, a chafwyd gwahaniaeth barn (er enghraifft) ynghylch 'aelwydydd coginio' Sir Gaerfyrddin. Ond ym mhob achos, cafwyd canlyniad o werth pendant a pharhaol yn y rhestr o 'Monuments specified by the Commissioners as especially worthy of preservation'.

Lluniwyd trefn i osod yr henebion mewn dosbarthiadau, gan wneud hynny cyn belled â phosibl yn unol â chynllun Cyngres y Cymdeithasau Archaeolegol, a chynhaliwyd trafodaethau gyda Chomisiwn Brenhinol Lloegr ynglŷn â'r ffordd orau o ddosbarthu rhai safleoedd penodol. Erbyn heddiw, gwedd arbennig o hen-ffasiwn sydd i'r 'rhaniadau' a ddefnyddiwyd, sef safleoedd cynhanesyddol (I), gwrthgloddiau, gan gynnwys bryngaerau (II), adeiladau domestig, gan gynnwys cestyll (III), adeiladau eglwysig (IV), safleoedd eraill megis ffynhonnau sanctaidd (V), safleoedd a ysgogwyd gan enwau lleoedd neu gysylltiadau eraill (VI), ac, yn olaf, ddarganfyddiadau (VII). Rhagwelwyd y byddai ymchwilydd yn arolygu pob heneb yn y maes ac y byddai'r comisiynwyr yn cyfyngu eu harolygiadau achlysurol i henebion nodweddiadol ym mhob dosbarth. Cyfrifoldeb swyddog archwilio y Comisiwn oedd llunio'r *Inventories*, ac Owen a gydlynai'r gwaith hwnnw. Cafwyd cyfraniadau hefyd gan sawl comisiynydd, gan gynnwys Syr John Rhŷs ac R. C. Bosanquet.

Ym mhob llyfr, a chan ddilyn patrwm Adroddiadau Cyfrifiad 1901 yng Nghymru a Lloegr, fe gyflwynir y safleoedd fesul plwyf sifil yn nhrefn yr wyddor. Ar ddechrau'r fenter, teimlwyd nad doeth o beth fyddai llunio casgliadau cyffredinol ynghylch hanes y siroedd 'without enlightenment from the use of the spade and the level, implements which this Commission has no power to requisition'. Greddf synhwyrol, os pwyllog, oedd honno gan i ymchwil ddiweddarach ychwanegu llawer o wybodaeth at yr *Inventories* cynharaf. Er bod y llyfrau bellach yn eitemau y bydd casglwyr yn eu chwennych, gwelwyd mynych gywiro ar fanylion eu cynnwys a

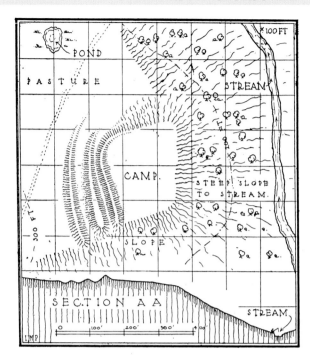

hynny, weithiau, ar sail gwaith y Comisiwn Brenhinol ei hun.

Un o'r rhannau gwerthfawrocaf o'r *Inventories* cynnar hynny, hyd heddiw, yw'r rhestr o enwau caeau a gymerwyd o ffynonellau megis Dosraniad y Degwm. Mae'n taflu goleuni ar safleoedd a henebion 'coll' fel bryngaer Croes Arthur yn Sir Gaerfyrddin. Weithiau, mae'r disgrifiadau yn tynnu ar adroddiadau ar gloddiadau ac ar sylwadau'r comisiynwyr a'r arolygwyr maes ar yr adroddiadau hynny; yn y cofnod ar Gaer Drewyn, Meirionnydd, fe nodir pwysigrwydd ysgrifeniadau hynafiaethol Siôn Dafydd Rhys, Edward Lhuyd a Thomas Pennant. Ar y llaw arall, nid oes fawr o ddarlunio ar y safleoedd, a lluniwyd rhai o'r cynlluniau a gynhwyswyd ddegawdau ynghynt. Er mai addurniadol yn hytrach na dadansoddol oedd y nifer fach o luniau ym mhob *Inventory*, yr oeddent yn gofnod gwerthfawr o'r safleoedd. A siom, a dweud y lleiaf, yw'r ffaith nad oes prin sôn am Graig Rhiwarth yn Sir Drefaldwyn, y fryngaer furiog lle'r oedd dros drigain o gytiau i'w gweld bryd hynny. Er hynny, mae'n ymddangos fel petai arolwg sylweddol wedi'i wneud o Gaer Digoll mewn cysylltiad â chynllun cyhoeddedig yr Arolwg Ordnans, ac yn achos *Inventory* Sir Gaerfyrddin fe luniodd Mervyn Pritchard gyfres o gynlluniau gwreiddiol a deniadol o fryngaerau.

David Browne

De: Cynllun o loc amddiffynedig Castell Pen-y-coed, a godwyd yn ystod yr Oes Haearn, wedi'i dynnu gan Mervyn Pritchard ar gyfer Inventory *Sir Gaerfyrddin, 1917.*

DI2008_0385 NPRN 304193

Uchod: ffotograff cynnar gan y Comisiwn: castell Sanclêr yn Inventory *Sir Gaerfyrddin, 1917.*

DI2008_0383 NPRN 105023

003 Cloddio ym Mhenllystyn

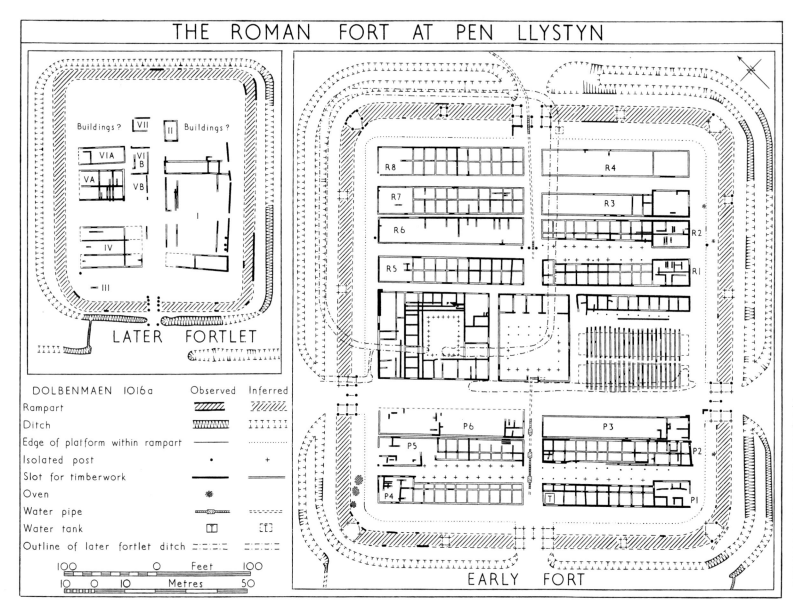

Cynllun y Comisiwn Brenhinol o'r gaer Rufeinig ym Mhenllystyn ar ôl y cloddio yno.
DI2008_0103 NPRN 301056

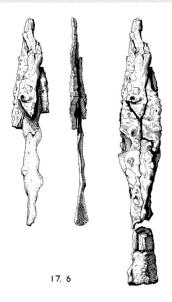

17. 6

Uchod: Lluniad o flaenau gwaywffyn y cafwyd hyd iddynt wrth gloddio.

DI2008_0104 NPRN 301056

De: Ffyrnau a gloddiwyd yn ymyl y gwaith chwarela.

DI2008_0113 NPRN 301056

Isod: Crochenwaith samiaidd addurnedig o Benllystyn.

DI2008_0110 NPRN 301056

Un o gloddiadau mwyaf nodedig y Comisiwn Brenhinol oedd hwnnw ar safle Rhufeinig Penllystyn. Ym 1957 fe anfonodd ysgrifennydd y Comisiwn, A. H. A. Hogg, neges at yr arolygydd henebion yn datgan bod caer Rufeinig wedi'i darganfod mewn pwll graean ym Mryncir, i'r gogledd o Gricieth.

Er y daethpwyd o hyd i ffos yn y pwll graean eisoes, nid oedd unrhyw arteffact ynddi. Ond pan aethai Hogg ar ymweliad â'r fan, dangoswyd iddo ddarn o grochenwaith samiaidd ac arno stamp o'r cyfnod Fflafiaidd. Ysbrydolodd hynny Hogg i drefnu torri ychydig o ffosydd, a phan wnaed hynny fe welwyd yn glir bod yno safle caer Rufeinig a gynhwysai weddillion adeiladau pren a oedd wedi'u diogelu'n dda. Sicrhawyd cytundeb â'r perchennog a chwmni'r chwarel i dîm Hogg weithio y tu mewn i ffens y chwarel ar yr amod na fyddai hynny'n achosi oedi wrth gloddio am raean. Wrth i'r Comisiwn gadw llygad ar y gwaith o dynnu'r pridd a chloddio ffosydd arbrofol, a hynny yn aml mewn tywydd dychrynllyd, fe luniwyd cofnod o'r gaer. Erbyn Tachwedd 1959 yr oedd yn amlwg bod angen gwneud gwaith cloddio llawn ar y safle. Dechreuodd gwirfoddolwyr a staff y Comisiwn Brenhinol ar y gwaith ym 1960 a dal ati am sawl tymor dan gyfarwyddyd Hogg ac o dan nawdd y Weinyddiaeth Weithfeydd. Cyhoeddodd y Sefydliad Archaeolegol Brenhinol ffrwyth y gwaith hwnnw ym 1969.

Bu'r arsylwadau a'r cloddiadau hynny'n fodd i ddatgelu hanes y safle. Cyn i gaer Rufeinig gael ei chodi yno, defnyddiwyd y safle, efallai yn achlysurol, o gyfnod cynnar yr Oes Efydd ymlaen. Yr oedd pantiau, pyllau a ffosydd bach yno'n cynrychioli cyfnodau'r anheddu yn yr Oes Efydd Ddiweddar neu'r Oes Haearn, ond yr oedd y trigolion eisoes wedi cilio erbyn i'r fyddin Rufeinig feddiannu'r bryn.

Codwyd y gaer atodol sylweddol hon tuag OC 80 ac mae'n debyg mai ei diben oedd gwarchod y ffyrdd i

benrhyn Llŷn; yr oedd hi'n enghraifft dda o gaer ar batrwm o'r cyfnod Fflafiaidd. O fewn ei rhagfuriau, mesurai'r gaer 117.3 metr wrth 132 metr, sef darn tir amgaeedig o 1.55 hectar. Addaswyd yr amddiffynfeydd yn gelfydd i gyd-fynd â ffurf y bryn. Codwyd y rhagfur o raean a chlogfeini gan osod tywyrch drostynt; yn y tu blaen yr oedd dwy ffos. Yr oedd yno bedwar porth dau-lwybr, a phob un â fframwaith o bedwar ar ddeg o byst mawr. Cawsai tyrrau ongl a thyredau rhyngol eu cynnwys yn y rhagfur. Yn y praetentwra, sef y tir o flaen y pencadlys, yr oedd pedwar barics a dau stordy neu weithdy. Ar draws canol y gaer yr oedd tŷ'r penswyddog, adeilad y pencadlys, dau ydlofft ac, yn fwy na thebyg, yr ysbyty. Y tu ôl i'r prif adeiladau, mae'n ymddangos bod y retentwra wedi'i rhannu gan adeiladau: dau floc o farics yn y naill sector, a phum bloc o farics ac adeilad arall yn y llall. Cymerwyd bod y dystiolaeth honno'n dangos bod dwy uned o 500 o filwyr troed wedi'u brigadu yno gyda'i gilydd. Cafwyd hyd hefyd i ffyrnau coginio a chyflenwad dŵr a redai drwy bibellau pren.

Bu'r milwyr yno am lai nag ugain mlynedd, ond cafwyd hyd i dystiolaeth i'r gaer gael ei defnyddio am gyfnodau byr ar ôl hynny. Mae'n debyg i'r adeiladau gael eu rhoi ar dân yn union ar ôl i'r milwyr eu gadael – ac mae hi bron yn sicr mai'r fyddin Rufeinig wnaeth hynny er mwyn gadael dim ar ôl i'r boblogaeth frodorol.

David Browne

004 *Houses of the Welsh Countryside*

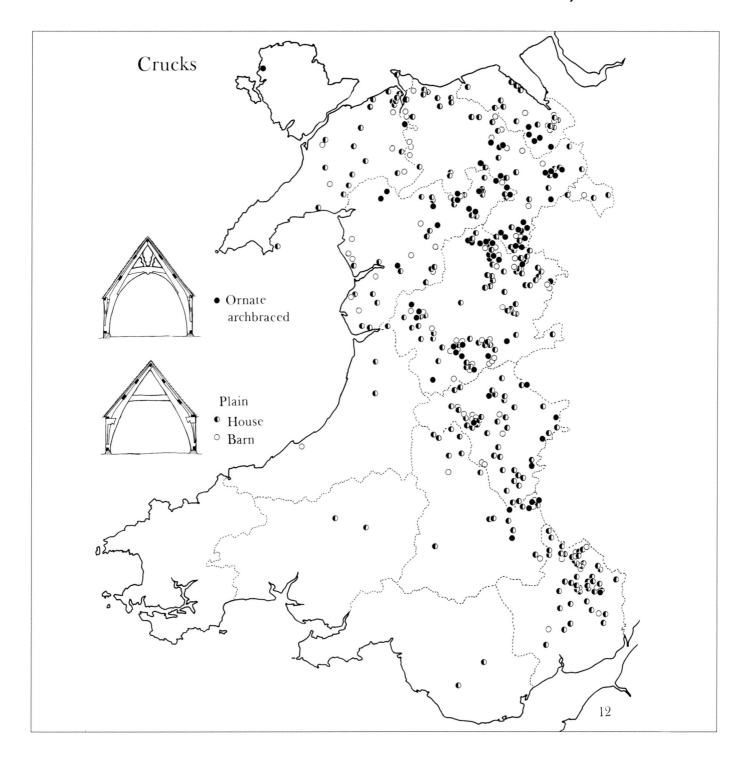

Crucks

● Ornate
  archbraced

Plain
◑ House
○ Barn

12

Yr oedd y mapiau niferus yn Houses of the Welsh Countryside *yn dangos dosbarthiad daearyddol y bensaernïaeth frodorol: ar fap 12 dangoswyd dosbarthiad adeiladau â nenffyrch.*

DI2008_0387
Hawlfraint y Goron: CBHC. Trwydded rhif 100017916 yr AO.

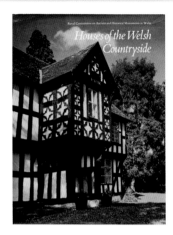

Clawr yr argraffiad cyntaf, a ddangosai Hen Ficerdy Aberriw, 1975.

Y tŷ o ddau gyfnod yn y Dduallt ger Maentwrog. Ar y dde y mae'r tŷ cynharaf. Fe'i codwyd yn y bymthegfed neu'r unfed ganrif ar bymtheg.
DI2006_1594 NPRN 28336

Dros ran helaeth o'r bedwaredd ganrif ar bymtheg a dechrau'r ugeinfed ganrif, bu hynafiaethwyr yn astudio ffermdai a bythynnod gan weithredu fwy neu lai'n annibynnol ar archaeolegwyr a haneswyr proffesiynol. Ym 1975 cyhoeddwyd dau lyfr arloesol ar bensaernïaeth frodorol, sef *English Vernacular Architecture* gan Eric Mercer a *Houses of the Welsh Countryside* gan Peter Smith, ysgrifennydd y Comisiwn Brenhinol. Yr oedd y ddau lyfr yn wahanol iawn o ran eu dull i *inventories* y Comisiwn, yn gyfuniadau cywrain o ymchwil empeiraidd a myfyrdod aeddfed. Er bod y ddwy gyfrol yn anelu at wneud synnwyr o gorff sylweddol o wybodaeth, yr oedd agwedd y naill at y pwnc yn wahanol i eiddo'r llall. Lle mabwysiadodd Mercer ddull esblygiadol, gan ddadlau i bensaernïaeth tai weld cyfnodau o ddatblygiad nad oedd yn amrywio rhyw lawer o le i le, gwelai Smith ddatblygiadau pensaernïol newydd yn lledu ar draws Cymru.

Patrwm newydd sbon oedd i *HWC* (fel y bydd staff y Comisiwn Brenhinol yn cyfeirio at y gyfrol). Tynnai'r is-deitl, 'a study in historical geography', sylw at galon y llyfr, sef cyfres o hanner cant o fapiau a ddangosai ddosbarthiad daearyddol nodweddion pensaernïol arbennig tai yng Nghymru. Yr oedd y rhestr gyfun o safleoedd – a honno wedi'i threfnu fesul sir fel yr *inventories* – yn llenwi dwy golofn cynifer ag un ar bymtheg ar hugain o dudalennau: mae'n bwynt cyfeirio amhrisiadwy. Dylanwad mawr ar ffordd Smith o ddefnyddio mapiau yn ei lyfr oedd *The Personality of Britain* (1932) gan Syr Cyril Fox, un o'r comisiynwyr cynharaf. Er i Fox honni bod Cymru gyfan yn perthyn, yn archaeolegol, i 'barth ucheldiroedd' Prydain, dangosodd Smith fod i Gymru 'bersonoliaeth bensaernïol' gymhleth a bod dosbarthiad nodweddion y bersonoliaeth honno'n amrywio o ranbarth i ranbarth.

Ar sail y mapiau o gerrig dyddio, daeth Peter Smith i'r casgliad i ddatblygiadau newydd ym myd pensaernïaeth ymledu, gan amlaf, o'r dwyrain i'r gorllewin. Defnyddiodd fetaffor trawiadol o fyd y rheilffyrdd i gyfleu'r pwynt hwnnw. Dangosai'r mapiau niferus ddosbarthiad daearyddol gwaith graenus seiri coed Cymru'r Oesoedd Canol: yr oedd dosbarthiad y nenffyrch llawn yn dangos yn syth gynifer o dai canoloesol yng Nghymru a oedd wedi goroesi, a'u dosbarthiad anwastad. Dangosodd hefyd fod cynllun unffurf i dai canoloesol, ac i'r tai hynny gael eu dilyn gan amrywiaeth o fathau rhanbarthol. Materion sy'n cyffroi diddordeb aruthrol heddiw yw amseriad y newid o'r neuadd agored i'r tŷ â dau neu ragor o loriau, a'r rhesymau dros yr amrywiaeth yng nghynllun tai ôl-ganoloesol. Darluniodd Smith y gwahanol fathau o dai gan ddefnyddio amryw o gynlluniau a thorluniadau dadlennol, a deuai hynny'n batrwm i waith yn y maes hwn yn y dyfodol.

Taith ddarganfod oedd – ac yw – *HWC*. Yr oedd modd ei ysgrifennu am fod y wybodaeth a ddeilliai o arolygon unigol wedi ei chrynhoi a'i chatalogio yn y Cofnod Henebion Cenedlaethol, archif a oedd erbyn hynny ar gynnydd. Syndod erbyn hyn yw sylweddoli mai Peter Smith a'r Comisiwn oedd y cyntaf i ddod o hyd i safleoedd allweddol fel Tŷ-mawr yng Nghastell Caereinion ac amryw o adeiladau pwysig eraill, a'u gosod yn eu cyd-destun. Tai oeddent, gan mwyaf, nad oedd eu hanes wedi'i gofnodi ar bapur: dangosodd Smith fod yr adeiladau'n ddogfennau hanesyddol ynddynt eu hunain a bod eu hastudio'n rhan annatod o astudio hanes yn fwy cyffredinol. Gan i *HWC* gyfoethogi ac ehangu'r gwerthfawrogi ar bensaernïaeth hanesyddol a brodorol Cymru, fe sicrhaodd gadwraeth llu o dai a fyddai, fel arall, wedi diflannu.

Daeth epigraff priodol *HWC* o lyfr O. M. Edwards *Cartrefi Cymru*: 'Tybed fy mod wedi codi awydd ar rywun, yn y dalennau sydd yn y llyfr hwn, i fyned ar bererindod i rai o gartrefi Cymru….'.

Richard Suggett

005 *Inventories* Morgannwg

Adluniad gan Dylan Roberts o Gastell Coety ar gyfer Inventories *Morgannwg.*
DI2008_0373 NPRN 94504

Er iddi gymryd trigain mlynedd i'r Comisiwn droi ei sylw at y rhannau o dde Cymru a ddiwydiannwyd yn drwyadl, gwnaeth ei dîm arolygu waith o gryn bwys rhyngwladol ar hanes pensaernïaeth wrth lunio *Inventory* Morgannwg. 'Wonderful' oedd y gair a ddefnyddiwyd i ddisgrifio'r llyfr ar *Greater Houses* y sir (1981), ac fe roddai 'endless pleasure and instruction'. Fe'i canmolwyd yn arbennig am y defnydd helaeth ynddo o luniadau llinell, cyfrwng a ddaethai'n un o feysydd arbenigol y Comisiwn erbyn hynny. Cydnabyddir bod yr *Inventory* yn gyfeirlyfr safonol ar gyfer astudio'r bonedd modern cynnar a'u tai – ac nid rhai Morgannwg yn unig.

Ym 1982 fe ymddangosodd ail gyfrol, sef *Medieval Non-defensive Secular Monuments*, a chafodd honno ganmoliaeth lawn mor frwd â'r gyntaf: edmygwyd adrannau C. J. Spurgeon ar safleoedd amffosog a thomenni clustog, a'i ragymadrodd hanesyddol, yn arbennig. Adeg cyhoeddi'r llyfr, cynyddai'r pwysau i roi terfyn ar gyhoeddi cyfrolau mawr a drud o *Inventories* – hyd yn oed rai o'r safon nodedig honno – ond pan gyhoeddwyd y gyfrol ar ffermdai Morgannwg ym 1988, hon, yn ôl adolygydd o fri, oedd 'the most impressive single volume to be published on vernacular architecture to date'. Ynddi, fe ganolbwyntiwyd ar ddefnyddio lluniadau, yn hytrach na thestun helaeth, i ddisgrifio'n fanwl briodoleddau pensaernïol dosbarth o adeiladau a oedd wedi hen haeddu cael sylw.

Ym 1991, ac o dan dîm a arweiniwyd gan C. J. Spurgeon, fe gyhoeddwyd y gyntaf o ddwy gyfrol

De: Torlun o blasty Sker House, a godwyd yn yr unfed ganrif ar bymtheg.

GTJ00026 NPRN 19972

Ffermdy nodweddiadol o Forgannwg yn Llandŵ.

DI2007_0397 NPRN 20008

odidog ar gestyll Morgannwg, sef *The Early Castles* ar y cyfnod o'r Goncwest Normanaidd hyd at 1217. Yn 2000 fe gyhoeddwyd yr ail gyfrol, *The Later Castles*, a drafodai'r cyfnod o 1217 tan ddiwedd yr ugeinfed ganrif, gan gynnwys astudiaeth o'r castell mawr yng Nghaerffili. Cyfrifir y ddwy gyfrol awdurdodol hyn ymhlith goreuon yr astudiaethau o gestyll ar lefel gydwladol. I bob pwrpas, ffrwyth cyfnod Peter Smith fel ysgrifennydd y Comisiwn oeddent, er iddo ymddeol ym 1990.

Ar hyd llinellau tebyg, yr oedd y Comisiwn ym 1987 wedi cyhoeddi ail ran yr hyn y bwriadwyd iddi fod yn gyfrol gyntaf o *Inventory* Brycheiniog. Fe'i casglwyd ynghyd gan David Browne a cheid ynddi ddisgrifiadau o fryngaerau ac olion Rhufeinig y sir. Yn Ffair Lyfrau Frankfurt y flwyddyn honno fe'i harddangoswyd fel enghraifft o'r llyfrau safonol eithriadol yr oedd Gwasg Ei Mawrhydi yn eu cyhoeddi ar y pryd. Yn y chwaer-gyfrol, a gyhoeddwyd ym 1997 dan olygyddiaeth Stephen Briggs, disgrifiwyd henebion cynhanesyddol diweddarach ac anneddiadau anamgaeedig Brycheiniog hyd at OC 1000.

David Browne

Cynhanes

Toby Driver

Mae'r term 'cynhanes' yn disgrifio'r amser cyn i ffynonellau ysgrifenedig fodoli. Gwaith awduron Rhufeinig yw'r disgrifiadau dogfennol cynharaf sydd gennym o Gymru ac maent yn dyddio o ryw ddwy fil o flynyddoedd yn ôl ac yn taflu goleuni ar ddiwylliant cyfnod tua diwedd yr Oes Haearn. Mae ffynonellau archaeolegol ac ysgrifenedig ar gael i ddehongli olion materol y diwylliannau oddi ar hynny, a phob un ohonynt yn gwrthbwyso gogwydd pob un o'r lleill. Ym myd cynhanes, ar y llaw arall, yr ydym yn dibynnu'n llwyr ar ffrwyth ymchwiliadau archaeolegol.

Mae'r ganrif ddiwethaf wedi gweld archaeoleg yn troi o fod yn faes diddordeb i hynafiaethwyr ac yn datblygu'n wyddor a disgyblaeth sy'n destun dadleuon damcaniaethol ac yn elwa ar syniadau o feysydd anthropoleg, ethno-archaeoleg, daearyddiaeth a'r gwyddorau amgylcheddol. Mae'r archaeolegwyr sy'n astudio Cymru, a staff y Comisiwn Brenhinol yn eu plith, wedi gwneud llawer o waith darganfod, archwilio a dehongli henebion – henebion nad oedd llawer ohonynt wedi'u hadnabod cynt. Yn *Inventories* cynharaf y Comisiwn, dogfennwyd olion cynhanesyddol fel pethau hynod yn y dirwedd wledig. Gan mai prin oedd y ddealltwriaeth ohonynt, credid yn aml nad oeddent mor bwysig â'r cestyll mawr a'r adeiladau crand. Ond wrth i archaeoleg gynhanesyddol gael mwy a mwy o sylw ers yr Ail Ryfel Byd, gwelwyd datblygu mwy a mwy ar ddulliau gwyddonol o archwilio a dyddio olion ac o ddadansoddi eu hamgylchedd, a gwerthfawrogi cynyddol ar gronoleg ac arwyddocâd henebion a thirweddau o wahanol gyfnodau cynhanesyddol. Yn astudiaethau'r Comisiwn Brenhinol o Sir Gaernarfon, Morgannwg a Brycheiniog, dogfennwyd mannau claddu cynhanesyddol, caerau, caeau a ffermydd, ac ategwyd yr arolygu traddodiadol yn y maes â chloddiadau. Mae'r astudiaethau hynny wedi dal eu tir a hwy, yn aml, yw'r unig gofnod o ddarnau o'r Gymru gynhanesyddol. Mae prosiectau thematig, arolygon o'r uwchdiroedd ac arolygu o'r awyr wedi ehangu rhagor eto ar gofnod y Comisiwn o'r cyfnod cynhanesyddol.

Er bod yr ysgrif hon yn crynhoi cynhanes Cymru, rhaid cofio bod y cyfnod hwnnw'n un eithriadol o faith. Yr olion dynol cynharaf yng Nghymru yw'r rhai y cafwyd hyd iddynt wrth gloddio yn ogof Pontnewydd yn Sir Ddinbych, olion Neanderthaliaid cynnar sy'n dyddio o gyfnod rhyw 225,000 o flynyddoedd yn ôl. Er bod cynhaneswyr yn anfodlon ers tro byd ar ddosbarthu safonol yr oesoedd cynhanesyddol ar sail y prif offer a ddefnyddid ynddynt, sef Oes y Cerrig (a rannwyd yn oesoedd Palaeolithig, Mesolithig a Neolithig), yr Oes Efydd a'r Oes Haearn, mae'n rhaniad sy'n cynnig canllaw defnyddiol ar gyfer llywio'r ffordd drwy holl amrywiaeth y byd cynhanesyddol. Nid newid dros nos wnaeth ffyrdd o fyw yr heliwr Mesolithig na'r amaethwr yn yr Oes Efydd. Mae'n sicr i gymunedau weld mân ddatblygiadau technolegol ynghyd â newidiadau bach iawn yn eu harferion beunyddiol, eu defodau a'u credoau o oes i oes. Efallai i ymwelwyr neu fudwyr o diroedd pell a chanddynt offer neu wybodaeth dra gwahanol gyrraedd o dro i dro, ond cynyddu a chronni fesul tipyn a wnâi'r newidiadau gan amlaf. Yn raddol, dros filoedd o flynyddoedd, llwyddodd grwpiau o helwyr a chasglwyr – grwpiau symudol fel rheol – i ddatblygu trefn gymdeithasol fwy cymhleth, prosesau cynhyrchu offer, a'r gallu i'w mynegi eu hunain drwy gelfyddyd. Nid tan y cyrhaeddodd gwybodaeth pobl gogledd-orllewin Ewrop am amaethu a thyfu grawn ar ddechrau'r Oes Neolithig y ceir tystiolaeth o gymunedau'n ymsefydlu'n barhaol, yn storio bwyd dros gyfnod hwy ac yn cydymdrechu i greu cofadeiliau cymunedol mewn pren a charreg.

Yr oedd yr amgylchedd y trigai pobl gynhanesyddol ynddo hefyd yn newid yn gyson o genhedlaeth i

Golwg o'r de ar greigiau carreg galch de-orllewin Gŵyr. Ogof Pen-y-fai (Paviland) yw'r twll tywyll yn y gefnen wen-felen amlwg i'r dde o'r canol. Yn ystod yr Oes Uwch-Balaeolithig, yr oedd yr ogof filltiroedd lawer o'r môr, ond erbyn hyn daw stormydd y gaeaf â'r môr at geg yr ogof.

AP_2006_2101 NPRN 300251

genhedlaeth, yn ddiarwybod, bron. Yn ystod yr oesoedd Palaeolithig a Mesolithig, daeth oesoedd iâ olynol i ailffurfio cyfandiroedd a moroedd a gwelwyd newidiadau sylweddol yn yr hinsawdd. Ar ddechrau'r Oes Neolithig, rai miloedd o flynyddoedd ar ôl yr Oes Iâ ddiwethaf, gwelwyd lefelau'r môr o amgylch arfordir Prydain yn graddol sefydlogi ac yn creu'r arfordir sy'n gyfarwydd i ni heddiw. Gan i archaeolegwyr ac eigionwyr dros y blynyddoedd diwethaf sylweddoli gwerth ymchwilio i'r tiroedd sydd bellach dan ddŵr, mae datblygiadau ym maes chwilio tanddwr wedi bod yn fodd i fapio tir Cymru cyn yr Oes Neolithig pan fyddai'r tir sydd bellach dan fôr bas wedi bod yn wastadeddau coediog. Gwelwyd newidiadau cyson ym mhrif batrymau'r tymheredd a'r glawiad, ac mae'r rheiny'n dal i ddigwydd hyd heddiw. Gan fod archaeolegwyr yn dibynnu ers amser maith ar ddata amgylcheddol i roi cyd-destun i'w hastudiaeth o safleoedd a chyfnodau penodol, mae eu darganfyddiadau'n goleuo mwy a mwy ar y canfyddiadau o'n hamgylchedd ni heddiw ac o'r ffordd y gall y newid yn yr hinsawdd effeithio ar ein ffordd o fyw.

Gellir olrhain anheddu dynol yng Nghymru i'r Oes Balaeolithig. Mae'r offer a'r esgyrn anifeiliaid y cafwyd hyd iddynt ac, ambell waith, y claddedigaethau mewn ogofâu, yn dweud rhywbeth wrthym am y bobl gynnar hynny, ond prin i'w ryfeddu yw olion dynol o'r cynoesoedd. Yr unig rannau sy'n weddill o gyrff y Neanderthaliaid cynnar o ogof Pontnewydd, olion sy'n dyddio o'r Oes Is-Balaeolithig (rhyw 225,000 o flynyddoedd yn ôl), yw eu genau a'u dannedd. Er nad trigo mewn ogof a wnâi pawb yn Hen Oes y Cerrig, mae'r rhewlifiannau olynol ar Gymru (y digwyddodd y diweddaraf ohonynt rhwng tua 21,000 a 14,000 o flynyddoedd yn ôl) yn golygu mai ogofâu yw un o'r ychydig fannau lle mae olion pendant i'w cael. Cadarnhawyd bod pobl wedi trigo mewn ogofâu yn rhanbarthau carreg-galch y gogledd a'r canolbarth a bod cysylltiad rhyngddynt ac aneddiadau agored ardaloedd carreg-galch y de y tu hwnt i derfynau eithaf yr iâ rhewlifol.

Cafwyd hyd i ddosbarthiad helaethach o offer ac olion hominidau o'r Oes Balaeolithig Ganol (rhyw 50,000 o flynyddoedd yn ôl) a'r Oes Uwch-Balaeolithig (rhyw 30,000 o flynyddoedd yn ôl). Yn Ogof Coegan, sydd bellach mewn pentir ar arfordir Sir Gaerfyrddin ond a oedd ar un adeg rai milltiroedd o'r môr, cafwyd hyd i dystiolaeth bod Neanderthaliaid 'clasurol' wedi byw yno. Mae esgyrn mamothiaid, rheinoserosod gwlanog ac igfleiddiaid yn dangos pa mor wahanol yr oedd yr amgylchedd hwnnw i'n hamgylchedd ni, ac mae bwyeill trionglog yn dangos bod pobl wedi meistroli technoleg offer cerrig erbyn hyn. Yn ogystal â disgrifio safleoedd a darganfyddiadau o'r Oes Uwch-Balaeolithig yn ei *Inventories* ar gyfer Morgannwg (1976) a Brycheiniog (1997), bu'r Comisiwn Brenhinol yn cynorthwyo i archwilio Ogof Pen-y-fai (Paviland), safle o'r Oes Uwch-Balaeolithig Gynnar ar arfordir carreg-galch trawiadol de Gŵyr. Mae'r ogof yn enwog am mai yno y claddwyd dyn ifanc (a gamenwyd yn 'Fenyw Goch') ryw 29,000 o flynyddoedd yn ôl, ac offrymiadau o gregyn tyllog, rhodenni neu wialenni o ifori, a dwy freichled o ifori gydag ef [006]. Serch yr enghreifftiau cyfoethog o gelfyddyd a gofnodwyd mewn ambell ogof yn Ewrop – yr enwocaf ohonynt yw'r rhai yn Lascaux yn nyffryn Dordogne – ni chydnabuwyd celfyddyd ogof o'r Oes Uwch-Balaeolithig ym Mhrydain tan 2003 pan gafwyd hyd i enghreifftiau ohoni yn Creswell Crags yn Swydd Derby. Mwy cyffredin yw gwrthrychau celf cludadwy, fel esgyrn cerfiedig, ond yr unig rai y cafwyd hyd iddynt yng Nghymru hyd yn hyn yw'r rhai a gafwyd wrth gloddio yn Ogof Kendrick ar y Gogarth ger Llandudno yn y bedwaredd ganrif ar bymtheg: mae'r gên ceffyl a addurnwyd â llinellau igam-ogam endoredig yn arbennig o gain ac fe'i dyddiwyd i ryw 10,000 CC.

Wrth i'r iâ rhewlifol olaf gilio ac i'r tir gynhesu rhwng rhyw 8,000 a 5,000 CC, dychwelodd grwpiau crwydrol o helwyr-gasglwyr Mesolithig i drigo yma. Yr oedd lefel y môr yn isel a bu tir Prydain a thir y Cyfandir yn un tan ryw 8,500 o flynyddoedd yn ôl. Ymestynnai coedwig drwchus o goed pîn a derw filltiroedd lawer i faeau Ceredigion a Chaerfyrddin: wrth i'r mawn o'u cwmpas erydu daw bonau coed hynafol i'r golwg yn gyson ar hyd yr arfordiroedd a'r aberoedd. Er na adawodd pobl Fesolithig yr un cofadail gweladwy, mae olion eu gwersylloedd hela i'w gweld ar hyd yr arfordir ac weithiau ymhell i'r tir ac ar y mynyddoedd. Yn Waun Fignen Felen ar ymyl ddwyreiniol y Mynydd Du ym Mrycheiniog [007], cloddiwyd anheddiad o'r fath lle'r arferid gwneud offer. Cadarnhaodd y samplu amgylcheddol a'r dyddio-drwy-radiocarbon fod cyfnodau o glirio'r goedwig wedi digwydd yno ryw 8,000 o flynyddoedd yn ôl. Ac wrth gasglu eitemau o wyneb y tir a thrwy gloddio cafwyd hyd i amryw o ficrolithau a adawyd ar ôl y broses o naddu callestr (fflint), ynghyd â disg drydyllog o siâl. Un o'r safleoedd Mesolithig enwocaf a gloddiwyd yw Nab Head ar arfordir gorllewin Sir

Benfro, lle gwnâi helwyr Mesolithig gallestrau (fflintiau) bach a bwyeill mwy o faint. Cafwyd hyd i fwy na 500 o leiniau siâl trydyllog yno, ynghyd â gwrthrych siâl cerfiedig a allai fod yn gerflun o Fenws neu'n ffalws. Credir mai hwnnw yw'r unig gerfiad o'r fath o'r Oes Fesolithig ym Mhrydain.

Effaith y cyflwyno graddol ar dyfu grawn o Ewrop tua 4,500 CC oedd newid cynhaliaeth y bobl a helpu i esgor ar gymdeithasau mwy cymhleth yn ystod yr Oes Neolithig (rhyw 4,500 CC tan 2,500 CC). I dyfu cnydau, yr oedd gofyn i rai pobl roi'r gorau i'w ffordd grwydrol o fyw a sefydlu aneddiadau amaethu parhaol er mwyn paratoi'r pridd, gofalu am y cnwd wrth iddo dyfu ac yna gynaeafu a storio'r grawn a'i sgil-gynhyrchion. Er bod gan helwyr o'r Oes Fesolithig, mae'n rhaid, ryw ymwybod o diriogaeth ynglŷn â'r tir y crwydrent drosto, effaith y drefn newydd a pharhaol hon o amaethu oedd dwysáu teimladau'r bobl ynghylch tiriogaeth a meithrin eu cysylltiadau â'r hynafiaid a oedd wedi amaethu'r tir o'u blaen. Efallai i adegau pur segur yn y flwyddyn amaethu, a'r gallu i storio'r hyn a oedd dros ben o'r cynhaeaf, ryddhau pobl mewn mannau sefydlog o orfod cynhyrchu bwyd a chynnig cyfle iddynt droi at weithgareddau crefft a mynd ati, er enghraifft, i danio potiau clai a llathru bwyeill o garreg folcanig y gellid eu defnyddio i glirio coedwigoedd a hyd yn oed i droi'r tir. Bu'r newidiadau hynny hefyd yn fodd i gyd-drefnu mentrau fel codi beddrodau siambr, sef olion mwyaf gweladwy'r Oes Neolithig yng Nghymru [009].

Er bod llawer ffurf i'r cofadeiliau claddu Neolithig, yr oeddent fel rheol yn domenni o bridd neu garreg a siambr neu gorffdy y tu mewn iddynt, neu yn un pen

Carneddau Hengwm, carnedd y de, Meirionnydd, gan edrych ar hyd y fynedfa garreg i'r bedd cyntedd sylfaenol hwn. Mae'r ffaith i adeiladwyr o'r Oes Neolithig fewnosod y bedd i'r garnedd garreg a oedd yno'n barod yn dangos bod yma symud at draddodiadau claddu newydd.

DS2006_085_006 NPRN 302786

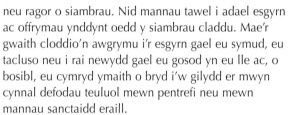

Awyrlun o safle ffatri fwyeill Neolithig Graig Lwyd (y bryn isaf ar y dde) ar arfordir gogledd Sir Gaernarfon.
AP_2007_5246 NPRN 407068.

Lloc sarn posibl yn Nhrefflemin ger Sain Tathan ym Mro Morgannwg. Cafwyd hyd i'r lloc hwn yn 2006 ac mae i'w weld fel dwy ffos gonsentrig sy'n agos at ei gilydd ar bentir, a ffos arall – un allanol – y tu hwnt i'r rheiny.
AP_2006_3144 NPRN 404651

ohonynt. Dyddiant o'r Oes Neolithig Gynnar (4,500 CC – 3,500 CC yn fras) a hwy yw'r adeiladweithiau hynaf o'u bath sydd wedi goroesi yn Ewrop. Yng Nghymru, y gromlech borth yw'r ffurf fwyaf cyfarwydd. Fe'i ceir gan mwyaf ar hyd arfordir y de-orllewin a'r gogledd-orllewin, a'r hyn sydd wedi cyffroi'r dychymyg ers amser maith yw'r cerrig main sy'n cynnal y meini capan enfawr. Ond rhaid cofio na ddaeth y cerrig hynny i'r golwg tan i'r tomenni a arferai eu gorchuddio gael eu herydu. Mae gwaith cloddio wedi dangos i rai ohonynt gael eu hamgylchynu â thomenni crwn o gerrig cyn cael eu cynnwys mewn carneddau mwy cymhleth a mwy o faint, a bod siambrau pellach wedi'u creu yn aml. Cofadeiliau claddu mwy cywrain oedd y beddau cyntedd, ac yng nghanolbarth a de-ddwyrain Cymru codwyd carneddau hir o fath 'Hafren-Cotswold' ac iddynt dwmpathau petryal ac un

neu ragor o siambrau. Nid mannau tawel i adael esgyrn ac offrymau ynddynt oedd y siambrau claddu. Mae'r gwaith cloddio'n awgrymu i'r esgyrn gael eu symud, eu tacluso neu i rai newydd gael eu gosod yn eu lle ac, o bosibl, eu cymryd ymaith o bryd i'w gilydd er mwyn cynnal defodau teuluol mewn pentrefi neu mewn mannau sanctaidd eraill.

Er bod beddrodau siambr wedi denu sylw ers tro byd, nodwyd llu o nodweddion eraill tirwedd ddefodol yr Oes Neolithig. Drwy astudio awyrluniau cafwyd hyd i henebion a oedd wedi'u colli o'r golwg, yn bennaf oherwydd troi neu glirio'r tir. Ymhlith yr henebion hynny, mae cofadeiliau cwrsws ac, o'r Oes Neolithig ddiweddarach, hengorau crwn – byddai cylchoedd pren a llociau enfawr ac iddynt balisadau wedi tra-arglwyddiaethu ar y tir [010]. Yn Hindwell ar dir isel Basn Waltwn yn y Canolbarth, ceir y lloc Neolithig mwyaf ym Mhrydain, ynghyd â chlwstwr o henebion Neolithig eraill sy'n cynnwys cwrsws a lloc palisâd [013].

Safleoedd defodol a safleoedd claddu yw'r henebion mwyaf hysbys o'r Oesoedd Neolithig ac Efydd, ac anaml y ceir hyd i dai a llociau domestig. Y brigiad amddiffynedig bach yng Nghlegyrfwya yn Sir Benfro yw un safle y cadarnhawyd bod pobl wedi byw ynddo. Wrth gloddio yn Llandygái, o dan y garnedd siambr hir yn Gwernvale, ac mewn mannau eraill, cafwyd hyd i olion tai a godwyd o bren yn yr Oes Neolithig. Drwy i'r Comisiwn Brenhinol arolygu tir o'r awyr, cafwyd hyd i lociau sarnau enigmatig o'r Oes Neolithig: nodweddir hwy gan amryw o fylchau yn eu cloddiau a'u ffosydd allanol. Dehongliad posibl yw iddynt fod yn fannau lle byddai gwahanol gymunedau'n dod ynghyd i gynnal marchnadoedd, seremonïau a defodau, efallai, ond fe all

fod eu swyddogaethau yn fwy cymhleth na hynny. Mae astudio awyrluniau a dynnwyd ganol y 1990au wedi ychwanegu pum clostir sarnau posibl ym Mro Morgannwg, Sir Benfro a thir isel Sir Faesyfed at yr enghraifft a gloddiwyd ym Môn [008]. Hyd yn hyn, rhyw bedwar ugain o glostiroedd tebyg sy'n hysbys ym Mhrydain gyfan.

Nid cymunedau ynysig oedd cymunedau amaethyddol yr Oes Neolithig. Cynhyrchent fwyeill cain ac amrywiol offer o frigiadau a meini crwydr o garreg igneaidd raenus. Rhaid oedd i'r graig feddu ar nodweddion arbennig: yr oedd gofyn bod modd defnyddio carreg forthwyl ac asgwrn neu offer corn-carw i'w hollti'n siâp bras i wneud bwyell ohoni, ond yr oedd yn rhaid iddi hefyd fod yn arbennig o gryf a dilychwin i'w defnyddio i wneud tasgau caled fel cwympo coed [012]. Câi'r bwyeill eu bras-lunio yn y fan a'r lle cyn eu masnachu i gymunedau cyfagos i'r rheiny eu llathru'n fwyeill llyfn a gorffenedig, a gallai'r rhwydweithiau hynny o gyfnewid offer estyn am gannoedd o filltiroedd. Mae ymchwil yng Ngharn Meini ym Mynyddoedd y Preseli yn Sir Benfro yn ddiweddar wedi cadarnhau i'r creigiau yno gael eu defnyddio am ganrifoedd maith, gan gynnwys cynhyrchu'r talpiau o garreg las a ddefnyddiwyd wrth godi Côr y Cewri [011].

Mae'r ffaith i fynedfeydd beddrodau siambr gael eu llenwi neu i'r beddrodau gael eu gadael yn adfeilion yn ystod yr Oes Neolithig Ddiweddar (tua 3,500–2,500 CC) yn arwydd o ddyfodiad arferion defodol ac arferion claddu newydd. Gwelwyd y cyntaf o gyfres o fathau newydd o grochenwaith, llestri addurnedig Peterborough, sy'n wahanol iawn i fowlenni plaenach yr Oes Neolithig. Yna tua 2,700 CC daeth llestri rhigolog, sef llestri â gwaelod gwastad ac wedi'u haddurno â rhigoliadau a phatrymau arwyneb trawiadol.

Amrywiaeth helaethach eto o newidiadau sy'n dynodi dechrau'r Oes Efydd Gynnar (2,500–1,400 CC

yn fras). Codwyd mathau newydd o gofadeiliau claddu a chofadeiliau defodol, sef carneddau (twmpathau crwn o gerrig) a chrugiau (twmpathau crwn o bridd) a orchuddiai un neu ragor o gorfflosgiadau neu gladdedigaethau corff-cyfan. Parheid i godi cylchoedd o gerrig a phren ar dir gwastad agored, ac efallai iddynt gael eu defnyddio ar gyfer cynnal gwyliau, gweithgareddau masnachu neu seremonïau crefyddol [014]. Yn ystod yr Oes Efydd Gynnar y codwyd y meini hirion, y mwyaf enigmatig o'r henebion cynhanesyddol. Er i rai ohonynt, efallai, ddynodi terfynau neu lwybrau, yr oedd eraill yn dynodi mannau claddu neu'n rhannau o gasgliadau defodol o osodiadau ac adeiladau pren. Yn ogystal, gwelodd Prydain gyflwyno mathau newydd o grochenwaith a oedd wedi deillio'n wreiddiol o'r traddodiadau Ewropeaidd.

Mynwent o chwe charnedd drawiadol o'r Oes Efydd ar gopa Pen Pumlumon Arwystli ar y ffin rhwng Ceredigion a Sir Drefaldwyn.
DI2006_0757 NPRN 289789

Cofnodwyd carnedd gylchog Cefn Sychbant, sydd ar drum ar gorstir uchel i'r gogledd-orllewin o Ferthyr Tudful, ar gyfer y gyfrol gyntaf o Inventory *y Comisiwn Brenhinol o henebion Brycheiniog.*
DI2006_0770 NPRN 84666

Bryngaerau dyffryn Hafren: gwelir bryngaer Breiddin (ar y bryn pell ar y chwith) o bwynt y tu hwnt i fryngaer goediog y Gaer Fawr, Cegidfa. Mae'r coed wedi'u tynnu oddi yno yn y ddelwedd ddigidol ar dudalen 74.

AP_2007_4037 NPRN 141162 a 306997

Y newid mwyaf tyngedfennol yn yr Oes Efydd oedd dysgu trin metelau. Mae gwaith ymchwil a chloddio wedi dod o hyd i sawl safle mwyngloddio o'r Oes Efydd. Ceir enghreifftiau ar Fynydd Copa yng Ngheredigion, ar Fynydd Parys ym Môn, ac ar y Gogarth yn Llandudno lle caiff y cyhoedd weld y lefelau tanddaearol cynhanesyddol. Manteisiodd y mwynwyr ar y gwythiennau o fwyn copr yno drwy gynnau tân i hollti'r graig a defnyddio cerrig morthwylio a cheibiau o gyrn ceirw i dynnu'r mwyn. Mae angen proses o ddadansoddi arteffactau o'r fath i ddeall rôl y safleoedd mwyngloddio hyn ym myd cynhyrchu a masnachu offer ac arfau. Bu diwylliant gwerin y Biceri (2,700–1,700 CC yn fras), a bontiai ddiwedd yr Oes Neolithig a dechrau'r Oes Efydd, yn chwyldro diwylliannol gan i bobl o dramor gyflwyno

syniadau newydd am arferion claddu, gweithio metelau, cyfoeth a grym. Yr oedd y potiau neu'r biceri a roddodd eu henw i'r diwylliant wedi'u haddurno'n helaeth ac yn llestri cywrain y cymerai ddyddiau lawer, mae'n debyg, i'w gwneud. Yn aml, ceir arnynt batrymau cymhleth o filoedd o olion gwasgu ar eu harwyneb. Gan eu bod yn wahanol iawn i'r llestri mawr diaddurn a'u rhagflaenodd, mae'n debyg mai mudwyr ddaeth â hwy. A chan nad oedd cysylltiad, i bob golwg, rhwng diwylliant gwerin y Biceri ac unrhyw gofadail newydd neu newid mawr yn yr economi, mae'n bosibl mai cael eu cymathu i'r diwylliant Prydeinig fu hanes y mudwyr a'u credoau newydd.

Yn ystod yr Oes Efydd Ganol a'r Oes Efydd Ddiweddar (tua 1,400–700 CC) rhoddwyd y gorau i godi'r cylchoedd cerrig, y carneddau a'r crugiau sy'n

gyfarwydd i ni, ond prin oedd y cofadeiliau gweladwy a ddaeth i gymryd eu lle. Dyma gyfnod o dwf yn y boblogaeth, o ddefnyddio dwysach ar y tir ac o sefydlu ffermydd ac iddynt diriogaethau a therfynau pendant. Er i'r clirio ar helaethrwydd Cymru o goed ddechrau cyn yr Oes Neolithig, cyflymodd y broses yn ystod yr Oes Efydd wrth i'r boblogaeth gynyddu, ond oherwydd y llosgi a'r clirio, gadawyd priddoedd bregus y coetiroedd yn agored i'r elfennau gan gynyddu lleithder y pridd ac ysgogi twf haenau o fawn. Mae'n debyg i'r hinsawdd ddirywio cryn dipyn tua diwedd yr Oes Efydd Ddiweddar a dechrau'r Oes Haearn gan droi'n oerach a gwlypach. Credir i hynny achosi newyn ac aflonyddwch ac i lawer o gymunedau'r uwchdiroedd adael eu cartrefi a symud i ymylon y tiroedd isel fel y gororau a rhannau o arfordir Sir Benfro. Eto, ceir problemau wrth ddehongli'r dystiolaeth am y gall y darlun o bobl yn dal i anheddu'r tiroedd isel adlewyrchu'r gogwydd daearyddol ym mhatrwm yr ymchwiliadau archaeolegol. Hwyrach y bydd cloddio ar safleoedd dros dro ar fryniau'r Canolbarth yn dweud rhagor wrthym ynghylch sut y llwyddodd rhai cymunedau cynhanesyddol diweddarach i oroesi'r dirywiad yn yr hinsawdd.

Awgryma'r cleddyfau, y tariannau, y pennau bwyeill a'r dagerau y cafwyd hyd iddynt, a'r rheiny'n aml mewn celciau, nid yn unig bod mwy o ymosod a gwrthdaro'n digwydd (efallai i hynny gael ei ysgogi gan bwysau ar y boblogaeth ac awydd i amddiffyn tir) ond bod mwy o gyfoeth i'w gael. Ffynnodd y gororau canol yn yr Oes Efydd Ddiweddar. Erbyn y nawfed ganrif CC, codwyd bryngaer o gryn faint ar fynydd Breiddin, ac fe dra-arglwyddiaethai ar y tiroedd isel o'i hamgylch [015]. Yn yr un modd, gallai bryngaer y Gaer Fawr gerllaw fod wedi'i chodi yr un mor gynnar er ei bod yn fwy nodweddiadol o'r Oes Haearn o ran ei ffurf, ond nid oes cloddio wedi bod arni hyd yn hyn [016]. Gerllaw'r ddau safle cafwyd hyd i gelc Cegidfa, celc o'r Oes Efydd Ddiweddar, sy'n dangos pa mor llewyrchus oedd y fro cyn yr Oes Haearn: cynhwysai 120 o ddarnau o waith metel a gynhyrchwyd yn lleol, megis llafnau cleddyfau, gorchuddion gweiniau a blaenau gwaywffyn. Mewn rhannau eraill o Gymru, codwyd aneddiadau ar gopaon bryniau a'u hamddiffyn â rhagfuriau a phyrth cadarn, a daeth y rheiny'n rhagflaenwyr i'r bryngaerau a gâi eu codi'n helaeth yn ystod yr oes a oedd i ddilyn.

Crugiau o'r Oes Efydd ger yr arfordir yn Sain Dunwyd, Bro Morgannwg. Maent i'w gweld ar ffurf ôl-cnydau er iddynt ddiflannu i raddau helaeth yn sgil troi'r tir. O ganlyniad i ddarganfod claddedigaethau o'r Oes Efydd ar dir isel drwy dynnu awyrluniau o'r tir hwnnw a'i gloddio, chwalwyd y dybiaeth a goleddwyd am gyfnod maith cyn hynny mai ar dir uchel yn bennaf y ceid claddedigaethau o'r fath.
AP_2006_3109 NPRN 404662

006 Ogof Pen-y-fai (Paviland) a Helwyr Oes yr Iâ

Ogof Pen-y-fai (Paviland), neu Dwll yr Afr, adeg llanw isel. Mae hollt hir yr ogof yn y canol ar y chwith.
Byddai'r clogwyni wedi edrych allan dros wastadeddau isel, ffrwythlon.

DI2008_0218 NPRN 300251

Uchod: Un o dri sbatwla o asgwrn o Dwll yr Afr. Credir bod iddynt arwyddocâd ymarferol a symbolaidd.

Drwy garedigrwydd
Amgueddfa Cymru

De: Cynllun arolygu tu mewn Twll yr Afr, 1997.

DI2008_0409 NPRN 300251

Isod: Offer carreg o Ben-y-fai.

Drwy garedigrwydd
Amgueddfa Cymru

Mae ogofâu yn ganolbwynt i weithgarwch y ddynoliaeth ers cyfnodau cynharaf cynhanes, ac ogof Pen-y-fai neu Dwll yr Afr ar arfordir Gŵyr yw'r safle archaeolegol pwysicaf ym Mhrydain o'r cyfnod Uwch-Balaeolithig Cynnar. Yno y bu'r cloddio systematig cyntaf ar sgerbwd dynol a'r achos cyntaf o adfer ffosil dynol: yr un a gamenwyd yn 'Fenyw Goch'. Darganfuwyd y sgerbwd ym 1823, ac er y credid i ddechrau ei fod yn sgerbwd diweddar ac yn fenyw, mae'n hysbys bellach mai gŵr ifanc a gladdwyd yn seremonïol sydd yma – un o'r bodau dynol cynnar a ddaeth i Ewrop ryw 40,000 o flynyddoedd yn ôl yn ystod yr Oes Iâ ddiwethaf.

Nid oes modd cyrraedd yr hollt yn y garreg galch ac eithrio pan fo'r llanw'n isel. Mae hanes yr ymchwilio iddi'n rhychwantu bron i ddwy ganrif ac yn dechrau pan oedd archaeoleg yn dal i fod yn faes difyrrwch i hynafiaethwyr a phan nad oedd fawr o amgyffred o darddiad hynafol y ddynoliaeth. Yn yr ogof cafwyd hyd i filoedd ar filoedd o fflintiau, esgyrn anifeiliaid, cregyn ac ifori triniedig, ymhlith pethau eraill. Yn ystod y 1990au, arweiniodd pryderon ynghylch erydu'r glannau, ynghyd â chanfyddiad cynyddol o bwysigrwydd y safle, at ymchwilio'n drylwyr i'r ogof, ei chyd-destun daearegol, yr arteffactau a'u dyddiadau, a'r gweddillion ynddi. Cafwyd partneriaid arbenigol o bedwar ban y byd i weithio ar y prosiect ymchwil, a rhan hanfodol o'r gwaith oedd gwneud arolwg diffiniol o'r ogof: fe'i cwblhawyd gan y Comisiwn Brenhinol ym 1997. Er i'r cyfan o'r holl haenau archaeolegol gael eu tynnu oddi yno cynt, esgorodd yr ail-werthuso gwyddonol ar ganlyniadau pwysig.

Er bod yr ogof ar yr arfordir erbyn hyn, yr oedd hi, adeg claddu'r Fenyw Goch, ryw 100 cilomet o'r môr am fod lefel y môr bryd hynny ryw 80 metr yn is nag yw hi heddiw. Yr oedd hi'n arfer bod yn ogof ar graig uwchlaw gwastadedd amrywiol ei ddaearyddiaeth, a cheid golygfeydd eang ohoni draw i fryniau Exmoor. Cafwyd hyd i esgyrn amryw byd o anifeiliaid am i'r amgylchedd o dir glas cyfoethog a chras yno gynnal mamothiaid, rheinoserosod gwlanog, ceirw anferth, ychen gwyllt, ceirw a cheffylau. Efallai i helwyr Palaeolithig yrru anifeiliaid dros y clogwyni i'w lladd. Ymhlith yr ysglyfaethwyr byddai bleiddiaid, igfleiddiaid ac eirth a fyddai'n ymgiprys â'r bodau dynol am gael meddiannu'r ogof; nid yw'n glir a fyddai pobl wedi byw yn yr ogof yn gyson.

Yn ôl y dyddiad a gafwyd drwy radiocarbon, claddwyd y Fenyw Goch ryw 29,000 o flynyddoedd yn ôl pan oedd yr hinsawdd yn fwyn a chyn i'r oerfel mawr ddychwelyd a chyrraedd ei anterth. Gosodwyd y gladdedigaeth ar hyd ochr yr ogof, ei chysylltu â phenglog mamoth a'i staenio ag ocr coch. Yn ei hymyl hefyd gosodwyd esgyrn ac ifori, dannedd tyllog a darnau o gregyn tyllog, a'r rheiny hefyd i gyd wedi'u staenio'n

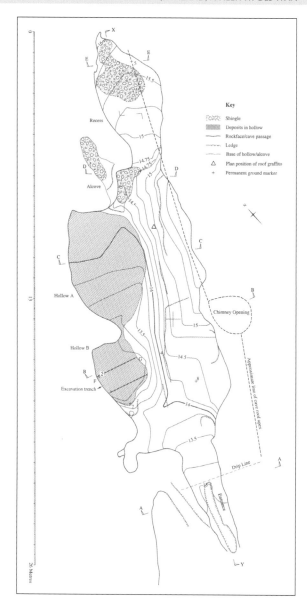

goch. Mae dilyniant y DNA o'r sgerbwd yn dangos tras Ewropeaidd fodern, ac o'u hystyried o fewn y sampl ehangach sydd ar gael o olion cyfoes mae cyfraneddau'r corff, a addaswyd ychydig i'r gwres, yn tystio iddynt darddu o Affrica. Dangosodd tystiolaeth arteffactau hefyd i Neanderthaliaid brodorol, rhywogaeth ddynol a ddisodlwyd yn y pen draw gan y newydd-ddyfodiaid, fod yno dros 30,000 o flynyddoedd yn ôl.

Er i'r ogof ddal i fod, efallai, yn fan cysegredig, yr oedd hi, yn ystod y milena ar ôl y gladdedigaeth, mewn rhanbarth anghysbell y ciliodd y trigolion ohono wrth i'r hinsawdd ddirywio ymhellach. Ond er i'r iâ ymledu, ni chyrhaeddodd mor bell â hyn ac fe ddiogelwyd yr ogof i genedlaethau'r dyfodol allu ymchwilio iddi.

David Leighton

007 Wedi Oes yr Iâ

Cyn-fasn afon yw Waun Fignen Felen, mawnog i'r gorllewin o Graig-y-nos yn rhan uchaf Cwm Tawe. Cafwyd hyd i wrthrychau o fath Mesolithig o amgylch ymylon y llyn – llyn yr ymwelwyd ag ef gyntaf dros 9,000 o flynyddoedd yn ôl. Mae tystiolaeth y paill yn dangos i bobl ymyrryd â'r llystyfiant, ac efallai iddynt ddefnyddio tân i wella'r tir pori a denu adar ac anifeiliaid yno i'w hela.

DI2006_0769 NPRN 401580

Microlithau o Burry Holms.

*Drwy garedigrwydd
Amgueddfa Cymru*

*Codi craidd o fawn mewn
basn ger Moel Llys-y-coed yn
Sir Ddinbych. Mae'r craidd a
dynnwyd yma yn rhychwantu
8,000 o flynyddoedd.
Gwnaed y gwaith mewn
partneriaeth rhwng Menter
Archaeoleg Uwchdiroedd y
Comisiwn Brenhinol a
phrosiect treftadaeth tirwedd
y Grug a'r Bryngaerau ar
fryniau Clwyd.*

Drwy garedigrwydd Fiona Grant

Erbyn rhyw 13,000 o flynyddoedd yn ôl, yr oedd y llen iâ o'r rhewlifiad mawr diwethaf wedi cilio o Brydain. Yn raddol, dechreuwyd ail-anheddu'r wlad a pharhau i wneud hynny yn y cyfnod rhyng-rewlifiannau a ddechreuodd ryw 10,000 o flynyddoedd yn ôl ac sydd gyda ni o hyd. Yr oedd helwyr-gasglwyr Oes y Cerrig, felly, yn byw mewn amgylchedd a oedd yn newid – er i hynny gymryd cenedlaethau lawer – wrth i'r hinsawdd gynhesu, i lefel y môr godi ac i dir glas agored droi'n dir coediog. Mabwysiadwyd dulliau ac offer hela newydd. Datblygwyd offer cerrig ac iddynt lafnau llai o faint, a'r pennaf yn eu plith oedd y 'microlithiau', un o brif nodweddion y cyfnod Mesolithig. Ac er i ffordd yr helwyr-gasglwyr o fyw barhau o hyd, o'r adeg hon ymlaen y daw'r dystiolaeth gyntaf o ymdrechion pobl i reoli'r dirwedd.

Gan na chafwyd hyd i adeiladweithiau a godwyd o ddefnyddiau cadarn yn yr Oes Fesolithig, mae'r broses o ganfod olion yr helwyr-gasglwyr yn dibynnu ar astudio gwasgariadau o offer cerrig a thomenni gwastraff o gregyn, esgyrn anifeiliaid a gweddillion eraill sy'n dod i'r golwg wrth i arwynebau mawn erydu, wrth ymchwilio i ogofâu neu wrth gloddio henebion diweddarach yn archaeolegol. Ar y tiroedd isel y mae'r rhan fwyaf o safleoedd sy'n hysbys o'r Oes Fesolithig. Er bod llawer ohonynt ar hyd yr hyn sydd bellach yn arfordir ond a oedd bryd hynny beth ffordd o'r môr, ceir sawl safle hysbys fel Waun Fignen Felen ym Mrycheiniog ar dir uchel ymhell o'r môr. Credir bod safleoedd o'r fath yn adlewyrchu gweithgarwch tymhorol achlysurol, yn gyntaf gan grwpiau hela arbenigol ac yna, efallai, mewn ymateb i'r pwysau ar y boblogaeth wrth i lefel y môr godi a boddi'r tiroedd isel. Mae'r safleoedd hynny'n arbennig o werthfawr am fod cysylltiad rhyngddynt, yn aml, a dyddodion mawn sydd wedi cadw haenau o olion paill a phlanhigion. Drwy eu hastudio, ceir darlun o'r newid yn y llystyfiant ac, o bosibl, o ddylanwadau pobl ar yr amgylchedd.

Mae hyn yn arbennig o berthnasol i Fenter Archaeoleg yr Uwchdiroedd, menter tymor-hir gan y Comisiwn Brenhinol i geisio dehongli'r olion archaeolegol eithriadol o gyfoethog sydd i'w cael ar uwchdiroedd Cymru. Drwy ddadansoddi creiddiau addas o fawn ym mhob ardal ar sail yr olion archaeolegol cyfagos, ceir cipolwg ar episodau yn hanes defnyddio'r tir. Mae modd pennu amseriad y trawsffurfiadau amgylcheddol a ddangosir gan gofnod y paill drwy ddefnyddio proses dyddio radiocarbon, a gellir cyplysu hynny weithiau â newidiadau yn yr hinsawdd. Dyma'r dull a ddefnyddiwyd ar fryniau Clwyd lle mae'r Comisiwn wedi trefnu i'r paill mewn craidd o fawn sy'n rhychwantu dros 8,000 o flynyddoedd gael ei ddadansoddi er mwyn i ni allu deall rhagor am ddatblygiad y dirwedd ranbarthol.

Ar sail y cofnod o'r paill, mae modd dirnad presenoldeb helwyr-gasglwyr a fu'n agor ac yn rheoli'r llystyfiant. Weithiau, defnyddient dân i wella'r pori ac i ddenu adar ac anifeiliaid i'r safle i'w hela. Yn aml, ymwelent am gyfnodau byr â'r uwchdiroedd, ond gwnaethant hynny am rai milenia. Bu'r ymweliadau hynny'n rhan o batrwm cymhleth o symudiadau ar draws y dirwedd gan grwpiau hynod symudol a geisiai fanteisio cymaint ag y gallent ar adnoddau'r tir uchel a'r tir isel fel ei gilydd.

David Leighton

008 Banc Du: Clostiroedd Sarnau Cymru

Lloc Neolithig Banc Du. Gwelir y rhagfuriau bylchog ac afreolaidd a ddangosodd gyntaf y gallai'r lloc hwn fod wedi'i godi cyn yr Oes Haearn. Gellir gweld y ddau gyfnod o ragfuriau ar gopa'r bryn a'r brigiad amlwg yn y cefn.

AP_2007_4216 NPRN 308024

Saif lloc Banc Du ar gopa bryn isel sy'n edrych dros groesffordd New Inn ym mhen gorllewinol mynyddoedd Preseli yn Sir Benfro, a chafwyd hyd iddo drwy astudio awyrluniau'r Comisiwn Brenhinol ym 1990. Yna, yn 2002, awgrymwyd y gallai hwn fod yn fath hynod brin o loc Neolithig, sef un â darnau byr o ragfuriau isel a bylchau rhyngddynt. Awgrym a wnaed ar sail arolwg o'r tir gan y Comisiwn oedd i'r lloc gwreiddiol gael ei ehangu'n ddiweddarach drwy godi clawdd allanol iddo. Bu'r ymchwil ar y safle yn rhan o astudiaeth gan Brifysgol Bournemouth ac ymgynghoriaeth archaeolegol Bluestone, mewn partneriaeth â'r Comisiwn, o dirwedd gogledd Penfro rhwng Pen Caer a Chrymych. Yr oedd yr ymchwil ym Manc Du yn cynnwys gwneud arolygon geoffisegol i fapio'r gwrthgloddiau a nodweddion archaeolegol eraill, a chloddio ffos werthuso ar draws y gwrthglawdd mewnol.

Dangosodd y cloddio ar ochr ogleddol y lloc yn 2005 fod yno ragfur a gawsai ei godi'n gadarn yn wreiddiol, bod mur o gerrig ar ei wyneb allanol a bod plethwaith o bren yn y tu blaen a'r tu cefn. Mae'n debyg i'r tyweirch ar y wyneb oddi tano gael eu tynnu ymlaen llaw. Yr oedd y ffos a dorrwyd i'r graig o flaen y rhagfur yn 2.8 metr o led ac yn fetr o ddyfnder. Cwympo'n gynnar wnaeth y cerrig ar wyneb y rhagfur a throstynt yr oedd dwy haen dywyll ac ynddynt lawer o ludw siarcol a gafwyd wrth losgi grug, cyll, gwern a

De: Ffos a gloddiwyd drwy fân amddiffynfeydd lloc Banc Du gan archaeolegwyr prosiect SPACES.

Drwy garedigrwydd yr Athro Geoffrey Wainwright, SPACES

Isod: Arolwg o Fanc Du a gwblhawyd gan y Comisiwn Brenhinol yn 2005.

NPRN 308024

derw. Dangosodd chwe dyddiad radiocarbon a gafwyd o'r dyddodion hynny i'r silt cychwynnol yn y ffos gronni yno tua 3,650 CC a bod yr hyn a lenwai ganol y ffos dros ddygwympiad y cerrig yn cynnwys defnydd o'r cyfnod 3,000–2,600 CC.

Banc Du yw'r lloc Neolithig cyntaf i gael ei gadarnhau yng Nghymru a chanol gorllewin Prydain. Cydoesai'r lloc â beddrodau megalithig mawr y rhanbarth, fel Pentre Ifan, nad yw ond 7.5 cilometr i'r gogledd, a bedd cyntedd Bedd-yr-afanc sydd 6 chilometr i'r gogledd-ddwyrain. Dyma gyfnod ecsbloetio creigiau metamorffig yr ardal i gynhyrchu bwyeill llathredig, a chaiff Banc Du ac, mae'n sicr, lociau eraill sydd eto i ddod i'r golwg, effaith fawr iawn ar ein dealltwriaeth o'r sefyllfa yn yr ardal hon yn y pedwerydd a'r trydydd mileniwm CC. Gan mai o ben dwyreiniol mynyddoedd Preseli y cafwyd y pedwar ugain, neu oddeutu hynny, o gerrig a symudwyd 250 o gilometrau tua'r de a'r dwyrain i Gôr y Cewri yn fuan ar ôl 2,600 CC [011], mae Banc Du yn gyfraniad pwysig i'n dealltwriaeth o'r cyd-destun cymdeithasol a roddodd fod i'r ffenomen ryfeddol honno.

Timothy Darvill a Geoffrey Wainwright

0	50 metres

Rampart

Ditch

Outer Enclosure
(phase 2)

N

Inner Enclosure
(phase 1)

rock outcrop

later ploughing

009 Beddrodau Siambr Neolithig

Beddrod siambr Neolithig Tŷ Illtud, ger Llanfrynach, Brycheiniog.
DI2006_1886 NPRN 96

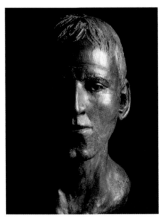

Adluniad o wyneb sgerbwd Neolithig o feddrod siambr Pen-yr-wrlod.

Drwy garedigrwydd
Amgueddfa Cymru

Cromlech borth Pentre Ifan, ger Nyfer yn Sir Benfro.

CD2005_602_011 NPRN 101450

Yn yr *Inventory* o Frycheiniog a gyhoeddwyd gan y Comisiwn Brenhinol ym 1997 y cafwyd y disgrifiad diffiniol o feddrodau siambr Neolithig y sir. Er eu bod yn llai cyfarwydd na'r cromlechi porth trawiadol a diaddurn sydd wedi goroesi mewn rhannau o'r de-orllewin a'r gogledd-orllewin, maent yn un o'r grwpiau mwyaf diddorol a chymhleth yn y wlad. Dangosant fod yr adeiladweithiau cynharaf hyn yn gymhleth a bod eu cynllun, eu pensaernïaeth a dull eu codi a'u gosod wedi'u hystyried yn fanwl ymlaen llaw. Yn ystod yr ugeinfed ganrif cloddiwyd hanner dwsin ohonynt gydag amrywiol raddau o ofal, ac ar adegau gall fod yn anodd gwahaniaethu rhwng y nodweddion hynafol ynddynt a'r nodweddion sydd wedi'u hadfer. Tynnodd astudiaeth y Comisiwn ohonynt, felly, ar y disgrifiadau hynafiaethol a luniwyd gan John Aubrey ac Edward Lhuyd yn yr ail ganrif ar bymtheg a Syr Richard Colt Hoare tua diwedd y ddeunawfed ganrif a dechrau'r ganrif ddilynol. Yn y disgrifiadau hynny cofnodwyd rhai nodweddion sydd bellach ar goll; dangosir hefyd i'r cyfan o feddrod siambr ddiflannu o'r tir ym Mryn y Groes, i'r de o Aberllyfni (Three Cocks).

Mae sawl beddrod siambr yn ne Powys yn nodedig am fod ei adeiladwaith mor gymhleth. Cafodd Gwernvale ger Crucywel, lle bu Colt Hoare ac eraill yn cloddio gyntaf ym 1804, ei gloddio ym 1977–8 gan W. J. Britnell, ac mae cofnod Britnell yn manylu'n ofalus ar adeiladwaith y muriau sych a oedd wedi goroesi yno ac ar y siambrau ochr cywrain. Darganfyddiad o gryn bwys oedd bod gweithgarwch cynharach wedi digwydd yno dros gyfnod o rai miloedd o flynyddoedd, gan gynnwys anheddu'r safle yn ystod yr Oes Fesolithig, a bod yno yn yr Oes Neolithig adeiladwaith a gynhelid gan bren. Rhagddyddiai hwnnw'r beddrod siambr, ac efallai iddo fod yn annedd neu'n farwdy. Uwchlaw Aberllynfi mae carnedd Pipton, lle bu Hubert Savory yn cloddio ym 1949. Yn wreiddiol, ceid mynediad i siambr gladdu ganolog y garnedd ar hyd llwybr cerrig igam-ogam a oedd yn 4 metr o hyd. Cloddiwyd y cyfan o Dŷ Isaf yng Nghwmfforest ym 1938 gan W. F. Grimes. O flaen y twmpath hir yno yr oedd 'porth ffug' neu ffug-fynedfa siambr tebyg i'r un yn Pipton. Ynddo, yr oedd dwy siambr ystlysol y gellid mynd iddynt o'r naill ochr a'r llall, a rotwnda ac ynddi oriel dranseptaidd yr eid ar hyd cyntedd i'w chyrraedd.

Un o'r beddrodau mwyaf buddiol i ymweld â hwy yw Tŷ Illtud ger Llanfrynach. Oherwydd y cloddio a'r chwarela yno, mae'r siambr wedi'i dinoethi mewn pant bach. Gellir gweld peth graffiti endoredig anarferol ar du mewn y siambr. O gropian i mewn, gwêl yr ymwelydd groesau a chyplysau, a hyd yn oed gerfiad o delyn fach ac iddi bum tant, ar y mur. Er eu bod yn debyg i beth o gelfyddyd beddrodau Neolithig Cymru ac Iwerddon, mae'n fwy na thebyg mai marciau ydynt a wnaed yn yr Oesoedd Canol gan seiri maen wrth iddynt chwarela'r brigiad o lechfaen gerllaw. Mae'n fwy na thebyg, hefyd, mai disgrifio Tŷ Illtud a wnâi Aubrey wrth ysgrifennu, '… under this Carn is hid great treasure. The Doctor caused it to be digged; and there rose such a horrid tempest of thunder and lightening, that the workmen would work no longer; and they sayd they sawe strange apparitions.'

Mae'n debyg na chafwyd hyd eto i bob un o feddrodau Neolithig bryniau a chymoedd serth a choediog Brycheiniog. Enghraifft o feddrod go fawr, ond un na sylwyd arno tan 1972, oedd yr un ym Mhen-yr-wrlod ger Talgarth y cafwyd hyd iddo yn ystod gwaith chwarela. Wrth gloddio yno'n ddiweddarach cafwyd hyd i rai o'r olion ysgerbydol sydd wedi'u diogelu orau mewn unrhyw feddrod Neolithig hysbys yng Nghymru, a bu modd adlunio wyneb un o'r sgerbydau er ei fod yn 5,500 oed.

Stephen Briggs a Toby Driver

010 Hengorau Neolithig: Llandygái

*Y cymhlyg o hengorau Neolithig yn Llandygái, ger Bangor, a ddatgelwyd gan ôl cnydau wrth i'r tyfiant yn y cae aeddfedu yn ystod haf 1960.
O dan gylchoedd clir yr hengorau mae patrwm o graciau amrewlifol yn yr isbridd.*

Cedwir yr hawlfraint, casgliad Prifysgol Caergrawnt o awyrluniau, ABQ 30, 29 Mehefin 1960.
DI2008_0860 NPRN 93620

Un o'r safleoedd pwysicaf erioed y bu awyrluniau'n fodd i'w darganfod oedd y casgliad o hengorau Neolithig yn Llandygái ger Bangor, casgliad y cafwyd hyd iddo drwy astudio ôl cnydau ar 29 Mehefin 1960 yn ystod sychder maith. Gwnaed y darganfyddiad gan J. K. S. St Joseph o Bwyllgor Awyrluniau Prifysgol Caergrawnt. Ar y pryd, y pwyllgor hwnnw oedd yr unig wasanaeth a weithiai ledled Prydain i chwilio o'r awyr am wrthrychau daearegol, daearyddol ac archaeolegol. Mae llawer o'i ffotograffau cynnar yng Nghofnod Henebion Cenedlaethol Cymru a hwy, weithiau, yw'r unig gofnod o'r awyr o henebion sydd bellach – fel yn achos Llandygái – wedi diflannu o'r tir.

Nodweddion amlycaf y safle oedd pâr o hengorau Neolithig ac iddynt fynedfeydd syml a dorrai ar draws eu ffosydd crwn a nodweddiadol o daclus. Gan mor brin yw safleoedd o'r fath yng Nghymru, digwyddiad nodedig oedd cael hyd i ddau ohonynt gyda'i gilydd. Dangosodd dwy ffos gyfochrog hir fod yno safle cwrsws neu rodfa ddefodol Neolithig – peth prin arall. Achosodd cyhoeddi'r awyrlun ym 1961 gryn gythrwfl am fod Cyngor Sir Caernarfon wedi prynu'r safle i'w ddatblygu'n ddiwydiannol a bod y safle, felly, ar fin cael ei chwalu. Er nad oedd hawl gyfreithiol i archaeolegwyr gael mynediad iddo, na gorfodaeth ar y datblygwr i dalu am waith cloddio yno, canlyniad y trafod a fu oedd i Christopher Houlder o'r Comisiwn Brenhinol gael ei wahodd i gyfarwyddo gwaith cloddio yno. Gwnaeth ef hynny ym 1966–7 cyn i'r cae gael ei roi'n ôl i'w ddatblygu.

Datgelodd y cloddio fod yno gymhlyg lle'r oedd y gweithgarwch defodol a'r gweithgarwch claddu wedi rhychwantu sawl mileniwm. Cofnodwyd peth gweithgarwch Mesolithig, ond yr adeiladwaith cynharaf oedd tŷ hynod brin o'r Oes Neolithig Gynnar a ddyddiwyd i ryw 3,900 CC. Dyddiwyd yr hengor cynharaf, yr un gogleddol, i'r Oes Neolithig Ddiweddar ac ynddo yr oedd claddedigaeth o'r cyfnod hwnnw. Cafwyd hyd i gladdedigaethau eraill mewn cylch o byllau wrth yr unig fynedfa. Ychydig yn ddiweddarach y codwyd hengor y de. Yr oedd iddo ddwy fynedfa, ac un ohonynt wedi'i marcio â phwll claddu mawr. Cynhwysai hefyd sawl pwll arall ac ynddynt ddyddodion, a osodwyd yno'n ofalus, o grochenwaith o'r Oes Neolithig Ddiweddar. Dangosodd tomen gladdu i weithgarwch defodol barhau yno tan yr Oes Efydd, a dangosodd tai crwn o bren ac adeiladweithiau eraill y tu mewn i'r hengor cyntaf fod pobl yn byw yno'n ddiweddarach yn y cyfnod cynhanesyddol. Darganfyddiad pwysig arall oedd mynwent ganoloesol gynnar ac ynddi dros hanner cant a saith o feddau dros safle cwrsws o'r Oes Neolithig Ddiweddar. Nid adroddwyd hanes llawn y cloddio yn Llandygái tan i Frances Lynch a Chris Musson gyhoeddi adroddiad cynhwysfawr yn *Archaeologia Cambrensis* yn 2004 ar sail nodiadau Houlder.

Mae gan gynhanes cynnar y gallu i beri syndod hyd heddiw. Yn 2006 a 2007 gwnaeth Ymddiriedolaeth Archaeolegol Gwynedd waith cloddio mawr ym Mharc Bryn Cegin ger Llandygái a darganfod tŷ arall o'r cyfnod Neolithig Cynnar, rhagor o byllau crochenwaith o'r cyfnod Neolithig Diweddar, a thai crwn ffermdy o'r Oes Haearn a'r cyfnod Brythonig-Rufeinig.

Cyn i'r bibell nwy gael ei hadeiladu o Aberdaugleddau i Sir Gaerloyw, gwnaed darganfyddiad arall yn fferm y Vaynor yn Sir Gaerfyrddin yn 2006, sef hengor sylweddol ei faint ac iddo ffosydd wedi'u torri i'r graig, dwy fynedfa gyferbyn â'i gilydd, a chylch hirgrwn o dri phwll ar ddeg i ddal cerrig neu byst.

Frances Lynch, Chris Musson a Toby Driver

Cloddio hengor fferm y Vaynor, Sir Gaerfyrddin, ar fryn uwchlaw Llanddowror.

AP_2006_2058 NPRN 405883

Map a luniwyd ar sail awyrluniau o gymhlyg Llandygái. Dangosir y ddau hengor (y cylchoedd mawr), cwrsws (ar y dde yn y canol), twmpathau claddu llai o faint, a therfynau hynafol. Erbyn hyn, mae'r cyfan o dan safle diwydiannol y dangosir ei leoliad gan linellau gwelw.

NPRN 93620
Hawlfraint y Goron: CBHC.
Trwydded rhif 100017916 yr AO.

011 Carn Meini a Cherrig Glas y Preseli

Brigiadau drylliedig Carn Meini.
DS2006_070_001 NPRN 401098

Mae'r cyfoeth o henebion a thirweddau hanesyddol sydd i'w gweld yn nhiriogaeth hardd Parc Cenedlaethol Arfordir Penfro yn gwbl nodedig ac yno, chwe mil o flynyddoedd yn ôl, y tynnodd y ffermwyr cynharaf gerrig o ran ogleddol yr ardal i wneud bwyeill llathredig ohonynt. Yna, fileniwm yn ddiweddarach, sefydlwyd y cysylltiad rhwng bryniau'r Preseli a Chôr y Cewri ar Wastadedd Salisbury drwy gludo'r cerrig glas yno i fod yn ganolbwynt i'r hengor enwog. Y syndod yw nad oes fawr o ymchwil archaeolegol wedi'i gwneud ar fynyddoedd y Preseli i gynnig cyd-destun cymdeithasol i ffenomen y garreg las. Nid yw cyfran sylweddol o'r safleoedd wedi'u cofnodi ac nid oes neb wedi astudio'u natur na'u hamrywiaeth. Nid oes neb ychwaith wedi sefydlu fframwaith cronolegol i'r cyfnod cynhanesyddol na'r un cyd-destun amgylcheddol. I wneud iawn am hynny y dechreuwyd prosiect SPACES (Astudiaeth o Gymunedau ac Amgylcheddau Hynafol Strumble-Preseli) yn 2001 i ymchwilio i archaeoleg gogledd Sir Benfro, gan gynnwys mynyddoedd y Preseli a brigiadau'r garreg las.

Mewn partneriaeth â'r Comisiwn Brenhinol, mae arolygon o'r ardal wedi taflu goleuni ar amryw o faterion ac maent yn dangos, at ei gilydd, gymaint o ddyfnder ac amrywiaeth sydd i'r anheddu ynddi. Mae arolygon a chloddio cyfyngedig ar loc Banc Du yn dangos iddo gael ei godi tua 3,650 CC pan oedd amaethu yn y cylch yn dechrau cael ei sefydlu. Mae'r cofnodi manwl ar y beddrodau megalithig, y cylchoedd cerrig a'r parau o gerrig, y carneddau, y cistfeini a'r meini hirion sy'n britho'r dirwedd wedi dangos i Garn Meini fod yn lle arbennig iawn ganol y trydydd mileniwm CC. Bu sawl cyfnod o ecsbloetio creigiau Carn Meini, ffynhonnell y cerrig glas. Y cyfnod cynharaf oedd hwnnw pan gloddiwyd y pyllau er mwyn tynnu carreg laid siliceiddiedig, sy'n ffinio â'r garreg las igneaidd, i wneud bwyeill llathredig ohoni. Tynnwyd pileri colofnaidd o frigiadau'r garreg las a chludwyd pedwar ugain ohonynt i Gôr y Cewri. Brithir llethrau deheuol Carn Meini â cherrig a drowyd o'r neilltu – torrwyd rhai ohonynt wrth eu cludo tua'r de i gyfeiriad Afon Cleddau islaw.

Ar waelod y creigiau ceir cyfres o ffynhonnau y credir tan yn gymharol ddiweddar eu bod yn llesol i iechyd. Mae i nifer ohonynt garneddau, beddrodau megalithig, neu gerrig cafn-nadd, yn ymyl lle mae'r dŵr yn llifo o greigiau'r garreg las, ac mae'n amlwg bod arwyddocâd arbennig yn perthyn iddynt yng nghyfnod cynnar cynhanes.

Y ffaith mai o Garn Meini y daeth y cerrig glas sydd yng Nghôr y Cewri a'r ffaith fod crynodiad o henebion beddrodol a seremonïol o gwmpas y creigiau a'r ffynhonnau, yw'r allwedd i ddirgelwch Côr y Cewri. Mae'n amlwg bod arwyddocâd arbennig i'r cerrig glas gan iddynt gael eu defnyddio drwy gydol oes adeiladu Côr y Cewri. Mae tystiolaeth archaeolegol y cyrff y cafwyd hyd iddynt o amgylch Côr y Cewri, ynghyd â'r ddolen gyswllt hon â chysylltiadau'r cerrig glas, yn awgrymu i Gôr y Cewri fod yn ffynhonnell a chanolfan iacháu a seilid ar eu presenoldeb. I orllewin pell Cymru, felly, y mae'n rhaid i ni edrych i ddeall heneb gynhanesyddol enwocaf Ewrop.

Timothy Darvill a Geoffrey Wainwright

Brigiadau Carn Meini o'r dwyrain.

AP_2007_3703 NPRN 401098

Piler o garreg las ac iddo'r un dimensiynau â'r rhai yng Nghôr y Cewri. Cafwyd hyd iddo wedi'i dorri a'i adael ar y llethrau islaw brigiadau Carn Meini wrth archwilio ar gyfer prosiect SPACES.

Drwy garedigrwydd yr Athro Geoffrey Wainwright, SPACES.

012 Gweithgynhyrchu Neolithig:
Ffatri Fwyeill Mynydd y Rhiw

Y cloddio ar Fynydd y Rhiw ym 1958 a'r polion yn dangos canol y pantiau. Mae copaon Carn Fadrun yn codi uwchlaw tir isel Llŷn.
DI2008_0254 NPRN 302263

Cefnen dangnefeddus sy'n codi hyd at 304 metr ac cyn gyforiog o rug ac eithin yw Mynydd y Rhiw. Mae'n tra-arglwyddiaethu ar ben de-orllewinol penrhyn Llŷn ac o'i gopa ceir golygfeydd godidog dros Eryri, ar hyd yr arfordir ac, ar ddyddiau clir, hyd at Fynyddoedd Wicklow yn Iwerddon. Yn ystod y cyfnod Neolithig bu'n ffynhonnell bwysig o'r garreg raenus (twff newidiedig, yn benodol) a ddefnyddid i gynhyrchu offer fel bwyeill, cyllyll a chrafwyr. Creithiwyd ochrau'r mynydd â mân chwareli y byddai pobl wedi gallu eu gweld o bellter mawr.

Daeth y Comisiwn Brenhinol o hyd i ffatri fwyeill Mynydd y Rhiw tua diwedd y 1950au gan i A. H. A. Hogg ymweld â'r safle wrth wneud gwaith maes ar gyfer *Inventory* Sir Gaernarfon ym 1956. Diben ei ymweliad oedd gwirio'r awyrluniau a ddangosai fod yno set o dri phant y dehonglwyd eu bod yn weddillion 'cytiau crwn'. Ni allai Hogg fod wedi amseru ei ymweliad yn well gan i dân eithin ychydig ynghynt ddatgelu bod cloddiau o amgylch y pantiau. O astudio'r pantiau'n fanylach, gwelwyd eu bod yn cynnwys malurion cynhyrchu bwyeill o gerrig. Mae'n debyg i'r 'cytiau', felly, berthyn i gyfnod gwneud bwyeill ar y bryn, ond nid oedd ffynhonnell y defnydd yn y bwyeill yn gwbl amlwg. I gael gwybod rhagor am y pantiau, bu'r Comisiwn Brenhinol yn eu cloddio am ddau dymor ym 1958 a 1959 a gwelwyd nad cytiau mohonynt ond, yn hytrach, olion pyllau chwarela a

fu'n ecsbloetio haen o graig a oedd yn disgyn i ochr y bryn. Er i'r pantiau gael eu creu drwy lenwi'r chwareli a ddihysbyddwyd, yr oedd y gyfres o aelwydydd agored a osodwyd ynddynt yn awgrymu y gallent, yn ddiweddarach, fod wedi cynnig cysgod i'r gweithwyr.

Gan i'r cloddio yn y 1950au ddangos potensial y safle, penderfynwyd cynnal rhaglen newydd o waith maes yno ac fe'i dechreuwyd yn 2005 o dan gyfarwyddyd Steve Burrow o Amgueddfa Cymru. Dilynodd y prosiect newydd yr haen ddaearegol a archwiliwyd gan y Comisiwn Brenhinol, a hynny draw i ochr arall y bryn. Yno, cafwyd hyd i olion helaeth chwarela a chynhyrchu bwyeill cerrig dros ddarn 600 metr o dir. Mae'r gwaith cloddio wedi dangos mai cloddio i'r dyddodiad drifft i dynnu blociau rhydd o garreg o'r pridd wnaeth y bobl Neolithig, yn hytrach na chwarela'r creigwely. Awgryma'r dyddio drwy radiocarbon i bobl ymweld â'r bryn i'r diben hwnnw o 3,650 CC tan ryw 3,050 CC ac i'r garreg gael ei defnyddio'n ddiweddarach mewn cysylltiad â chodi carneddau ac, o bosibl, â gweithgareddau amaethyddol hefyd.

Oherwydd maint y chwarela a fu ar Fynydd y Rhiw, bu ailfeddwl ynglŷn â'r rôl a gyflawnai yn ystod y cyfnod Neolithig. Serch yr holl chwarela ar y bryn, ni chafwyd hyd ond i ryw ddwsin o fwyeill o'r defnydd a gynhyrchwyd yno, a hynny yn Sir y Fflint, Morgannwg a'r gororau. Awgryma hynny i'r gefnen gael ei gweithio'n bennaf i gyflenwi cerrig yn lleol yn hytrach nag i'w masnachu dros bellteroedd maith.

Louise Barker a Steve Burrow

Bwyeill cerrig o Fynydd y Rhiw.

Drwy garedigrwydd Amgueddfa Cymru

Copa eang Mynydd y Rhiw, a brigiadau hwnt ac yma arno, gan edrych tua'r de-orllewin dros Fae Ceredigion.

AP_2007_2947 NPRN 302263

013 Llociau Neolithig Mawr: Basn Walton

Golwg ddigidol ar nodweddion olion cnydau Basn Walton o'r gogledd-orllewin. Mae caerau a gwersylloedd hirsgwar Rhufeinig yn gorwedd dros lawer o gofadeiliau cynhanesyddol, gan gynnwys lloc hirgrwn enfawr Hindwell (yn y canol ar y chwith).

NPRN 309366

Model Digidol o'r Tir/Arwyneb hawlfraint © GeoPerspectives. © Hawlfraint y Goron: CBHC. Trwydded rhif 100017916 yr AO.

Cafwyd hyd i grŵp eithriadol o henebion defodol Neolithig ym Masn Walton, ardal isel a bras yng nghanol uwchdiroedd dwyrain Sir Faesyfed. Mae'n debyg i bobl sylweddoli mor gynnar â'r cyfnod Neolithig a'r Oes Efydd mor ffrwythlon oedd yr ardal hon ac mae'r niferoedd sylweddol o wasgariadau fflint, meini hirion, cylch y Pedwar Maen a chrugiau crwn yn tystio i bobl fyw yno am amser maith yn y cyfnod cynhanesyddol. Er i'r amaethu di-dor arwain at ddileu'r rhan fwyaf o'r henebion wrth i'r tir gael ei droi, mae'r drefn amaethyddol bresennol yn golygu bod modd sylwi ar nodweddion claddedig drwy chwilio am ôl cnydau mewn awyrluniau. Yn ystod y 1990au ymchwiliodd Ymddiriedolaeth Archaeolegol Clwyd-Powys iddynt fel rhan o Brosiect Basn Walton.

Y darganfyddiad pwysicaf yw bod yno gwrsws a dau loc hirgrwn â phalisâd. Mae'r cwrsws yn 680 metr o hyd wrth 60 metr o led a gall ddyddio o tua 3,000 CC. Mae'n debyg ei fod ef, fel safleoedd eraill tebyg, mewn lleoliad strategol, sef mewn bwlch rhwng canolbarth Cymru a thir isel canolbarth Lloegr. Efallai mai'r lleiaf o'r ddau loc palisâd, ychydig i'r gorllewin o bentref Walton, yw'r cynharaf. Yn wreiddiol, yr oedd iddo fur o byst mawr a osodwyd mewn tyllau pyst unigol, ac yr oedd llwybr mynedfa hir iddo yn y pen gorllewinol. Credir bod mannau muriog fel y rhain yn dyddio'n fras o gyfnod cynnar yn y trydydd mileniwm CC ac iddynt gael eu defnyddio i gynnal gweithgareddau defodol ynddynt.

Yr oedd muriau'r ail loc, yn Hindwell, yn enfawr. Gan eu bod yn 2.35 cilometr o hyd ac yn amgáu 34

Ôl cnydau pen gorllewinol lloc Hindwell. Mae gwersyll Rhufeinig bach sgwâr ychydig y tu hwnt iddynt.

CD2003_608_023 NPRN 309366

Isod: O'r awyr yn ystod haf sych 2006 y cafwyd hyd i loc Neolithig Womaston ar yml ddwyreiniol Basn Walton. Mae hynny'n dangos bod modd cael hyd i henebion prin a phwysig mewn tirweddau sydd eisoes wedi bod yn destun ymchwilio dwys. Yn 2008 daeth gwaith cloddio gan Ymddiriedolaeth Archaeolegol Clwyd-Powys o hyd i grochenwaith Neolithig cynnar yn y ffosydd yno.

AP_2006_2198 NPRN 404649

hectar, dyma'r lloc Neolithig mwyaf sy'n hysbys ym Mhrydain. Rhyw 3-8 hectar yw llociau o'r fath fel rheol. Codwyd y lloc o fwy na 1,400 o byst derw enfawr, a phob un ohonynt yn rhyw 0.7 metr o ddiamedr. Dangosodd gwaith cloddio arbrofol i'r rheiny gael eu suddo ddau fetr i'r tir ac efallai iddynt fod yn chwe metr o uchder. Dyddiwyd yr olion drwy radiocarbon i ryw 2,500 CC. Byddai'r adnoddau a ddefnyddiwyd i adeiladu'r lloc wedi bod yn aruthrol gan i'r gwaith olygu cwympo, trin, cludo a gosod 1,400 o goed derw (rhyw 6,500 o dunelli metrig o bren) yn eu lle. Mae'r ffaith fod y llwybr at y fynedfa yn y gorllewin yn gul, fel yn Walton, yn awgrymu bod trefn bendant - a threfn orymdeithiol, efallai – i'r fynedfa honno. Yr argraff a geir yw bod y coed a ddefnyddiwyd yma wedi bod gryn dipyn yn fwy na'r rhai ar hyd gweddill y tu allan. Er nad yw archwiliad geoffisegol a wnaed o du mewn y lloc wedi dod o hyd i unrhyw adeiladwaith yno, mae'r pyllau niferus yn awgrymu i ddyddodion defodol gael eu gosod yma a'r rheiny, hwyrach, yn ddyddodion o fwyeill cerrig neu wrthrychau gwerthfawr eraill.

Ceir olion milwrol Rhufeinig ar ben llociau Hindwell a Walton. Er ei bod hi bron yn sicr y byddai'r muriau pren wedi hen ddiflannu erbyn y cyfnod hwnnw, efallai fod gan y cofadeiliau ryw arwyddocâd o hyd i'r poblogaethau brodorol. Mae mapio olion cnydau'n ddigidol – gwaith a wnaed gan y Comisiwn Brenhinol ar sail degawdau o awyrluniau o wahanol ffynonellau – yn fodd i weld y nodweddion yn eu cyd-destun. Yn y prif lun mae dwy arc lloc Hindwell yn y tu blaen ac wedi'u cysylltu gan ddarn o ffordd ar yr un llinell. Mae caer Rufeinig betryal ar ben yr arc agosaf. Mae arc o loc lleiaf Walton ar y dde yn y cefndir, yng nghanol tri gwersyll bach Rhufeinig. Y cwrsws yw'r petryal hir ar frig y llun.

Alex Gibson

014 Cylchoedd Cerrig Cymru

Cylch cerrig Cerrig Duon a maen hir Maen Mawr.
DI2006_1885 NPRN 95

Isod: Cylch cerrig Gors Fawr, ar fynyddoedd y Preseli yn Sir Benfro, yw un o'r rhai sydd wedi'u diogelu orau yng Nghymru.

DI2006_0615 NPRN 300422

Gwaelod: Mae i garnedd Dolgamfa yng Ngheredigion nodweddion cymhleth, megis bod uchder y cerrig yn codi o'r naill ochr i'r llall, ac efallai i rai o'r cylchoedd cerrig mwy o faint fod yn garneddau claddu i ddechrau.

DS2008_023_011 NPRN 303665

Mae'r cylchoedd cerrig, y rhesi cerrig a'r gosodiadau cerrig a godwyd yn ystod yr Oes Neolithig Ddiweddar a'r Oes Efydd Gynnar ymhlith yr henebion cynhanesyddol diweddar mwyaf enigmatig a dyrys ym Mhrydain. Fe'u mawrygwyd gan hynafiaethwyr ers yr unfed ganrif ar bymtheg ac maent bob amser wedi cyffroi dychymyg pobl. Er mai'r duedd yw i'r mwyafrif ohonynt fod wedi goroesi ar yr uwchdiroedd mwyaf anghysbell ac er bod eu meini diaddurn yn crisialu naws anghyfannedd a thangnefeddus y fan, efallai na cheir gwybod byth i ba raddau y mae'r meini sydd wedi goroesi yn cynrychioli dosbarthiad, ffurfiau a golwg yr henebion gwreiddiol.

Er mai'r cylchoedd cerrig mwyaf nodedig yw Cerrig Duon ym Mrycheiniog, Gors Fawr yn Sir Benfro a Chylch y Derwyddon yn Sir Gaernarfon, mae llu o rai eraill wedi goroesi a llawer o'r rheiny gymaint â 15 metr o ddiamedr. Ymylfeini i garneddau a gafodd eu herydu'n ddiweddarach oedd rhai ohonynt, ond nid yw eraill yn cynnig tystiolaeth iddynt fod yn rhan o'r un garnedd erioed. Nid yw'n glir faint o'r cylchoedd cerrig mwyaf ym Mhrydain, ar wahân i safleoedd fel Côr y Cewri ac Avebury, sy'n ddim ond safleoedd claddu anorffenedig.

Mae'n debyg mai yn yr Oes Neolithig Ddiweddar y codwyd cylchoedd cerrig, fel y twmpathau a'r carneddau claddu cylchog, ac iddynt ddatblygu ar yr uwchdiroedd yn fynegiant ar ffurf cerrig o'r hengorau 'noddfa' cylchog a fyddai wedi'u codi o bren ar y tiroedd isel. Yn ddiddorol ddigon, defnyddiodd adeiladwyr Côr y Cewri uniadau mortais a thyno i gysylltu'r cerrig â'i gilydd am eu bod, mae'n debyg, wedi arfer trin pren. Yn aml, ychwanegwyd cylchoedd cerrig yn ddiweddarach at eu hengorau pridd a'u cloddiau a'u ffosydd cylchog neu eliptigol mawr (fel y digwyddodd yng Nghôr y Cewri).

Ymhlith y dyrnaid o gylchoedd pren y cafwyd hyd iddynt yng Nghymru, yr un mwyaf hysbys yw'r un a gloddiwyd yn Sarn y Bryn Caled ar gyrion y Trallwng yn gynnar yn y 1990au. Daeth taith hedfan gan y Comisiwn Brenhinol ym 1990 o hyd i enghraifft bellach yn Llwynhelyg yn Sir Benfro lle cofnodwyd cylch o ddeg pwll ar hugain ar ffurf ôl cnwd. Mae'n bosibl iawn bod henebion tebyg i'w cael mewn mannau eraill, ond go brin y ceir hyd iddynt os ydynt o'r golwg o dan dir coediog neu drefi, neu mewn pridd mwy llaith lle na fydd ôl cnydau'n ffurfio. Mae'n debyg nad yw dosbarthiad hengorau heddiw ar gopaon bryniau anghysbell a chyrion yr uwchdiroedd yn cynrychioli eu dosbarthiad gwreiddiol, a gall fod llawn cymaint o safleoedd tebyg wedi bod ar dir isel.

Mae cylch cerrig Cerrig Duon a'i faen hir cysylltiedig, Maen Mawr, mewn cwm cul yn y Mynydd Du ym Mrycheiniog, wrth ochr y ffordd fach sy'n cysylltu Glyntawe â Threcastell. Fel sy'n digwydd yn achos bron pob cylch hysbys yng Nghymru, mae'r cerrig yn weddol fach a gellid yn hawdd bod wedi methu â sylwi arnynt oni bai am faint y Maen Mawr. Deuir at ochr ddwyreiniol y cylch cerrig ar hyd rhodfa gul o gerrig bach nad ydynt ond prin i'w gweld yn y gwair hir. Er bod y fan honno'n anghysbell heddiw, mae'n fwy na thebyg i'r cylch gael ei godi gan gymunedau yn yr Oes Efydd Gynnar pan oeddent yn amaethu mewn caeau go bendant eu siâp: mae ychydig o weddillion y muriau yn dal yno. Os nad y bwriad gwreiddiol oedd ei lenwi â charnedd gladdu enfawr, efallai i'r cylch cerrig fod yn fan cyfarfod o bwys lle cynhelid gweithgarwch cymunedol neu ddefodol. Mae bodolaeth y cylch yn arwydd bod poblogaeth niferus wedi trigo yn y dirwedd hon ac mae'r Maen Mawr yn fodd ers amser maith i gadw teithwyr ar y llwybr cul dros fwlch peryglus.

Toby Driver a Stephen Briggs

015 Tarddiad Bryngaerau

Bryngaer Llwyn Bryndinas yn ystod haf sych 1989, gan edrych tua'r gorllewin ar hyd Dyffryn Tanad.
Mae ôl cnydau lloc amddiffynedig o'r Oes Haearn i'w gweld yn y canol yn y tu blaen.

DI2008_0669 NPRN 306785

Gwelodd diwedd y 1960au a blynyddoedd y 1970au ddatblygiadau mawr o ran deall bryngaerau o'r Oes Haearn mewn amrywiol rannau o Brydain. Bu ffrwyth y cloddio mawr a wnaed ar gyfer y Grŵp Archaeoleg Achub a gwaith Ymddiriedolaeth Archaeolegol Clwyd-Powys yn ddiweddarach ym Mreiddin i'r gogledd o'r Trallwng ac ym Moel y Gaer, Rhosesmor a Dinorben yn Sir y Fflint, yn gyfraniad pwysig i'r ddadl ynghylch cymeriad a tharddiad bryngaerau yn yr Oes Haearn. Ond darganfyddiad allweddol ym Mreiddin oedd i gopa'r bryn gael ei amgáu i ddechrau â rhagfur sylweddol ac atgyfnerthedig, a hynny tua diwedd yr Oes Efydd yn hytrach nag yn yr Oes Haearn. Yr oedd tystiolaeth y crochenwaith, y gwrthrychau efydd, y ffwrneisiau gweithio metelau a'r dyddiadau radiocarbon i gyd yn awgrymu i'r fryngaer gael ei chodi yn gynnar yn nawfed ganrif CC.

Nid oedd yn syndod mawr gwybod y gallai rhai bryngaerau ar hyd y gororau fod wedi'u codi yn gymharol gynnar yn y mileniwm cyntaf CC. Bryd hynny, mae'n debyg i'r dirywiad yn yr hinsawdd, ynghyd â chynnydd ym maint y boblogaeth, roi pwysau ar dir ac esgor ar newidiadau cymdeithasol ac economaidd mawr. Un o'r newidiadau yn ystod cyfnodau cynnar a chanol yr Oes Efydd oedd i bobl symud o aneddiadau agored – gan mwyaf – i gartrefi amgaeedig neu amddiffynedig ar diroedd isel a llethrau bryniau, a chodi llociau mawr ac amddiffynedig ar gopaon llawer o'r bryniau amlycaf. Yr oedd marcio neu amddiffyn darn o dir, a thiriogaeth o'i amgylch efallai, yn fan cychwyn i greu'r patrwm anheddu a fyddai'n nodweddu Cymru'r Oes Haearn o tua 700 CC ymlaen. Ond digwyddiad ysgytwol oedd gweld yn y 1970au mor fawr oedd y lloc o'r Oes Efydd Ddiweddar ym Mreiddin – cymaint ag 28 hectar, mae'n debyg.

Yr oedd gwaith ar fryngaerau mawr eraill wedi lled-awgrymu iddynt gael eu codi yn yr Oes Efydd Ddiweddar ac enghraifft ohonynt oedd Hen Groesoswallt, sydd ryw 20 cilometr i'r gogledd.

Cadarnhawyd hynny ym 1983 ym mryngaer Llwyn Bryndinas, bryngaer ynysig a thrawiadol ger Llangedwyn sy'n tra-arglwyddiaethu ar Ddyffryn Tanad. Yma, dangosodd y gwaith cloddio a wnaed ar gyfer Ymddiriedolaeth Archaeolegol Clwyd-Powys i gopa'r bryn gael ei amgáu â rhagfur sylweddol a bod i'r rhagfur hwnnw wyneb o gerrig (heb ei gyfnerthu â phren, hyd y gellir gweld). Dyddiwyd y rhagfur drwy radiocarbon i'r nawfed ganrif CC. Er bod y gaer, sy'n rhyw 3.2 hectar, lawer yn llai na chaer Breiddin, yr oedd ei lleoliad fel uchelgaer yn awgrymu mai tebyg oedd sefyllfa'r gymdeithas yno o ran tra-arglwyddiaethu ar y dyffryn islaw a chadw rheolaeth drosto. Efallai i'r ffaith fod modd gweld y gaer o bell lawn mor werthfawr â'i chryfder milwrol wrth osgoi ymosodiadau gan grwpiau eraill a geisiai gipio tir, anifeiliaid neu eiddo.

Chris Musson

Cymru'r Oes Haearn a Chymru Rufeinig

Toby Driver a David Browne

Gan i Gymru, mae'n debyg, weld cryn ddirywiad yn yr hinsawdd ar ddiwedd yr Oes Efydd, un o nodweddion yr Oes Haearn, a ddechreuodd tua 700 CC, oedd y cystadlu cynyddol am fwyd a'r gwrthdaro rhwng pobloedd a oedd yn gymdogion i'w gilydd. Dangosir hynny'n fwyaf byw yn y cynnydd mawr yn nifer yr aneddiadau amddiffynedig. Tra oedd y wlad yn nwylo'r Rhufeiniaid o ryw OC 47 tan ryw OC 410, gwelwyd newidiadau sylweddol yn y dirwedd, ond hefyd lawer o barhad yn natur bywyd bob-dydd y rhan fwyaf o'r bobl.

Mae ein dealltwriaeth o'r Oes Haearn – y canrifoedd hollbwysig cyn dyfodiad y Rhufeiniaid – wedi datblygu cryn dipyn. Yn draddodiadol, cysylltid y cyfnod â dyfodiad offer haearn, datblygiad mathau newydd o aneddiadau amddiffynedig, ac absenoldeb yr henebion defodol a fu â lle mor amlwg iddynt cynt. Er bod hyn fel petai'n awgrymu mai'r ymateb i'r dirywiad yn yr hinsawdd oedd ceisio gwarchod mwy ar diriogaeth, a bod yn fwy ymosodol, mae'r newidiadau cymhleth yn y dirwedd yn awgrymu na ddigwyddodd toriad sydyn ar ddechrau'r Oes Haearn. Yr oedd yn adeg o ddatblygu cymdeithas fwyfwy cymhleth, o ymdrechu dygn i godi aneddiadau cymunedol, ac o gyflawni campau wrth weithio metelau ac ym myd celf. Drwy fasnachu dros bellteroedd maith, meithrinwyd cysylltiadau â rhannau o Ewrop, gan gynnwys rhai â'r ymerodraeth Rufeinig a oedd ar ei phrifiant. Er bod y term 'Celtaidd' yn un cryno a defnyddiol, ac er i draddodiadau Celtaidd ddylanwadu ar fynegiant artistig, ar iaith ac, efallai, ar strwythurau cymdeithasol a dulliau o etifeddu ar draws rhan helaeth o Ewrop, nid diwylliant unffurf mohono. Yr oedd arweinwyr lleol a rhanbarthol yn llywodraethu dros diriogaethau go bendant a allai, mewn rhai rhannau o Gymru, fod wedi'u hanheddu a'u hamaethu lawn mor ddwys ag a ddigwyddodd yn ddiweddarach. Ceir hyd i aneddiadau hyd heddiw, ac mae'r rhai ar diroedd isel, yn arbennig, yn cyfrannu at ddeall dwyseddau posibl y boblogaeth a'r rhaniadau tiriogaethol.

Er mai bryngaerau sydd wedi bod yn brif destun yr ymchwil i'r Oes Haearn ers amser maith, nid yw'r adeiladweithiau cymhleth hynny ond yr amlycaf o'r amrywiaeth o lociau amddiffynedig sy'n dyddio o'r cyfnod, llociau sy'n amrywio o ran eu maint a'u cymeriad o gaerau crwn a rathau ar dir isel Sir Benfro i'r bryngaerau mawr o bridd yn y Canolbarth a'r gororau [016 a 017] a'r cadarnleoedd a godwyd o gerrig yn y gogledd a phenrhyn Llŷn [018]. Ym 1975,

ysgrifennodd A. H. A. Hogg o'r Comisiwn Brenhinol, gŵr a dreuliodd lawer o'i oes yn datblygu'r astudiaeth o fryngaerau Prydain, 'No archaeologist is satisfied with the term… the enclosures may have corresponded to anything from a cattle kraal to a small town, but were seldom exclusively military.' Yng Nghymru, llociau ar gopa bryn oeddent fel rheol a chaent eu hamddiffyn yn gadarn drwy godi rhagfuriau o bridd neu gerrig o'u hamgylch a gosod palisadau pren ar ben y rheiny. Eid i mewn iddynt drwy byrth ac iddynt amddiffynfeydd sylweddol. Yn y llociau, ceid tai crwn â tho gwellt, ysguboriau dyrchafedig, gefeiliau a llecynnau diwydiannol.

Tua diwedd y bedwaredd ganrif ar bymtheg y dechreuwyd astudio bryngaerau Cymru wrth i Wynne Ffoulkes weithio ar rai Clwyd ac i S. Baring Gould astudio rhai Sir Benfro. Er i *Inventories* cynnar y Comisiwn Brenhinol ddisgrifio bryngaerau, prin oedd y ddealltwriaeth ohonynt mewn termau archaeolegol. Parheid i dybio cyn yr Ail Ryfel Byd iddynt gael eu codi gan ymfudwyr a oedd wedi dod i dde Lloegr ac yna wedi ymledu i weddill Lloegr ac i Gymru. Mae'n amlwg bellach nad felly y bu. Creadigaethau brodorol oedd y bryngaerau, ond dylanwadodd datblygiadau ar dir mawr Ewrop arnynt. Er y dangoswyd i rai ohonynt

Gyferbyn: Cyfundrefn caeau o'r Oes Haearn ar Ynys Sgomer, Sir Benfro, gan edrych tua'r de-ddwyrain tuag at The Neck a'r gaer bentir (brig).
AP_2008_0285 NPRN 24369

Bryngaer Foel Drygarn, Sir Benfro. Ymchwiliwyd iddi gan y Parch. Sabine Baring Gould ym 1899 ac fe'i harolygwyd gan y Comisiwn Brenhinol gyda Pholitechnig Portsmouth ym 1988. O amgylch y garnedd o'r oes Efydd, sydd wedi'i lliwio'n llwyd, ceir rhagfuriau o'r Oes Haearn, sydd wedi'u lliwio'n frown, a thros ddau gant o lwyfannau sydd wedi'u lliwio'n wyrdd.
DI2006_0507 NPRN 94948

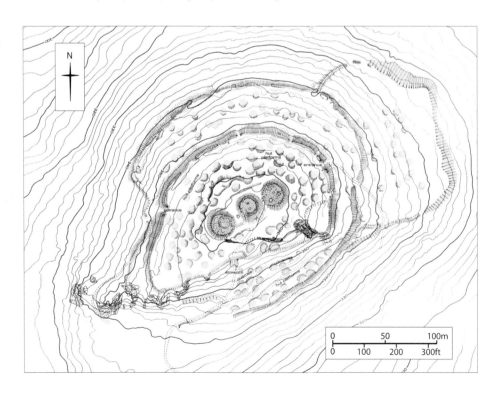

Dull bregus o dynnu ffotograffau oddi fry a ddatblygwyd ar gyfer y cloddio ar fryngaer Pendinas, Aberystwyth, dan gyfarwyddyd Daryll Forde yn y 1930au. Cyhoeddodd y Comisiwn Brenhinol yr adroddiadau ym 1963.
DI2007_1991 NPRN 92236

gael eu codi tua diwedd yr Oes Efydd [015], mae'n fwy na thebyg mai yn ystod canrifoedd olaf yr Oes Haearn y codwyd y rhan fwyaf ohonynt, a hynny wrth i'r cyfoeth a gafwyd o'r tir gynyddu ac i arweinwyr grymus gyfnerthu eu tiriogaethau. Parhaodd pobl i fyw mewn llawer ohonynt yn ystod y cyfnodau Brythonig-Rufeinig, a gwelsant gryn lewyrch.

Diben amddiffynfeydd trawiadol y mynedfeydd a'r pyrth, hyd yn oed mewn bryngaerau bach, oedd dychryn y sawl a geisiai ymosod arnynt a chyfleu eu grym a'u statws eu hunain. Yn syth ar ôl cael eu codi, byddai'r rhagfuriau a'r mynedfeydd wedi bod hyd yn oed yn fwy trawiadol nag ydynt heddiw. Yr oedd y rhai mwyaf ohonynt yn fawr iawn, a'r ymdrech i'w creu yn fwy nag unrhyw ymdrech debyg cynt. Cam pellach, efallai, i'w diogelu fyddai gosod marchbigau, sef cerrig neu staciau pren unionsyth, y tu allan i'r rhagfuriau. Heblaw am lond dwrn o enghreifftiau yng Ngwynedd a Sir Benfro, prin yw'r rhai sydd i'w cael yng Nghymru ond fe all fod rhagor ohonynt o'r golwg o hyd – a phrin, yn arbennig, fydd olion marchbigau pren. Er hynny, gellir dal i ddadlau ynghylch diben bryngaerau: a ddylid eu hystyried yn gadarnleoedd milwrol mewn byd peryglus neu'n ffermydd a phentrefi yr oedd eu cryfder ymddangosiadol

wedi'i gynllunio i ddychryn unrhyw ymosodwr. Mae'r darganfyddiadau a gafwyd wrth gloddio, a darganfyddiadau ar hap, yn dangos bod gan lawer bryngaer y taflegryn mwyaf sylfaenol – ond effeithiol – sef y garreg dafl. Mewn dwylo profiadol, gellid ei saethu'n gywir ac yn angheuol hyd at 60-100 metr. Mae disgrifiadau haneswyr Rhufain o oresgyniad Prydain, yn ogystal â thystiolaeth archaeolegol, yn dangos i filwyr Rhufeinig wrthdaro â llwythau o'r Oes Haearn.

Wrth ystyried rôl amddiffynfeydd y bryngaerau, efallai y gellid ei chymharu â phatrwm y gymdeithas ôl-ganoloesol ar ucheldiroedd ac ynysoedd yr Alban. Yno, cynhennu a gwledda oedd prif ffyrdd y penaethiaid o gyfleu eu statws a'u grym, ond yn hytrach na rhyfela'n barhaus byddent yn cynnal cyrch o dro i dro ar dylwythau gelyniaethus gan ddinistrio'u cnydau a dwyn eu gwartheg. Mae'r darganfyddiadau archaeolegol – arfau rhodresgar, ffitiadau cerbydau a harneisiau ceffylau – yn cadarnhau bodolaeth y math hwnnw o wrthdaro lleol, ysbeidiol a mympwyol yn yr Oes Haearn. Er i ddiwylliant yr oes fynnu bod arweinwyr yn pwysleisio'u statws gwleidyddol drwy fuddsoddi mewn pyrth a muriau cywrain a chodi amddiffynfeydd rhesymol i aneddiadau a chaeau,

mae'n debyg na welodd llawer bryngaer yr un ymosodiad o gwbl. Yn sicr, byddai arweinwyr yn yr Oes Haearn wedi gweithio i gadw eu statws yn y gymdeithas drwy ymgynghreirio â'r cymunedau a gystadlai â hwy, a byddai pensaernïaeth drawiadol eu bryngaerau yn eu helpu i amlygu eu grym.

Un ffurf yn unig ar anheddu oedd y bryngaerau, a'r gwaith peirianyddol enfawr a wnaed arnynt a'u lleoliad ar dir ymylol sydd wedi peri iddynt oroesi. Ar lethrau a lloriau'r dyffrynnoedd ceid amryw o fryngaerau, ffermydd bach amddiffynedig a chorlannau consentrig, a'r rheiny'n safleoedd arbenigol ac ynddynt loc allanol mwy o faint a chwrt mewnol i'r anheddau. Mewn llawer rhan o Gymru, codai ffermwyr yn yr Oes Haearn eu haneddiadau ar y tir amaethyddol mwyaf cynhyrchiol, a dyna lle mae ffermwyr o'r Oesoedd Canol hyd heddiw wedi dal i drin y tir. Er bod degawdau neu ganrifoedd o droi'r tir wedi graddol dreulio'r amddiffynfeydd a'r olion eraill, mae tynnu awyrluniau a'u hastudio wedi bod yn fodd i amlygu cannoedd o'r anheddiadau hynny drwy sylwi ar eu holion yng ngwahanol batrymau cyfraddau twf y cnydau ar lawr gwlad [019]. Byddai llawer rhan o'r Gymru gyn-Rufeinig wedi bod yn brysur, yn ddiwyd ac yn gosmopolitaidd. Estynnai cyfundrefnau helaeth o gaeau ar draws rhannau o'r wlad, a ffurfiwyd rhai ohonynt gyntaf yn yr Oes Efydd Ddiweddar [020]. O'r geifr a'r defaid ceid cig, cynhyrchion llaeth, lledr a

gwlân, a byddai'r anifeiliaid hynny'n helpu i rwystro coedwigoedd rhag llyncu'r tir pori drachefn. Drwy reoli coetiroedd, hela a physgota, ychwanegwyd at yr economi amaethyddol a'r ymborth. Yng nghymdeithasau'r Oes Haearn, yr oedd gwartheg yn werthfawr am eu bod yn ffynonellau cyfoeth ac oherwydd eu cryfder wrth dynnu offer amaethyddol – caent eu mawrygu'n anifeiliaid eiconig mewn celfyddyd a gwaith metel.

Yr oedd rhwydweithiau o dracffyrdd (rhagflaenwyr llwybrau hanesyddol y porthmyn) yn cysylltu cymunedau ar hyd a lled y wlad. Mae'r ffaith y cafwyd hyd i halen a ddaeth o wastatir Swydd Gaer, i lestri cain ac i nwyddau a fewnforiwyd o fannau mwy pellennig yn awgrymu bod yr economi'n un bywiog. Er y byddai cludiant ar y môr ac ar hyd afonydd wedi bod yn bwysig at lawer diben, ceir tystiolaeth o ddefnyddio llwybrau i groesi'r tir, ac mae'n arwyddocaol bod y byddinoedd Rhufeinig wedi sefydlu canolfannau a mannau cyflenwi mor gyflym yng nghanol Cymru ac wedi cyrraedd y bryniau drwy fylchau yn y mynyddoedd. Tynnent, i bob golwg, ar wybodaeth leol o'r llwybrau hynny.

Arweiniodd dyfodiad y Rhufeiniaid at ddifa llawer o'r pobloedd brodorol neu eu troi'n gaethweision. Yn wyneb y gwrthsafiad styfnig a drefnwyd gan arweinwyr fel Caradog, cymerodd ryw ddeg mlynedd ar hugain ar ôl OC 47 i wastrodi'r llwythau, ond pan drechodd Agricola wrthryfel yr Ordofigiaid yn OC 77 daeth terfyn ar yr ymgyrchu ar raddfa fawr. O hynny ymlaen tan i reolaeth y Rhufeiniaid chwalu yn y bedwaredd ganrif, ceid rheoli caeth o'r cadarnleoedd strategol yng Nghaer a Chaerllion a'r rhwydwaith o gaerau llai a gynhaliai gyfraith a threfn [022]. Wedi'r goncwest derfynol y gwelwyd y cyfnod

Chwith: Bryngaer Crucywel yn Sir Frycheiniog.
DI2006_1664 NPRN 92128

Isod: Tirwedd amaethu o'r Oes Haearn, a Brechfa yn Sir Benfro'n ganolbwynt iddi. Mae'r map yn dangos tri lloc consentrig a oedd, o bosibl, yn gorlannau ag aneddiadau canolog, ar gefnen. Mae pob sgwâr ar y map yn cyfateb i 1 km.
Hawlfraint y Goron: CBHC. Trwydded rhif 100017916 yr AO. NPRN 401988, 309502 a 401987

Yn ystod taith i dynnu awyrluniau yng ngaeaf 2002 cafwyd hyd i loc amddiffynedig Allt Aber-mangoed ger mwyngloddiau'r Rhufeiniaid yn Nolau Cothi/Pumsaint yn Sir Gaerfyrddin. Mae'n llenwi bwlch yn hanes yr anheddu cynhanesyddol ar uwchdiroedd Sir Gaerfyrddin, a hwn yw'r unig anheddiad o'r cyfnod cynhanesyddol diweddar sydd wedi'i gofnodi yn ymyl mwyngloddiau'r Rhufeiniaid.

DI2007_0184 NPRN 307331

Gwersyll cyrch Rhufeinig Arosfa Garreg, Sir Gaerfyrddin.

DI2008_0344 NPRN 84422

dwysaf o greu garsiynau. Eto, ymhen ychydig flynyddoedd symudwyd unedau milwrol i ogledd Prydain ac erbyn canol yr ail ganrif ni chynhelid ond ambell gaer yn y Canolbarth, ac yn Segontium ar arfordir y gogledd, i reoli'r bobl leol. Yn ystod rhan olaf y drydedd ganrif amddiffynnid yr arfordir rhag ymosodwyr o'r môr o'r gaer yng Nghaerdydd a thrwy ailwampio caerau mewn mannau eraill. Er ei bod yn fwy na thebyg i'r garsiwn yng Nghaerllion gael ei dynnu oddi yno erbyn diwedd y ganrif, efallai i ddyrnaid o filwyr gael eu cadw yno tan gyfnod mor ddiweddar â chanol y bedwaredd ganrif. Mae'r trefniadau milwrol a wnaed yn y bedwaredd ganrif

yng Nghaerdydd, Caernarfon, Caergybi a Chaerhun fel petaent yn hoelio'u sylw ar amddiffyn rhag ymosodiadau gan grwpiau o Iwerddon. Er ei bod yn debyg bod milwyr wedi gadael yr holl safleoedd milwrol erbyn tua OC 393 am fod eu hangen i wrthsefyll y gwrthryfel yng Ngâl, ceir peth tystiolaeth bod milwyr wedi'u gadael ar ôl i warchod trefi Caerfyrddin a Chaer-went hyd yn oed i mewn i'r bumed ganrif.

Pan fyddent yn ymgyrchu, câi'r byddinoedd Rhufeinig lety mewn gwersylloedd cyrch dros dro [081]. Ar ôl iddynt ddarostwng ardal, câi'r milwyr eu lletya mewn caerau o wahanol feintiau, a gallent ddod allan ohonynt i gadw trefn a chasglu trethi. Pencadlysoedd y llengoedd a oedd yn gyfrifol am gadw'r 'Heddwch Rhufeinig' (*Pax Romana*) oedd cadarnleoedd Caer a Chaerllion. Y rhain a reolai'r tir yn eu cyffiniau: credir i'r ail leng Awgwstaidd ddraenio gwastadeddau Gwent er mwyn cael tir pori i'w ceffylau. Yn anorfod, yr oedd canolfannau milwrol o'r fath yn denu masnachwyr, crefftwyr a difyrwyr i fyw yno – a hefyd gymheiriaid answyddogol y milwyr. Gelwid yr aneddiadau hynny'n *canabae* os oeddent y tu allan i gadarnleoedd y llengoedd ac yn *vici* os oeddent y tu allan i gaerau atodol. Adeiladwyd y gyfundrefn ffyrdd o dan gyfarwyddyd y fyddin yn ystod y degawd wedi'r goncwest Fflafaidd [023].

Y ddau anheddiad a ddatblygodd yn ganolfannau trefol (yn *civitates*) oedd Caer-went neu *Venta Silurum* yn achos y Silwriaid a Chaerfyrddin neu *Moridunum* yn achos y Demetae [025]. Yr oedd i Gaer-went lu o nodweddion dinas Rufeinig, megis fforwm, temlau a thai moethus. Nodwedd fwyaf hysbys Caerfyrddin yw'r amffitheatr y tu allan i borth y gogledd-ddwyrain. Yn

Uchod: Ffordd Rufeinig ger Hendy-gwyn, Sir Gaerfyrddin.
DI2006_1214 NPRN 308888

Chwith: Caer-went: y forum a'r deml.
GTJ00143 NPRN 403922

ogystal â bod yn gartrefi cymharol ddiogel i'r penaethiaid llwythol a ildiodd i rym yr ymerodraeth, yr oedd y dinasoedd yn ganolfannau masnachu, cynhyrchu, a chasglu trethi.

Er bod aneddiadau min-y-ffordd, neu drefi bach, yn nodwedd gyffredin ar Brydain Rufeinig, yn ne-ddwyrain Cymru yr oeddent yn bennaf. Fel rheol, datblygent ar hen safleoedd y fyddin a cheir enghreifftiau ohonynt ym Mrynbuga, Trefynwy, Caerdydd, Abergafenni, y Bont-faen, a hefyd, yn fwy na thebyg, yng Nghasgwent. Gweithgarwch a oedd yn gyffredin i'r rhan fwyaf ohonynt oedd cynhyrchu gwrthrychau haearn. Efallai fod dau anheddiad tebyg wedi bod ger Rhuthun, ac yn y Ffrith yn Sir y Fflint cynhyrchid plwm ac arian mewn anheddiad bach.

Ar diroedd ffrwythlon ac o fewn cyrraedd i ganolfannau trefol ceir filâu, sef tai chwaethus – ynghyd ag adeiladau amaethyddol cysylltiedig – sy'n dangos arwyddion o dderbyn gwerthoedd y Rhufeiniaid a'u ffyrdd o fyw [024]. Mae dosbarthiad yr enghreifftiau hysbys yn cyfnerthu'r syniad bod tiroedd y Silwriaid wedi'u plethu lawer mwy na thiriogaeth yr Ordofigiaid i'r drefn Rufeinig. I bob golwg, nid yw arddulliau Rhufeinig wedi dylanwadu rhyw lawer ar ddulliau anheddu yn y gogledd-orllewin, boed hynny oherwydd gwrthsafiad diwylliannol y bobl neu brinder arian. Yn yr un modd, prin yw'r dystiolaeth o ddylanwad y Rhufeiniaid ar aneddiadau gwledig yn y

Canolbarth ac yn nhiriogaeth y Deceangli yn y gogledd-ddwyrain, ac eithrio ym Mhlas Coch, Wrecsam. Ar y llaw arall, mae'n ymddangos bod yr amodau economaidd a thueddfryd yr arweinwyr lleol yn nhiroedd y Demetae yn y de-orllewin wedi ffafrio codi filâu bach, fel Trelissey yn Sir Benfro a Chwmbrwyn yn Sir Gaerfyrddin.

Ar ôl iddynt gael eu trechu, y Silwriaid, a oedd wedi gwrthsefyll y Rhufeiniaid gryfaf ar y cychwyn ac wedi

Isod: Amffitheatr Caerfyrddin.
DI2005_1177 NPRN 303957

Mae ôl cnydau'n datgelu fila Rufeinig Croes Carn Einion, Sir Fynwy.
DI2006_0739 NPRN 90528

llwyddo i faeddu lleng ymgyrchol yn OC 51, fu barotaf i gofleidio agweddau ar y diwylliant Rhufeinig. Er y byddai presenoldeb yr ail leng Awgwstaidd yng Nghaerllion wedi bod yn ddylanwad o bwys, rhaid bod dosbarth yr arweinwyr o ddechrau'r ganrif gyntaf ymlaen wedi ymaddasu'n ymwybodol i'r drefn newydd. Mae amlder y filâu yn nhiriogaeth y Silwriaid yn dangos cymaint o gyfoeth a gasglwyd gan y dosbarth o dirfeddianwyr a oedd wedi plygu glin i Rufain. Efallai i rai ohonynt lwyddo i gadw eu cartref teuluol a'i ddatblygu yn yr arddull Rufeinig, fel y digwyddodd yn Llanddewi yn Hwytyn ym Morgannwg. Yr oedd ystâd fila'n dra gwahanol i adeiladweithiau'r oesoedd cyn-Rufeinig: yr oedd eu hadeiladau wedi'u codi o gerrig ac yr oedd iddynt ffasadau pensaernïol trawiadol, toeon o deils neu gerrig, baddondy, system wresogi hypocawst, mosaigau a murluniau.

Pan fyddent yn westeion i uwch-swyddogion y fyddin, byddai'r arweinwyr lleol wedi'u cyflwyno i nwyddau a fewnforiwyd, megis olew, gwin, crochenwaith, gwydr a lampau ceramig. Yr oedd dechrau defnyddio darnau arian yng Nghymru yn arwydd o gyflwyno system newydd o gyfnewid, a pharhaodd y system honno tan i heddwch a sefydlogrwydd gael eu tanseilio. Yr oedd angen darnau arian i dalu trethi, ond a barnu wrth gyn lleied o ddarnau arian y cafwyd hyd iddynt, parheid i gyfnewid nwyddau ochr yn ochr â gweithredu'r economi arian drwy gydol y cyfnod Rhufeinig. O ganlyniad i

bresenoldeb parhaol y swyddogion milwrol ac ymerodraethol a'u hangen am gyflenwadau, yn ogystal â datblygiad economi arian a thwf marchnadoedd newydd o amgylch trefi yn y de, hybwyd cynhyrchu amaethyddol. Ar yr uwchdiroedd, amaethu bugeiliol a geid fel arfer, ond gallai'r cydbwysedd rhwng magu gwartheg a defaid amrywio o le i le, ac mewn rhai mannau tyfid cnydau. Yn y dyffrynnoedd isel ac ar hyd yr arfordir, ffermio tir âr a geid fel rheol.

Ar wahanol adegau ac mewn gwahanol fannau ceid diwydiannau echdynnu a gweithgynhyrchu, a hybid hwy gan welliannau yn y dulliau o gludo cynnyrch dros dir a môr. Golygai hynny fod modd allforio nwyddau. Yr oedd gan lywodraeth yr ymerodraeth ddiddordeb mewn echdynnu metelau gwerthfawr, yn rhannol er mwyn gallu talu costau cynnal byddin fawr. Er ei bod yn fwy na thebyg i aur gael ei fwyngloddio yn Nolau Cothi yn Sir Gaerfyrddin, rhaid mai siomedig oedd cyfanswm yr aur a gynhyrchwyd yng Nghymru. Mwy proffidiol oedd y broses o echdynnu arian i gynhyrchu darnau arian ohono: cafwyd hyd i ingotau, mwyngloddiau ac aneddiadau ym Mhrestatyn, y Ffrith a Phentre yn Sir y Fflint. Mae ingotau o Fôn a Sir Gaernarfon a cheuffyrdd yn Llanymynech ar ffin Sir Drefaldwyn â Swydd Amwythig yn tystio i fwyngloddio copr. Er hynny, canlyniad diarfogi'r boblogaeth oedd gostwng lefel cynhyrchu haearn tan i'r holl sefyllfa dawelu.

Bu anghenion y milwyr a'r awydd cynyddol i gael gafael ar nwyddau Rhufeinig, yn enwedig yn y de-ddwyrain, yn ysgogiad i sawl diwydiant. Gan fod angen teils ar y fyddin, codwyd odynnau yn ymyl ei chanolfannau – yn Holt, er enghraifft, i gyflenwi'r ugeinfed leng yng Nghaer. Wrth i'r garsiynau ymgartrefu, sefydlodd crochenwyr crwydrol odynau i gyflenwi anghenion y fyddin, a mewnforid llestri o safon uwch o ardaloedd y Rhein a Gâl i fodloni chwaeth yr uchel swyddogion. Yn ystod yr ail ganrif, yr hyn a geid yn y farchnad fel rheol oedd llestri cegin a gynhyrchwyd yng ngorllewin Lloegr: cafwyd hyd iddynt mewn amrywiaeth mawr o aneddiadau. Nid oes fawr o arwydd bod crochenwaith wedi'i gynhyrchu yng Nghymru ar ôl canol yr ail ganrif.

Gellid gweld celf yn y dull clasurol mewn canolfannau milwrol ac yn y de-ddwyrain Rhufeiniedig. Cysylltid cerfluniau carreg, yn arbennig, â'r fyddin, yn enwedig yng Nghaerllion lle'r oedd gofyn eu cael i gynhyrchu cofebion claddu a gwrthrychau crefyddol. Mae darnau o gerfluniau o wrthrychau ymerodrol yn hysbys o'r trefi, ceid mosaigau o filâu ac eiddo trefol yng Nghaer-went, a bu peintwyr muriau'n addurno tai gwledig, adeiladau milwrol, ac adeiladau preifat a threfol yn y trefi.

Yr oedd ideoleg a chrefydd y trigolion brodorol yn fwy soffistigedig nag yr oedd propagandwyr Rhufain yn fodlon cyfaddef. Parheid i addoli llawer o dduwiau'r grefydd frodorol, hyd yn oed os cysylltid hwy weithiau â duwiau'r pantheon Rhufeinig. Y fyddin a gyflwynodd y prif dduwiau Rhufeinig, a'r duw Iau ddaeth gyntaf. Yn ddiweddarach, daeth cyltiau dwyreiniol, fel un Mithras yng Nghaerllion a Segontium, yn boblogaidd ymhlith y milwyr. Ymhlith y cyltiau eraill a fu'n boblogaidd yn yr ardaloedd Rhufeiniedig yr oedd rhai Mercher, Fortuna a Mawrth. Codwyd temlau Celtaidd-Rufeinig yng Nghaer-went a Chaerfyrddin a theml gron o gerrig yng Ngwehelog yn Sir Fynwy. Mae ambell wrthrych offrymol y cafwyd hyd iddo yn awgrymu bod cysegrfannau bach i'w cael ledled Cymru, fel y gysegrfan yn Llys Awel yn Abergele lle cafwyd hyd i gerflun bach o'r duw Mercher a thri model o gŵn. Er nad oes llawer o dystiolaeth o Gristnogaeth Rufeinig yng Nghymru, teimlwyd ei phresenoldeb: gall fod gweddillion eglwys yng Nghaer-went. Amlosgi cyrff y meirw oedd yr arfer tan ganol y drydedd ganrif a rhoi'r llwch, ynghyd â gwrthrychau personol weithiau, mewn cistiau neu lestri crochenwaith. Daeth claddu'n arfer yn ddiweddarach a rhoddid cyrff unigolion cyfoethog mewn eirch o garreg. Mewn mynwentydd tymor-hir fel y rhai ger Caerllion, ceid cerrig beddi i filwyr a sifiliaid, a rhai beddgorau. Mae ambell grugfynwent yn hysbys - er enghraifft, yn y gaer filwrol yn Nhomen-y-mur, Meirionnydd [022].

Bu Cymru'n rhan o densiynau gwleidyddol, economaidd a chymdeithasol brwydr yr ymerodraeth Rufeinig i osgoi cael ei chwalu yn y bedwaredd ganrif.

Carreg fedd Rufeinig y cafwyd hyd iddi ger y Gaer, Brycheiniog.
DI2008_0837 NPRN 92001

Er i'r amodau waethygu, parhau wnaeth y bywyd trefol yng Nghaer-went a Chaerfyrddin ar ddiwedd y bedwaredd ganrif. Serch hynny, mae'r bygythiadau i sefydlogrwydd cymdeithas i'w gweld yn glir wrth astudio'r amddiffynfeydd yng Nghaerdydd, Caergybi a Mynydd Tŵr a'r penderfyniad i gadw garsiynau ar safleoedd fel Segontium, a hynny, bron yn sicr, er mwyn rhwystro a gwrthsefyll cyrchoedd gan fandiau o Wyddelod. Wrth i'r fygythiad godi i'r heddwch a'r sefydlogrwydd a oedd yn hanfodol i'r economi marchnad cyfyngedig ac i ddarnau arian beidio â chael eu defnyddio, mae'n fwy na thebyg mai chwalu'n gyflym fu hanes y system economaidd Rufeinig.

016 Archwilio Bryngaerau o'r Oes Haearn:
Y Gaer Fawr

Y Gaer Fawr, Cegidfa: golwg rithwir sy'n cyd-fynd â'r awyrlun ar dudalen 44. Edrychir ar draws Dyffryn Hafren i fryngaer Breiddin.
Mae'r arolwg digidol wedi'i fodelu mewn 3D ac yn fodd i weld y gwrthgloddiau cynhanesyddol heb i'r coed eu cuddio.

NPRN 306997
Model Digidol o'r Tir/Arwyneb: © GeoPerspectives. © Landmark Information Group Cyf.

*De: Graffig W. E. Griffiths o
borth deheuol caer y de,
Pendinas, Aberystwyth, ar
gyfer cyhoeddiad 1963 ar y
cloddio a wnaed yno. Mae'r
darlun, sydd ar wahanol
raddfeydd a thafluniadau, yn
cyfleu cymhlethdod
adeiladwaith y porth ac yn
gofnod diffiniol ohono.*

DI2008_0426 NPRN 92236

*Gwneud arolwg GPS
o fryngaer Penrallt,
Sir Drefaldwyn.*

DS2008_020_005 NPRN 400895

Camp nodedig, a honno'n ffrwyth llawer iawn o gydymdrechu dygn, oedd codi bryngaer yn yr Oes Haearn ac mae'r gwrthgloddiau mawr a welir yn y dirwedd heddiw yn adfeilion rhagfuriau a orchuddid yn wreiddiol â muriau o gerrig sych neu byst pren. Ar ben y gwrthgloddiau hynny ceid palisâd a llwybr cerdded. Er y caiff bryngaerau eu cysylltu â'r Oes Haearn, codwyd rhai ohonynt yn yr Oes Efydd Ddiweddar yn wreiddiol a chafodd eraill eu hailfeddiannu a'u newid mewn cyfnodau diweddarach.

Cam hollbwysig wrth geisio deall sut y cafodd yr henebion cymhleth hyn eu codi a'u defnyddio yw gwneud arolwg mesuredig a manwl-gywir ohonynt. Mae modd cymharu'r gwahanol ffurfiau arnynt, ac wrth i'r broses archwilio ddatgelu nodweddion newydd a rhoi gwedd gliriach ar berthynas gwrthgloddiau â'i gilydd, ceir tystiolaeth ynghylch eu dyddiadau, eu gwahanol gyfnodau a'r newidiadau a wnaed iddynt. Gan mai cyfran fach o'r holl fryngaerau sydd wedi'u cloddio, y brif ffordd o geisio deall rhywfaint ar y rhan fwyaf ohonynt yw gwneud arolygon ohonynt yn y maes. Ac er bod arolygu o'r awyr, cloddio a synhwyro o bell wedi datgelu rhagor am dirweddau'r cyfnod cynhanesyddol diweddarach, cynlluniau deongliadol manwl o fryngaerau yw hanfod yr ymchwil i'r Oes Haearn hyd heddiw.

Mae technegau'r gwaith archwilio wedi newid. Cyn y 1980au, defnyddid theodolitau, tapiau a chadwyni, gwneid trawsteithiau llafurus a chyfrifid onglau â llaw. Erbyn llunio *Inventory* y Comisiwn Brenhinol o Frycheiniog, defnyddid awyrluniau fertigol orthogywiriedig i gynhyrchu cynlluniau sylfaenol a gynigiai arweiniad i rai o'r arolygon tir. Heddiw, bydd ymchwilwyr yn defnyddio offer arolygu digidol a soffistigedig fel y *total station* (sy'n cyfuno theodolit electronig â dull electromagnetig o fesur pellter) neu system leoli byd-eang (GPS). Gan fod y GPS yn gallu dod o hyd i'w safle yn unrhyw le yn y byd hyd at y centimetr agosaf, a hynny drwy driongli â lloerennau sy'n cylchdroi yn y gofod, mae'n gyfleuster arbennig o ddefnyddiol wrth archwilio bryngaerau ar dir gwyllt neu anghysbell sydd heb fawr o nodweddion amlwg ar eu cyfyl.

Mae'r Gaer Fawr yng Nghegidfa ger y Trallwng yn un o sawl bryngaer amlglawdd fawr sy'n edrych allan dros ran uchaf dyffryn Hafren ac yn arwydd o rym y cymunedau yn y fro hon yn yr Oes Haearn. O astudio mownt helmed – mownt rhyfeddol sydd ar ffurf baedd efydd ac y cafwyd hyd iddo yn y bedwaredd ganrif ar bymtheg – ceir rhyw argraff o'r bobl a oedd, efallai, yn benaethiaid ar y safle yn ei anterth. Mae'r fryngaer yn 5.8 hectar ac mae iddi hyd at bum llinell o ragfuriau sydd dros 8 metr o uchder. Er ei bod mewn cyflwr rhyfeddol o dda, ni chloddiwyd mohoni erioed ac

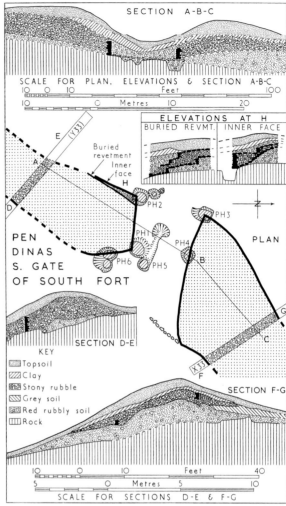

mae'r coed trwchus yn peri nad oes modd dirnad ei ffurf a'i graddfa. Yn 2007 gwnaeth y Comisiwn Brenhinol yr arolwg manwl cyntaf o'r safle gan ddefnyddio *total station* i gofnodi miloedd o bwyntiau. Ffrwyth hynny yw model digidol o'r tir sy'n fodd i 'weld' y fryngaer a'i safle heb yr holl goed, a dangos yn glir i lawer cam fod yn hanes codi'r Gaer Fawr. Yn wreiddiol, caer fach oedd ar y copa. Yna, yn ddiweddarach, amgaewyd rhagor o dir i'r gorllewin ohoni. Crëwyd dwy fynedfa hynod gywrain iddi, ac i'r naill a'r llall yr oedd ramp ar oledd ynghyd â phorth amddiffynedig. Ychwanegwyd estyniad ati yn y de. Nodwedd a ddaeth i'r amlwg gan gyffroi chwilfrydedd arbennig yw'r gwrthglawdd sy'n rhannu'r gofod mewnol: gallai fod yn gysylltiedig â'r meddiannu a fu ar y gaer yn yr Oesoedd Canol Cynnar.

Louise Barker a Toby Driver

017 Dehongli Cymru'r Oes Haearn: Yr Hen Gaer

Adluniad Dylan Roberts o fryngaer yr Hen Gaer o'r Oes Haearn, Ceredigion, gan edrych tua'r de.

GTJ00067 NPRN 92249

Drwy garedigrwydd Dylan Roberts.

Yn aml, creu adluniadau yw'r ffordd orau o ddehongli ddoe heddiw, yn enwedig o ran cyfleu sut olwg a allai fod wedi bod yn y cyfnod cynhanesyddol ar dwmpathau gwrthglawdd sydd bellach wedi mynd yn wyllt. Mae'r adluniad dramatig o fryngaer o'r Oes Haearn – adluniad gan Dylan Roberts o'r Comisiwn Brenhinol o'r Hen Gaer ger Aberystwyth – yn datgelu llawn cymaint am y newid sydd wedi bod yn y dehongli ar yr Oes Haearn ag am archaeoleg y safle.

Saif bryngaer fach yr Hen Gaer 6 chilomedr i'r gogledd-ddwyrain o Aberystwyth ac mae hi wedi'i ddiogelu'n dda. Fe'i cloddiwyd yn rhannol gan Christopher Houlder o'r Comisiwn Brenhinol ym 1967, ac mae'n un o gannoedd o lociau amddiffynedig tebyg sy'n britho llethrau a chopaon bryniau'r canolbarth a'r gorllewin. Fel safleoedd ei chymdogion cynhanesyddol, mae safle'r Hen Gaer yn creu penbleth am fod rhan o'r rhagfur yn cynnwys llethr serth tua'r de ac yn osgoi safle mwy gwastad ar y copa i'r gogledd ohono. Rhaid bod hynny wedi'i gwneud hi'n llawer mwy trafferthus codi tai yno. Ar y tir ceir arwyddion o gryn ymdrech ddynol i godi'r gaer. Fe dorrwyd ffos i'r graig, ac er iddi gael ei llenwi'n rhannol mae'n dal i fod yn drawiadol. Uwch ei phen mae rhagfur o bridd a cherrig sy'n 3-4 metr o uchder ac yn rhyw 12 metr o led ar ei waelod. Mae'n amgáu cyfanswm o 1.3 hectar o dir. Er bod gwair a choed wedi tyfu dros y rhagfur, mae'r darnau byr o furiau celfydd o gerrig sych sydd i'w gweld yma ac acw yn dangos mai muriau o gerrig yn unig, ar un adeg, oedd i'r gaer hon, fel i eraill yn y rhanbarth, yn hytrach na'r rhagfuriau o bridd a ddangosir yn yr adluniad. Yn yr Oes Haearn, byddai'r gaer hon wedi bod yn olygfa hynod drawiadol yn y dirwedd.

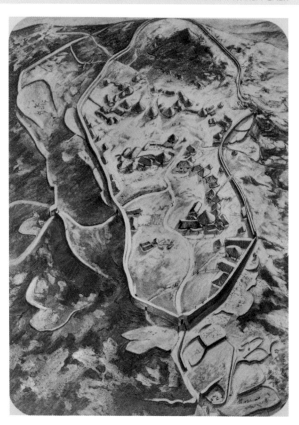

Cynhwyswyd adluniadau o fryngaerau eraill o waith staff y Comisiwn Brenhinol yn llyfr A. H. A. Hogg *Hillforts of Britain* (1975): adluniad o Dre'r Ceiri yng Ngwynedd, er enghraifft, ac o Maiden Castle yn Dorset. Crëwyd yr adluniad o'r Hen Gaer ar gyfer prifathro a disgyblion Ysgol Rhydypennau, Bow Street, yn gynnar yn y 1970au ac ynddo pwysleisiwyd elfennau fel y ffos i ddangos i'r disgyblion gymaint oedd maint yr amddiffynfeydd. Mae'r adluniad yn cyfleu'r darlun a goleddid o'r Oes Haearn adeg ei lunio, a'r cytiau crwn â'u toeon gwellt garw a'r priciau sy'n codi ohonynt yn debyg i gytiau mwd yn Affrica. Ond mae adluniadau arbrofol yn awgrymu bod tai crwn yr Oes Haearn yn fwy na thebyg yn adeiladau trawiadol a bod golwg raenus arnynt. Mae gwaith cloddio, cerdded yn y maes a gwaith palaeoamgylcheddol yng nghyffiniau Aberystwyth wedi dangos i'r cymoedd o amgylch yr Hen Gaer gael eu hamaethu a'u hanheddu o'r Oesoedd Neolithig ymlaen, ac nad oedd yno fawr o goedwig. Er hynny, mae'r ddelwedd yn dal i fod yn un rymus a pherthnasol am ei bod yn rhagori ar unrhyw gynllun neu lun wrth gyfleu mawredd a chadernid yr amddiffynfeydd cynhanesyddol a'r llafur a'r cydymdrechu aruthrol y bu'n rhaid wrthynt i'w codi â llaw.

Toby Driver

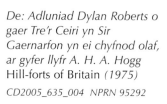

De: Adluniad Dylan Roberts o gaer Tre'r Ceiri yn Sir Gaernarfon yn ei chyfnod olaf, ar gyfer llyfr A. H. A. Hogg Hill-forts of Britain *(1975)*

CD2005_635_004 NPRN 95292

Isod: Amddiffynfeydd yr Hen Gaer, gan ddangos ongl ogledd-ddwyreiniol y gaer (ar y chwith yn nhu blaen yr adluniad). Ar un adeg, byddai'r ffos a lenwyd wedi'i thorri'n llwyr i'r graig.

CD2005_621_002 NPRN 92249

018 Tre'r Ceiri a Chaerau Cerrig Llŷn

Bryngaer Tre'r Ceiri o'r gorllewin, gan ddangos y gaer wych o gerrig sydd ar y copa creigiog.
Ym 1960 ysgrifennodd A. H. A. Hogg amdani: 'In its present form the fortress is probably unique...'

AP_2007_0224 NPRN 95292

Prin yw'r safleoedd cynhanesyddol yng Nghymru sy'n cyffroi'r dychymyg cymaint â bryngaer Tre'r Ceiri, y gaer sy'n tra-arglwyddiaethu ar benrhyn Llŷn o'r mwyaf dwyreiniol o dri chopa'r Eifl ac yn edrych i lawr o gopa caregog sy'n 485 o fetrau uwchlaw lefel y môr. A chan fod y tai crwn, y pyrth a'r rhagfuriau yno'n rhyfeddol o gyflawn, dyma un o'r bryngaerau sydd wedi'u diogelu orau o'r Oes Haearn ym Mhrydain.

Saif Tre'r Ceiri ar safle serth, ac ar gopa'r mynydd ceir ynddi garnedd gladdu sylweddol ei maint o'r Oes Efydd Gynnar. Cafodd y garnedd honno ei diogelu a'i pharchu nid yn unig adeg codi'r fryngaer ond drwy gydol oes y gaer. O amgylch y brif gaer ceir rhagfur eithriadol o gadarn sy'n dal i sefyll hyd at 3.5 metr o uchder mewn mannau. Mae rhan o frig y rhagfuriau bron yn gyflawn ac wedi cadw'r rhodfa ar ei phen. Cyrhaeddir y rhodfa honno ar hyd rampiau ar oledd o du mewn y gaer. Yn y mur mawr hwnnw mae dau brif borth, a'r naill a'r llall yn sicrhau bod y bobl a ddeuai at y gaer yn gwneud hynny ar hyd llwybrau cyfyngedig a chul. Gellir nodi bod yno hefyd dri chilborth, neu fân byrth, ac mae'n debyg, o leiaf, i un ohonynt gael ei gynllunio i alluogi'r trigolion i ddisgyn ar hyd llwybr cul i godi dŵr o ffynnon. Y tu hwnt i'r rhagfur ceir mur allanol rhannol sy'n cynnig amddiffyniad pellach i'r llwybrau mwy agored at ochrau gogleddol a gorllewinol y gaer.

Gan fod Tre'r Ceiri'n un o fryngaerau gwychaf Prydain, mae'n ddigon naturiol bod llawer o waith arolygu a chloddio wedi'i wneud yno. Yn ystod y 1950au, cynhaliodd y Comisiwn Brenhinol sawl ymgyrch i gloddio ac arolygu bryngaerau'r rhanbarth hwn er mwyn gallu llunio disgrifiad cliriach o'u datblygiad ar gyfer *Inventory* Sir Gaernarfon. Gwnaeth W. E. Griffiths ac A. H. A. Hogg arolwg llawn o Dre'r Ceiri ym 1956, gan nodi cyfuchliniau

a manylion y llociau ar lethrau'r bryniau cyfagos ac adeiladu ar yr arolwg mesuredig arloesol a wnaed gan Harold Hughes ym 1906. Ffrwyth hyn i gyd oedd creu cofnod arbennig o glir a manwl na ddisodlwyd mohono tan i arolwg *total station* modern gael ei wneud ym 1980.

Mae'r gwaith cloddio wedi dangos i'r fryngaer gael ei chodi tua diwedd yr Oes Haearn, mae'n debyg, ac iddi barhau i gael ei defnyddio tan y bedwaredd ganrif OC o leiaf. Ar gopaon uchaf bryngaerau amlwg eraill a godwyd o gerrig ar benrhyn Llŷn, a Charn Boduan a Charn Fadrun yn bennaf, ceir cadarnleoedd o gerrig a'r rheiny wedi'u codi mewn cyfnodau diweddarach. Er mai'r gred yw iddynt fod yn gestyll tywysogion canoloesol Cymru, nid oes tystiolaeth i adeiladwaith o'r fath fod yn Nhre'r Ceiri erioed.

Er bod y gweddillion, am ganrifoedd, wedi rhyfeddu'r rhai sydd wedi'u gweld, mae dwy fil o flynyddoedd o hindreulio a dygwympo, ynghyd â phwysau ymwelwyr, wedi gadael eu hôl. Cyn belled yn ôl â 1894 gresynai aelodau Cymdeithas Archaeolegol Cymru at gyflwr Tre'r Ceiri a'r diffyg diogelu arni: 'It would hardly be thought that in a civilised community it was possible that such a splendid specimen of a prehistoric city would be allowed to perish miserably… Yet stone by stone Treceiri is being gradually destroyed.'

Ym 1989 dechreuodd Cyngor Dosbarth Dwyfor a Chyngor Sir Gwynedd, gyda chymorth Cadw, weithredu rhaglen i gyfnerthu ac atgyweirio'r gaer dan oruchwyliaeth Ymddiriedolaeth Archaeolegol Gwynedd. Rhedodd y prosiect am ddegawd gan beri ei bod yn bosibl y bydd y gaer hynod hon yn dal i gyffroi chwilfrydedd pobl am ddwy fil o flynyddoedd eto.

Toby Driver

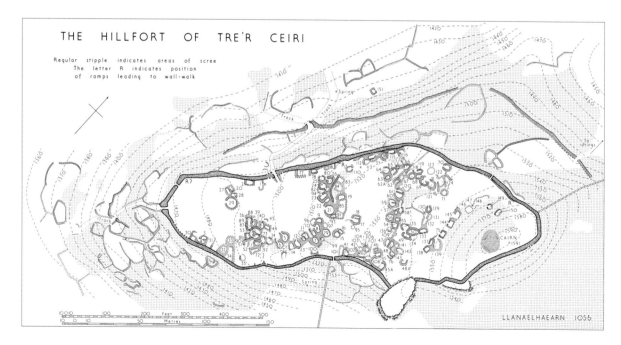

Yr arolwg manwl o Dre'r Ceiri, a'r llethrau o'i hamgylch, a gwblhawyd gan y Comisiwn Brenhinol ym 1956.

DI2008_0130 NPRN 95292

019 Llociau Amddiffynedig Coll

Lloc amddiffynedig Cawrence ar ffurf ôl cnwd ym 1996.

DI2005_0139 NPRN 308918

Cloddio lloc amddiffynedig Troed-y-rhiw, i'r gogledd o Aberteifi, gan Ymddiriedolaeth Archaeolegol Dyfed yn 2005. Cafwyd hyd i'r safle yn ystod taith hedfan gan y Comisiwn Brenhinol yn 2003 pan sylwyd ar ôl cnwd gwelw. Daeth y gwaith cloddio o hyd i ffosydd a dorrwyd hyd at 3.4 metr i'r graig. Mae'r cae y tu hwnt iddo'n dangos mor drylwyr y cawsai tir y safle ei droi: nid oes ond 20-30 centimetr o bridd yn weddill uwchlaw'r creigwely o siâl.

DS2005_109_002 NPRN 309072

Anaml y bydd troi'r tir ar fferm amddiffynedig gynhanesyddol yn dileu holl olion y ffosydd a dorrwyd i'r graig a holl sylfeini'r rhagfuriau. Gan fod olion claddedig o'r fath yn effeithio ar y ffordd y bydd cnwd yn tyfu ac yn aeddfedu mewn blwyddyn o sychder, byddant yn creu ôl cnydau.

Effaith troi'r tir ers yr Oesoedd Canol ac amgáu rhannau helaeth o'r wlad yn ddiweddarach at ddibenion amaethyddol fu dileu llu o olion cynhanesyddol, ac ers yr Ail Ryfel Byd mae'r broses o fecaneiddio byd amaeth a'r ymdrech i dyfu cnydau helaethach wedi effeithio'n fawr ar amryw byd o'r gweddill. Ar ôl dau fileniwm o weithgarwch amaethyddol, mae ugeiniau o henebion cynhanesyddol wedi diflannu oddi ar wyneb daear gan droi'n ddim ond gwrthgloddiau na ellir prin eu gweld neu'n olion sydd bellach o'r golwg o dan y pridd.

Cyn dyfodiad awyrluniau archaeolegol yn yr ugeinfed ganrif, tynnai cyn-haneswyr gasgliadau am ddwysedd yr anheddu, am y boblogaeth ac am y defnyddio a fu ar y tir yn yr Oes Haearn o sampl anwastad o safleoedd a oedd wedi goroesi am eu bod yn wrthgloddiau amlwg. Cyn y 1950au, tybid nad oedd yr un anheddiad cynhanesyddol, amgaeedig a llai o faint i'w gael ar rannau helaeth o diroedd isel Maldwyn, Morgannwg, Sir Fynwy a Cheredigion, er enghraifft, a disgrifid y tiroedd hynny yn 'wlad o fryngaerau' a dim mwy. Ond dechreuodd yr awyrluniau archaeolegol arloesol a dynnwyd gan Brifysgol Caergrawnt ac eraill ar ôl yr Ail Ryfel Byd awgrymu hyd a lled y ffermydd a'r caerau cynhanesyddol a gollwyd wrth droi'r tir ond y gallai eu gweddillion fod wedi goroesi dan ddaear.

Gan i'r arolygu o'r awyr amlygu olion y ffermydd bach a'r llociau ar gyfer stoc arbenigol, newidiodd y canfyddiadau o gymdeithas yn yr Oes Haearn. Bellach, mae'r cyfoeth o dystiolaeth yn awgrymu i'r dirwedd gyn-Rufeinig gael ei hamaethu'n ddwys a bod y boblogaeth wedi ymgartrefu'n gadarn ynddi. Mae bodolaeth y bryngaerau mawr yn awgrymu y ceid yno hierarchaethau grymus o bendefigion ac economïau canoledig, ac mae bodolaeth bryngaerau a chaerau crwn bach ond helaeth eu hamddiffynfeydd yn awgrymu bod yno aneddiadau annibynnol a oedd, efallai, o dan reolaeth unigolion cyfoethog. Enghraifft o'r ffermydd amddiffynedig a chonsentrig a oedd yn gyffredin yng Nghymru yw lloc amddiffynedig Cawrence yn Sir Benfro. Yr oedd y fynedfa iddo'n culhau'n raddol tan y cyrhaeddid y tu mewn, ac yno yr oedd tai crwn yn agos at ei gilydd. Efallai i anifeiliaid gael eu cadw mewn corlannau yn y lloc allanol. Cafwyd hyd i Cawrence o'r awyr ym 1995 a phan dynnwyd ffotograffau ohono flwyddyn yn ddiweddarach fe'i gwelwyd fel ôl cnwd rhyfeddol o glir. Mae'r prif borth ar y chwith ac yn wynebu i lawr y llethr, ac mae 'drws cefn' ar y dde i'r lloc allanol. Mae'r ffordd yn ymyl y safle yn dangos maint enfawr yr heneb.

Er bod arolygu o'r awyr wedi sicrhau bod cryn gynnydd wedi'i wneud o ran ailddarganfod patrymau anheddu cynhanesyddol yn y mannau hynny lle mae tyfu cnydau âr a sychder ar dir glas a chaeau gwair yn

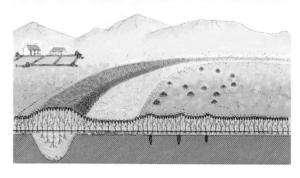

amlygu ôl cnydau pan geir hafau sych, nid yw'r dechneg honno mor llwyddiannus ymhell o'r môr am nad yw effeithiau sychder ar lethrau gweiriog a thir pori mor amlwg. Mae rhanbarthau fel Sir Faesyfed a Brycheiniog, felly, yn dal i ymddangos fel tir mynyddig sydd â llu o fryngaerau ond heb fod yno ryw lawer o ôl anheddu mawr ar dir isel.

Mae'r Comisiwn Brenhinol ac Ymddiriedolaethau Archaeolegol Cymru wedi defnyddio geoffiseg a gwaith cloddio ar lawr gwlad i ymchwilio i'r aneddiadau y cafwyd hyd iddynt o'r awyr ond a oedd wedi eu gwastatáu wrth droi'r tir. Llwyddiant arbennig fu'r prosiectau ar benrhyn Llŷn, lle'r aethpwyd ar drywydd ôl cnydau a ddarganfuwyd, ac yn ne Ceredigion, lle mae blynyddoedd lawer o arolygu ôl cnydau wedi amlygu crynodiad anarferol o aneddiadau amddiffynedig Brythonig-Rufeinig sgwâr ar wastadedd ffrwythlon yr arfordir.

Toby Driver

020 Tirweddau sydd wedi goroesi ers adeg y Ffermwyr Cynhanesyddol: Corsygedol

Cyfundrefn caeau hynafol Corsygedol, Meirionnydd.

DI2008_0318 NPRN 401827

Er ei bod hi'n anodd sylweddoli mor eithriadol o hynafol yw tirwedd Cymru, fe geir bob hyn a hyn ar hyd yr arfordir ac ar yr uwchdiroedd, lle mae'r tir yn fwy ymylol ac wedi'i droi'n llai trylwyr, olion bregus hen aneddiadau a chaeau, a'r rheiny'n ddarnau bach o dai, ffermydd a thracffyrdd a grëwyd gan bobl yn yr Oes Haearn, yr Oes Efydd neu'r Oes Neolithig cyn hynny. Mae olion o'r fath mewn perygl o ddiflannu yn sgil draenio'r tir a chlirio'r cerrig oddi arno, yn enwedig ar diroedd isel a ffrwythlon y de a'r canolbarth – tiroedd a gaiff eu draenio'n dda. Ar y llaw arall, gellir cael tirweddau amaethyddol cynnar sydd wedi'u diogelu'n dda mewn rhannau o'r uwchdiroedd, ar ynysoedd fel Sgomer ac Ynys Dewi ac ar bentiroedd yn Sir Benfro, Gwynedd a Môn. Mae'r enghreifftiau ohonynt yng Nghymru gyda'r gwychaf yng ngorllewin Ewrop.

Cyfundrefn caeau arbennig o drawiadol yw un Corsygedol ger Dyffryn Ardudwy yng Ngwynedd. Er bod archaeolegwyr yn gwybod ers tro am y caeau hynafol yno, nid tan y 1980au a'r 1990au y bu rhaglenni maith Parc Cenedlaethol Eryri a'r Comisiwn Brenhinol o arolygu'r tir ac astudio o'r awyr a mapio ar sail awyrluniau yn fodd i amlygu eu hansawdd a'u cymhlethdod. Er bod y prif lociau hirgrwn a phetryal a sylfeini'r tai crwn yn perthyn, mae'n debyg, i'r Oes Haearn a'r cyfnod Brythonig-Rufeinig, gellir damcaniaethu mai yn yr Oes Neolithig y crëwyd rhan, o leiaf, o'r dirwedd amaethu honno (ac mae hynny'n

beth prin ym Mhrydain). Dangosir hynny gan ei chysylltiad â beddrod siambr. Mae twmpathau llosg hefyd wedi goroesi yn y meysydd: credir i'r pentyrrau o gerrig sydd wedi'u cracio gan dân gael eu defnyddio wrth gyd-goginio neu gyd-ymolchi, a'u bod yn dyddio fel rheol o'r Oes Efydd. Parhawyd i anheddu, amaethu ac ailblannu'r meysydd hyn ar ôl iddynt fynd i feddiant ystâd Vaughaniaid Corsygedol yn yr ail ganrif ar bymtheg. Ar lawr gwlad, mae gweld y cloddiau caregog sydd â grug yn tyfu drostynt yn peri tipyn o ddryswch, ond o ddilyn map neu ganllaw gellir gweld sylfeini sylweddol y tai crwn o'r Oes Haearn a cherdded ar hyd tracffordd ar arglawdd rhwng plotiau'r caeau gan ddilyn ôl troed teuluoedd dirifedi o ffermwyr cynhanesyddol.

Er mai Corsygedol yw un o'r rhannau o arfordir Dyffryn Ardudwy sydd wedi bod yn destun yr ymchwil fwyaf trylwyr, mae gwrthrychau hynod eraill wedi goroesi yn y cyffiniau. Yn eu plith mae Muriau'r Gwyddelod uwchlaw Harlech. Ar y darn hwnnw o lethr ychydig gannoedd o fetrau o dai Harlech heddiw caiff cytiau a phadogau Brythonig-Rufeinig eu gwahanu gan furiau troellog ffermydd cyfagos. Mae'n sicr bod tirweddau eraill o'r fath i'w darganfod eto ar hyd llwybrau troed ac ar fryniau agored ledled Cymru ac y bydd pob enghraifft newydd ohonynt yn gysylltiad pendant a chryf â'r gorffennol cynhanesyddol.

Toby Driver

Y dirwedd amaethu o'r Oes Haearn neu'r cyfnod Brythonig-Rufeinig ym Muriau'r Gwyddelod uwchlaw Harlech. Ceir yno grŵp dwbl o gytiau mewn padog crwn (yn y canol yn y tu blaen) a muriau caeau'n mynd i wahanol gyfeiriadau ohono. Terfynau a bennwyd yn y cyfnod cynhanesyddol, mae'n debyg, yw rhai o'r muriau a ddefnyddir hyd heddiw.

AP_2005_0072 NPRN 401818

021 Ymgyrchoedd y Fyddin Rufeinig

Awyrlun o wersylloedd gorymdeithio Rhufeinig y Pigwn, Brycheiniog.
DI2006_0230 NPRN 92004

Gadawodd y fyddin Rufeinig gyfoeth o olion archaeolegol ar ei hôl wrth ymgyrchu yn nhalaith *Britannia* a thestun arbennig o ddiddorol yw'r gweithiau maes a godwyd ganddi yn ystod y goncwest. Ymhlith y cynnyrch hwnnw ceir 'gwersylloedd cyrch' dros dro a godwyd mewn mannau trawiadol. Un ohonynt yw'r Pigwn sydd ryw 400 metr uwchlaw lefel y môr ar gopa mynydd Trecastell ym Mrycheiniog , lle mae dau wersyll olynol yn gorgyffwrdd â'i gilydd. Mae olion gwrthgloddiau rhagfur a ffos y naill wersyll a'r llall i'w gweld yn glir er bod un ochr wedi'i dinistrio'n rhannol gan y chwarela diweddarach am gerrig teils. Diben codi amddiffynfeydd o'r fath o amgylch darn go helaeth o dir oedd diogelu pebyll a holl offer y milwyr a'u harweinwyr. Er bod modd dod o hyd i'r rhan fwyaf o wersylloedd yng Nghymru am fod rhagfur a ffos o'u hamgylch, y cyfan y gellir ei weld ar dir âr isel, yn aml, yw ôl cnydau sy'n dangos olion claddedig y ffosydd. Fel rheol, cynllun sgwâr neu hirsgwar sydd i'r gwersylloedd cyrch ac mae eu corneli'n grwn. Yn aml, ceir mynedfa bob ochr iddynt.

Dau wersyll y Pigwn oedd y rhai cyntaf i gael eu cofnodi yng Nghymru gan i Thomas Rees yr hynafiaethydd lunio disgrifiad ohonynt yn y 1850au. Cynrychiolant wahanol ymgyrchoedd gan y fyddin Rufeinig yn ne Cymru yn y ganrif gyntaf OC gan mai tuedd y penaethiaid milwrol wrth godi gwersylloedd oedd dechrau o'r dechrau yn hytrach nag ailwampio hen rai. Mae'r gwersyll cynharaf yn 15 hectar a'r olaf, sydd fwy neu lai o fewn terfynau'r cyntaf, yn 10 hectar. Nodwedd arbennig ar y ddau wersyll yw'r arc hanner-cylch o ffos, a elwid yn *clavicula*, sy'n gwarchod pob mynedfa. Diben hwnnw oedd sicrhau bod ymwelwyr

yn dod i mewn yn wysg eu hochr a'u gorfodi, felly, i ddangos eu hochrau diamddiffyn i'r milwyr a oedd yn gwarchod y glwyd. Ar ôl i ymwelwyr ddod i mewn i'r gwersyll, gwelent resi o bebyll wedi'u gosod mewn patrwm unffurf, ac uned (*contubernium*) o wyth dyn yn cysgu ym mhob pabell.

Erbyn hyn, mae rhyw ddeg ar hugain o wersylloedd cyrch (yn ogystal â dwywaith cymaint â hynny o wersylloedd ymarfer) yn hysbys ledled Cymru, o'r Gororau i Sir Gaernarfon, a cheir enghreifftiau pellach ohonynt dros Glawdd Offa. Mae llawer ohonynt wedi'u cofnodi yn ystod gwaith arolygu o'r awyr gan y Comisiwn Brenhinol a thrwy archwilio awyrluniau fertigol yn fanwl wrth lunio *Inventories* y siroedd. Ymhlith yr enghreifftiau ohonynt ceir grŵp ym masn Walton [013] a'r gwersyll anarferol yn Nhwyn-y-briddallt uwchlaw Cwm Rhondda ym Morgannwg lle'r addaswyd siâp y gwersyll i gyd-fynd â ffurf y gefnen y saif arni. Bu cofnodi'r gwersyll hwnnw gan staff y Comisiwn ym 1958, a chofnodi dau wersyll arall ym Morgannwg, yn broses ffrwythlon iawn gan iddi esgor ar fanylion gwerthfawr am symudiadau'r fyddin Rufeinig wrth iddi geisio gwastrodi'r Silwriaid.

Parheir i gofnodi safleoedd, ac un enghraifft yw'r gwersyll â gwrthgloddiau trawiadol iawn ym Mhen Plaenau yn Sir Ddinbych. Cafwyd hyd iddo gan Hugh Toller ac fe'i cofnodwyd gan y Comisiwn Brenhinol yn 2003. Mae lleoliad y gwersyll yn dynodi llwybr gorymdeithio'r byddinoedd yn y ganrif gyntaf OC ac yn cyfoethogi rhagor eto ar y darlun sydd gennym o ymgyrchoedd y fyddin Rufeinig yng Nghymru.

Rebecca H. Jones

Awyrlun o'r gwersyll yn Nhwyn-y-briddallt, Morgannwg, gan edrych tua'r de-ddwyrain ar hyd y gefnen.
CD2003_647_012 NPRN 301354

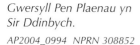

Gwersyll Pen Plaenau yn Sir Ddinbych.
AP2004_0994 NPRN 308852

022 Datblygiadau mewn Astudiaethau Milwrol Rhufeinig: Tomen-y-mur

Tomen-y-mur, Maentwrog, Meirionnydd: caer Rufeinig a thomen Normanaidd wedi'i chodi arni.
DI2008_0386 NPRN 95476

Mae'r hyn sy'n wybyddus am archaeoleg filwrol Rufeinig wedi'i drawsnewid ers sefydlu'r Comisiwn Brenhinol ym 1908. Er bod natur y presenoldeb milwrol yn hysbys bryd hynny, prin oedd y ddealltwriaeth o ddyddiadau'r meddiannu a phrinnach eto oedd y ddealltwriaeth o gyfnod yr ymgyrchu cyn y goncwest. Darganfyddiadau diweddar bryd hynny oedd y ffeithiau a gymerir yn ganiataol bellach, megis bod caer atodol Rufeinig ar safle Castell Caerdydd. Ymddiddorai'r cylchgrawn *Archaeologia Cambrensis* yn bennaf yn yr Oesoedd Canol ac er y ceid ynddo rai ymholiadau ynghylch cynhanes, prin oedd y rhai am Gymru yn oes y Rhufeiniaid.

Er i fanylion o bwys gael eu hychwanegu at y darlun yn ystod rhan gyntaf yr ugeinfed ganrif a hynny, er enghraifft, yn sgil yr ymchwilio yng Nghaerllion, yn y Gaer ger Aberhonddu ac yn Segontium (Caernarfon), rhoes cyhoeddi'r argraffiad cyntaf o *The Roman Frontier in Wales* gan Nash-Williams ym 1954 hwb o'r newydd i astudiaethau milwrol Rhufeinig. Crynhodd y llyfr hwnnw'r wybodaeth a oedd ar gael, a bu'n ysgogiad i wneud rhagor o ymchwil. Erbyn i Michael Jarrett lunio argraffiad diwygiedig o'r llyfr ym 1969, gallai gyfeirio at ddarganfod naw caer atodol, pedwar ar ddeg o wersylloedd cyrch a naw gwersyll ymarfer.

Ac ni fu llaesu dwylo wedi hynny, chwaith. Ychwanegodd gwaith W. H. Manning ar y cadarnle llengol cynnar ym Mrynbuga, er enghraifft, lawer iawn at y wybodaeth am gyfnod y goncwest. Chwaraeodd y Comisiwn ei ran yn y darlun esblygol hwn. Cofnodwyd y gaer atodol ym Mhenllystyn, Sir Gaernarfon, cyn i

De: Caer Rufeinig Castell Collen, Sir Faesyfed; y ffosydd a welir yw ôl y cloddio cynnar ar gyfres ganolog o adeiladau.

GTJ00160 NPRN 95708

Isod: Map cyfrifiadurol o'r nodweddion sy'n gysylltiedig â'r gaer Rufeinig yn Nhomen-y-mur.

CD2003_606_055 NPRN 95476
Hawlfraint y Goron: CBHC.
Trwydded rhif 100017916 yr AO.

waith chwarela ddechrau yno a chyn i fframwaith gael ei gyflwyno ar gyfer gwneud archaeoleg achub [003]. Yr un pryd, dangoswyd potensial awyrluniau i ychwanegu at gofnod y safleoedd a oedd heb eu darganfod cynt ac i gynyddu'r wybodaeth am y rhai oedd eisoes yn hysbys. Yn awyrlun y Comisiwn Brenhinol o Domen-y-mur, a dynnwyd gan Chris Musson ym 1996, ceir gorolwg gwych o un o'r cymhlygion milwrol Rhufeinig sydd wedi'u diogelu orau ym Mhrydain. Ffrwyth astudio'r awyrlun hwnnw a gwneud gwaith arsylwi ar lawr gwlad oedd llunio mapiau sy'n dehongli'r dirwedd, a gallai archwilio geoffisegol ddatgelu rhagor eto.

Safai'r gaer atodol Rufeinig hon ar safle amlwg ar y ffordd o'r Brithdir ger Dolgellau i Segontium ac edrychai allan dros fro Ffestiniog. Mae'n debyg iddi gael ei sefydlu tuag OC 70 a rhoddwyd y gorau i'w defnyddio erbyn tuag OC 130: gall y dirwedd, felly, gynnig cipolwg ar hanner canrif o weithgarwch dwys. Er bod cynllun hirsgwar y gaer (A) yn glir, llai clir yw'r llinell amddiffyn a godwyd i gwtogi ar faint y gaer gan fod honno o'r golwg dan domen Normanaidd (B). Gellir gweld adeilad y pencadlys (C) a blociau'r barics, ond y tu allan i'r gaer y ceir y nodweddion mwyaf anarferol. Peth prin yw i faes parêd (E) fod yn weladwy ar lawr gwlad. Er bod safleoedd eraill wedi goroesi ac yn cynnwys gwersylloedd ymarfer (J), amffitheatr (D), baddondy (G), estyniad (K), ffrydiau cyflenwi dŵr (I) ac ategion pont (H), mae'r gyfres gryno hon o adeiladweithiau milwrol clasurol yn gwbl eithriadol. Efallai mai nodwedd ddaearegol, yn wreiddiol, oedd y llwyfan isel (F) y byddai'r swyddogion yn sefyll arno i oruchwylio'r milwyr ar y maes parêd.

Mae'r awyrluniau a'r mapiau yn ail-greu'n fyw iawn yr olygfa a fyddai i'w gweld yno 1,900 o flynyddoedd yn ôl.

Henry Owen-John

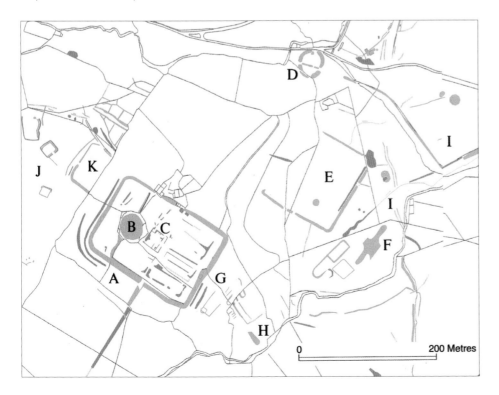

023   Ffyrdd Rhufeinig

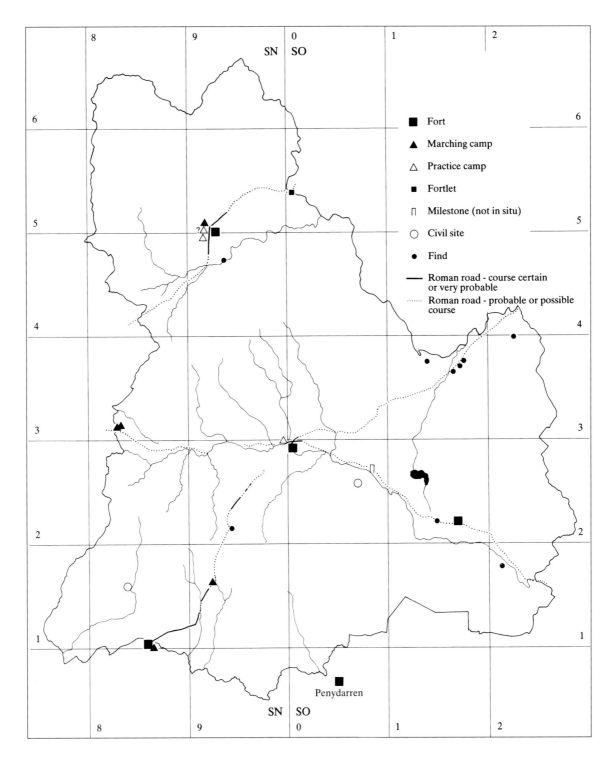

■ Fort

▲ Marching camp

△ Practice camp

∎ Fortlet

⊓ Milestone (not in situ)

○ Civil site

● Find

━━ Roman road - course certain
or very probable

······ Roman road - probable or possible
course

Penydarren

Map a baratowyd ar gyfer Inventory *Brycheiniog a gyhoeddwyd ym 1986 o'r olion Rhufeinig, gan gynnwys y ffyrdd.*
Y Gaer yw'r gaer yn y canol.

DI2008_0838
© *Hawlfraint y Goron: CBHC. Trwydded rhif 100017916 yr AO.*

Uchod: Adluniad o'r Gaer ger
Aberhonddu.

DI2005_1152 NPRN 92001

Darn o ffordd Rufeinig sydd
wedi'i ddiogelu'n dda: mae'n
rhedeg tua'r gogledd o gaer y
Coelbren i ganolfan bwysig y
Gaer ger Aberhonddu.

DI2008_0320 NPRN 275611

Cyfuniad o wahanol lwybrau a dynnwyd ar hyd y dirwedd yn ystod cyfnodau olynol o goncro a chyfnerthu oedd system ffyrdd y Rhufeiniaid, a byddai llawer ohoni wedi'i hadeiladu gan ddefnyddio llafur gorfodol dan oruchwyliaeth filwrol cyn tua dechrau'r ail ganrif. Mae'n debyg, serch hynny, na chwblhawyd rhai elfennau ohoni. Defnyddid y ffyrdd gan filwyr a'r *cursus publicus* (gwasanaeth negeseuwyr yr ymerodraeth), ac i gludo trethi a masnachu nwyddau ar hyd-ddynt. Mae'n debyg i ran o'r system aros dan reolaeth y milwyr drwy gydol y cyfnod, ond datganolwyd rhannau sylweddol ohoni i'r awdurdodau sifil pan gâi garsiynau o filwyr eu symud i ffwrdd o Gymru.

Mae sawl math o dystiolaeth yn dangos bodolaeth ffordd Rufeinig. Y math cliriaf yw olion palmentydd *agger* a cherrig milltir nodweddiadol (nid rhai *in situ* o reidrwydd, ond rhai sydd, yn aml, i'w cael gerllaw). Tystiolaeth fwy amgylchiadol yw terasau a bodolaeth llinellau unionsyth hir sy'n newid cyfeiriad wrth fannau gweld. Gall clystyrau o feini arysgrifedig o'r Oesoedd Canol Cynnar hefyd awgrymu bod llwybr Rhufeinig yn y cyffiniau.

Wrth i'r Comisiwn Brenhinol lunio *Inventory* Brycheiniog yn y 1980au, bu'n ailystyried y rhwydwaith o ffyrdd Rhufeinig tybiedig yno. Yr oedd awdurdodau cynharach wedi awgrymu bod amryw byd o lwybrau yn y sir, llawer mwy na'r nifer tebygol o ffyrdd pwrpasol. Er bod yr un awduron hefyd wedi credu mai Aberhonddu fodern oedd canolbwynt y rhwydwaith, nid oedd unrhyw dystiolaeth i gaer Rufeinig fod yno erioed, a chyrchfan lawer mwy tebygol oedd y Gaer, caer fawr sydd bedwar cilometr i'r gorllewin. Drwy astudio dogfennau a gwneud gwaith trylwyr yn y maes, dysgwyd rhagor am ffyrdd y sir. Daeth yn amlwg mai'r Gaer oedd canolbwynt y rhwydwaith o ffyrdd Rhufeinig ym Mrycheiniog. Ffordd o bwys oedd honno a ddilynai ddyffryn Wysg, gan mwyaf, o Abergafenni i Lanymddyfri ac yr oedd y Gaer hefyd yn ben draw'r ffordd bwysig o Kenchester yn Sir Henffordd tua'r gogledd-orllewin. Croesai

De: Cerrig milltir y cafwyd
hyd iddynt ar Fferm Millbrook
ger llinell y ffordd Rufeinig o
Abergafenni i'r Gaer.

DI2008_0322 NPRN 404239

ffyrdd eraill yr uwchdiroedd rhwng y prif ddyffrynnoedd.

Cadarnhawyd pum ffordd ym Mrycheiniog, ac mewn dau achos dangoswyd bod yno ddarnau hir o'r ffordd union (ynghyd ag *agger* ac olion a gloddiwyd) rhwng y Coelbren a'r Gaer, a rhwng Caerau, Beulah a Chastell Collen yn y gogledd. Gwiriwyd y cilometr cyntaf o'r ffordd tua'r gogledd-ddwyrain o'r Gaer drwy wneud gwaith cloddio arno, ond ni ellid ond damcaniaethu am lwybr y ffordd wedi hynny. Dangosodd cerrig milltir a darnau byr o ffyrdd hynafol tebygol lwybr cyffredinol y ffordd ar hyd afon Wysg o Abergafenni i'r Gaer ac ymlaen i Lanymddyfri (a chadarnhaodd gwaith cloddio ran ohoni yn 2006). Golygai'r ffordd honno na fyddai'r Gaer ond diwrnod o bellter gorymdeithio o Abergafenni. Bu'r cerrig milltir yn dystiolaeth o ailwampio'r gaer yn OC 258–62, OC 296–306 a rhywbryd rhwng OC 317 a 340. Er hynny, nid oedd modd canfod i sicrwydd unrhyw lwybr uniongyrchol o'r Gaer i'r caerau yn y gogledd, ac ni chadarnhaodd y dystiolaeth y cysylltiad disgwyliedig i'r cyfeiriad arall ychwaith, sef tua'r de o'r Gaer i'r gaer ym Mhenydarren, Merthyr Tudful.

David Browne

024 Filâu: Llanilltud Fawr

Fila Rufeinig Llanilltud Fawr: yr agoriad rhwng ystafelloedd 8 a 9, o'r gogledd-ddwyrain, ynghyd â mosaigau'r llawr.

DI2008_0279 NPRN 301356

Uchod: Cerflun bach o garreg o'r dduwies Fortuna.
DI2008_0281 NPRN 301356

De: Lluniad o fosäig y llawr yn ystafell 8.
DI2008_0280 NPRN 301356

Isod: Cynllun y Fila Rufeinig, Llanilltud Fawr.
DI2008_0266 NPRN 301356

System y filâu Rufeinig o ddefnyddio tir, a'r ffordd gysylltiedig o fyw, yw'r brif dystiolaeth yn ne Cymru fod haenau uchaf y gymdeithas frodorol wedi mabwysiadu nodweddion o'r gwareiddiad Rhufeinig. Mae'r casgliad o adeiladau yng Nghae'r Mead ger Llanilltud Fawr ym Mro Morgannwg yn enghraifft ragorol o fila chwaethus a oedd yn eiddo i deulu cyfoethog o dirfeddianwyr. Cafwyd hyd iddi gan J. Storrie ym 1887-8 a bu ef wrthi'n cloddio ffosydd yno. Gwnaeth V. E. Nash-Williams archwiliad manylach ohoni ym 1938-9 a 1948. Ailgloddiodd y Comisiwn Brenhinol ran fach ohoni ym 1971 ac mae'r cynllun a luniwyd ar sail hynny yn dangos yr adeiladau fel y byddent wedi bod yn y bedwaredd ganrif, sef, mae'n debyg, pan oedd eu perchnogion yn fwyaf bras eu byd.

Datgelodd gwaith cloddio Nash-Williams fod yno elfennau a oedd yn nodweddiadol o fila, sef cwrt mewnol ar yr ochr orllewinol a chyfresi o adeiladau o'i amgylch, a chwrt allanol ar yr ochr ddwyreiniol (estynnai'r cwrt hwnnw y tu hwnt i diriogaeth y cynllun). Codwyd y fila o garreg galch a thywodfaen lleol, a defnyddiwyd carreg Caerfaddon ar gyfer y manylion pensaernïol a thywodfaen Pennant ar gyfer slabiau'r to. Ceid gwydr yn rhai o'r ffenestri ac yr oedd y muriau mewnol wedi'u plastro. Gwnaed lloriau'r ystafell fyw o *opus signinum*, y

cymysgedd Rhufeinig arferol o goncrid a malurion teils neu frics. Mae'n debyg i'r prif randai fod ar ochr ogleddol y cwrt mewnol, ac yn rhai o'r ystafelloedd yr oedd mosaig patrymog ar y lloriau a phlastr peintiedig ar y muriau. Yr oedd system wresogi dan y llawr mewn un ystafell. Yn y gyfres orllewinol o adeiladau yr oedd cyfres gyflawn o faddondai a rhagor o ystafelloedd â system wresogi o dan eu lloriau. Credir mai cartref i weision y tŷ a gweithwyr y stad oedd yr adeilad ac iddo siâp basilica ar ochr ddeheuol y cwrt. Gallai adeiladau eraill fod yn ysguboriau, yn stablau ac yn weithdai.

Ar ôl i ymchwiliadau'r Comisiwn Brenhinol roi gwedd gliriach ar gronoleg gymhleth y fila, gallai A. H. A. Hogg honni fod hanes adeiladwaith y fila bellach, i bob golwg, yn rhesymol o sicr. Lloc cyn-Rufeinig, a ffos o'i amgylch, oedd yr adeiladwaith cynharaf yno. Yna, yn gynnar yn y cyfnod Rhufeinig codwyd fila o bren, a thua chanol yr ail ganrif fe'i disodlwyd gan adeiladwaith petryal a syml o garreg heb unrhyw goridor ynddo (hwn oedd cyfres adeiladau'r gogledd yn ddiweddarach). Tuag OC 270 ehangwyd pen dwyreiniol yr adeilad a godwyd o gerrig a dyna, mae'n debyg, pryd y codwyd craidd yr aden orllewinol. Tua deg mlynedd ar hugain yn ddiweddarach, cysylltwyd y ddau floc â'i gilydd a darparwyd coridor ar eu cyfer. Bryd hynny hefyd, codwyd yr adeilad basilicaidd a bloc ar yr ochr ogledd-ddwyreiniol. Er mai cyfnod mwyaf llewyrchus y fila oedd canol y bedwaredd ganrif, sef adeg gosod y mosaigau, gwneud yr ail-blastro a pheintio'r murluniau newydd, rhoddwyd y gorau i ddefnyddio'r adeilad basilicaidd a'r baddonau yn fuan wedyn. O hynny ymlaen, defnyddid ffwrnais y baddonau i gynhyrchu haearn.

Nid yw dyddiad rhoi'r gorau i'r fila yn sicr. Datgelodd gwaith cloddio Storrie yn y bedwaredd ganrif ar bymtheg fod yno ddau grŵp o sgerbydau. Yn y naill yr oedd rhyw ddeg ar hugain o bobl, dynion yn bennaf. Mae'n debyg iddynt gael eu lladd ar y safle ganrif a rhagor, efallai, ar ôl cyfnod rhoi'r gorau i ddefnyddio'r safle hwnnw. Yr oedd y grŵp arall yn rhan o fynwent Gristnogol ddiweddarach a grëwyd wedi i bob arwydd o ogoniant y fila a fu yno cynt ddiflannu'n llwyr.

David Browne

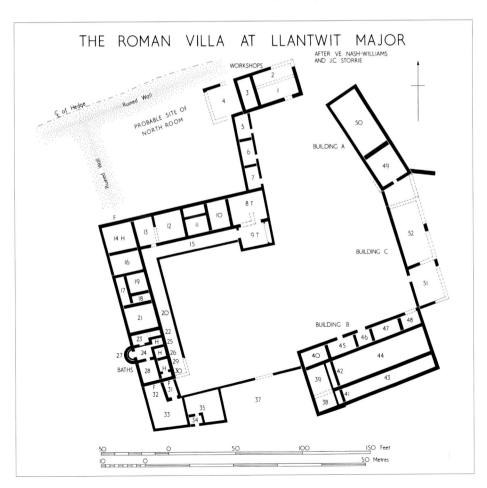

THE ROMAN VILLA AT LLANTWIT MAJOR
AFTER V.E. NASH-WILLIAMS AND J.C. STORRIE

025 Trefi Rhufeinig

Tref Rufeinig Caer-went o'r de-ddwyrain. Mae'r ffordd drwy'r pentref yn dilyn llinell y ffordd Rufeinig.
Yr oedd muriau'r dref yn amgáu 18 hectar o dir ac yn y canol yr oedd y forum-basilica.
AP_2005_1209 NPRN 93753

Talaith ddelfrydol i'r Rhufeiniad oedd un lle'r oedd y boblogaeth yn sefydlog a heddychlon ac yn byw mewn aneddiadau gwledig, tebyg i filâu, neu mewn trefi. Gan mai canolbwynt trefol oedd i weinyddiaeth, masnach, cyfleusterau ac adloniant y taleithiau, yr oedd y dref yn elfen allweddol yn eu trefniadaeth. I'r Rhufeiniaid, y dref oedd canolbwynt y bywyd gwâr.

Gan mai dyna'r drefn a gafodd ei chyflwyno i'r Brythoniaid, datblygodd y rhan fwyaf o'r llwythau ganolfan lle gallai cyngor y llwyth gyfarfod a lle gellid sefydlu llysoedd cyfraith a chyflawni dyletswyddau gweinyddol. Yng Nghymru, ar y llaw arall, dau lwyth yn unig a wnaeth hynny: sefydlodd y Silwriaid dref Venta Silurum (Caer-went) yn y de-ddwyrain a sefydlodd y Demetae yn y de-orllewin dref Moridunum (Caerfyrddin). Ffynnodd y ddwy dref am eu bod yng nghanol tir amaethyddol bras a bod ffyrdd da yn eu cysylltu â mannau eraill. Dechreuodd y rhan fwyaf o aneddiadau eraill fel y Bont-faen, Brynbuga, Trefynwy, Abergafenni a Chas-gwent fel *vicus* y tu allan i gaer ac fe allent fod wedi datblygu'n drefi. Mae'r ffaith nad felly y bu yn awgrymu bod elfen o gyfarwyddyd swyddogol ynghlwm wrth ddatblygu Caer-went a Chaerfyrddin yn brif drefi llwythol. Y prif reswm dros beidio â datblygu trefi mewn mannau eraill yng Nghymru (a hynny er bod Caerwrygion a Kenchester ar ei therfynau dwyreiniol) oedd bod y tir uchel yn ei gwneud hi'n anodd teithio a chyfathrebu ac nad oedd amaethyddiaeth nac echdynnu mwynau yn cynnig digon o elw i gyfiawnhau'r draul.

Ar un adeg, Venta Silurum – marchnad y Silwriaid – oedd canolfan fwyaf y boblogaeth sifil yng Nghymru. Mae gwaith cloddio wedi dangos i Gaer-went fod bryd hynny yn dref farchnad brysur a bod ynddi siopau, tai, baddondai, temlau a *forum-basilica* (marchnad a neuadd drefol). Nid oedd y dref ond 18 hectar, ac felly'n un o'r prif drefi llwythol lleiaf ym Mhrydain Rufeinig. Er hynny, ceid ynddi'r rhan fwyaf o'r

adeiladau a gysylltid â chanolfan o'r fath. Darganfu gwaith cloddio gan Amgueddfa Cymru a Cadw rhwng 1981 a 1995 dŷ mawr â chwrt yn nghornel ogledd-orllewinol y dref, teml Geltaidd-Rufeinig a rhan o'r *forum-basilica*. I bob golwg, datblygodd Venta'n brif dref lwythol yn gynnar yn yr ail ganrif yn sgil rhoi rhyw ffurf ar hunanlywodraeth i'r Silwriaid o dan eu cyngor etholedig eu hunain. Mae'n debyg mai datblygu'n araf fu hanes y dref ac efallai na lenwodd y cyfan o'i grid o strydoedd tan tua diwedd yr ail ganrif. Erbyn hynny, câi ei hamddiffyn gan ffos a gwrthglawdd o bridd ac arno balisâd pren. Yn ddiweddarach, ac efallai tua diwedd y drydedd ganrif, codwyd mur trawiadol o gerrig o flaen y gwrthglawdd. Mae'n debyg i'r dref ddechrau edwino tua diwedd y bedwaredd ganrif, ond daliwyd i'w defnyddio yn y bumed ganrif er bod llawer o'r adeiladau ynddi yn adfeilion erbyn hynny.

Nid oedd Moridunum ond 13 hectar. Am nad yw'r enw'n ymgorffori enw'r llwyth, rhaid dibynnu ar batrwm rheolaidd y strydoedd ac arddull Rufeinig yr amddiffynfeydd a'r adeiladau cyhoeddus (gan gynnwys amffitheatr) i gasglu mai hi oedd prif dref y Demetae. I'r gorllewin o'r dref a ddatblygodd yn ddiweddarach sefydlwyd caer tuag OC 75. Tynnwyd garsiwn y gaer oddi yno yn gynnar yn yr ail ganrif ac mae'n debyg i hynny ddigwydd adeg rhoi hunanlywodraeth i'r Demetae. Pan wnaed gwaith cloddio helaeth yno rhwng 1978 a 1993 cafwyd hyd i dystiolaeth o deml ac adeiladau domestig a masnachol Rhufeinig. Byddai dod o hyd i'r *forum-basilica* yn cadarnhau statws Moridunum fel prif dref y llwyth ond llesteirir hynny gan yr adeiladau modern sydd wedi'u codi yng nghanol y dref erbyn hyn.

Richard Brewer

Cymru'r Oesoedd Canol Cynnar

David Browne a Mark Redknap

Mae hanes y saith canrif rhwng chwalu awdurdod yr ymerodraeth Rufeinig a choncwest y Normaniaid yn aml yn anodd ei ddirnad oherwydd prinder y dystiolaeth ysgrifenedig sy'n deillio o'r cyfnod a'r ffaith mai ychydig o safleoedd archaeolegol sydd wedi'u harchwilio. Er hynny, yn ystod y cyfnod hwnnw y magodd Cymru ei hunaniaeth, ei hiaith a'i diwylliant arbennig ei hun. Gwelwyd newidiadau sylfaenol: Cristnogaeth yn ymsefydlu'n gadarn yn grefydd y bobl, patrymau anheddu newydd yn cael eu creu, ac amrywiol ddylanwadau'n dod o'r gorllewin a'r dwyrain wrth i'r diwylliant Brythonig-Rufeinig edwino, ac wrth i'r Eingl-Sacsoniaid ac yna'r Llychlynwyr ymosod. Trawsffurfiwyd grwpiau llwythol yn deyrnasoedd helaethach a mwy sefydlog ac, am ennyd, gwelwyd y syniad o Gymru'n troi'n undod gwleidyddol.

Rhannodd Cymru yn yr un helbulon gwleidyddol, economaidd a chymdeithasol a wynebwyd gan yr ymerodraeth Rufeinig wrth i honno frwydro yn erbyn ei dadfeiliad yn y bedwaredd ganrif. Wrth i heddwch a sefydlogrwydd gilio, byddai trefn yr economi, yn enwedig yn ne-ddwyrain Rhufeinig Cymru, wedi gweld newid wrth i gylchrediad arian bath ddarfod. Yn sgil chwalu gweinyddiaeth ganolog Rhufain yn gynnar yn y bumed ganrif, datblygodd trefn gymdeithasol newydd o freniniaethau rhanbarthol annibynnol. Nid oes rheswm dros gredu i awdurdod gael ei gipio oddi ar y Rhufeiniaid drwy rym arfau. Gan nad oedd unrhyw lywodraeth ganolog effeithiol bellach, mae'n debyg mai'r gwŷr blaenllaw a oedd wedi arfer rheoli'n lleol neu weinyddu'r ystadau mawr a gydiodd yn yr awenau. Efallai i rai grwpiau newydd o arweinwyr fanteisio ar gymorth gweddillion y fyddin Rufeinig i'w dyrchafu eu hunain. Mae'n fwy na thebyg i arweinwyr y teyrnasoedd canoloesol cynnar gyfreithloni eu safle drwy honni eu bod yn parhau i gynnal awdurdod y Rhufeiniaid. Dyna a awgrymir gan yr arfer o godi meini coffa ac arnynt arysgrifau sy'n cynnwys termau Rhufeinig.

Er y gall rhai o'r llywodraethwyr newydd fod wedi'u hystyried eu hunain yn etifeddion i Rufain, ac er i awduron Lladin ddal i ddefnyddio teitlau fel 'amddiffynnwr', 'ynad', 'tywysog' a 'brenin', gwelwyd newidiadau amlwg. Symudodd grym seciwlar i fannau newydd. Er ei bod hi'n ymddangos i dref gaerog Caer-went (Venta Silurum) ger Cas-gwent, yn y rhan fwyaf Rhufeinig o Gymru, roi ei henw i deyrnas ganoloesol gynnar Gwent, mae'n debyg iddi golli ei swyddogaeth fel tref ar ôl blynyddoedd cynnar y bumed ganrif. Fel y

gwnaeth y gaer Rufeinig ddiweddar yng Nghaergybi, trodd hi'n lleoliad i fynachlog, a rhoddwyd y gorau i lu o aneddiadau Brythonig-Rufeinig.

Cyfnod o ymfudo a goresgyn oedd y bumed ganrif ledled Prydain. Yng Nghymru datblygodd llu o freniniaethau, ac wrth i'r blynyddoedd fynd rhagddynt llwyddodd y rhai mwyaf egnïol a rhyfelgar i oresgyn eu cymdogion. Priodolwyd sefydlu teyrnas Gwynedd i arweinydd o'r enw Cunedda, gŵr a ymfudodd o ogledd Prydain i Wynedd yn gynnar yn y bumed ganrif ac, fe ddywedir, a yrrodd y goresgynwyr Gwyddelig o ogledd-orllewin Cymru. Ond mae amheuon ynghylch dilysrwydd y stori honno: barn llawer ysgolhaig yw iddi gael ei dyfeisio mewn cyfnod diweddarach er mwyn cyfiawnhau teyrnasiad tywysogion Gwynedd ac i ehangu eu teyrnas. Ymroes teulu Merfyn Frych ('ardderchocaf Brenin y Brythoniaid', a fu farw yn OC 844) i lurgunio achau i gyfiawnhau dyfodiad Merfyn i rym yn y nawfed ganrif. Gan iddo fod, o bosibl, yn frodor o Ynys Manaw, fe all mai agwedd ar gyfreithloni ei darddiad tramor oedd priodoli sefydlu Gwynedd i Gunedda, sef i fewnfudwr cynharach.

Pwnc dadl yw pryd y dechreuodd Gwyddelod ymfudo i dde-orllewin Cymru. Dechreuwyd cynnal cyrchoedd ar y fro honno yn ystod ail hanner y bedwaredd ganrif, ond go brin iddynt gael ymgartrefu yno o dan oruchwyliaeth y Rhufeiniaid. Tarddiad Gwyddelig oedd i deyrnas Dyfed gan i'r Déisi, grŵp llwythol a yrrwyd o ardal Waterford, ymfudo i dde-orllewin Cymru yn y bumed ganrif ac i'w harweinwyr ddisodli'r rheolwyr brodorol yno a llywodraethu'r Demetae. Ceir tystiolaeth gref o bresenoldeb y Gwyddelod mewn arysgrifau Ogam [026], achau ac enwau lleoedd sy'n tarddu o Iwerddon. Mae'n debyg i ran o linach llywodraethwyr Brycheiniog hefyd darddu o Iwerddon.

Daeth teyrnas Powys i'r amlwg yn y bumed ganrif gan ymestyn ymhell i'r hyn a ddaeth yn ddiweddarach yn Sir Amwythig; mae'n fwy na thebyg i Gaerwrygion (Wroxeter), i'r dwyrain o Amwythig, fod yn ganolfan gynnar a phwysig iddi. I ddyrchafu bri buddugoliaeth Powys dros drigolion Eingl-Sacsonaidd Mersia yn gynnar yn y nawfed ganrif, honnodd achyddion y deyrnas fod Macsen Wledig, a Gwrtheyrn hefyd efallai, ymhlith eu hynafiaid. Gwadwyd y traddodiad hwnnw'n llwyr gan eu harch-elynion yng Ngwynedd yn yr *Historia Brittonum* (Hanes y Brythoniaid) a briodolir i Nennius.

Gan mai de-ddwyrain Cymru oedd y rhan o'r wlad a ddaeth drymaf dan ddylanwad Rhufain, mae'n bosibl i ystadau Rhufeinig yn yr ardal honno oroesi fel unedau pendant hyd at gyfnod wedi dechrau'r wythfed ganrif. Sefydlwyd teyrnas Gwent, mae'n debyg, gan ddisgynyddion uniongyrchol arweinwyr y Silwriaid. Er i deyrnas arall yn y rhanbarth hwnnw, Erging, sicrhau lle blaenllaw iddi'i hun rhwng tua 500 a 600, cipiodd

Clawdd Offa: y darn ohono i'r de o Ben-y-bryn hyd at Orsedd-wen, Sir Ddinbych.

DI2006_0437 NPRN 275764

teyrnas Glywysing i'r gorllewin ohoni (rhagflaenydd Morgannwg) reolaeth dros Erging a Gwent.

Er mor wleidyddol dameidiog oedd Cymru, fe ddatblygodd ynddi iaith gyffredin a oedd yn wahanol i'r famiaith Frythonig, a cheir tystiolaeth ohoni erbyn diwedd yr wythfed ganrif mewn darnau ysgrifenedig ac yn yr arysgrifau sydd wedi goroesi [033]. Yr haen uchaf yng nghymdeithas y mân deyrnasoedd oedd y brenin a'i deulu, a chaent gefnogaeth carfan o ryfelwyr. Telid am y cyfan drwy godi trethi ar gynnyrch amaethyddol trwch y boblogaeth a drigai mewn aneddiadau gwasgaredig neu faerdrefi bach. Cyfyng iawn oedd symudiadau daearyddol a chymdeithasol haenau isaf y gymdeithas hon.

Yn ystod y seithfed ganrif wynebai teyrnasoedd y Cymry ymosodiadau'r Eingl-Sacsoniaid. Ambell waith, fe gynghreirient dros dro â theyrnasoedd unigol y Saeson yn erbyn gelyn cyffredin. Er enghraifft, pan ymosododd gwŷr Northumbria ar Bowys mewn ymgyrch y bwriadwyd iddi, mae'n debyg, gipio'r cyfan o ogledd Cymru a Mersia, tua'r flwyddyn 633, fe

Cylchfur Dinas Powys, Morgannwg: y banc mewnol a'r ffos, gan edrych tua'r gorllewin.

DI2008_0814 NPRN 301314

ymgynghreiriodd Cadwallon brenin Gwynedd â Penda brenin Mersia. Llwyddodd Cadwallon i yrru gwŷr Northumbria ar ffo ond fe'i lladdwyd yn 634. Er i gynghrair Gwynedd a Mersia lwyddo yn y pen draw, erbyn tua 642, dechreuodd Mersia estyn ei therfynau i mewn i Bowys a chychwyn cyfnod maith o ryfela ysbeidiol ar hyd y ffin.

Ar ôl canrif o ehangu gan Fersia, magodd Powys, o dan y Brenin Eliseg [034], ddigon o nerth i drechu Mersia tua'r flwyddyn 750. Ond cafwyd ymateb egnïol gan Offa, Brenin Mersia (757-96), y gŵr a roes o leiaf gychwyn i godi'r clawdd sy'n dwyn ei enw. Yr oedd y clawdd hwnnw'n pennu ffin bendant ac efallai iddo fod hefyd yn ffordd o gadw trefn ar symudiadau pobl a nwyddau. Dyma un o gampau mawr gwaith adeiladu y cyfnod cyn yr Oes Ddiwydiannol, a'r heneb fwyaf nodedig o'i bath ym Mhrydain sy'n deillio o'r oesoedd canol cynnar. Gan i'r clawdd gael ei ystyried yn deyrnged i rym brenhinoedd y Cymry, mae wedi dylanwadu ar y darlun sydd gennym o faintioli daearyddol Cymru, ac o'i hunaniaeth.

Cafodd y newidiadau allweddol a welwyd ym Mhrydain y nawfed ganrif effaith ddifrifol ar deyrnasoedd y Cymry – gwelsant gyrchoedd gan y Llychlynwyr, dadfeiliad rhai o hen deyrnasoedd yr Eingl-Sacsoniaid, a Wessex yn ymddyrchafu i roi arweiniad i'r Saeson. Rhoes yr amodau ansefydlog gyfle i rai o deyrnasoedd Cymru estyn eu tiriogaeth. Ysbrydoliaeth fawr iddynt oedd camp brenin Gwynedd, Rhodri Mawr (a fu farw yn 878), wrth lwyddo i uno tair teyrnas fwyaf y Cymru gynnar am y tro cyntaf erioed. Dywedir iddo gael Gwynedd gan ei dad (844), Powys gan ei fam (855) a Deheubarth drwy ei wraig (874); a thrwy ei ymdrechion ei hun fe drechodd filwyr o Ddenmarc ym Môn (856). Llwyddodd ei feibion i gwblhau ei oresgyniadau yn ne-orllewin Cymru, ac o hynny ymlaen fe rannwyd y llinach yn ddwy: etifeddwyd teyrnas y gogledd gan ei fab Anarawd a theyrnas y de gan ei fab Cadell. Hawliodd Alfred, Brenin Wessex (a fu farw yn 899), benarglwyddiaeth dros Gymru yn groes i ddymuniad teyrnas Gwynedd. Ond gwelai rhai o frenhinoedd Cymru fantais o sicrhau cefnogaeth Alfred er mwyn eu hamddiffyn eu hunain rhag ymosodiadau'r Llychlynwyr a'r Eingl-Sacsoniaid a rhag cyrchoedd gan rai o'r llywodraethwyr brodorol. Ymddangosodd Cymry, fel y clerigwr a'r ysgolhaig Asser, yn llys Alfred. Yn 893 derbyniodd Gwynedd awdurdod Alfred drosti.

Yn ystod y ganrif nesaf llwyddodd Hywel (Hywel Dda yn ddiweddarach) i sefydlogi ffiniau Deheubarth. Bu'n rhaid iddo hefyd wrthsefyll y Llychlynwyr a theyrnas Wessex, ac er mwyn cryfhau ei safle bu'n barod i dderbyn penarglwyddiaeth brenhinoedd yr Eingl-Sacsoniaid. O ganlyniad i hynny, llwyddodd i oresgyn Gwynedd a chipio Brycheiniog. Erbyn ei farwolaeth tuag OC 950, felly, ef oedd yn rheoli'r rhan fwyaf o Gymru ac eithrio'r de-ddwyrain. Caiff enw Hywel, 'pennaf gogoniant yr holl Frythoniaid', ei gysylltu am byth â'r broses o roi trefn ar y cyfreithiau a ddatblygwyd yng Nghymru dros y canrifoedd i sicrhau, ymhlith pethau eraill, ddull soffistigedig o reoli'r berthynas rhwng carennydd a'i gilydd.

Yn y pen draw, tarddodd y campau tiriogaethol hyn o gyneddfau personol y brenhinoedd unigol yn hytrach nag o broses o briodi ac etifeddu. Digon ysbeidiol, felly, fu bodolaeth eu teyrnasoedd tan i Gruffudd ap Llywelyn (a fu farw ym 1063) ddod yn frenin Gwynedd, Powys a Deheubarth, a llwyddo, hyd yn oed, i gipio Morgannwg. Ond prin iawn yw'r wybodaeth am yr hanes materol, hyd yn oed am y ddwy ganrif cyn y goresgyniad Normanaidd.

Er bod y cofnodion hanesyddol yn cyfeirio at weithgareddau a buddiannau rheolwyr grymus, rhyfeddol o brin yw'r wybodaeth am y patrymau anheddu a'r boblogaeth a drigai yno. Poenus o brin hefyd yw'r dystiolaeth archaeolegol, ond mae'n sicr ei bod o'r golwg yn rhywle. Mewn llawer ardal, mae'r olion yn llai gweladwy oherwydd i'r trigolion godi adeiladau o bren yn hytrach na cherrig, a phrin hefyd yw'r gwrthgloddiau sylweddol heblaw'r cloddiau llinol mawr. Am nad oedd traddodiad cryf o ddefnyddio llestri ceramig, ni cheir mo'r darnau gwasgaredig o grochenwaith sy'n dynodi anheddiad mewn cyfnodau eraill. Er mai'n anfynych, o'i gymharu â chyfnodau eraill, y ceir hyd i safleoedd newydd, mae gwaith y Comisiwn Brenhinol wrth archwilio o'r awyr wedi hwyluso'r broses o chwilio amdanynt.

Ar dir isel yr arfordir y cafwyd hyd i'r mwyafrif o aneddiadau canoloesol cynnar, ac mae modd canfod sawl math pendant ohonynt. Ar lawr gwlad y mae safleoedd amddiffynedig, fel y fryngaer fach ar bentir yn Ninas Powys ger Caerdydd, a welir gliriaf. Dyma'r safle cyntaf o'i fath i fod yn destun ymchwiliad cynhwysfawr, a dangosodd y gwaith cloddio rhwng 1954 a 1958 fod yma breswylfa nodedig rheolwr lleol a bod iddi'r

Yr Hen Gastell, Morgannwg, adeg y cloddio ym 1991.

DI2005_0691 NPRN 401406

nodweddion a berthynai i ŵr grymus ei safle. Cafwyd hyd i olion sawl adeilad o fewn pedwar clawdd a ffos, ynghyd ag amryw o arteffactau, a thystiolaeth o weithgarwch economaidd. Ymhlith y nwyddau a gâi eu mewnforio yno yr oedd crochenwaith o gyffiniau Môr y Canoldir a Ffrainc (mae'n debyg i'r *amphorae* gynnwys gwin ac olew olewydd), llestri gwydr cain o Loegr yr Eingl-Sacsoniaid a'r cyfandir, a metel sgrap i'w ailgylchu. Ers y cloddio pwysig hwnnw, bu cloddio ar

safleoedd tebyg, fel y gaer ar fryn ger aber afon Nedd yn Hen Gastell. Mae ymchwiliadau eraill wedi cadarnhau'r farn sydd wedi'i choleddu ers tro byd i lawer o'r bryngaerau a feddiannwyd yn ystod cyfnod y Rhufeiniaid gael eu troi'n gadarnleoedd i frenhinoedd neu uchelwyr rhwng y bumed a'r seithfed ganrif. Ymhlith y rhai yr ymchwiliwyd iddynt mae'r gaer bentirol amlglawdd yng Nghaeriw yn Sir Benfro a'r bryngaerau trawiadol yn Negannwy ac yn Ninas Emrys yn Sir Gaernarfon. Cymeriad rhywfaint yn wahanol sydd i Ruddlan yn y gogledd-ddwyrain a'r gred gyffredinol yw mai hi oedd y *burh* Eingl-Sacsonaidd o'r enw Cledemutha a sefydlwyd yn 921 gan Edward yr Hynaf er mwyn dod â'r cyffiniau o dan reolaeth wleidyddol y Saeson. Efallai iddi fod yn ganolfan ranbarthol neu'n glofan bach a ddibynnai ar ei borthladd, ar y masnachu ar hyd y ffin, ac ar ystadau cyfagos.

Ar raddfa lai, mae'r gaer bentirol ar yr arfordir yng Nghastell ym Môn, a gloddiwyd ym 1991, wedi'i chymharu â chaerau pentirol y Llychlynwyr ar Ynys Manaw ac wedi'i chysylltu'n betrus â'r cysylltiadau a fu yn yr unfed ganrif ar ddeg a'r ddeuddegfed ganrif rhwng brenhinoedd Gwynedd, a Gruffudd ap Cynan yn arbennig, a Llychlynwyr Dulyn a Manaw. Mae'r anheddiad amgaeedig ar yr arfordir yn Llanbedr-goch ym Môn [030] yn dangos bod canolfannau economaidd amddiffynedig yn arfer bod ar dir isel yr arfordir, a chafwyd hyd i anheddiad ar ynys artiffisial, neu grannog, yn Llan-gors, a hwnnw'n safle brenhinol a gysylltid â brenhinoedd Brycheiniog [032]. Ceid hefyd

Dinas Emrys, Sir Gaernarfon: bryngaer a drowyd yn gadarnle yn yr Oesoedd Canol Cynnar ac yn safle castell yn yr Oesoedd Canol.

AP_2005_0494 NPRN 95284

aneddiadau o statws uchel a oedd heb amddiffynfeydd. Un ohonynt oedd Longbury Bank yn Sir Benfro, lle bu pobl yn byw rhwng diwedd y bumed ganrif a'r seithfed ganrif. Gall clystyrau o arteffactau, fel yng Nghynffig a Twlc Point ym Morgannwg a Linney Burrows yn Sir Benfro, awgrymu bod yno safleoedd canoloesol cynnar. Cafwyd hyd hefyd i dystiolaeth o amrywiol weithgareddau ar raddfa fach fel yn achos rhai grwpiau amgaeedig o gytiau sy'n dyddio o ddiwedd cyfnod y Rhufeiniaid ac mewn ambell ogof yn y de, fel Minchin Hole yng Ngŵyr ac ogof Garth Isaf i'r gogledd o Gaerdydd, gweithgarwch a oedd, efallai, yn gysylltiedig ag anheddiad ar y gefnen uwchben.

Hyd yn oed os yw elfennau pwysig o'r dirwedd ganoloesol gynnar, fel Cloddiau Offa a Wat ar hyd y ffin â Lloegr, neu'r cloddiau croes-gefnen a briodolir i'r cyfnod hwn [031], yn amlwg iawn, prin bod gennym unrhyw wybodaeth o gwbl am eu cyd-destun ehangach. Mae'r ychydig a wyddom yn awgrymu bod yma economi gwledig hunangynhaliol ynghyd ag ychydig o weithgarwch cynhyrchu, cyfnewid a masnachu. Efallai y bydd darganfyddiadau newydd, fel yr odynau sychu grawn a'r ffwrneisiau smeltio haearn a gloddiwyd yn ddiweddar yn Herbranston ger Aberdaugleddau, yn ildio rhagor o wybodaeth am y rheolaeth ar adnoddau ac i ba raddau yr oedd arbenigo yn nodwedd ar yr economi.

Cynhyrchid arteffactau'n bennaf yn y cartrefi i ateb galw lleol, ac eithrio, efallai, rywfaint o weithio metelau. Ymhlith y gweithgareddau y gellir canfod eu

hôl ceir tystiolaeth o drin lledr, gwehyddu tecstilau, gweithio esgyrn a chyrn (i wneud cribau, yn arbennig), cynhyrchu haearn (i wneud offer ac arfau), a phethau mewn aloi-copr fel tlysau bylchgrwn, trin cerrig i wneud breuanau a cherrig hogi, a gweithio pren (ar gyfer adeiladau, palisadau a chychod). Ni châi unrhyw grochenwaith ei gynhyrchu'n lleol.

Mae'r dystiolaeth archaeolegol yn dangos i diroedd arfordir Cymru gadw eu cysylltiadau uniongyrchol neu anuniongyrchol â chyffiniau Môr y Canoldir rhwng y bumed a'r seithfed ganrif. Mae dylanwad Gâl i'w weld yn glir ar rai arysgrifau cynnar. Yn ystod y bumed a'r chweched ganrif mewnforiwyd *amphorae* a llestri cochlyd cain o lannau dwyreiniol Môr y Canoldir a gogledd Affrica; yn ystod y chweched a'r seithfed ganrif mewnforiwyd llestri ceramig o orllewin Ffrainc. Credir i lywodraethwyr Cymru ystyried gwaith metel a'r nwyddau crai yn ddefnydd cyfnewid a bod y fasnach â gorllewin Prydain, Iwerddon a'r cyfandir yn cryfhau. Mae'n bosibl mai ymateb i gymhellion allanol oedd llawer o hyn. Gwelwyd hefyd fewnforio llestri gwydr, gleiniau a gwaith metel o Loegr yr Eingl-Sacsoniaid yn y chweched a'r seithfed ganrif, i ryw raddau dros dir – hwyrach drwy deithio neu fel rhoddion diplomyddol neu briodasol yn hytrach na thrwy gyfrwng masnachu cyson.

Mae'r cyfnod wedi 500 wedi'i alw'n 'Oes y Saint', ac ymhlith nodweddion y canrifoedd hynny yr oedd twf Cristnogaeth a datblygiad yr Eglwys ar ffurf a amlygai, yn aml, briodoleddau lleol. Mae parhad dygn y traddodiadau a'r cysegriadau yn awgrymu i rai o'r arweinwyr crefyddol fel Dewi, Padarn, Teilo a Deiniol greu cymaint o argraff nes i chwedlau amdanynt gael eu trosglwyddo o genhedlaeth i genhedlaeth. Dewi

Castell, caer bentir Trefadog ar arfordir Môn.

AP_2004_0284 NPRN 95571

Mae darganfyddiadau strae, fel y tlws bylchgrwn y cafwyd hyd iddo yn un o'r cytiau ym Mhant-y-Saer, Môn, yn awgrymu bod defnydd wedi'i wneud ar wahanol adegau o'r safleoedd a godwyd yn ystod cyfnod y Rhufeiniaid.

Drwy garedigrwydd Amgueddfa Cymru. NPRN 93857

De ac isod: Cafwyd hyd i gysegrfa a chladdedigaethau wrth gloddio yn y feudwyfa fynachlogaidd yn Burry Holms yng ngogledd Gŵyr yn y 1960au.

DI2008_0813 a DI2008_0815
NPRN 94719

(Dewi Sant), gŵr o linach frenhinol Ceredigion yn y chweched ganrif, oedd asgetig Cristnogol blaenllaw ei ddydd. Abadau a reolai gymunedau mynachaidd oedd eraill ohonynt, ac un o'r enwocaf oedd Illtud, abad mynachlog Llanilltud Fawr. Ymhlith y canolfannau Cristnogol cynnar yr oedd Bangor a Thyddewi, dwy diriogaeth eglwysig a phwysig a ddioddefodd ymosodiadau'r Llychlynwyr, fel y gwnaeth amryw o rai eraill: Caergybi a Phenmon ym Môn, Tywyn ym Meirionnydd, Clynnog Fawr yn Arfon, Llandudoch yn Nyfed, Llanbadarn Fawr yng Ngheredigion a Llanilltud Fawr a Llancarfan ym Morgannwg. Erbyn y nawfed ganrif, yr oedd y mynachlogydd yn berchen ar diroedd helaeth ac yn ganolfannau dysg a dylanwad gwleidyddol. Byddai eglwysi bach wedi britho'r dirwedd, ac mewn llawer man fe gododd y cymunedau Cristnogol lociau neu lannau i gladdu eu meirw ynddynt.

Prin i'w ryfeddu yw olion yr eglwysi cynnar. Mae tynnu awyrluniau ac arsylwi yn y maes wedi dod o hyd i fwy a mwy o fynwentydd, ac ymhlith yr enghreifftiau sydd wedi'u cloddio'n ddiweddar mae Brownslade Barrow yn Sir Benfro a Thywyn y Capel ym Môn. Er bod Bucheddau'r Saint, siarteri, a chroniclau'r Cymry a'r Eingl-Sacsoniaid yn cyfeirio at ganolfannau eglwysig, ac er bod clystyrau o feini arysgrifenedig a cherflunwaith o garreg yn awgrymu eu lleoliad, ychydig sy'n wybyddus am y wedd a oedd arnynt yn wreiddiol. Aneglur, yn aml, yw eu maint a'u patrwm

a'u perthynas ag aneddiadau seciwlar a'r safleoedd ymylol o fewn eu cylch bugeiliol. Eithriad prin yw Burry Holms yng Ngŵyr, lle bu'r Comisiwn Brenhinol yn cloddio ym 1965-8. Yn arolwg y Comisiwn o'r cyfnod Cristnogol cynnar ym Morgannwg (a gyhoeddwyd ym 1976), awgrymwyd mai cell meudwy neu encilfa gyn-Normanaidd oedd yno. Cafodd rhai ynysoedd eu troi'n breswylfeydd mynachod. Mae'r ffaith i ganolfannau fel Ynys Bŷr fewnforio nwyddau o gyfeiriad Gâl a Môr y Canoldir rhwng y bumed a'r seithfed ganrif yn awgrymu bod ganddynt gysylltiad â'r byd y tu allan a hefyd, efallai, ag aneddiadau seciwlar. Er bod gwaith archwilio o'r awyr gan y Comisiwn Brenhinol wedi datgelu dyrnaid o lociau amddiffynedig, a'r rheiny'n gysylltiedig â mynwentydd cylchog neu gromlinog llai eu maint, nid yw arwyddocâd y cysylltiadau hynny'n glir eto.

Meini arysgrifenedig a cherfluniau o garreg sy'n cynnig y dystiolaeth helaethaf o'r cyfnod hwn, ac maent yn hollbwysig wrth i ni geisio deall datblygiad teyrnasoedd, ieithoedd a llythrennedd y Cymry a datblygiad yr Eglwys. Dyddio o'r seithfed ganrif ymlaen wna'r meini croes-gerfiedig a cherfluniau mwy uchelgeisiol, gan gynnwys y croesau annibynnol (sydd weithiau ag arysgrifau arnynt). Mae'r amrywiadau arnynt yn awgrymu bod nifer o draddodiadau neu grwpiau o weithdai yn bod, ac mai'r mynachlogydd, yn aml, oedd yn ganolbwynt iddynt [029]. Maent yn fodd i ni adnabod amrywiaeth o safleoedd eglwysig canoloesol cynnar ac olrhain nawdd a estynnwyd i'r Eglwys gan y gwŷr blaenllaw. Yn ei *Inventories* cyntaf o'r siroedd cynhwysodd y Comisiwn Brenhinol gofnod manwl am sawl un o'r meini (y cofnod, er enghraifft, am y groes o'r ddegfed ganrif a elwir yn Faen Achwyfan yn y gyfrol ym 1912 ar Sir y Fflint), ac mae ei gofnodion a'i ffotograffau wedi cyfoethogi'r *Corpws* newydd o feini arysgrifenedig a cherfluniau o garreg o'r Oesoedd Canol Cynnar. Ymddangosodd y ddwy gyfrol gyntaf o'r *Corpws* yn 2007 [028].

Mae llawer eto i'w ddysgu am batrwm yr anheddu yng Nghymru yn yr Oesoedd Canol Cynnar – megis adnabod a dyddio safleoedd neu ddeall materion mwy cymhleth amdanynt [027]. Er enghraifft, sut y câi hen safleoedd eu hailddefnyddio a rhai newydd eu codi? Pa ddiben oedd iddynt mewn cymdeithas a oedd yn newid? Pa effaith a gafodd y patrwm anheddu ar y dirwedd? Pa amrywiadau a welid o ran amaethyddiaeth a hwsmonaeth anifeiliaid? Er y gallai llawer o'r safleoedd uchel eu statws fod wedi cynnig noddfa ddiogel ar adegau cythryblus, ble'r oedd y mwyafrif o'r boblogaeth (yr amcangyfrifir iddi fod yn ddau neu dri chan mil) yn byw? Mae archif archaeolegol y Comisiwn Brenhinol yn arf hanfodol i'r rhai sy'n dymuno deall chwe chanrif o hanes nad yw'n hawdd ei amgyffred.

Un o gampweithiau celfyddyd yr Oesoedd Canol Cynnar yng Nghymru yw croes Maen Achwyfan yn Sir y Fflint.
DI2008_0433 NPRN 94449

101

026 Arysgrifau Cynnar a'u Hiaith

Yr arysgrif Ladin ym Mhen-bryn, Ceredigion, yw 'CORBALENGI IACIT ORDOUS'.

DI2008_0439 NPRN 304135

Mae'r meini sydd wedi goroesi o Gymru'r Oesoedd Canol Cynnar o bwys arbennig oherwydd bod defnyddiau mwy byrhoedlog fel adeiladau pren, brethynnau a llawysgrifau bron â bod wedi diflannu'n llwyr. Mae'r gwaith maen yn dangos i ni'r arddulliau addurno a chaligraffeg a all fod wedi bod yn gyffredin mewn llawer cyfrwng ar un adeg. Dywed yr arysgrifau gryn dipyn wrthym am ieithoedd Cymru ac am ddatblygiad eu seiniau a'u sillafu.

Yn ystod y cyfnod yn syth ar ôl ymadawiad y Rhufeiniaid, sef o ryw OC 400 tan 600, yr henebion mwyaf trawiadol sy'n gyffredin i Gymru, Iwerddon a glannau Môr Iwerydd o Lydaw i Argyll yw'r meini arysgrifenedig a elwir yn rhai 'Cristnogol Cynnar'. Er mai rhai yn unig ohonynt oedd yn benodol Gristnogol, mae'n debyg i'r mwyafrif ohonynt gael eu codi mewn cymunedau Cristnogol. Fel rheol, fe goffânt y meirw ac

Y golofn arysgrifenedig yn eglwys Llanerfyl, Sir Drefaldwyn.

DI2008_1826 NPRN 154091

weithiau fe ddynodant statws cymdeithasol yr ymadawedig – er enghraifft, fel esgob, offeiriad, gwraig offeiriad, brenin, 'amddiffynnydd', 'arweinydd' (*tovisaci*), ynad neu feddyg (*medicus*). Bydd rhai ohonynt, fel y byddid yn disgwyl, yn dilyn traddodiad y meini coffa Cristnogol is-Rufeinig: enghraifft o hynny yw'r golofn sydd bellach yn yr eglwys yn Llanerfyl yn Sir Drefaldwyn ac yn coffáu Rustica, merch tair ar ddeg oed Paterninus, sydd mewn priflythrennau Rhufeinig wedi'u harysgrifo ar draws y garreg ac yn gorffen â'r fformiwla IN PA[CE], 'mewn heddwch'.

Er hynny, mae cyfran sylweddol ohonynt wedi'u harysgrifo'n fertigol a heb ddangos fawr mwy nag enw'r ymadawedig a'i dad. Yn hynny o beth, maent yn debyg i'r cerrig Ogam cyfoes yn Iwerddon, ac mae'n debyg i lawer ohonynt gael eu codi gan wladychwyr Gwyddelig neu gan Gymry brodorol a oedd yn ymateb i arferion Gwyddelig. Mae hynny'n esbonio pam y maent wedi'u crynhoi yn yr ardaloedd a oedd yn fwyaf agored i ddylanwad y Gwyddelod (un ar bymtheg ar hugain ohonynt yn Sir Benfro, er enghraifft, ond dim un yn Sir Fynwy) a'r ffaith mai enwau personol Gwyddelig sydd arnynt gan mwyaf. Yn Sir Benfro, mae pump ar hugain o arysgrifau cynnar yn defnyddio sgript Ogam a/neu enwau Gwyddelig o'i gymharu ag un arysgrif sydd ag enwau Cymreig yn unig (ynghyd ag amryw sydd ag enwau Lladin yn unig ac a allai fod wedi cael eu defnyddio gan y naill gymuned a'r llall).

Mae rhai arysgrifau'n defnyddio llythrennau Rhufeinig ac Ogam, fel petaent yn arddel statws cyfartal y ddwy sgript a'r cymunedau a'u defnyddiai. Enghraifft o hynny yw maen Crucywel, maen sydd bellach yn Amgueddfa Brycheiniog yn Aberhonddu. Mae'r llythrennau Rhufeinig arno'n coffáu Turpillus, 'bachgen' Trilunus Dunocatus (ffurf gynnar ar yr enw Gwyddelig *Dúnchad*). Yr oedd yr enw Rhufeinig *Turpillus* yn creu problem am nad oedd gan yr wyddor Ogam yn wreiddiol ddim symbol ar gyfer P, sain nad oedd i'w chael mewn Gwyddeleg cynnar. Yn hytrach, felly, defnyddiwyd symbol Ogam ar ffurf X, fel y gwneir hefyd ar sgript ddeuol maen Pumpeius Carantorius yn Amgueddfa Cerrig Margam. Enghraifft drawiadol o arysgrif mewn llythrennau Rhufeinig yn unig ond yn cofnodi'r enw Gwyddelig, *Corbalengas*, yw'r colofnfaen o Ben-bryn yn Nyffryn Bern yng Ngheredigion, colofnfaen y tynnwyd llun ohono mewn golau ar oledd gan y Comisiwn Brenhinol. Yn wreiddiol, safai'r maen ar garnedd a orchuddiai gorfflosgiad Rhufeinig cynharach ar dir uwchlaw'r môr. Y ffurf *Ordous*, sillafiad o *Ordovix*, sydd i Corbalengas, ac mae hynny'n awgrymu i'w deulu fod wedi ymsefydlu yng Nghymru'n ddigon hir i ymuniaethu â llwyth brodorol yr Ordofigiaid.

Patrick Sims-Williams

027 Anheddiad Canoloesol Cynnar: Ynys Gateholm

Y celloedd niferus ar Ynys Gateholm, Sir Benfro, gan edrych tua'r de-orllewin.
DI2006_0616 NPRN 102906

Yn ystod y 1960au, bu'r Comisiwn Brenhinol yn astudio olion diddorol yr anheddu ar ynys fach Gateholm ym mhen gorllewinol eithaf Bae Marloes yn Sir Benfro. Diben hynny oedd gallu llunio disgrifiad manylach o heneb o bwys cenedlaethol a oedd o'r golwg dan laswellt garw, twmpathog. Datgelodd yr awyrluniau nodedig ohoni yr hyn na ellid ei weld yn glir ar y ddaear: yr oedd y llwyfandir cyfan yn gyforiog o furiau adeiladau (rhyw gant o raniadau), a llawer ohonynt yn stribedi neu'n rhesi o 'gelloedd' di-dor – cynifer â deg ar hugain ohonynt, efallai – dan dyweirch.

Daethai gwaith cloddio yn y 1930au o hyd i amrywiaeth mawr o wrthrychau yr oedd modd eu dyddio i'r cyfnodau Neolithig, Rhufeinig, canoloesol cynnar a chanoloesol. Awgrymai hynny fod gweithgarwch wedi bod yno dros gyfnod maith. Yn un o'r adeiladau, a godwyd wedi OC 340-400, cafwyd hyd i bìn cylchog canoloesol cynnar a modrwy bys siâl a charreg hogi drydyllog, eitemau sy'n awgrymu bod pobl wedi byw yma rywbryd rhwng y bumed a'r nawfed ganrif.

Ar un adeg, bernid mai anheddiad crefyddol Cymreig oedd Gateholm, a hynny oherwydd tebygrwydd ymddangosiadol ei adeiladau i'r rhai yn Nindagwl (Tintagel) yng Nghernyw – adeiladau y credid am gyfnod maith fod y clystyrau ohonynt yn gelloedd mynachod. Gan mai'r gred erbyn hyn yw mai cadarnle seciwlar yn hytrach na safle mynachaidd oedd y safle enwog hwnnw yng Nghernyw, mae amheuon wedi codi ynghylch dynodi Gateholm yn anheddiad crefyddol. Fel Dindagwl rhwng y chweched a'r seithfed ganrif, efallai i Gateholm yn yr Oesoedd Canol cynnar fod unwaith yn gadarnle ôl-Rufeinig ar bentir a gâi ei amddiffyn, ar ochr y tir mawr, gan glawdd neu ffos sydd bellach wedi erydu'n ddim. Cafwyd awgrym bod y tŷ a'r lloc crwn ar lethrau gorllewinol yr ynys yn rhyw fath o fferm ganoloesol gynnar. Byddai gwneud rhagor o waith maes yn cyfoethogi'n gwybodaeth o ddatblygiad, twf a dirywiad y safle cyfan.

Mark Redknap

De: Darganfyddiadau o Gateholm yn y 1930au: pìn cylchog, darn o fodrwy bys o siâl, a charreg hogi.

Drwy garedigrwydd
Amgueddfa Cymru. NPRN 102906

Isod: Cynllun o gelloedd Gateholm. Fe'i lluniwyd gan staff y Comisiwn Brenhinol a'i gyhoeddi yn Archaeologia Cambrensis ym 1971.

DI2008_0730 NPRN 102906

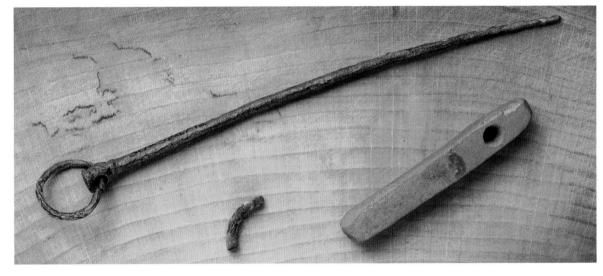

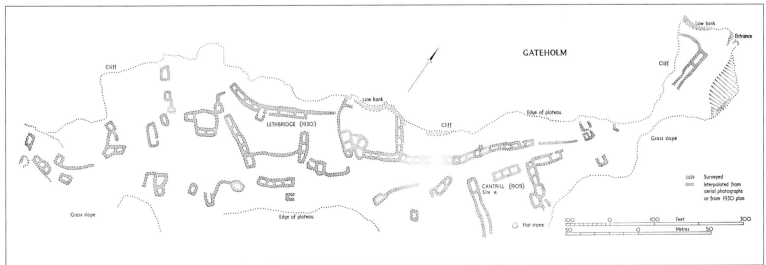

028 Cofnodi Meini Arysgrifenedig Canoloesol Cynnar

Defnyddio golau cyfeiriadol i dynnu ffotograffau o faen arysgrifenedig liw nos: maen De Abergwaun, Penwaun, Dinas, Sir Benfro.

DI2008_0446 NPRN 276068

Uchod: Croes uchel Caeriw, Sir Benfro.

DI2006_1322 NPRN 103458

Uchod, de: Maen arysgrifenedig fferm Blaen-awen, Nyfer, Sir Benfro.

DI2008_0429 NPRN 404576

De: Penwaun, gweler chwith.

DI2008_0445 NPRN 276068

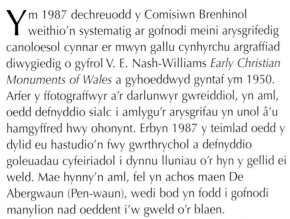

Ym 1987 dechreuodd y Comisiwn Brenhinol weithio'n systematig ar gofnodi meini arysgrifedig canoloesol cynnar er mwyn gallu cynhyrchu argraffiad diwygiedig o gyfrol V. E. Nash-Williams *Early Christian Monuments of Wales* a gyhoeddwyd gyntaf ym 1950. Arfer y ffotograffwyr a'r darlunwyr gwreiddiol, yn aml, oedd defnyddio sialc i amlygu'r arysgrifau yn unol â'u hamgyffred hwy ohonynt. Erbyn 1987 y teimlad oedd y dylid eu hastudio'n fwy gwrthrychol a defnyddio goleuadau cyfeiriadol i dynnu lluniau o'r hyn y gellid ei weld. Mae hynny'n aml, fel yn achos maen De Abergwaun (Pen-waun), wedi bod yn fodd i gofnodi manylion nad oeddent i'w gweld o'r blaen.

Cafwyd mai'r drefn orau oedd defnyddio goleuadau twngsten a gweithio liw nos. Dwy fantais hynny yw bod modd gwahanu'r maen oddi wrth ei gefndir a rheoli'r goleuo'n llawer manylach nag y gellid liw dydd. Dros gyfnod o ugain mlynedd mae amryw o fformatau camera wedi'u defnyddio – llenffilm 5x4-modfedd, ffilm rholyn 6x7-cm, ac erbyn hyn ffotograffiaeth ddigidol. Yr oedd y fformat 5x4 yn arbennig o dda am fod modd gosod y ddelwedd yn hwylus ar wydr llifanedig cefn-camera mewn tywyllwch a thrin emwlsiwn y ffilm er mwyn dileu unrhyw arteffact diangen a oedd yn y cefndir. Mae'r camera digidol yn caniatáu ffordd debyg o weithio.

I ddangos y cerfiadau, caiff golau ei daflu ar y maen o ongl arosgo i greu gwahaniaeth yn y tôn rhwng arwyneb y maen a'r endoriadau; po fwyaf bas yr endoriadau, mwyaf arosgo y mae angen i'r golau fod. Yn ogystal â bod y golau ar osgo i'r wyneb, mae'n bwysig nad yw ei gyfeiriad yn cyd-fynd â chyfeiriad y llinellau endoredig gan mai effaith hynny fyddai gwneud iddynt ddiflannu. Yn ddelfrydol, defnyddir ffynonellau pwerus o olau am fod modd eu gosod ymhellach oddi wrth yr heneb a chwtogi ar yr amrywio yn lefel y golau o'r naill ochr i'r maen i'r llall. Bydd y ddelwedd yn ymddangos yn fwy naturiol os oes modd gosod y goleuadau'n uchel gan wneud y golau'n debycach i olau dydd. Bydd meini sydd ag amryw o ffasedau, neu ag wyneb garw iawn, yn achosi problemau. Os yw'r ffasedau ar blanau gwahanol, bydd angen goleuadau ychwanegol i'w hamlygu fesul un. Bydd breichiau bŵm cydbwysedig yn fodd i reoli safle'r golau'n fanwl-gywir.

Gan fod rhaid defnyddio generaduron wrth weithio gyda goleuadau tyngsten, bydd hynny'n achosi cryn broblem mewn mannau diarffordd, yn enwedig gan mai mewn tywyllwch y gwneir y gwaith. Yn ddiweddar, daeth fflach-unedau pwerus a chludadwy, sy'n cynnwys goleuadau modelu, i gymryd lle'r goleuadau tyngsten ac mae defnyddio rheolaeth radio wedi symleiddio llawer iawn ar broblemau cydamseru.

Fel rheol, yr ystyriaeth gyntaf wrth dynnu lluniau yw lleoliad yr haul; mae gweithio yn y nos yn datrys y broblem honno'n ddidrafferth a'r unig ystyriaeth wedyn yw'r tywydd. Os defnyddir rigiau goleuo mawr, bydd y gwynt lawn cymaint o broblem â glaw, cesair neu eira.

I. N. Wright

029 Cerfluniau Canoloesol Cynnar

0   10 m   0   3 ft

Lluniad o bedwar wyneb y groes o'r ddegfed ganrif neu ddechrau'r unfed ganrif ar ddeg yn Eglwys Sant Padarn, Llanbadarn Fawr, Ceredigion.

DI2005_1199 NPRN 308695

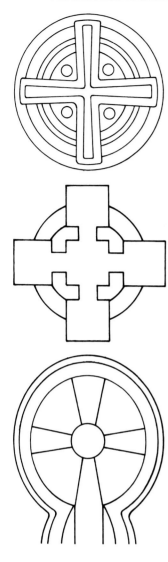

Uchod: Ffurfiau pennau croesau (o'r brig) o fath modrwy-a-chylch, math modrwy a math cylch.

Uchod, de: Croes Nyfer, Sir Benfro.

DI2006_0444 NPRN 304393

Un o ganlyniadau'r holl ryfela, newid a dirywio dros ganrifoedd maith yw bod llawer o gynnyrch artistig Cymru'r Oesoedd Canol Cynnar, ac yn enwedig ei chynnyrch mewn defnyddiau treuliadwy fel pren, tecstilau a memrwn, wedi mynd ar goll. Gweithiau mwy parhaol mewn carreg, felly, yw un o'r ffynonellau pwysicaf o wybodaeth am gelfyddyd y cyfnod hwnnw. Ceir gwybodaeth hefyd o'r addurniadau a geir ar eitemau bach – rhai metel a phersonol, fel rheol – fel tlysau, pinnau a mowntiau. Mae'r ffaith fod rhai cerfluniau yn cynnwys dyluniadau boglynnog neu rybedog (a gymerwyd o waith metel), patrymau rhyngweol a rhwyllog (tebyg i'r addurniadau mewn llawysgrifau) ac uniadau mortais a thyno (dynwared technegau gwaith coed) yn dangos sut y câi technegau trin un math o ddefnydd eu cymhwyso at ddefnyddiau eraill.

Ceir amrywiaeth mawr ym maint a siâp y cerfluniau sydd wedi goroesi ers yr Oesoedd Canol Cynnar. Yn y naill ben ceir cerrig a chroesau arnynt o'r seithfed ganrif ymlaen. Addasiadau syml o glogfeini, meini ar ffurf golofnog neu slabiau, â dyluniadau pigedig, yw llawer ohonynt. Yn y pen arall ceir croesau tal a chywrain sy'n sefyll ar eu traed eu hunain. Dangosant yr ehangu a fu ar dechnegau, ffurfiau a motiffau o tuag OC 800 ymlaen, a'r noddi cynyddol ar yr eglwys gan bobl flaenllaw seciwlar.

Mae'r dadansoddi ar y berthynas rhwng ffurf, addurn a swyddogaeth, ac ar ddosbarthiad lleol yr arddulliau, wedi arwain yn ddiweddar at adnabod grwpiau rhanbarthol a chlystyrau lleol o gerfluniau. Ym Mrycheiniog, er enghraifft, gellir cyferbynnu grŵp ar uwchdiroedd y gorllewin â grŵp Llan-gors o groes-gylchoedd. Gall fod dau grŵp diweddar o groesau ym Morgannwg, i'r gorllewin ac i'r dwyrain o Afon Ogwr, yn adleisio dylanwadau gwleidyddol a daearyddol a natur y teyrnasoedd sefydledig y deilliodd y cofadeiliau ohonynt. Ymhlith grwpiau eraill ceir croesfeini Sir Fynwy, croesau mawr priordy Penmon ym Môn, croesau cyfansawdd tal grŵp Caeriw-Nyfer yn Sir Benfro, a'r grŵp o gerfluniau a gynhyrchwyd rhwng y nawfed ganrif a'r unfed ganrif ar ddeg yn y rhanbarth y mae Tyddewi'n ganolbwynt iddo.

Mae rhai o'r cerfluniau'n perthyn i'r traddodiad ehangach o gofadeiliau sydd i'w gael mewn rhannau eraill o Gymru a thu hwnt – yn Iwerddon, ar ynysoedd ac uwchdiroedd gorllewinol yr Alban ac ar Ynys Manaw. Mater o ddyfalu yw sut yn union y trosglwyddwyd y nodweddion cyffredin o'r naill le i'r llall. Mae'r ffaith nad amharwyd ar fotiffau newydd gan efelychiadau lleol yn awgrymu bod y cysylltiadau o amgylch Môr Iwerddon wedi dal i fod yn bwysig. Efallai i grefftwyr o Iwerddon weithio ar gerfluniau yng Nghymru – er enghraifft, ar groesau o'r math rhyngweol, ar y slabiau o'r nawfed ganrif sy'n defnyddio fformiwla'r crux christi ym Margam, Llanilltud Fawr a Llangyfelach ym Morgannwg, ac ar y cerfluniau yn ne-orllewin

Cymru. Y tebyg yw i rai syniadau gael eu trosglwyddo drwy'r mynachlogydd a oedd yn datblygu ar hyd tiroedd isel yr arfordir. Mae'n ymddangos yn aml bod cysylltiad rhwng y dosbarthiadau rhanbarthol pendant o gerfluniau sy'n dyddio o gyfnod rhwng y nawfed ganrif a'r unfed ganrif ar ddeg a chanolfannau mynachaidd fel Bangor yng Ngwynedd, Penmon ym Môn, Llandudoch a Thyddewi yn Sir Benfro, Llanbadarn Fawr yng Ngheredigion, a Llanilltud Fawr ym Morgannwg.

Er bod llawer o nodweddion yr arddulliau'n dangos ôl trosglwyddo ac ymgorffori syniadau o Iwerddon, glannau Môr Iwerddon a Lloegr yr Eingl-Sacsoniaid, cymerir bod y rhan fwyaf o gerfluniau wedi'u gwneud a'u codi'n bur agos at eu tarddle daearegol. Mae'r arysgrifau ar y croesau yn dangos yn glir bod bwriadau eu rhoddwyr yn amrywio. Yr oedd creu'r rhan fwyaf ohonynt yn weithred dduwiol gan y rhoddwr neu'r comisiynydd a enwir arnynt. Ar rai, fel Piler Eliseg [034], enwir aelodau o'r teuluoedd a deyrnasai'r wlad o'u cwmpas.

Mark Redknap

030 Amddiffynfa rhag y Llychlynwyr: Llanbedr-goch

Lleoliad anheddiad masnachu Llanbedr-goch, yng nghanol y llun, ar gefnen uwchlaw Traeth Coch, Môn.
AP2007_0119 NPRN 405456

*Uchod a de: Y cloddio'n
mynd rhagddo yn
Llanbedr-goch, Môn.*

Drwy garedigrwydd
Amgueddfa Cymru. NPRN 405456

Oherwydd safle daearyddol gogledd Cymru, yr oedd hi'n anochel y deuai'r bobl a drigai ar hyd y glannau i gysylltiad mewn rhyw ffordd â'r Sgandinafiaid a hwyliai ar hyd a lled Môr Iwerddon. Dylanwadwyd ar y berthynas rhyngddynt, yn arbennig, gan symudiadau grwpiau o Lychlynwyr ac wrth i Lychlynwyr, ymhen hir a hwyr, sefydlu dinas Llychlynwyr Dulyn.

Mae'r fframwaith hanesyddol a gynigir gan groniclau cynnar Cymru a ffynonellau ysgrifenedig eraill yn cofnodi presenoldeb Llychlynwyr ym Môr Iwerddon o 795 ymlaen, ond nid tan 854 y sonnir am yr ymosodiad cyntaf ar y gogledd a theyrnas Gwynedd. Digon prin fu'r dystiolaeth o'r Llychlynwyr yng Nghymru, a than yn ddiweddar fe ddibynnai'n drwm ar dystiolaeth enwau lleoedd – a llawer o'r enghreifftiau o ddyddiad diweddar. Gwnaed gwaith cloddio gan Amgueddfa Cymru rhwng 1994 a 2004 yn Llanbedr-goch, ger arfordir dwyreiniol Môn, a chafwyd hyd i dystiolaeth ryfeddol o anheddiad ffermio a ddatblygodd yn ganolfan farchnata gyfoethog yn oes y Llychlynwyr, a chanddo gysylltiad agos â'r byd Sgandinafaidd.

Yn ystod y seithfed a'r wythfed ganrif, adeiladau pren oedd yn yr anheddiad yn Llanbedr-goch, sef tŷ crwn bach ac o leiaf un neuadd fawr hirsgwar – ac o'u hamgylch ffos a chlawdd o bridd, ynghyd, mae'n debyg, â phalisâd pren. Yr oedd llinell dywyll y ffos honno i'w gweld ar yr awyrluniau a dynnwyd gan y Comisiwn Brenhinol ym 1995. Ond tua chanol y nawfed ganrif, codwyd mur enfawr o gerrig sych, a hwnnw'n ddigon uchel a llydan i fod â llwybr cerdded ar hyd-ddo, i amddiffyn terfynau'r lloc. Gan fod y mur yn fwy o lawer na muriau unrhyw loc arall sy'n hysbys ar yr ynys, gellir ei ddehongli'n ddatganiad o rym ac yn ymgais i ddarbwyllo darpar ymosodwyr i gadw draw.

Cyd-ddigwyddodd cyfnod y gweithgarwch a gododd yr amddiffynfeydd newydd â theyrnasiad Rhodri Mawr (844-78) a'i feibion. Yn ôl croniclau Cymru, Rhodri a arweiniodd y gwrthwynebiad cychwynnol i ymosodiadau'r Llychlynwyr ar Fôn yn y 850au ac fe nodwyd ei lwyddiannau yn Iwerddon ac yn Liège ar y

cyfandir. Mae'n ddigon posibl i Lychlynwyr gelyniaethus fod yn bresennol ar yr ynys am ychydig tua diwedd y nawfed ganrif, ac mae'n hysbys iddynt fod yno yn 902-3 pan geisiodd y Llychlynnwr Ingimund a'i ddilynwyr sefydlu cartref iddynt eu hunain ar ôl iddynt gael eu gyrru o Ddulyn.

Yr oedd y mur amddiffynnol a godwyd yn y nawfed ganrif yn amgylchynu amrywiaeth o adeiladau hirsgwar o wahanol faintioli, gan gynnwys y neuadd fawr. Cyflawnai'r trigolion amrywiaeth mawr o weithgareddau crefft, gan gynnwys trin lledr a chyrn, castio gwrthrychau mewn efydd ac arian, a gweithio haearn. Yr oeddent hefyd yn amaethu drwy dyfu barlys a magu anifeiliaid dof. Mae'r amrywiaeth cyfoethog o ddarganfyddiadau yn darlunio'r masnachu a fu yno (hac-arian, darnau arian a phwysau plwm) a bywyd y cartref (ategolion gwisg, gemau, gwastraff bwyd, pobi).

Datblygodd Llanbedr-goch yn ganolfan gaerog a strategol ei safle ym myd gwleidyddol a masnachol Gwyddelig-Sgandinafaidd diwedd y nawfed ganrif a'r ddegfed ganrif. Efallai bod cysylltiad rhwng ei dranc, tua diwedd y ddegfed ganrif mae'n debyg, â chyrchoedd y Llychlynwyr o Ynys Manaw yn ystod y 960au a'r 970au.

Mark Redknap

*Gwastraff hac-arian ac arian
o Lanbedr-goch.*

Hawlfraint: Amgueddfa Cymru.
NPRN 405456

031 Dirgelwch Cloddiau Cymru'r Oesoedd Canol Cynnar

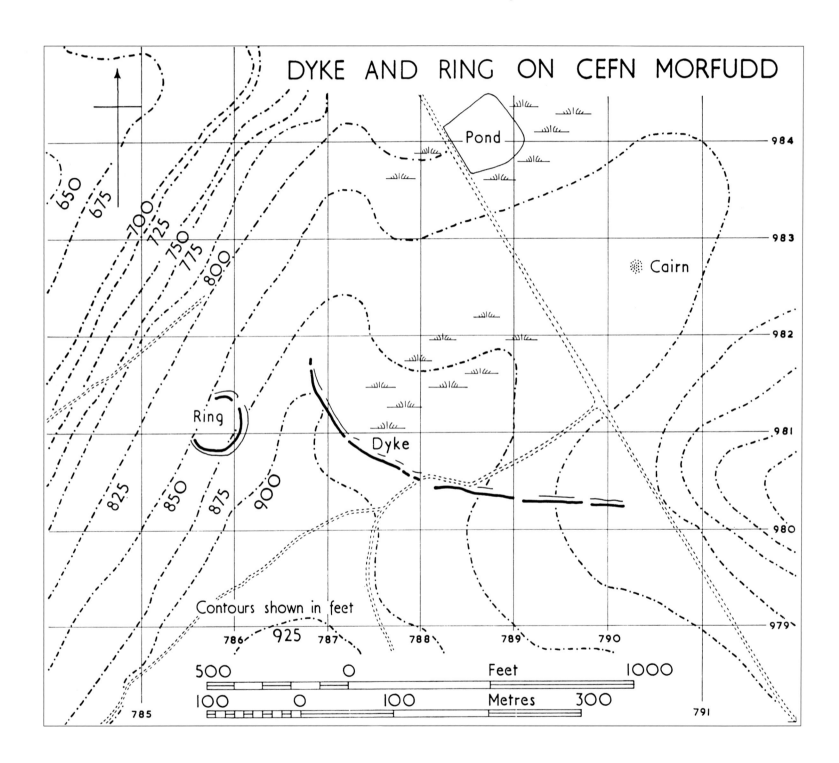

DYKE AND RING ON CEFN MORFUDD

Pond

Cairn

Ring

Dyke

Contours shown in feet

500   O   Feet   1000

100   O   100   Metres   300

Cynllun clawdd byr a chylchfur ar y gefnen i'r dwyrain o Gastell-nedd, o Inventory Morgannwg *(1976).*
DI2008_0729 NPRN 301282

Clawdd Wat ym Mynydd Isa, Sir y Fflint.

DI2007_0644 NPRN 309593

Mae'r coed yn dangos llwybr Clawdd Offa wrth iddo frasgamu ar draws ystâd Castell y Waun.

DI2007_0646 NPRN 306866

Prin yw'r olion maes y gellir eu priodoli i'r canrifoedd rhwng diwedd cyfnod y Rhufeiniaid yng Nghymru a'r goncwest Normanaidd. Mae Clawdd Offa, felly, a'r cloddiau llinol tebyg (sef y ffosydd a'r banciau cysylltiedig) sydd i'w cael yn bennaf yn nwyrain Cymru a'r gororau, fel petaent yn cynrychioli'r cyfnod hwnnw.

Clawdd Offa yw un o ddau glawdd mawr y Gororau. Gan i Asser ddweud i Offa, brenin Mersia (OC 757-796), godi 'clawdd mawr' o 'fôr i fôr', gellir dyddio'r clawdd enfawr hwnnw i ran olaf yr wythfed ganrif, ond ni chafwyd cadarnhad archaeolegol o'r dyddiad hwnnw erioed. Er bod y clawdd yn rhedeg o aber afon Hafren ger Cas-gwent am 225 o gilometrau tua'r gogledd nes cyrraedd Treffynnon, mae bylchau mawr ynddo ac nid oes modd dod o hyd ond i 130 o gilometrau ohono. Ac er mai ar lawr gwlad y mae cael yr argraff orau o uchder unrhyw glawdd, golwg arno oddi fry sy'n rhoi'r syniad gorau o'i raddfa ac o'i lwybr drwy'r dirwedd. Mae'r Comisiwn Brenhinol a sefydliadau eraill wedi cyfrannu at astudio'r cloddiau hyn drwy dynnu awyrluniau ohonynt yn gyson. Er i Glawdd Offa yn ei gyfanrwydd gael ei astudio am y tro cyntaf gan Cyril Fox yn y 1920au, ac yn fwy diweddar gan David Hill, mae rhai o fanylion ei adeiladwaith yn dal heb gael eu sefydlu, ac nid pawb sy'n derbyn y farn iddo fod yn glawdd a ddiffiniai'r ffin rhwng y Mersiaid a'r Cymry yn hytrach nag yn rhwystr amddiffynnol rhyngddynt.

Nid Clawdd Offa yw'r unig glawdd terfyn ar y Gororau. I'r dwyrain ohono mae Clawdd Wat. Er nad yw hwnnw ond 65 o gilometrau o hyd, nid yw ei fesuriadau ond ychydig yn llai. Dadleuwyd dros gyfnod maith i Glawdd Wat gael ei godi yn gynharach na Chlawdd Offa i'r gorllewin, iddo redeg o arfordir y gogledd yn Ninas Basing hyd at lednentydd Afon Hafren yn Sir Amwythig, ac iddo gael ei godi'n rhwystr, mae'n debyg, gan Aethelbald, rhagflaenydd Offa ym Mersia. Mae'r gwaith cloddio ger Croesoswallt yn 2006 wedi codi amheuon ynghylch hynny am fod y dyddiadau o'r siltiau isaf yn awgrymu bod dŵr yn llenwi'r ffos yn y nawfed ganrif. Gall hynny awgrymu i'r clawdd gael ei godi yn y 820au.

Tebyg o ran eu ffurf i'r ddau glawdd mawr yw'r grŵp o wrthgloddiau llai sy'n amrywio o ran eu hyd o lai na chan metr i fwy na chilometr. Ceir clystyrau o'r cloddiau byr hynny, fel y'u gelwir, mewn dau ranbarth. Cafwyd hyd i'r grŵp cyntaf ar uwchdiroedd gogledd Morgannwg gan Cyril ac Aileen Fox yn y 1930au a chan y Comisiwn Brenhinol wrth iddo lunio *Inventory* Morgannwg. Mae'r grŵp arall yn siroedd Trefaldwyn a Maesyfed ac ar draws y ffin yn siroedd Amwythig a Henffordd. Perthyn dyddiad radiocarbon un enghraifft yn Sir Amwythig i'r Oes Efydd gynhanesyddol, ond mae'r gwaith diweddar a ariannwyd gan Cadw wedi

dangos yn bendant bod llawer o'r enghreifftiau yng Nghymru yn perthyn i'r Oesoedd Canol Cynnar gan i'r mawn a gafwyd o dan bump o'r cloddiau hynny roi dyddiadau yn y chweched a'r seithfed ganrif. Efallai i rai o'r cloddiau byr fod yn rhwystrau aneffeithiol, a chredir mai diben eraill oedd dynodi tiriogaethau llwythol.

R. J. Silvester

032 Safle Brenhinol: Crannog Llyn Syfaddan

Llyn Syfaddan, ar diroedd cyfoethog Brycheiniog, o'i weld o'r de-ddwyrain, a'r llys brenhinol wedi'i osod yn y llyn ar y dde eithaf.
AP_2005_1878 NPRN 32997

O ran deall aneddiadau uchel eu statws yn ne Cymru yn ystod y nawfed a'r ddegfed ganrif, y datblygiad arloesol yn ddiweddar oedd yr ymchwiliad archaeolegol i'r crannog neu'r ynys artiffisial yn nyfroedd bas Llyn Syfaddan ger Llan-gors, y mwyaf o lynnoedd naturiol y de. Ym 1867, pan ostyngwyd lefel dŵr y llyn, profodd Henry Dumbleton a'i frawd Edgar mai ynys o waith dyn oedd yma, a'i bod hi wedi'i chreu o brysgwydd, cerrig a phren ac wedi'i hamgylchynu â phalisadau o estyll derw. Bu dyddiad ac arwyddocâd llawn y safle'n ansicr tan iddynt gael eu datgelu gan raglen archwilio a chloddio gan yr Amgueddfa Genedlaethol a Phrifysgol Caerdydd rhwng 1988 a 1994.

O ddadansoddi blwyddgylchau samplau o estyll derw'r palisâd, cafwyd eu bod wedi dod o goed a gwympwyd yn ystod hafau 889-893. Yr oedd hi'n amlwg i'r crannog gael ei godi mewn cyfnod byr iawn. Ymhlith yr arteffactau y cafwyd hyd iddynt yn ystod yr ymchwil yr oedd tecstil cain iawn o liain a sidan, a hwnnw wedi'i addurno'n gelfydd â motiffau bach o lewod ac adar, rhannau o gysegr creiriau a oedd yn fach a chludadwy, pinnau, tlysau (rhai yn y dull Gwyddelig) a chribau o esgyrn. Mae tameidiau o leinin y ffwrnais, y moldiau a'r castinau aflwyddiannus yn dangos i drigolion y crannog noddi crefftwyr a oedd yn ymroi i weithgareddau economaidd. Mae astudiaethau diweddar o olion anifeiliaid dof ar yr ynys, gan gynnwys gwartheg, defaid a moch, yn dangos bod yma fagu anifeiliaid neu, o bosibl, gymryd trethi ar ffurf bwyd, ac mae esgyrn anifeiliaid gwyllt fel ceirw coch, ewigod a baeddod gwyllt yn awgrymu bod yma weithgarwch hela.

Mae dyddiad, ffurf, maint a lleoliad y crannog, safon uchel yr arteffactau y cafwyd hyd iddynt, ac economi ei thrigolion yn cyfiawnhau ei alw'n llys brenhinol neu'n llys a oedd â chysylltiad â llinach frenhinol teyrnas Brycheiniog. Mewn cofnod yng nghronicl yr Eingl-Sacsoniaid am y flwyddyn 916, cofnodir chwalu'r crannog gan fyddin o Fersiaid (Eingl-Sacsoniaid) pan

Cloddio ar grannog Llyn Syfaddan, Gorffennaf 1990.
GTJ25670 NPRN 32997

Ymchwilio tanddwr.
Drwy garedigrwydd
Amgueddfa Cymru. NPRN 32997

nad oedd wedi bod yn fan preswyl yn hir: 'Anfonodd Æthelflæd fyddin i Gymru ac fe ddinistriodd Brecenanmere ['Brecknockmere'] a chipio gwraig y brenin a thri ar ddeg ar hugain o bobl eraill'.

Hyd yn hyn, nid oes safle tebyg iddo yng Nghymru. Ceir y safleoedd tebycaf o gyfnod cyffelyb yn Iwerddon, lle mae cranogau ymhlith nodweddion mwyaf hudolus a hynod tirwedd ganoloesol gynnar y wlad. Fe all mai crefftwr nodedig o Wyddel a gyfarwyddodd y gwaith medrus o godi crannog Llyn Syfaddan, ac fe all mai arbrawf i geisio datgan statws a llinach ei drigolion oedd dewis safle mor anarferol. Efallai iddo helpu i gadarnhau cyfreithlondeb y llinach drwy fanteisio ar chwedl ynghylch tarddiad teyrnas Brycheiniog gan i'w brenhinoedd honni eu bod yn ddisgynyddion i Frychan, mab i dad oedd yn Wyddel a mam oedd yn Gymraes. Gwelir ôl dulliau Gwyddelig o weithio metelau yn rhai o'r arteffactau, tra bo gwrthrychau eraill a gynhyrchwyd ar yr ynys yn amlygu ymateb artistig i chwaeth leol. Mae'r cyfan yn dangos statws uchel a chwaeth arbennig y trigolion ac yn datgelu llawer am fywyd a diwylliant y llys yn yr Oesoedd Canol Cynnar.

Mark Redknap

033 Arysgrifau Diweddarach a'r Ieithoedd arnynt

Croes Houelt yn eglwys Illtud yn Llanilltud Fawr. Tynnwyd y llun ym 1964.

DI2008_0556 NPRN 171

Erbyn blynyddoedd cynnar y nawfed ganrif, yr oedd yr enwau Gwyddeleg a gofnodwyd mewn arysgrifau wedi diflannu am fod y Gwyddelod wedi mabwysiadu enwau Cymraeg ac wedi ymdoddi i'r boblogaeth leol. Ar faen a chroes arni yn eglwys Llanwnnws, Ceredigion, ceir arysgrif Ladin sydd â'r llythrennau arni'n rhai mân dan ddylanwad y llythrennu mewn llawysgrifau: y deisyfiad yw 'Y sawl a ddarlleno hwn, boed iddo fendithio enaid Hiroidil mab Carotinn'. Enw Gwyddeleg, mae'n debyg, sydd gan y tad ond mae ef wedi rhoi'r enw Cymraeg *Hirhoedl* i'w fab.

Mae arysgrifau fel hon yn dangos bod cerfwyr arysgrifau yng Nghymru, a'u noddwyr, yn gyfarwydd â llawysgrifau. Gwaetha'r modd, mae bron pob llawysgrif Gymreig o'r oes honno ar goll. Gadael Cymru'n gynnar fu hanes yr eithriadau prin, gan gynnwys Efengylau Caerlwytgoed, a chael eu diogelu a'u parchu yn Lloegr yr Eingl-Sacsoniaid oherwydd eu cynnwys Lladin yn hytrach na'u hymylnodau achlysurol mewn Hen Gymraeg sydd mor bwysig ym marn ieithyddion heddiw. Go brin y byddai unrhyw lawysgrif a fyddai wedi'i llunio yn Gymraeg yn bennaf wedi'i diogelu dramor. Gellid gobeithio, felly, y byddai arysgrifau ar feini yng Nghymru yn gwneud iawn am y diffyg hwnnw. Yn anffodus, gryfed oedd gafael y traddodiad arysgrifol Rhufeinig a Christnogol nes mai Lladin oedd yr unig iaith a ddefnyddiwyd ar gofebion carreg am ganrifoedd lawer. Yr eithriad hynod i hynny yw'r arysgrif yn eglwys Tywyn, Meirionnydd, a all fod yn dyddio o flynyddoedd cynnar y nawfed ganrif. Mae'n coffáu Tengrumui, gwraig Adgan, a Cun, gwraig Celen ac yn cynnwys ymadrodd barddonol mewn Hen Gymraeg: *tricet nitanam*, 'erys colled ac anaf'. A ddefnyddiwyd y famiaith, tybed, am mai dwy wraig oedd yr ymadawedig?

Yn yr arysgrifau diweddarach, graddol ddiflannu wna'r enwau Rhufeinig (ar wahân i'r rhai a drowyd yn enwau Cymraeg) ac enwau brodorol Cymreig a geir gan mwyaf. Ceir ambell enw Saesneg ac, o bosibl, hyd yn oed enw Llychlynnaidd mewn rwnau, fel ar y groes yng Nghorwen ym Meirionnydd. Weithiau, gellir cysylltu'r enwau â ffigurau hanesyddol. Yn achos y groes yn eglwys Llanilltud Fawr ym Morgannwg sy'n cofnodi i 'Houelt baratoi'r groes hon ar gyfer enaid ei dad, Res', rhaid mai'r 'Houelt' hwnnw oedd Hywel ap Rhys, brenin Glywysing, a ymgynghreiriodd ag Alfred, brenin Wessex, yn ystod yr 880au. Mae'n groes drawiadol sy'n nodweddiadol o'r cyfnod diweddarach, sef adeg pan fo'r rhan fwyaf o'r prif gerfluniau i'w cael yn y de-ddwyrain llewyrchus. Amlygir newidiadau cymdeithasol ac ieithyddol pellach yng Nghymru tua 1100 gan enghraifft ddiweddarach a llygredig yn eglwys Llanarthne yn Sir Gaerfyrddin. Er bod yr arysgrif arni wedi'i difrodi (câi'r groes ei defnyddio'n gamfa ym 1833), gellir darllen enw Saesneg y cerflunydd, *Elmon*, yn y canol ar y chwith, ac ar y dde ceir y fformiwla Ffrangeg, *merci et g[ra]ce*.

Patrick Sims-Williams

Uchod: Yr arysgrif yn Llanwnnws, Ceredigion.
DI2008_0440 NPRN 275652

De: Maen Elmon, Llanarthne, Sir Gaerfyrddin.
DI2008_0430 NPRN 100711

Isod: Lluniad a wnaed gan y Comisiwn Brenhinol tua 1914 o'r arysgrif yn eglwys Sant Cadfan, Tywyn, Meirionnydd.
DI2008_0545 NPRN 43861

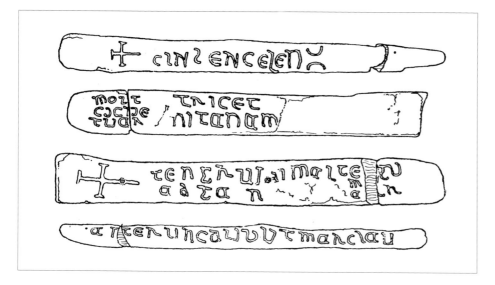

034 Cofáu Brenin: Piler Eliseg

Piler Eliseg, Llangollen, Sir Ddinbych.
DS2008_022_003 NPRN 165274

Mae golwg y piler hwn yn wahanol iawn i'r groes fawr a fyddai wedi bod yn olygfa gyfarwydd i fynachod Sistersaidd abaty Glyn-y-groes. Codwyd y groes honno gan Cyngen yn y nawfed ganrif er cof am ei hen daid, Eliseg (neu Elisedd). Dymchwelwyd a thorrwyd y groes yn y 1640au, a hynny, efallai, wrth i Biwritaniaid ddryllio delwau yn ystod y Rhyfel Cartref. Er bod y piler wedi'i dorri a'r arysgrif arno wedi treulio cymaint nes nad oedd prin modd ei darllen hyd yn oed bryd hynny, cawsant eu cofnodi gan yr hynafiaethydd Edward Lhuyd ym 1696. Oni bai i Lhuyd wneud hynny, byddem wedi colli un o'r arysgrifau pwysicaf o Brydain yr Oesoedd Canol Cynnar. Hyd yn oed heddiw, ni all ffotograffiaeth arbennig mewn golau pwrpasol ddangos mwy na lle bu llinellau'r testun gynt.

Ailgodwyd y piler gan dirfeddiannwr lleol, Trevor Lloyd, ym 1779 i'w droi'n nodwedd ddiddorol ar yr olygfa a welai o'i hafdy yn yr abaty. Erbyn hynny, byddai pen y groes a fyddai wedi bod ar frig y piler – a barnu wrth gofadeiliau tebyg yn nheyrnas Mersia yng Nghanolbarth Lloegr yn yr Oesoedd Canol Cynnar – eisoes ar goll. Er na wyddom ni ddim oll am wedd y groes honno, mae'r coler a'r addurnblethau moldiedig ar frig y piler crwn yn arwydd o'r newid i ddefnyddio paladr pedronglog. Ailsododd saer maen Lloyd weddill y piler yn y soced sgwâr yng ngharreg y piler a gosod y cyfan ar ben plinth newydd o garreg sych i'w gwneud yn haws i Lloyd ei weld o ffenestr ei hafdy.

Bydd pob tirwedd, a'r gwahanol nodweddion ynddi, yn esblygu, ac nid eithriad mo'r gofeb hon. Y rhan gynharaf ohoni yw'r twmpath a'i ymylfeini carreg. Codwyd y rheiny ryw bedair mil o flynyddoedd yn ôl a hynny, mae'n debyg, ar gyfer claddu pendefig pwysig o'r Oes Efydd. Ond perthyn i gyfnod diweddarach wnâi'r sgerbwd y cafwyd hyd iddo'n gorwedd mewn blwch o feini glas wrth i Lloyd gloddio yno yn y ddeunawfed ganrif. Gosodwyd hwnnw o fewn capan caregog a ychwanegwyd i greu lle i gladdedigaeth newydd yn yr Oesoedd Canol Cynnar. Ai dyma gorff Eliseg, brenin Powys yn yr wythfed ganrif, a roddwyd i orwedd ar y twmpath mawr? Mae cloddio mewn mannau eraill yn awgrymu mai digwyddiad mynych yn yr Oesoedd Canol Cynnar oedd dewis heneb gynhanesyddol yn fan claddu teilwng i arwr.

Yn ddiweddarach eto, coffaodd gor-ŵyr Eliseg a'r olaf o linach ei deulu, Cyngen (a fu farw yn 854), gampau ei hen-daid hyglod drwy godi'r groes arysgrifenedig hon (er nad oes modd profi bellach ble y'i codwyd yn wreiddiol). Cafodd yr arysgrif Ladin, a ysgrifennwyd mewn un ar ddeg ar hugain o linellau llorweddol, ei rhannu'n baragraffau drwy osod croesau bach rhwng pob paragraff. Mawrygai'r arysgrif Eliseg a Chyngen gan gyhoeddi eu bod yn ddisgynyddion i'r Ymerawdwr Macsen Wledig a'i fab Gwrtheyrn, dau

Uchod: Adluniad gan Cadw o'r ffurf a allai fod wedi bod ar Groes Eliseg pan oedd hi'n gyflawn.

Drwy garedigrwydd Cadw. NPRN 165274

De: Y piler a ailgodwyd gan ddangos yr arysgrif a ychwanegwyd ato ym 1779.

DS2008_022_008 NPRN 165274

gymeriad enwog o ddiwedd y cyfnod Rhufeinig ym Mhrydain. Eliseg, yn ôl yr arysgrif, a yrrodd y Saeson o'r ardal ar ôl iddynt droi'r wlad honno'n dir y cledd am naw mlynedd. Mae'r testun a drawsgrifiwyd gan Lhuyd, felly, yn cynnig cipolwg unigryw ar dywysogion yr ardal a'u campau gwleidyddol ac ar y tensiynau a geid ar hyd y ffin. Peth anarferol yw bod Cynfarch, y saer a gerfiodd yr arysgrif, hefyd yn cael ei enwi.

Ar gefn y maen ac i'w gweld yn ddigon clir mae'r arysgrif Ladin sy'n cofnodi'r addasiad terfynol arno, sef adfer ac ail-godi'r groes yn y ddeunawfed ganrif. Ac er nad yw'r groes bellach ond tua hanner ei huchder gwreiddiol, mae'n dal i fod yn elfen nodedig yn y dirwedd adnabyddus hon.

Sian Rees

035 Dod o hyd i Safleoedd Crefyddol Canoloesol Cynnar

Cafodd eglwys bresennol Mair Magdalen, Llanfair Nant-y-gof, i'r de o Drecŵn yng ngogledd Sir Benfro, ei chodi ym 1855 yn lle eglwys ganoloesol, ond mae ffurf is-gylchog y fynwent yn awgrymu iddi gael ei sefydlu yn yr Oesoedd Canol Cynnar. Mae'r gwrthgloddiau a slab mawr gorweddol o garreg galch yn y fynwent yn dangos bod yma hanes maith o weithgarwch.

AP_2006_1130 NPRN 230

Grŵp prin o grugiau sgwâr o'r Oesoedd Canol Cynnar y cafwyd hyd iddynt fel ôl crasu wrth ymyl ffordd Rufeinig yn y Ddwyryd, Corwen, yn ystod sychder 2006. Gwelir hyd at bedwar crug ar gefnen o dir cras, ond nid oes modd gweld unrhyw nodwedd yng ngweddill y cae.

AP_2006_3977 NPRN 404711

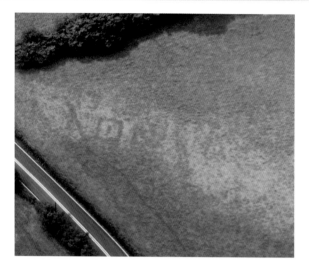

Mae'n anodd dod o hyd i safleoedd crefyddol Cymru'r Oesoedd Canol Cynnar. Arfer mynych cymunedau'r oes oedd ailddefnyddio llociau amddiffynedig o'r Oes Haearn i godi eglwysi arnynt ac ailddefnyddio crugfynwentydd o'r Oes Efydd oherwydd eu crugiau sgwâr nodweddiadol. Gall safleoedd crefyddol, felly, fod yn brin o nodweddion amlwg, a gallant fod yn anodd eu hadnabod oherwydd yr arfer o ddefnyddio'r un mannau claddu o oes i oes.

Ymhlith yr arwyddion sy'n rhoi dyddiad o'r Oesoedd Canol Cynnar i safleoedd eglwysig mae llociau amddiffynedig sydd â chysylltiad agos â mynwentydd crwn neu gromlinog, eglwysi ac ynddynt gofadeiliau Cristnogol cynnar, a chysegriadau cynnar. Yn ystod y 1990au, gwnaeth Terry James o'r Comisiwn Brenhinol waith ymchwil a gwaith arolygu o'r awyr ar y pwnc hwn yng ngorllewin Cymru, a chafwyd canlyniadau nodedig. Ar sail ymchwil i ddogfennau a mapiau mewn cysylltiad ag astudiaethau enwau lleoedd, gwnaed teithiau hedfan yng ngolau isel y gaeaf ac yn ystod sychder yr haf i geisio dod o hyd i safleoedd a allai fod yn safleoedd eglwysi cynnar. Ymhlith yr elfennau Cymraeg mewn enwau lleoedd a allai ddynodi safleoedd crefyddol canoloesol cynnar, ceir *llan* (lloc neu fynwent yn wreiddiol, boed yno eglwys neu beidio), *eglwys*, *bedd* a *mynwent*. Yng ngoleuni'r dystiolaeth ddogfennol honno, ail-ddehonglodd James lociau cromlinog â ffosydd neu balisadau gan chwalu'r syniad a goleddid am amser maith fod pob ôl-cnwd o loc amddiffynedig yn dyddio o'r Oes Haearn neu o

gyfnod y Rhufeiniaid. Mae arolygu parhaus o'r awyr gan y Comisiwn Brenhinol wedi dod o hyd i ragor o lociau amddiffynedig sy'n gysylltiedig â safleoedd eglwysig anghysbell neu gynnar, yn arbennig yng Ngwynedd. Dangosodd ôl cnydau o amgylch eglwys Sant Baglan ar yr arfordir ger Caernarfon fod yno gasgliad trawiadol o ffosydd llociau. Yn yr eglwys bresennol, y nodwedd gynharaf y mae modd ei dyddio yw drws y gogledd o ddiwedd y drydedd ganrif ar ddeg neu ddechrau'r ganrif ddilynol, ond mae yno hefyd faen arysgrifedig o tua diwedd y bumed ganrif neu ddechrau'r chweched ganrif. Efallai i'r casgliad o lociau fod, felly, yn anheddiad o'r Oesoedd Canol Cynnar.

Yn ystod teithiau i arolygu o'r awyr mae'n haws o dipyn adnabod crugfynwentydd sgwâr o'r cyfnod Rhufeinig diweddar neu ddechrau'r Oesoedd Canol, er na ddatgelir bob amser holl hyd a lled yr olion claddedig posibl. Er y bu cloddio ar amryw o fynwentydd sy'n cynnwys crugiau sgwâr, daliant i fod yn gymharol brin. Er hynny, cafwyd hyd i sawl un ohonynt yn ystod teithiau hedfan y Comisiwn Brenhinol, a phob un ohonynt yn arwydd gwerthfawr o'r posibilrwydd y bu yno gladdu a gweithgarwch crefyddol yn yr Oesoedd Canol Cynnar. Gellir canfod patrymau yn yr hyn a ddarganfuwyd. Ceir un grŵp ohonynt yn ymyl lloc amddiffynedig o'r Oes Haearn a ffynnon yn Ffynnon ger Aber-porth yng Ngheredigion. Darganfuwyd crug sgwâr unigol yng nghyffiniau'r gaer Rufeinig yn Segontium, Caernarfon, a grŵp nodedig o grugiau sgwâr ar hyd ochr y ffordd Rufeinig yn y Ddwyryd ger Corwen yn Sir Ddinbych. Ynghyd â'r chwilio a'r cloddio parhaus ar lawr gwlad gan gyrff eraill, mae rhaglen arolygu-o'r-awyr y Comisiwn Brenhinol yn dal i ychwanegu at ein dealltwriaeth o Gymru'r Oesoedd Canol Cynnar.

Toby Driver

Ôl cnydau ffosydd y llociau sy'n amgylchynu Eglwys Sant Baglan ger Caernarfon.

AP_2005_1621 NPRN 403370 a 43690

Yr Oesoedd Canol

Ralph A. Griffiths

Gan i'r pedair canrif a hanner rhwng dechrau goresgyniad yr Eingl-Normaniaid yn ne-ddwyrain Cymru ym 1070 ac uno Cymru â Lloegr ym 1536 adael toreth o adeiladau a safleoedd archaeolegol ar eu hôl, mae modd i ni amgyffred bywyd pobl yr Oesoedd Canol yn well nag y gallwn ei wneud yn achos pobl o unrhyw oes gynharach. Canlyniad hynny yw bod haneswyr yn ail-greu cymdeithas – neu, yn hytrach, amryw o gymdeithasau – cymhleth a diddorol: yn werin bobl a thrigolion trefi, yn drigolion y bryniau a chymunedau'r dyffrynnoedd a'r arfordir, yn frodorion a mewnfudwyr, rhai ohonynt yn gyfoethog ac eraill yn llwm iawn eu byd, rhai â'u henwau'n hysbys i ni ond y mwyafrif yn gwbl ddi-sôn-amdanynt. Ar ddiwedd yr Oesoedd Canol, rhyw 300,000 o bobl a drigai yng Nghymru. Er bod hynny, efallai, yn ddwbl y nifer oedd yno ym 1070, go brin ei bod yn cyfateb i faint dinas Caerdydd yn 2008. Fel mewn rhannau eraill o orllewin Ewrop, yr oedd y boblogaeth wedi tyfu'n gyson am ddwy ganrif a rhagor, ond rhwng 1310 a 1370 daeth newyn, clefydau a phla na phrofwyd mohono o'r blaen i ladd o leiaf draean o'r boblogaeth. Ni chyrhaeddwyd lefel poblogaeth 1300 eto tan yr unfed ganrif ar bymtheg.

Cafodd y newidiadau hynny effaith sylweddol ar y gymdeithas yng Nghymru – ar fyd amaeth ac ar ddefnyddio'r dirwedd, ar nifer a maint y trefi ac ar dwf neu ddirywiad cymunedau lleol. Yn y cyfamser, fe effeithiwyd yn barhaol ar Gymru gan ddatblygiadau ym myd gwleidyddiaeth, rhyfel a llywodraeth Prydain drwy i'r rheiny greu patrwm cymhleth o arglwyddiaethau a siroedd a weinyddid o'r llysoedd, y cestyll a'r tai y gwelwn eu gweddillion yma a thraw. Cymdeithas gwbl Gristnogol, hefyd, oedd cymdeithas yr Oesoedd Canol ac fe welwyd cyfnodau o frwdfrydedd crefyddol dwys. Y brwdfrydedd hwnnw ac ymroddiad ysbrydol a ysgogodd lawer o'r adeiladu, y cerflunio a'r peintio mewn eglwys a mynachlog, ac mae llawer enghraifft ohonynt (fel abaty Tyndyrn a bedyddfaen eglwys Cenarth) yn cyfoethogi'n diwylliant ni hyd heddiw. Diflannu bron yn llwyr fu hanes y nifer fach o Iddewon a ymgartrefodd yn nhrefi Cymru yn sgil y goncwest Normanaidd gan i Edward I eu halltudio o Gymru a Lloegr ym 1290.

Er bod i brofiadau'r Cymry lawer yn gyffredin â phrofiad trigolion gwledydd eraill Prydain a gorllewin Ewrop yn yr Oesoedd Canol, perthynai iddynt arbenigrwydd cymdeithasol a diwylliannol amlwg. Ar lawer ystyr, cymdeithas filitaraidd a threisgar oedd cymdeithas yr Oesoedd Canol, ac oherwydd bod

clytwaith o deyrnasoedd yng Nghymru – a rhaid cofio i rai ohonynt (megis Powys a Gwynedd) wrthsefyll ymosodiadau'r Eingl-Normaniaid am ddwy ganrif – fe achosodd yr ymrafael rhwng y tywysogion ansefydlogrwydd gwleidyddol. Yr un pryd, creodd y twf yn y boblogaeth ac mewn symudedd cymdeithasol densiynau a gwrthdrawiadau eraill. Symudodd grwpiau o Saeson, Normaniaid, Llydawyr a Ffleminiaid i Gymru wedi i Wilym Goncwerwr oresgyn de-ddwyrain Lloegr ym 1066; teithiodd Gwilym ei hun cyn belled â Thyddewi ym 1081. Parhau dros y canrifoedd wnaeth yr ymfudo hwnnw a phrin, wrth gwrs, yw'r cyfnodau yn hanes modern Cymru sydd heb weld tonnau o fewnfudwyr yn ymgartrefu yma. O 1070 tan 1282, brwydrodd arglwyddi a brenhinoedd o Loegr a Ffrainc, a'u disgynyddion, yn erbyn arglwyddi'r Cymry. Daeth y mewnfudwyr â newidiadau a dylanwadau yn eu sgil gan

Gyferbyn: Manylyn o Gyff Jesse yn ffenestr liwgar y dwyrain (1533) yn rhan ogleddol Eglwys Sant Dyfnog, Llanrhaeadr-yng-Nghinmeirch, Sir Ddinbych. Mae'r Brenhinoedd Solomon a Dafydd yn codi o gorff Jesse wrth iddo gysgu.
DI2007_1988 NPRN 165239

Uchod: Tu blaen gorllewinol gosgeiddig Abaty Tyndyrn, Sir Fynwy. Fe'i codwyd tua 1300 yn yr arddull addurnedig glasurol.
DI2008_0287 NPRN 359

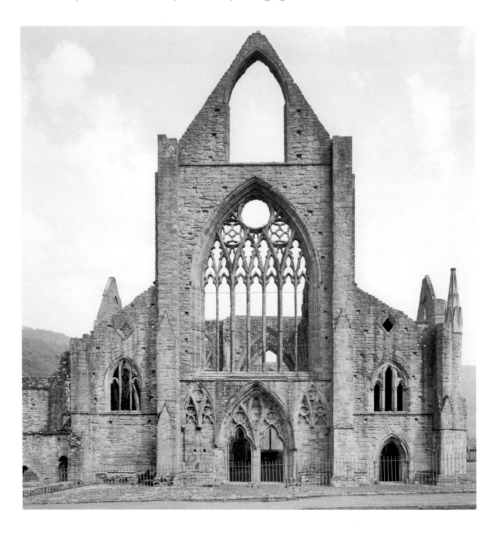

123

Eglwys Sant Iago (yn y tu blaen) a chastell Maenorbŷr ar arfordir Sir Benfro. Mae'n debyg bod y ddau ohonynt yn dyddio o ganol y ddeuddegfed ganrif. Ehangwyd yr eglwys yn ystod yr Oesoedd Canol a newidiwyd y castell yn fawr mewn cyfnod diweddarach – gan guddio'r ward allanol i raddau helaeth. Ni ddatblygodd tref wrth eu hochr.

DI2008_0289 NPRN 94195

effeithio ar bob agwedd ar drefn y gymdeithas yng Nghymru drwy godi cestyll, ysgogi bywyd trefol ac, yn raddol, ffurfio cyfundrefn o blwyfi eglwysig. Mae ôl gorffennol canoloesol Cymru o'n cwmpas ni i gyd.

Cafodd y mewnfudo effaith gymdeithasol barhaol. Priododd llawer o'r mewnfudwyr â'r trigolion brodorol ac ymgartrefu ochr yn ochr â hwy, ac ar ôl 1170 fe ymfudodd rhai o aelodau'r teuluoedd hynny draw i Iwerddon. I'r cyfeiriad arall yr aeth rhai o'r Cymry o'r bröydd a ffiniai â Lloegr (arglwyddiaethau'r Mers), sef i ganolbarth a gorllewin Lloegr. Ar diroedd isel a dyffrynnoedd eang dwyrain Cymru, ac ar hyd arfordir y de a'r gogledd, fe greodd y prosesau hynny gymunedau a siaradai ddwy neu dair iaith a datblygu diwylliant cosmopolitaidd arbennig er gwaetha'r holl densiynau a grëwyd yn sgil y gwladychu gan Saeson a Ffrancwyr. Yng Ngwynedd y daliodd yr ymwybyddiaeth o Gymreictod ei thir gadarnaf am mai'r rhanbarth hwnnw oedd yr olaf i deimlo holl effaith y dylanwadau diwylliannol hyn.

Hwb i fywyd economaidd Cymru oedd yr ymfudo i Loegr, Iwerddon a'r cyfandir a'r cysylltiadau agosach â'r mannau hynny. Yn *Hanes y Daith drwy Gymru*, fe gawn ni gan Gerallt Gymro, a aned o dras gymysg Gymreig a Norman yng nghastell Maenorbŷr ac a fu farw ym 1223, gipolwg ar y newidiadau a oedd ar waith. Er i'r ffyrdd Rhufeinig ddal i gael eu defnyddio

yn ystod yr Oesoedd Canol, fe ychwanegwyd llwybrau newydd atynt yn raddol, a chroesai cychod y prif afonydd a chulforoedd (gan gynnwys croesi'r Fenai i Fôn). Yr oedd tiroedd isel ffrwythlon y dwyrain a'r de yn cynnal pentrefi a maenorau yn null y Saeson, ac yno ceid meysydd âr a thir pori i anifeiliaid. Trefnid y meysydd yn ôl y gyfundrefn a oedd yn gyffredin ar diroedd isel Lloegr, sef bod tenantiaid unigol a'u teuluoedd yn trin lleiniau o dir. Gallwn ddal i weld 'meysydd agored' o'r fath yn y Vyle yng Ngŵyr [036] ac yn Sir Benfro. Ar dir uchel, amaethyddiaeth fugeiliol a geid amlaf. Yn nhreigl amser, daeth y cynefin defaid yn fwyfwy cyffredin, a'r rheiny wedi'u canoli ar ffermydd a weithid gan ddeiliaid lleyg a gwŷr y tai crefyddol newydd, fel yn Hen Ddinbych a maenor Abaty Ystrad Fflur ym Mhenardd, maenor y mae ei olion yn Nhroed y Rhiw wedi'u cofnodi gan y Comisiwn Brenhinol. Ar hyd holl arfordir Cymru ac aberoedd Hafren a Dyfrdwy lle'r oedd angorfeydd niferus, yr oedd pysgota'n weithgarwch cyffredin a chredir bod rhai o'r maglau pysgod y cafwyd hyd iddynt yn dyddio o'r Oesoedd Canol [042]. Gwelwyd newid mwy dramatig rhwng 1070 a 1330, sef datblygu bron i gant o drefi, a'r mwyafrif o'r rheiny wedi'u lleoli ar hyd yr arfordir neu ar lannau afonydd y gallai llongau eu hwylio [041]. Datblygwyd rhai ohonynt (fel

Caerfyrddin) ar sail cymunedau cynharach, a rhoddodd eu harglwyddi neu frenin Lloegr siarteri i'r pwysicaf ohonynt (fel Aberhonddu) a'u dyrchafu'n fwrdeistrefi. Bu pob un ohonynt, o Gas-gwent i Gaernarfon ac o Benfro i'r Fflint, yn ganolbwynt i economi arian ac i fasnachu mewn marchnadoedd a ffeiriau. Yn y drydedd ganrif ar ddeg, aeth llu o'r trefi ati i godi muriau o gerrig (ac ambell un, fel Trefynwy, i godi pontydd o gerrig) i warchod eu buddiannau a rheoli'r fasnach ynddynt. Trigai pobl hefyd ar rai o'r ynysoedd mwyaf ar hyd yr arfordir gan ddatblygu rhywfaint arnynt – Lundy â'i heglwys, Ynys Aberteifi â'i llociau anifeiliaid, ac Enlli, lle dywedir i ugain mil o seintiau gael eu claddu.

Camau cyntaf y concwerwyr a'r gwladychwyr hynny wrth iddynt ymledu i Gymru oedd codi tomenni o bridd cywasgedig yn gyflym, ac ychwanegu atynt feilïau ac adeiladau pren (fel y gwnaed yn Nhomen-y-mur). Y bwriad oedd dychryn y brodorion a hwyluso meddiannu rhagor o dir. Bu angen rhai o'r caerau hynny'n ddiweddarach wrth i'r goresgyn droi'n wladychu ac yn anheddu, ac fe'u gwnaed yn gestyll o gerrig mewn mannau fel Abergafenni a Llanfair-ym-

Muallt. Gwelodd hyd yn oed arglwyddi'r Cymry fod angen cestyll cadarn (fel yn Ninas Brân). Erbyn 1300, yr oedd mwy o gestyll am bob milltir sgwâr yng Nghymru na bron unrhyw ran gyfatebol o Brydain, ac mae rhaglen y Comisiwn Brenhinol o dynnu awyrluniau yn dal i ddod o hyd i enghreifftiau o'r mwyaf elfennol o'r tomenni cynnar.

Fel y gwnaethant yn Lloegr, adfywiodd y newydd-ddyfodiaid grefydd yng Nghymru, a hynny ar hyd llinellau tebyg i'r hyn a welwyd yn Ffrainc a chan sefydlu cysylltiad uniongyrchol â Rhufain. Daeth y canolfannau traddodiadol, sef Tyddewi, Bangor, Llandaf, a Llanelwy'n ddiweddarach, yn ganolfannau i esgobaethau newydd, ond o dan awdurdod archesgob Caergaint. At yr eglwysi a'r mynachlogydd a fodolai eisoes (fel Llanbadarn Fawr) ychwanegwyd tai crefyddol newydd. Fe'u codwyd, i ddechrau, yn ymyl cestyll a threfi'r goresgynwyr (fel yn Aberhonddu ac Abergafenni) ac yna ar diroedd mwy anial i fodloni dyheadau'r urdd gydwladol o fynachod, y Sistersiaid, mewn mannau fel Glyn-y-groes ac Ystrad Fflur [040]. Nifer fach yn unig o dai'r brodyr a sefydlwyd yng Nghymru er mwyn cynnig gofal bugeiliol i

Ffotograff a dynnwyd tua chanol yr ugeinfed ganrif o Gastell Caernarfon, o'r de ddwyrain. Codwyd y rhan hon o gadarnle Edward I, o Borth y Frenhines (de) i Dŵr yr Eryr (chwith), a'i thyrau polygonaidd arbennig, yn gyflym rhwng 1282 a 1292 (ond ni orffennwyd mohoni erioed). Yma, rhwng Afon Saint (yn y tu blaen) ac Afon Menai, yr oedd pencadlys y Goron yn y gogledd.

DI2008_0288 NPRN 95318

Ffaniau'r fowtiau yng Nghapel yr Esgob Vaughan yn Eglwys Gadeiriol Tyddewi, Sir Benfro.

DI2007_0733 NPRN 306

De: Castell Dolwyddelan, Sir Gaernarfon, o'r gorllewin. Saif ar gefnen sy'n edrych dros Ddyffryn Lledr. Fe'i codwyd gan y tywysog Llywelyn ap Iorwerth yn gynnar yn drydedd ganrif ar ddeg. Adnewyddwyd un o'i ddau orthwr sgwâr (gan ychwanegu bylchfuriau ato) ganol y bedwaredd ganrif ar bymtheg.

DI2006_1686 NPRN 95299

ganolfannau cymharol fawr o boblogaeth fel Caerdydd a Hwlffordd. Erbyn y drydedd ganrif ar ddeg, câi hyd yn oed eglwysi bach eu hailgodi o gerrig ac yn aml (fel y gwnaed yng Ngŵyr ac yn Hodgeston yn Sir Benfro) ac ychwanegwyd atynt glochdyrau amddiffynnol yn yr arddull leol neu ranbarthol, a'r clochdyrau hynny wedi'u noddi gan y cymunedau eu hunain.

Gwelodd y cyfnod o 1260 tan 1295 drobwynt yn hanes Cymru. Yng Ngwynedd, creodd Llywelyn ap Gruffudd wladwriaeth soffistigedig gan ehangu ei hawdurdod tua'r dwyrain hyd at Afon Dyfrdwy a thua'r de hyd at Sir Gaerfyrddin a chyrion Aberhonddu. I ychwanegu at gestyll ei daid yng Nghricieth a Dolwyddelan, cododd gaer enfawr newydd yn Nolforwyn, ychydig filltiroedd yn unig o gastell y brenin yn Nhrefaldwyn. Rhoes hwb i drefi bach Pwllheli a Nefyn a nawdd i'r Eglwys, gan gynnwys priordy Penmon ym Môn. Yn Rhosyr ym Môn, ger Afon Menai, bu cloddio ar safle un o'i lysoedd yn ddiweddar [133].

Er i Lywelyn ennill cydnabyddiaeth y brenin o'i safle fel tywysog cyntaf Cymru ym 1267, sbardunodd y gamp ryfeddol honno y brenin newydd, Edward I (1272-1307), i gyfyngu ar uchelgais y tywysog. Mewn dau ryfel byr rhwng 1277 a 1283 goresgynnodd byddinoedd Lloegr dywysogaeth Gwynedd. Er gwaethaf

sawl gwrthryfel yn fuan wedyn, ymgorfforwyd Gwynedd mewn tywysogaeth frenhinol newydd o chwe sir a gynhwysai'r rhan fwyaf o ogledd a gorllewin Cymru. Arglwyddiaethau niferus y Mers, a'r rheiny gan mwyaf dan reolaeth arglwyddi o Loegr, oedd gweddill y wlad. Penllanw dwy ganrif o goncwest milwrol ac o wladychu yng Nghymru oedd y patrwm hwn mewn

Y domen bridd a'i ffos, a'r beili a wastatawyd y tu hwnt iddo, yn Sycharth, cartref Owain Glyndŵr, yn Sir Ddinbych.

DI2006_0979 NPRN 306999

gwleidyddiaeth a llywodraeth ac un a barhaodd am ddwy ganrif a hanner. Er i hyn gyflymu'r newidiadau economaidd, crefyddol a diwylliannol a oedd eisoes ar waith, fe gadwyd amryw byd o nodweddion cynharach cymdeithas y Cymry. At hynny, fe gryfhawyd y cysylltiadau oddi fewn i Brydain a'r cysylltiadau â gorllewin Ewrop, a daeth pobloedd Cymru a Lloegr yn nes at ei gilydd ond gan gydnabod y gwahaniaethau ethnig a chymdeithasol rhyngddynt.

Ni warantai hynny y byddai Cymru'n fwy heddychlon. Ymroes Edward I i godi cestyll yn unol â rhaglen na welwyd ei thebyg o'r blaen yn Ynysoedd Prydain. Ei hamcan oedd cryfhau gafael y Saeson ar Wynedd a'r wlad o'i hamgylch. Fe gychwynnodd y gwaith ym 1277 drwy godi cestyll fel Aberystwyth a gorffen drwy godi castell Biwmaris – castell a gwblhawyd ar ôl marwolaeth y brenin. Ym 1986, dynododd UNESCO bedwar castell mwyaf trawiadol Edward – Harlech, Caernarfon, Conwy a Biwmaris – yn Safle Treftadaeth Byd cyntaf Cymru. Daeth rhai o'r cestyll hyn, ac eraill fel Dinbych a Chasnewydd a godwyd neu a ailgodwyd yn arglwyddiaethau'r Mers, yn ganolfannau llywodraethu, a chanddynt gefnogaeth y bwrdeistrefi a sefydlwyd i elwa ar gyfoeth y wlad. Roedd eraill yn ganolfannau garsiwn a phan ddaeth yn adeg fwy heddychlon gadewid i'w cyflwr ddirywio. Yr oedd archesgob Caergaint wedi ymweld â Chymru ym 1284 i orfodi disgyblaeth yn yr Eglwys a'r gymdeithas, i adfer y mynachlogydd a'r eglwysi (fel eglwys gadeiriol Bangor) a gawsai eu difrodi, ac i hyrwyddo cymod

rhwng y Cymry a'r mewnfudwyr. Fe weithiodd y polisïau hynny am ryw hyd.

Eto, ni fu'r cymathu cymdeithasol yn broses gwbl ddidrafferth. Dwysaodd ansicrwydd bywyd yn y bedwaredd ganrif ar ddeg wrth i'r tywydd ledled Cymru a Lloegr waethygu yn y 1310au gan ddod â phla heintus y fwren i daro gwartheg, a chreu newyn a chaledi economaidd, ac wrth i'r wlad ddioddef cyfres o blâu arswydus. Lledodd 'y farwolaeth fawr' (y Pla Du fel y'i gelwid yn ddiweddarach) yn gyflym o borthladdoedd glannau Hafren ym 1349 drwy diroedd isel y de, dyffryn Hafren a'r gororau – ac ailymddangos yn ystod y degawdau dilynol gan effeithio'n waeth ar faenorau, trefi a phentrefi nag ar ffermydd gwasgaredig yr uwchdiroedd. Amharodd y trychinebau hynny ar fywyd unigolion a theuluoedd, ar gymunedau gwlad a thref, ac ar arglwyddi a chlerigwyr. Crebachu wnaeth trefi fel Maesyfed a dechreuodd sawl pentref (fel Runston [036]) edwino – a chael eu darganfod gan archaeolegwyr o'r awyr yn ein dyddiau ni.

Yr oedd ansefydlogrwydd cymdeithasol, mewn cyfnod pan wynebai gwrêng a bonedd fwy a mwy o galedi ac ansicrwydd, yn dwysáu'r posibilrwydd y codai helynt ymhlith y bobl. Ar ben hynny, yr oedd y cof am y goresgyniad hefyd yn fyw ymhlith rhai o gymunedau Cymru, yn enwedig ym mharthau'r gogledd. Y ffrwydrad mwyaf oedd gwrthryfel Owain Glyndŵr (1400-10). Yr oedd cwynion personol gan Owain fel tirfeddiannwr blaenllaw o Gymro yn y gogledd-ddwyrain, ond bu ei

Uchod: Teils canoloesol yn Ystrad Fflur.

CD2003_625_021 NPRN 95764

Castell Penfro a'r fwrdeistref ganoloesol a amddiffynnid ganddo.

DI2005-0919 NPRN 94945

wrthryfel mor ddifrifol, a phara mor hir, am iddo gyd-gyffwrdd â drwgdeimlad ehangach yn yr Eglwys a'r wlad a'r economi ac i hynny ysgogi Owain a'i gefnogwyr i ymosod ar drefi Seisnigedig y gogledd-ddwyrain (fel Rhuthun a'r Trallwng), mentro i'r de i ymosod yn ddinistriol iawn ar Aberhonddu, Caerdydd, Cydweli a Chaerfyrddin, a gosod cestyll y Grysmwnt a Choety dan warchae. Er i'w luoedd ennill cynifer o frwydrau ag y gwnaethant eu colli, anaml y gellir nodi lle yn union y bu'r brwydro (a hyd yn oed faes brwydr Pilleth ym 1405) [100]. Ac er bod gan Owain gynlluniau uchelgeisiol ar gyfer gwladwriaeth annibynnol, ni lwyddwyd i ennyn teyrngarwch pawb yng Nghymru, a methiant fu'r gwrthryfel yn y pen draw.

Lle cyrchodd y byddinoedd, bu'r gwrthryfel yn ddinistriol: dioddefodd trefi a thai a melinau yn y cefngwlad, yn enwedig yn y canolbarth a'r de, gan amharu ar ddatblygiad cymdeithas heddychlon. Ond o'r 1430au ymlaen gwelwyd arwyddion adferiad wrth i lefelau'r boblogaeth sefydlogi, wrth i fywyd masnachol ailddechrau mewn mannau fel Hwlffordd a Chroesoswallt ac wrth i'r fasnach mewn gwlanen a gwartheg â threfi dros y ffin yn Lloegr ac yn nyffryn Hafren ffynnu. Gwelwyd ailwampio ar adeiladau trefi, ac fel y mae arolwg y Comisiwn Brenhinol o Sir Faesyfed wedi dangos, fe ailgodwyd neuaddau gwledig [043].

Aeth rhai o'r bobl a oroesodd holl helyntion y bedwaredd ganrif ar ddeg a gwrthryfel Glyndŵr ati i

fanteisio ar y cyfleoedd sy'n codi mewn cymdeithas ansefydlog, a hynny drwy brynu eiddo gwag neu symud ac ailgyfeirio'u teyrngarwch. Gosodwyd sylfeini ystadau teuluol gan werinwyr mentrus a daeth ffyniant yn sgil ffermio defaid neu drwy ddarparu crefftau a gwasanaethau manwerthu yn y trefi mawr [044]. Daeth llafurwyr o Gymru o hyd i waith tymhorol ar ystadau Lloegr, yn union fel y cawsai gweithwyr a chrefftwyr adeiladu eu cyflogi o'r naill ochr a'r llall i'r ffin adeg codi'r cestyll a muriau'r trefi; wedi iddynt gwblhau eu gwaith, ymsefydlodd rhai o'r gweithwyr a'r crefftwyr hynny mewn trefi fel Harlech a Biwmaris a'r cyffiniau. Cymaint fu llwyddiant hynafiaid Cymreig Syr William ap Thomas nes i'w teulu dyfu'n un o'r rhai mwyaf grymus yng Nghymru'r bymthegfed ganrif, gan adeiladu castell gwych yn Rhaglan [038]. Saeson o ran eu tarddiad oedd teulu'r Bulkeleys ond gwnaethant hwythau yn fawr o'u cyfle i elwa o fasnach Biwmaris a chefn gwlad Môn.

Boed yn Gymry neu'n fewnfudwyr (a phrin oedd y newydd-ddyfodiaid na wnaethant ymbriodi â theuluoedd o Gymry yn ystod y bymthegfed ganrif), yr oedd angen teuluoedd bonheddig llwyddiannus i amddiffyn mynachlogydd, i noddi beirdd ac artistiaid

ac uwchlaw popeth i weinyddu tiriogaethau'r brenin ac arglwyddi'r Mers. Ymhen amser, daethant i dra-awdurdodi ar eu cymdeithas a manteisio ar y rhyfel cartref yn Lloegr (Rhyfeloedd y Rhosynnau). Prynodd rhai ohonynt dai tref (fel y gwnaeth teulu'r Kemeyses yng Nghasnewydd) neu godi maenordai mawr (fel Vaughaniaid Tretŵr), a threfnu cael eu claddu mewn beddrodau rhwysgfawr, yn union fel arglwyddi ac uchelwyr Lloegr (fel y tystia beddrodau teulu'r Herbertiaid ym mhriordy Abergafenni) [045]. Edmygai beirdd Cymru y bonheddwyr hynny, ond yr oedd diwylliant yr oes yn datblygu'n fwyfwy cosmopolitaidd ac amlieithog. Wedi canrifoedd o reolaeth gan estroniaid, daethai hunanlywodraeth gan deuluoedd o'r fath yn gyffredin ledled Cymru cyn dyfodiad y Tuduriaid a phrin, felly, oedd unrhyw wrthwynebiad pan unwyd Cymru a Lloegr.

Uchod: Dyddiwyd pren y nennfforch yn Hafodygarreg, Erwd, Brucheiniog, i 1402. Gall absenoldeb unrhyw dŷ cynharach yng Nghymru fod yn arwydd o faint y dinistr a achoswyd yn ystod rhyfeloedd 1400-10.

CD2005_611_001 NPRN 301421

Uchod, chwith: Adluniad o'r neuadd ym Mryndraenog ger Bugeildy yn Sir Frycheiniog, a ddyddiwyd drwy'r blwyddgylchau ynddi i 1436. Mae'n debyg mai uchelwr o Gymro a gododd y tŷ neuadd trawiadol hwn.

DI2005_0884 NPRN 81056

036 Y Dirwedd Dirion

Awyrlun o gyfundrefn ganoloesol meysydd y Vyle, Rhosili, Gŵyr, ym 1995.
Ychydig y tu hwnt i'r meysydd agored yr oedd y pentref bach a'r eglwys ganoloesol sydd bellach yn adfeilion.
CBHC: DI2006_0508 NPRN 24333

Uchod: Rhosfarced, Sir Benfro, pentref cynlluniedig y tu ôl i'w rath o'r Oes Haearn.
DI2006_1228 NPRN 305262

Isod: Safle pentref Runston a'i eglwys adfeiliedig, Sir Fynwy.
DI2006_1440 NPRN 15511

Yr oedd tirwedd Cymru yn yr Oesoedd Canol yn amrywiol a deinamig ei natur yn hytrach nag yn ddigyfnewid, ac yn un a ymatebai i amgylchiadau newydd. Cyfrannodd hyn at amrywiaeth o ran patrwm anheddu a'r defnydd a wnaed o'r tir, gwahaniaethau y gellir eu canfod heddiw. Datgelwyd eu holion mewn modd dramatig drwy gyfrwng rhaglen awyrluniau y Comisiwn Brenhinol.

Yn y Vyle yn Rhosili yn ne Gŵyr ceir enghraifft o barhad cyfundrefn meysydd agored, sef math cynnar o gyd-amaethu, yn cyfuno adnoddau tir âr a thir pori. Gwelid yno drefniant o leiniau o ryw erw neu erw a hanner, a phob un â'i berchennog. Yn hytrach na bod perthi rhyngddynt, caent eu gwahanu gan falciau, sef cloddiau isel â gwair drostynt, gan roi i'r tirlun ei nodwedd agored. Ni châi'r lleiniau eu crynhoi yn flociau neilltuedig ym meddiant tenant unigol ond yn hytrach yr oedd gan bob tenant ei dir ar wasgar ar draws y maes. Mantais y drefn honno oedd ei bod yn sicrhau nid yn unig y câi deiliaid y tir rychwant teg o dir amrywiol ei safon i'w amaethu, ond bod pawb yn cymryd rhan yn y pori cydweithredol wedi'r cynhaeaf ac yn cyd-wrteithio'r tir i'w baratoi erbyn tyfu'r cnwd nesaf. Er bod llawer o amgáu wedi bod ar y tir hwnnw, mae'r patrwm cyffredinol yn amlwg hyd heddiw. Ac er nad dyma'r unig fath o amaethu canoloesol, yr oedd meysydd i'w gweld ar draws llawer o'r tiroedd isel.

Gan i Rosili gael ei anheddu gan fynachod cyn y goncwest Normanaidd, gall y pentref a'r meysydd fod wedi deillio o drefniant cymdeithasol a sefydlwyd cyn y cyfnod hwnnw.

Nid felly'r oedd hi yn Rhosfarced, ger Neyland. Dan ddylanwad y rheolwyr Eingl-Normanaidd fe newidiwyd llawer iawn ar dirwedd Sir Benfro, yn enwedig yn y de. Yno, yn y ddeuddegfed ganrif, daeth nifer fawr o werin bobl, o Fflandrys yn bennaf, i wladychu'r fro. Cynlluniwyd pentrefi newydd ac mae Rhosfarced yn un o sawl pentref yng nghyffiniau Aberdaugleddau a gafodd ei sefydlu felly. Dilynwyd y patrwm arferol yno, sef creu prif stryd ynghyd ag eglwys, llain pentref a meysydd agored gerllaw – meysydd sydd wedi'u hamgáu ers hynny. Sefydlwyd y pentref yn ymyl caer gron a godwyd yn ystod yr Oes Haearn ac efallai i'r gaer honno gael ei hailgodi'n gadarnach yr un pryd.

Nid goroesi fu hanes pob pentref canoloesol gan i lu ohonynt gael eu gadael yn anghyfannedd. Enghraifft o hynny yw Runston, pentref a arferai sefyll ar fryn bach ger Cas-gwent. Er bod cyfeiriad ato, o bosibl, yn y ddegfed ganrif, fe godwyd yr eglwys yno adeg anheddu Gwent gan yr Eingl-Normaniaid o ddiwedd yr unfed ganrif ar ddeg ymlaen. Yn ystod yr Oesoedd Canol y bu'r pentref ar ei helaethaf, sef rhyw bump ar hugain o adeiladau ar hyd cyfres o draciau, a'r rheiny ger llain y pentref, yr eglwys ac, o bosibl, faenordy. Wedi hynny, prinhau wnaeth y tai annedd tan i'r landlord, tua diwedd y ddeunawfed ganrif, adael i weddill yr adeiladau fynd â'u pen iddynt. Ei nod, mae'n debyg, oedd cael gwared ar denantiaid trafferthus.

Nid y tiroedd isel yn unig a gafodd eu gweithio. Gan i'r tai crefydd sylweddoli bod modd manteisio ar borfeydd yr uwchdiroedd fe gawsant, yn aml, diroedd helaeth iawn yn rhodd gan yr awdurdodau seciwlar. Credir i Hen Ddinbych ar Fynydd Hiraethog fod yn ganolbwynt i faenor ar yr uwchdir. Yno, yr oedd y darn tir a amgaewyd yn cynnwys sawl adeilad â tho hir, o bosibl yn gorlannau lle cedwid y preiddiau dros y gaeaf er mwyn eu gwlân a chynhyrchion eraill. Er ei bod hi'n fwy na thebyg i'r faenor gael ei sefydlu cyn concwest y Brenin Edward I, rhoddwyd y gorau i'w defnyddio, mae'n debyg, yn ystod y bedwaredd ganrif ar ddeg. Rhoi ei phorfeydd ar brydles i gymdeithas y fro fu ei hanes o hynny ymlaen.

David Leighton

037 Cestyll a Llysoedd

Gorthwr mawr Castell Penfro, y gorthwr silindraidd talaf ym Mhrydain.
DI2006_0438 NPRN 94945.

Uchod: Safle cloddedig y llys yn Rhosyr, Môn. Gellir gweld yma olion llys tywysogion Gwynedd yn y drydedd ganrif ar ddeg.

AP_2005_0150 NPRN 306904

De: Dinas Brân, Sir Ddinbych, o'r dwyrain.

AP_2006_0942 NPRN 165276

Isod: Mae'r domen yn Nhomen-y-mur, Sir Feirionnydd, ym mhetryal y gaer Rufeinig.

AP_2005_0134 NPRN 95476

Wrth iddynt geisio goresgyn y wlad, gadawodd y Normaniaid eu hôl mewn ffordd gwbl arbennig ar dirwedd sawl rhan o Gymru drwy godi cestyll ac ynddynt wrthgloddiau o waith pridd a choed. Tomenni oedd y mwyafrif ohonynt ac, yn aml, byddai beili ynghlwm wrthynt. Tomen nodweddiadol yw honno yn Nhomen-y-mur a godwyd y tu mewn i furiau caer Rufeinig, ac efallai i'r gaer honno gael ei defnyddio'n feili. Dyma un o'r ychydig henebion sy'n tystio i'r ymosodiadau ar Wynedd o Gaer a gafodd eu cofnodi yn Llyfr Domesday ym 1086. Ond byr fu presenoldeb y Normaniaid yma a daeth i ben yn dilyn gwrthryfel o du'r Cymry a sicrhaodd fod Gruffudd ap Cynan yn llwyddo i sefydlu ei awdurdod dros diroedd helaeth. Er i Harri I ddod i Domen-y-mur ym 1114, prin iawn oedd gwerth y castell i'r goresgynwyr erbyn hynny.

Mae castell Penfro, ar y llaw arall, yn arwydd o bresenoldeb mwy parhaol yr Eingl-Normaniaid. Ar yr union adeg y bu rhaid i'r Normaniaid ymadael â Gwynedd daeth Trefaldwyn yn ganolfan ymosodiad ar Ddeheubarth a chodwyd cadarnle o bwys strategol neilltuol ym Mhenfro. Cynyddodd pwysigrwydd y cadarnle hwnnw'n ddiweddarach wrth i'r Eingl-Normaniaid ymosod ar diroedd Iwerddon o dde-orllewin Cymru. Gwaith William Marshal, iarll Penfro (a fu farw ym 1219), yw'r adeiladwaith presennol. Bu'r safle gwreiddiol yn lle delfrydol i godi castell mawr arno gan ei fod ar ben uchaf cefnen, ac fe ychwanegwyd tref Penfro ato hefyd. Yr oedd porthdy'n rheoli mynediad i feili allanol, a beili mewnol yn amgáu tŵr silindrog neu orthwr a oedd yn graidd i'r castell.

Mae cryn nifer o orthyrau crwn, tebyg i dŵr mawr Marshal, i'w cael, gan gynnwys y rhai yn Ynysgynwraidd a Bronllys yn y Gororau ac yn Ninefwr a Dolbadarn ar diroedd y tywysogion brodorol. Ond yn ystod y drydedd ganrif ar ddeg, neuaddau wedi eu

 fframio mewn pren yn sefyll ar sylfeini cerrig oedd llysoedd y tywysogion, sef y mannau lle'r ysgrifennwyd llawer o'u dogfennau. Fel rheol, ceid llys ym mhob cwmwd. Oherwydd eu codi o bren, digon prin yw eu holion, ond yn ystod y 1990au fe gloddiwyd safle yn Rhosyr, canolfan cwmwd Menai ym Môn, a chael hyd i dystiolaeth drawiadol o'r math o lys a ddisgrifir yn nhestunau cyfraith a barddoniaeth Cymru'r Oesoedd Canol.

Er hynny, sylweddolodd y tywysogion fod angen codi cestyll o gerrig mewn mannau strategol i amddiffyn eu tiriogaeth. Adeiladwaith unigol, sef gorthwr y tu mewn i lenfur, oedd rhai ohonynt, fel Dolwyddelan a Dolbadarn. Un o'r amlycaf o'r cestyll mwy eu maint oedd Castell Dinas Brân. Mae bron yn sicr mai'r tywysog olaf i reoli'r cyfan o Bowys Fadog, Gruffudd ap Madog (a fu farw ym 1269), a gododd y castell hwnnw ar safle uchel yng nghalon ei dywysogaeth. Yr oedd i'r castell borthdy a arweiniai at iard helaeth ac iddi lenfuriau petryalog. Yr oedd yno orthwr petryal ynghyd â nodwedd arbennig ar gestyll cerrig y Cymry, sef tŵr cromfannol. 'Nid oes gastell cryfach yng Nghymru, na'i ragorach yn Lloegr', meddai Henry de Lacy, iarll Lincoln, pan gyrhaeddodd ei fyddin Ddinas Brân adeg rhyfel 1277. Rhoes rhannu Powys Fadog ymhlith meibion Gruffudd ap Madog, a'u lladd hwy bron i gyd adeg rhyfel 1282-3, derfyn ar enghraifft wych o bensaernïaeth filwrol y Cymry.

Beverley Smith

038 Y Cestyll a'r Preswylfeydd Diweddarach

Porthdy newydd a thrawiadol Castell Rhaglen, Sir Fynwy, o'r de-ddwyrain. Fe'i codwyd o dywodfaen gwelw dyffryn Gwy gan William Herbert, Iarll Penfro yn ddiweddarach, yn y 1460au.

DI2006_1137 NPRN 93387

Gan mai amcan milwrol oedd i gestyll y
ddeuddegfed ganrif a'r drydedd ganrif ar ddeg,
eilbeth oedd ystyriaethau domestig i'r gofynion
amddiffynnol. O ran ei ddatblygu fel annedd, prin oedd
potensial gofod a chynllun y gorthwr. Er mai diben codi
cestyll Edward I yn y Fflint, Rhuddlan, Aberystwyth,
Conwy, Caernarfon, Cricieth, Harlech a Biwmaris oedd
gwastrodi tywysogion Gwynedd, fe gynhwysai'r
cadarnleoedd hynny dipyn mwy o le nag unrhyw adeilad
blaenorol yng Nghymru: yr oedd digon o le yng nghastell
Biwmaris i hyd at un ar ddeg o wahanol deuluoedd.

Ar ôl concwest Edward gwelwyd galw am fwy o le
byw ac am gyffyrddusrwydd. Adeiladodd penseiri
Edward gestyll ac iddynt iard lle câi'r adeiladau
domestig eu plethu i'r cynllun ac addaswyd cestyll
eraill yn yr un modd. Er i nodweddion milwrol fel
porthdai a thyrrau, symbol o'u grym economaidd a
gwleidyddol, barhau yng nghynllun y castell, daeth
pwyslais newydd ar anghenion domestig, arwydd o'r
angen gwahanol i wladychu a llywodraethu yn hytrach
na chyrchu ac amddiffyn. Codwyd castell y Grysmwnt
yn gynnar yn y drydedd ganrif ar ddeg ond fe'i
hailddatblygwyd yn ystod y ganrif ddilynol. Yn ei
adeiladau gogleddol yr oedd ystafelloedd cyffyrddus,
ac yn codi o'r rheiny mae simnai wythonglog gain sydd
ag agoriadau pigfain ac, ar ei phen, gywreinwaith ar
ffurf coronigau a thalcen.

Er mai'r neuadd fawr a ddaliai i fod yn galon
gymdeithasol y castell, fe ychwanegwyd ystafelloedd
ategol a phreifat ati. Darparwyd gwell cyfleusterau, gan
gynnwys lleoedd tân mawr i wresogi'r ystafelloedd yn
well a ffenestri helaethach i oleuo'r siambrau. O ran
glanweithdra, adeiladwyd geudai (tai bach) preifat i
ddisodli pyllau geudai'r oes o'r blaen. Yn wreiddiol,
castell â gorthwr gwag oedd Tretŵr, ac fe'i codwyd tua
chanol y ddeuddegfed ganrif. Yn gynnar yn y drydedd
ganrif ar ddeg, codwyd gorthwr crwn i wella'i
drefniadau domestig. Ganrif yn ddiweddarach,
symudwyd ffocws y safle ychydig o ffordd i lys newydd,

adeilad a gafodd ei estyn dros y ganrif a hanner nesaf.
Nodweddion y neuadd fawr – sydd â chyplau celfydd
yn ei tho – yw ei chyffyrddusrwydd a'i hysblander
cynnil, heb unrhyw ymgais i fod yn amddiffynfa.

Trawsnewidiwyd Castell Caeriw yn Sir Benfro o
genhedlaeth i genhedlaeth. Ddiwedd y drydedd ganrif
ar ddeg, fe ailgododd Nicholas de Carew y castell gan
gynnwys iard ynddo. Bob ochr i'r adain orllewinol,
sydd â neuadd ar ei llawr cyntaf, ceir twr drwm enfawr,
ac yn y twr lled-wythonglog lle lleolid y capel, ar y
llawr cynaf ceir nenfwd cromennog cywrain ag
asennau croes. Gwerthodd Syr Edmund de Carew y
castell i Rhys ap Thomas, un o ffefrynnau Harri Tudur, a
drodd y safle'n gartref moethus a weddai i farchog
dylanwadol. Codwyd cyntedd cywrain i'r neuadd ym
1506 adeg dathlu dyrchafu Rhys i Urdd y Gardys, ac
mae gwaith cadwraeth yn ystod yr ugeinfed ganrif wedi
dod o hyd i arfbais herodrol uwchben y drws. Ym 1558
gosodwyd Caeriw ar rent i Syr John Perrott, y gŵr a
gwblhaodd y broses o droi'r castell yn blasty chwaethus
iawn. Câi ei gyfres fawr o adeiladau gogleddol eu
goleuo gan ffenestri mwliwn gwydrog mawr, ac ar ei
llawr uchaf yr oedd oriel hir.

Rhaglan, un o'r cestyll olaf i'w codi ym Mhrydain, yw
un o'r gwychaf. Yn gastell a godwyd gan ddilyn y cynllun
diweddaraf un yn y bymthegfed ganrif, mae'n cyfuno
amddiffynfeydd cadarn ag ystafelloedd helaeth ac yn
cyfosod porthdy trawiadol ac iddo ddau dŵr hecsagonol
ag amrywiaeth o ystafelloedd urddasol. Mae'r ffordd y
datblygodd yr ystafelloedd preswyl yng Nghaeriw a
Rhaglan yn dangos sut y trodd y castell yn gyntaf yn
faenor amddiffynedig ac, yn y pen draw, yn blasty crand.

Susan Fielding

039 Bywyd Crefyddol a'r Eglwysi

Y murlun, a beintiwyd yn y bymthegfed ganrif, o Sant Cristoffer a'r plentyn Iesu yn Eglwys Sant Saeran, Llanynys, Sir Ddinbych.
Mae'r lliwiau a'r manylion byw – o'r gwyliwr, y felin wynt, y pysgod, y ffon sy'n blodeuo a monogram y Forwyn Fair – yn rhyfeddod.

DI2008_0286 NPRN 155246

Uchod: Eglwys Hodgeston,
Sir Benfro.
DI2007_0630 NPRN 403981

De: Tŵr canol Eglwys
Gadeiriol Tyddewi, Sir Benfro.
DI2005_0788 NPRN 306

Isod: Croglen eglwys Patrisio,
Brycheiniog. Tynnwyd y
ffotograff hwn ym 1930.
DI2008_0157 NPRN 163422

Mae gan Gymru dreftadaeth grefyddol gyfoethog sy'n dyddio o'r Oesoedd Canol – yn fynachlogydd mawr ac eglwysi bach, yn eglwysi cadeiriol nodedig ac yn gapeli. Amcan y Comisiwn Brenhinol yw ymchwilio i bob un ohonynt drwy astudio a chofnodi eu hadeiladwaith a'u celfi, boed yr adeiladau mewn trefi modern, pentrefi gwledig neu fannau anghysbell. Defnyddiwyd amrywiaeth o dechnegau i wneud hynny, gan gynnwys ymchwilio yn archifau'r Comisiwn ei hun ac archifau eraill, gwneud arolygon manwl ar y safle, a thynnu awyrluniau. Erbyn dechrau 2008, blwyddyn ei ganmlwyddiant, rhoddwyd dros 1,000 o ddelweddau digidedig o archif y Comisiwn Brenhinol ar Coflein, ac mae'r nifer yn dal i gynyddu.

Eglwys Gadeiriol Tyddewi yw'r adeilad eglwysig mwyaf a phwysicaf yng Nghymru, ac mae'n enghraifft ragorol o orchest pobl yr Oesoedd Canol wrth fynegi eu ffydd Gristnogol. Er i'r rhan fwyaf o'r eglwys gadeiriol bresennol gael ei chodi rhwng 1180 a 1220, fe barhawyd i'w newid ac i ychwanegu ati ar hyd y canrifoedd. Er enghraifft, fe syrthiodd y prif dŵr canolog gwreiddiol tua 1220, a chael ei ailgodi gan gynnwys ynddo fwâu pigfain; cadarnhaodd gwaith dendrocronolegol diweddar y Comisiwn Brenhinol mai yn y bedwaredd ganrif ar ddeg y cafodd ei godi drachefn. Erbyn 1869, cawsai gwaith pellach ei wneud i gryfhau'r tŵr am ei fod yn beryglus o simsan, a gwnaed gwaith adfer ar y nenfydau a'r toeon.

Yn archif y Comisiwn Brenhinol ceir llu o enghreifftiau o safleoedd sy'n llai eu maint ond yr un mor ddiddorol. Un ohonynt yw'r capel rhydd o'r Oesoedd Canol yn Eglwys Hodgeston yn Sir Benfro.

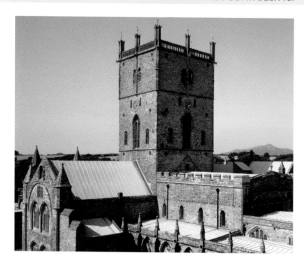

Er i'r eglwys gael ei hadfer yn y bedwaredd ganrif ar bymtheg, un ganoloesol yw hi i raddau helaeth, ac mae ei thŵr gorllewinol trawiadol yn anarferol o fain. Yn yr eglwys ceir corff cromennog o'r drydedd ganrif ar ddeg a changell bwysig o'r bedwaredd ganrif ar ddeg ac ynddi sedilia (seddau addurnedig) a phiscina (basn ymolchi o garreg) o'r un cyfnod.

Maes ymchwil arbennig gan y Comisiwn Brenhinol yw murluniau canoloesol. Prin yw'r murluniau sydd wedi goroesi, ac yn aml mae'r rhai sydd ar gael yn rhai tameidiog, neu'n wael eu cyflwr. Fe allant, serch hynny, gyfoethogi'n dealltwriaeth o hanes celfyddyd a chrefydd yng Nghymru gan fod eglwysi'r cyfnod fel rheol yn gyforiog o liwiau llachar. Gallai peintiadau orchuddio pob mur posibl gan ymledu, weithiau, i'r nenfydau a'r fowtiau. Diben syml y peintiadau hynny oedd darlunio dysgeidiaethau'r Beibl i bobl a oedd, gan mwyaf, yn anllythrennog. Enghraifft sy'n dyddio o'r bymthegfed ganrif yw'r peintiad mawr yn Eglwys Sant Saeran yn Llanynys, sef llun Sant Cristoffer yn cario Iesu'n blentyn ar draws afon.

Mae rhai adeiladau'n dangos y datblygiadau allweddol ym myd crefydd yn ystod yr Oesoedd Canol. Enghraifft o hynny yw eglwys Sant Isio ym Mhatrisio. Er ei bod hi'n cynnwys darnau o eglwys o'r unfed ganrif ar ddeg, perthyn i'r bedwaredd ganrif ar ddeg a'r bymthegfed ganrif y mae'r rhan fwyaf o'i thu mewn. Yr hyn sydd fwyaf trawiadol yw ei bod hi'n cynnwys elfennau sy'n dangos y newidiadau mawr a fu yn y litwrgi. Yn eu plith, mae allor o gerrig o'r cyfnod cyn y Diwygiad Protestannaidd, croglen a wnaed tua 1500, ac amryw o furluniau o'r cyfnod wedi'r Diwygiad Protestannaidd. Mae ffydd Gristnogol ac ymroddiad crefyddol pobl yr Oesoedd Canol yn dal i adael eu hôl ym mhob cwr o Gymru.

Christopher Nicholas

040 Mynachod a Phererinion

*Un o'r ffotograffau cynharaf yn y Cofnod Henebion Cenedlaethol: print papur halen
o Abaty Glyn-y-groes, Sir Ddinbych, gan John Forbes White ym 1855.*

DI2006_0430 NPRN 95205

Uchod: Corbel o garreg wrth ffynnon y Santes Gwenfrewi, Treffynnon, Sir y Fflint.
DI2008_0349 NPRN 32328

Isod: Adluniad o gynllun priordy Aberhonddu, sef Eglwys Gadeiriol Aberhonddu erbyn hyn.
DI2008_0350 NPRN 96574

Ar ôl y Goresgyniad Normanaidd, gwelodd y cymunedau mynachaidd a ddeilliai o'r chweched ganrif ymlaen yng Nghymru, fel yn Iwerddon, newidiadau sylweddol. Ar draws Lloegr a thros y ffin i Gymru daeth ton ar ôl ton o sefydliadau crefyddol newydd a gawsai eu seilio'n uniongyrchol neu'n anuniongyrchol ar reol San Bened. Rhoddai'r Normaniaid bwys mawr ar ddiwygio bywyd yr eglwys, ac yr oedd sefydlu mynachlogydd a phriordai yn unol â theithi'r urddau newydd yn elfen hanfodol.

Yn Aberhonddu y codwyd un o'r mynachlogydd Normanaidd cynharaf, a honno'n gangen o'r abaty Benedictaidd a sefydlwyd yn Hastings gan Wilym Goncwerwr. Er nad oedd y priordy hwnnw o fewn muriau tref Aberhonddu, yr oedd yn cadarnhau pwysigrwydd y sefydliad a'r man ar lwybr y pererinion i Dyddewi. Ehangwyd y priordy yn ystod y canrifoedd cyn y Diwygiad Protestannaidd, ac ym 1923 daeth yn eglwys gadeiriol esgobaeth newydd Abertawe ac Aberhonddu. Ym 1994 fe gyhoeddodd y Comisiwn Brenhinol ei arolwg manwl o'r eglwys adeg dathlu naw canrif ers sefydlu'r priordy.

O'r ddeuddegfed ganrif ymlaen, fe gynyddodd nifer y Sistersiaid, sef y mynachod a ddilynai ddehongliad mwy caeth o reol Bened. Hwy, ymhen tipyn, oedd yr urdd fynachaidd fwyaf niferus yng Nghymru, a bu eu safleoedd diarffordd yn gryn atyniad. Sefydlwyd tri abaty ar ddeg ganddynt, o Fargam a Thyndyrn yn y de i Hendy-gwyn ac Ystrad Fflur yn y gorllewin, a Glyn-y-groes yn y gogledd-ddwyrain. Yr oedd yr abatai hynny'n cynnwys eglwysi mawr ac adeiladau o'u cwmpas, a chan fod y cyfan yn debyg i dref fach o ran maint, rhaid bod y trigolion lleol wedi rhyfeddu atynt. Aeth yr abatai ati i drawsnewid yr economi drwy ffermio ar raddfa sylweddol. Gallai'r ffermydd (neu faenorau) fod filltiroedd lawer oddi wrth y brif fynachlog. Y ffordd orau o ddod o hyd iddynt heddiw, yn aml, yw gwneud hynny o'r awyr. Eu canolfan weinyddol oedd cabidyldy'r abaty ac ym Margam mae ceinder ac urddas adfeilion y cabidyldy'n dal i wneud argraff.

Wrth i'r trefi dyfu o'r drydedd ganrif ar ddeg ymlaen, caent eu gwasanaethu gan urddau o frodyr a ddeuai iddynt i bregethu. Yr oedd priordai'r rheiny'n llai niferus ac yn fychan o ran maint; yn Ninbych y codwyd yr unig briordy Carmeliaid (fe'i sefydlwyd ym 1289), ond yr oedd tai gan y Dominicaniaid (neu'r 'Brodyr Duon' oherwydd lliw eu gwisg) yn Rhuddlan, Hwlffordd a mannau eraill. Er mai prin yw'r olion ohonynt, oherwydd y datblygu a fu yn nhrefi Cymru ers yr Oesoedd Canol, mae eglwys priordy'r Dominicaniaid yn Aberhonddu yn sefyll bellach yn rhan o Goleg Crist.

Yr oedd crefydd, lawn cymaint â masnach, yn rheswm dros deithio yn yr Oesoedd Canol. Heidiai byd ac eglwys ar bererindod am fod hynny'n rhan hanfodol o daith bywyd: cynigiai'r tai crefydd fwyd a diod wrth eu clwydi, a hyd yn oed lety i'r teithwyr. Yr oedd gan lu o fynachlogydd ac eglwysi greiriau sanctaidd, fel y tapir (y gannwyll) sanctaidd ym mhriordy Aberteifi a'r ddelwedd o'r Forwyn Fair ym Mhen-rhys yn y Rhondda. Ger Ffynnon Gwenfrewi yn Sir y Fflint mae cerfiad ar garreg yn dangos porthor yn cario pererin claf. Yr oedd cysegr Dewi Sant yn Nhyddewi, yr ymwelodd Gwilym Goncwerwr ag ef, yn un o'r cyrchfannau uchaf eu bri yn Ynysoedd Prydain.

Peter White

NORTH TRANSEPT

CHAPEL

NORTH AISLE

FORMER VESTRY

CHAPEL

ROOD SCREEN

PULPITUM

QUIRE

PRESBYTERY (OVER CRYPT)

NAVE

CROSSING

SOUTH AISLE

CHAPEL

SOUTH TRANSEPT

CHAPEL

PILGRIMS' DORMITORY ?

CLOISTER

SITE OF CHAPTER HOUSE ?

SITE OF DORTER ?

CELLARER'S RANGE ?

SITE OF FRATER ?

PRIOR'S HALL ?

0   30 metres
0   100 feet

GUEST HALL ?

041 Trefi

Y tu mewn i'r muriau sydd wedi'u diogelu'n wych yng Nghonwy cadwyd patrwm strydoedd y dref fel yr oedd ef ar ddiwedd y drydedd ganrif ar ddeg. Mae Tŷ Aberconwy ar gornel y stryd, ar y chwith ar y gwaelod.

DI2008_0416 NPRN 95280

Uchod: Pont gaerog Trefynwy.
DI2006_1147 NPRN 24219

De: Mur a phorth tref Dinbych-y-pysgod, Sir Benfro, ym 1979.
DI2006_1714 NPRN 127

Isod, Tŷ Aberconwy, Conwy, Sir Gaernarfon
DI2006_1481 NPRN 25978

Er mai yn yr Oesoedd Canol y sefydlwyd nifer o drefi Cymru, nid oes yr un Siena nac ychwaith ddim byd tebyg i 'shambles' Caerefrog yn eu plith. Yn aml, cynllun ei strydoedd yw'r unig beth sy'n dwyn tref ganoloesol i gof, a gall hyd yn oed hwnnw fod yn anodd ei amgyffred erbyn hyn. Yn Nhrefaldwyn a Llanidloes mae adeiladwyr diweddarach wedi parchu patrwm rheolaidd y strydoedd canoloesol, a oedd ar ffurf tebyg i grid, ynghyd â sgwâr y farchnad. Er hynny, mae rhai adeiladau trefol heblaw eglwysi a chestyll wedi goroesi o'r cyfnod.

Codwyd muriau o gerrig i amddiffyn amryw o'r trefi mwyaf. Er bod nifer ohonynt wedi hen ddiflannu, gwelir hyd heddiw amddiffynfeydd sylweddol yng Nghaernarfon a Chonwy – lle'r oeddent ynghlwm wrth gestyll enfawr o gyfnod Edward I – a hefyd yng Nghasgwent a Dinbych-y-pysgod. Yn yr olaf, mae porth canoloesol cywrain, a elwir y Pum Bwa, yn rhan o'r muriau a godwyd yn y drydedd ganrif ar ddeg. Yn Ninbych, mae'r waliau'n amgylchynu gofod agored am fod y fwrdeistref wreiddiol wedi symud yn raddol i safle arall. Mewn trefi eraill fel Penfro, Aberhonddu a Biwmares gellir gweld olion pellach. Yn Nhrefynwy, mae Porth Gorllewinol y dref yn dal i amddiffyn y bont ganoloesol dros Afon Mynwy; codwyd y bont gaerog hon yn ystod rhan olaf y drydedd ganrif ar ddeg a dyma'r unig un ym Mhrydain sydd wedi goroesi o'r cyfnod.

Er mai prin yw'r adeiladau gweinyddol canoloesol sydd ar ôl, mae'n fwy na thebyg bod llys arglwyddiaeth Dyffryn Clwyd, adeilad a godwyd yn Rhuthun ar ôl rhyfel

Glyndŵr ac sydd bellach yn fanc, yn dyddio o drydydd chwarter y bymthegfed ganrif. Yn wreiddiol, palas yr esgob oedd neuadd tref Bangor, a dechreuwyd ei chodi tua 1500. Er bod gan Ruthun adeiladau eraill o'r cyfnod, y cyfan y gall y mwyafrif o drefi sy'n cynnwys unrhyw adeiladweithiau o'r fath o gwbl ymffrostio ynddo yw bod ganddynt dai unigol ar wasgar yn hytrach na strydoedd cyflawn. Un o'r tai tref nodedig o'r Oesoedd Canol yng Nghymru yw Tŷ Aberconwy yng Nghonwy, adeilad a gaiff ei fwrw i'r cysgod yn y dref gan Blas Mawr, a godwyd tua diwedd yr unfed ganrif ar bymtheg. Enghraifft wych o dŷ â lloriau ymwthiol a godwyd ar gyfer masnachwr tua diwedd yr Oesoedd Canol yw Tŷ Aberconwy, ac mae iddo lawr gwaelod, a godwyd o gerrig, yn fan i fasnachu ynddo; fe'i codwyd tua 1420 ger cei Conwy. Enghraifft debyg yw'r Tŷ Masnachwr a godwyd yn gynnar yn oes y Tuduriaid yn Ninbych-y-pysgod.

Testun tristwch yw'r ffaith y gwelwyd dymchwel cynifer o adeiladau trefol yr Oesoedd Canol, fel tŷ gwreiddiol teulu'r Bulkeleys yn Henblas, Biwmaris, yn ystod y bedwaredd ganrif ar bymtheg. Er hynny, mae ymchwil ddogfennol a dendrocronolegol ddiweddar y Comisiwn Brenhinol wedi dangos y gall tai y tybiwyd eu codi yn yr unfed ganrif ar bymtheg neu'r ail ganrif ar bymtheg fod yn hŷn na hynny mewn gwirionedd a bod amgylchedd adeiledig canoloesol rhai o drefi Cymru (nad yw Dinbych a Rhuthun ond yn ddwy enghraifft ohonynt) yn gyfoethocach nag y tybid gynt.

Antony Carr

042 Y Môr a'r Arfordir

Misericord a gerfiwyd tua 1500 o bererinion sy'n dioddef o salwch môr.
Tynnwyd y ffotograff hwn ohono yng nghôr Eglwys Gadeiriol Tyddewi ym 1948.
DI2008_0016 NPRN 306

Uchod: Corbel o garreg, ar ffurf môr-forwyn, yn nho Eglwys Sant Silyn, Wrecsam, Sir Ddinbych. Mae'n debyg ei fod yn dyddio o tua diwedd y bymthegfed ganrif.

DI2008_0015 NPRN 162808

De: Y gored bysgod ganoloesol yn Newlands, Môn.

AP_2005_0266 NPRN 405412

Isod: Cloddio llong fawr o'r bymthegfed ganrif yng Nghasnewydd, Sir Fynwy, yn 2002.

DI2008_0018 NPRN 307059

Er i'r teithiwr Gerallt Gymro honni yn y ddeuddegfed ganrif nad oedd gan y Cymry fawr o ddiddordeb mewn llongau a chychod, mae disgrifiadau pobl eraill a thystiolaeth archaeolegol yn awgrymu bod y Cymry, drwy gydol yr Oesoedd Canol, yn ymwneud â masnachu ar hyd yr arfordir, â chludiant ar y môr ac â chyrchoedd llyngesau. Bu brenhinoedd Lloegr a thywysogion Cymru'n recriwtio llongau a morwyr ym mhorthladdoedd Cymru i wasanaethu mewn rhyfeloedd. Ym 1212 fe anfonodd y Brenin John fflyd i ddinistrio llongau, rhwyflongau a chychod Llywelyn Fawr, ac ymhen rhyw ddeugain mlynedd daeth Llywelyn ap Gruffudd â fflyd o longau ynghyd i wrthsefyll bygythiad o du'r Saeson.

Mae'r siarteri a roddwyd yn y ddeuddegfed ganrif i sefydlu marchnadoedd rheolaidd yn Abertawe, Caerdydd, Castell-nedd a Phenfro yn tystio i ddatblygiad canolfannau masnachu morwrol. Dyddiad tebyg sydd i'r rhyddfreiniau a roddwyd i fasnachwyr Abertawe i'w galluogi i adeiladu llongau. Yr oedd masnachu ar draws Môr Iwerddon wedi hen ymsefydlu erbyn 1260 a hyd heddiw Villa Walensis (tref y Cymry) yw'r enw a roddir ar un ardal yn Nulyn. Ym 1328 fe ategwyd safle blaenllaw Dinbych-y-pysgod yn y fasnach â Ffrainc, Iwerddon a phorthladdoedd Môr Hafren drwy waith Edward III yn caniatáu codi glanfa yno i hwyluso cludo cyflenwadau o nwyddau i'r castell a'r dref.

Mae darganfyddiadau archaeolegol fel cwch Magwyr, cwch y cafwyd hyd iddo yn aber Afon Hafren ym 1994, yn cynnig tystiolaeth bendant o'r mathau o longau (coglongau, hylciau a rhwyflongau) a oedd yn rhan o fyd masnach yr oes. Ceir tystiolaeth awgrymog hefyd mewn cynnyrch artistig. Mae seliau trefi Trefynwy a Hwlffordd o'r ddeuddegfed ganrif a chanrifoedd diweddarach yn dangos llongau a chychod yr oes, fel y gwna sedd gerfiedig – misericord – o eglwys gadeiriol Tyddewi. Ar gwch Magwyr (cwch clincer) yr oedd yr estyll yn gorgyffwrdd a defnyddid rhwyf ochr i lywio. Yr oedd gan y cwch ffocsl elfennol o fath a welir mewn

lluniau canoloesol o 'hylciau'. Gall y misericord (y tynnwyd llun ohono ym 1949 fel rhan o'r Arolwg Cenedlaethol o Adeiladau) fod yn ddarlun o stori am Sant Niclas, nawddsant morwyr, neu olygfa o fywyd beunyddiol Sir Benfro – yr oedd salwch môr yn un o beryglon teithio bryd hynny, fel y mae heddiw.

Un o'r prif ddarganfyddiadau arforol yng Nghymru yw'r llong o'r bymthegfed ganrif y cafwyd hyd iddi o dan fwd wrth godi Canolfan Gelfyddydau Glan yr Afon yng Nghasnewydd ar lan Afon Wysg yn 2002. Cedwir ffotograffau ac adroddiadau o'r gwaith cloddio yn y Cofnod Henebion Cenedlaethol. Mae ymchwil gan Ymddiriedolaeth Archaeolegol Morgannwg-Gwent wedi dod o hyd i gyfeiriad posibl at long Casnewydd ym mhapurau Richard Neville, Iarll Warwick. Mewn gohebiaeth ym 1469 â Thomas Throkmorton, derbynnydd arglwyddiaeth Morgannwg, fe awdurdododd Neville amryw o daliadau am waith a wnaed ar long yng Nghasnewydd. Drwy ddendrocronoleg, mae'r pyst a ddefnyddiwyd i gynnal y llong yn ei gwely yn y mwd wedi'u dyddio i 1468 a 1469.

Mae cofnodion tai crefydd fel rhai'r abatai Sistersaidd ym Margam, Nedd a Thyndyrn yn dangos iddynt ddefnyddio cychod a llongau i fasnachu ac iddynt fod yn berchen ar longau. (Dywedir bod abaty Nedd yn berchen ar hylc ym 1235.) Dangosant hefyd fod yr abatai'n awyddus i sefydlu eu perchnogaeth ar y blaendraeth a'u hawl i feddiannu'r eiddo a ddeuai i'r lan wedi llongddrylliad: ym 1198, rhoes Llywelyn ap Iorwerth yr hawl i abaty Aberconwy – a neb arall – feddiannu eiddo o'r fath. Mewn dogfennau cyfreithiol eraill sy'n ymwneud â'r blaendraeth ceir tystiolaeth o'r nifer fawr o goredau pysgod a gâi eu defnyddio'n feunyddiol, ac mae awyrluniau'r Comisiwn Brenhinol o'r arfordir yn dal i amlygu safleoedd tebyg. Gallai bygythiad hefyd ddod o gyfeiriad y môr. Ni ddihangodd y sefydliad crefyddol ar Ynys Enlli rhag ymosodiadau'r môr-ladron a oedd yn bla ar Fôr Iwerddon. Ym 1346 cyrhaeddodd deg ar hugain o ddynion arfog yr ynys mewn dau gwch a chipio llawer o fwyd a diod a llu o nwyddau eraill.

Deanna Groom

043 Tai a Chartrefi

Nenfforch Tŷ-draw, tŷ anghyfannedd yn Sir Ddinbych. Tynnwyd y ffotograff hwn ohono yn 2003.
DI2008_0374 NPRN 35439

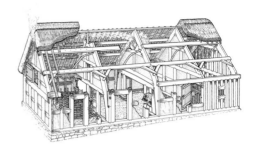

Man cychwyn astudiaeth fodern y Comisiwn Brenhinol o dai canoloesol yng Nghymru oedd Tŷ Draw, Llanarmon Mynydd Mawr. Er bod y tŷ nenffyrch hwnnw'n anghysbell a neb yn byw ynddo, yr oedd bron yn gyflawn pan ddaeth Bernard Mason, ffotograffydd Cofnod Cenedlaethol o Adeiladau, o hyd iddo. Dangosodd yr arolwg ohono a wnaed gan Peter Smith a Douglas Hague fod y tŷ bychan hwn, fel y tai cynnar yr oedd Fox a Rhaglan wedi'u hastudio yn Sir Fynwy, yn dilyn cynllun hierarchaidd fel tŷ mawr o'r Oesoedd Canol a'i fod yn cynnwys rhodfa groes, neuadd agored a llwyfan. Yr oedd y neuadd agored a'i haelwyd ganolog wedi'u gosod rhwng ystafelloedd mewnol ac allanol a oedd ar ddau lawr. Yn lle'i furiau gwreiddiol, sef fframiau o bren, roedd waliau o gerrig. Cafodd cywreinrwydd y gwaith saer coed a oedd wedi goroesi ei gofnodi mewn darlun esboniadol, y cyntaf o lu o adluniadau o'r fath gan y Comisiwn Brenhinol.

Yn ddiweddarach, cafodd dosbarthiad eang y tai llai eu maint o'r cyfnod, a'r rheiny gan mwyaf yn dai nenffyrch, ei gofnodi ar fapiau sy'n dangos mor gyffredin, ar draws y rhan helaethaf o Gymru, oedd y traddodiad yn yr Oesoedd Canol o godi tai o waith pren. Yr eithriadau oedd y tai yn ne Morgannwg a Sir Benfro lle'r oedd yr Eingl-Normaniaid wedi ymgartrefu'n gynnar. Ond parhau wnâi'r dirgelwch ynghylch cronoleg a statws cymharol y tai nenffyrch. Yn ffodus, mae dyddio blwyddgylchau pren wedi chwyldroi'r astudiaeth o dai canoloesol. Ni chafwyd

hyd eto i'r un tŷ yng Nghymru a godwyd cyn 1400 ac sy'n dal ar ei draed; codwyd y tŷ cynharaf sy'n hysbys o bren a gymerwyd o goed a gwympwyd ym 1402. Bellach, mae'n hysbys bod tai y credid gynt eu bod yn dyddio o'r bedwaredd ganrif ar ddeg, gan gynnwys Tŷ Draw, wedi'u codi yn y bymthegfed ganrif a'r unfed ganrif ar bymtheg. Cynigir yn betrus mai'r rheswm dros ddiffyg tai o'r bedwaredd ganrif ar ddeg yw'r dinistrio a fu adeg gwrthryfel Owain Glyndŵr.

Lle mae modd cynnig dyddiad pendant, fe welir bod y sawl a feddai adnoddau helaeth wedi mynd ati'n gynt i godi tai, a'r rheiny'n dai mwy o faint, nag a wnaeth y rhai tlotach eu byd. Codwyd tai mawr (gan gynnwys canolfannau gweinyddu arglwyddiaethau a neuaddau mynachlogydd) yn ystod hanner cyntaf y bymthegfed ganrif. Yn ystod ail hanner y ganrif byddai'r mwyafrif o dai'r bonedd, fel Tŷ Draw, yn cynnwys nenfforch gywrain yn eu neuadd, fel y dangosir gan yr adluniad trawstoriadol o'r neuadd ym Mryndraenog (tudalen 129). Fel rheol, cafodd neuaddau gwerinol, sef anheddau tenantiaid rhydd, eu codi ar ôl 1500, ac yn enwedig tua chanol yr unfed ganrif ar bymtheg; mae'r adluniad o'r un yn Nhyddyn Llwydion yn rhoi rhyw syniad o'r olwg a oedd arnynt.

Nid oes fawr o wahaniaeth rhwng y neuaddau a'r tai croes-adain a godwyd yn y trefi yn ystod y bymthegfed ganrif a'r rhai a godwyd yn y wlad. Efallai fod cynifer â mil o dai canoloesol yn goroesi yng Nghymru heddiw: dal i fynd yn ei flaen y mae'r gwaith o ddod o hyd iddynt a'u dehongli. Gwerthfawrogir mwy a mwy ar natur eithriadol yr adnodd hanesyddol hwn sydd gan Gymru am fod tai mor gadarn yn gymharol brin yn Ewrop yn yr Oesoedd Canol. At hynny, mae'r cysylltiadau rhwng y diwylliant adeiladu a'r traddodiad llenyddol yn gymorth i osod tai Cymru mewn cyd-destun ehangach. Er bod problemau difrifol yn codi wrth geisio sicrhau eu cadwraeth (fel y mae Tŷ Draw yn dangos), po fwyaf ein dealltwriaeth o dai yr Oesoedd Canol, mwyaf yn y byd y byddwn ni'n eu gwerthfawrogi. Mae Tŷ Draw wedi'i adfer er gwaetha'r holl broblemau.

Richard Suggett

Brig: Tor-adluniad o neuadd werinol Tyddyn Llwydion, Pennant Melangell, Sir Drefaldwyn.

DI2005_0042 NPRN 3020

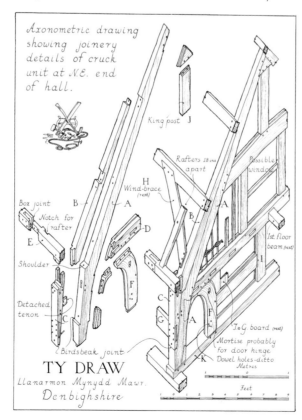

Axonometric drawing showing joinery details of cruck unit at N.E. end of hall.

King post J

Rafters 18 ins apart

Possible window

H

Wind-brace (rest)

Box joint B

Notch for rafter A

A

A

B

E

D

1st floor beam (rest)

Shoulder

F

F

C

Detached tenon

F

C

C

G

A

T&G board (rest)

Birdsbeak joint

Mortise probably for door hinge

K Dowel holes-ditto

TY DRAW

Llanarmon Mynydd Mawr. Denbighshire

Metres

Feet

De: Lluniad y Comisiwn Brenhinol o'r nenffyrch o'r bymthegfed ganrif yn Nhŷ-draw, Llanarmon Mynydd Mawr, Sir Ddinbych.

DI2008_0371 NPRN 35439

044 Gwaith a Hamdden

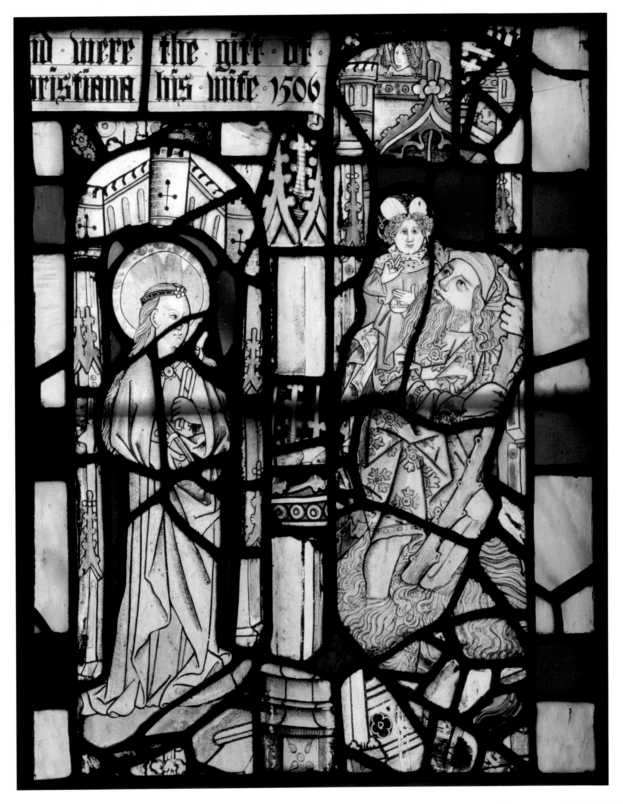

Y Santes Apolonia, chwith, ag offer deintydd yn ei llaw yn ffenestr ddwyreiniol eil y gogledd yn Eglwys yr Holl Saint, Gresffordd, Sir Ddinbych.
DS2008_042_007a NPRN 165221

Uchod: Misericord o tua 1500 yng nghôr Eglwys Gadeiriol Tyddewi, Sir Benfro, sy'n dangos seiri llongau wrth eu gwaith.

DI2008_0162 NPRN 306

De: Angel yn chwarae bagbib yn nho Eglwys Sant Silyn, Wrecsam. Mae'n cynrychioli'r Llu Nefol ac yn dyddio o ddiwedd y bymthegfed ganrif.

DS2008_043_009 NPRN 162808.

Isod: Teils ceramig o Abaty Nedd sy'n dangos golygfa hela. Mae'n dyddio o ganol y bedwaredd ganrif ar ddeg.

NPRN 133
Drwy garedigrwydd
Amgueddfa Cymru

Er nad oes lle amlwg i waith a hamdden yn eiconograffeg Cymru'r Oesoedd Canol, gall yr adeiladau sydd wedi goroesi, ynghyd â chofadeiladau a cherfiadau pres, roi cipolwg ar y llu ffyrdd o ennill bywoliaeth ac o'r mathau o ddifyrrwch a oedd ar gael i fonedd a gwrêng. Y mae medrusrwydd y saer a'r cerfiwr coed i'w weld ar ei orau ac i'w werthfawrogi'n llawn yng nghroglenni cywrain eglwysi canoloesol fel y Betws a Phatrisio yn y de-ddwyrain, neu yn adeiladweithiau toeon gwych yr adeiladau eglwysig a domestig y mae staff y Comisiwn Brenhinol wedi'u hadlunio. Yma, fe'u cynrychiolir gan y llun ar un o'r misericordiau a gerfiwyd tua diwedd yr Oesoedd Canol ac sydd wedi goroesi yng nghôr eglwys gadeiriol Tyddewi – llun o seiri coed wrthi'n adeiladu llong. Mae'r llun yn dangos yr amrywiol alwadau ar arbenigedd y cerfiwr pren ac ar y cyflenwad o goed a oedd gan y wlad. Mwy hanfodol byth i les corfforol llu o'r Cymry oedd medrusrwydd y meddygon, ond cymharol ychydig a wyddom ynghylch pwy oeddent a pha mor hwylus yr oedd i drigolion gwlad a thref allu troi atynt. Darlunnir yr angen am wasanaethau meddygol gan y llun o'r Santes Apollonia mewn gwydr lliw yn eglwys yr Holl Saint, Gresffordd. Fe arteithiwyd y santes honno (yn ôl y chwedl) drwy falu ei dannedd â phastwn. Tua diwedd yr Oesoedd Canol, fe'i mawrygid fel santes a ymgeleddai ac a noddai ddioddefwyr y ddannodd. Yr oedd y llun ohoni â phinsiwrn yn ei llaw yn boblogaidd mewn sawl eglwys a godwyd tua diwedd yr Oesoedd Canol ac mae'n arwydd o ddefosiwn y werin i gyltiau'r oes a'u hymlyniad wrth seintiau y credid bod ganddynt alluoedd arbennig i iacháu.

Ond nid dau fyd cwbl ar wahân oedd gwaith a hamdden. Yn hytrach, byddent yn gorgyffwrdd yn aml. Y mae'r delweddau a geir yng nghynlluniau'r teils llawr a'r muriau canoloesol, fel y rhai y cafwyd hyd iddynt yn Abaty Nedd neu Ystrad Fflur, yn aml yn ddrych gwerthfawr o feddylfryd seciwlar a chrefyddol yr oes. Darlunio pleserau hela ymhlith yr uchelwyr a'r boneddigion wna rhai o'r enghreifftiau sydd wedi

goroesi, ond i amryw byd o deuluoedd yr oedd hela yn y coedwigoedd, y parciau a'r cwningaroedd a geid hwnt ac yma ar dir Cymru yn llawer pwysicach na mwyniant a hamdden yn unig; yr oedd hela am fwyd yn gwbl hanfodol, er i lawer arglwydd geisio gwarchod ei freintiau ei hun yn ei diroedd a chyfyngu ar hawliau ei ddeiliaid. Mae'r bogeiliau o'r bymthegfed ganrif sydd i'w gweld yn nho eglwys Sant Silin yn Wrecsam, ardal sy'n nodedig am ei heglwysi gwych, yn dangos cerddorion angylaidd yn canu eu hofferynnau mewn sefyllfa eglwysig a litwrgaidd. Ond golygfa gyffredin hefyd oedd y telynorion, y clerwyr a'r crythorion crwydrol a enillai eu bywoliaeth drwy ymarfer eu crefft a'u dawn, a byddent yn cynnig adloniant mewn amryw byd o gymunedau er gwaethaf barn yr awdurdodau eu bod yn aml yn niwsans ac yn bla, a'u bod hyd yn oed yn cyffroi gwrthryfel.

Llinos Smith

045 Cofféu a'r Celfyddydau

Cofeb i'r Brenin Pabo yn Llanbabo, Môn, a gerfiwyd tua 1380. Mae'n bosibl mai'r un crefftwr
a gynhyrchodd ffigurau tebyg yn Llaniestyn, Môn ac yn Eglwys Gadeiriol Bangor.

DS2007_440_002 NPRN 91214

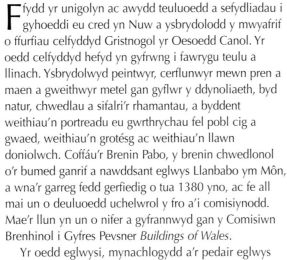

Uchod: Y llunddelw alabastr celfydd o Syr William ap Thomas o Raglan yn Eglwys y Santes Fair, Abergafenni, Sir Fynwy.

DI2006_1154 NPRN 377

De: Jesse'n cysgu, manylyn o Gyff Jesse yn Eglwys y Santes Fair, Abergafenni, Sir Fynwy.

DI2006_1153 NPRN 377

Isod: Murlun o watwar Crist. Arferai'r murlun hwn fod yn Eglwys Sant Teilo yn Llandeilo Tal-y-bont, gogledd Gŵyr.

DI2005_0794 NPRN 94698

Ffydd yr unigolyn ac awydd teuluoedd a sefydliadau i gyhoeddi eu cred yn Nuw a ysbrydolodd y mwyafrif o ffurfiau celfyddyd Gristnogol yr Oesoedd Canol. Yr oedd celfyddyd hefyd yn gyfrwng i fawrygu teulu a llinach. Ysbrydolwyd peintwyr, cerflunwyr mewn pren a maen a gweithwyr metel gan gyflwr y ddynoliaeth, byd natur, chwedlau a sifalri'r rhamantau, a byddent weithiau'n portreadu eu gwrthrychau fel pobl cig a gwaed, weithiau'n grotésg ac weithiau'n llawn doniolwch. Cofféu'r Brenin Pabo, y brenin chwedlonol o'r bumed ganrif a nawddsant eglwys Llanbabo ym Môn, a wna'r garreg fedd gerfiedig o tua 1380 yno, ac fe all mai un o deuluoedd uchelwrol y fro a'i comisiynodd. Mae'r llun yn un o nifer a gyfrannwyd gan y Comisiwn Brenhinol i Gyfres Pevsner Buildings of Wales.

Yr oedd eglwysi, mynachlogydd a'r pedair eglwys gadeiriol ymhlith noddwyr mwyaf blaenllaw y celfyddydau yng Nghymru. Dinistriwyd llawer o'r cynnyrch celfyddol yn sgil y Diwygiad Protestannaidd pan ddiddymwyd y mynachlogydd a symud addurniadau Cristnogol gan y piwritaniaid. Er i rai eitemau gael eu symud i fannau eraill, nid dyna a ddigwyddai bob amser. Mae gwaith dendrocronoleg gan y Comisiwn Brenhinol wrth ddyddio gwaith y seiri coed yn eglwys Llanidloes, er enghraifft, yn dangos, yn groes i'r dybiaeth gyffredin, nad o hen abaty Cwm-hir y daeth y pren sydd yn y to. Petai cestyll a maenordai'r arglwyddi a'r boneddigion wedi goroesi'n fwy cyflawn eu ffurf na'r adfeilion ohonynt sydd ar ôl, efallai y byddai gennym fwy o enghreifftiau o gelfyddyd seciwlar na'r rhai sydd i'w gweld heddiw mewn amgueddfeydd ac adeiladau heb do. Cododd trigolion y trefi adeiladau cyhoeddus megis neuaddau tref, a phreswylfeydd preifat (fel Tŷ'r Masnachwr yn Ninbych-y-pysgod), a fyddai wedi'u haddurno'n helaeth. Byddai'r teuluoedd bonheddig hefyd yn noddi creffwyr i weithio yn eu cartrefi a hefyd yn comisiynu beddrodau cywrain iddynt eu hunain. Yng nghapel Hastings ym mhriordy'r Fenni ceir beddrod ac arno ddelwau byw o Syr William ap Thomas (a fu farw ym 1446) a'i wraig Gwladys (a fu farw ym 1454). Mae cywreinrwydd y cerfio mewn alabastr yn cyfleu uchelgais y Cymro a urddwyd yn farchog gan y Brenin Harri VI ac a drodd gastell Rhaglan yn balas. Gellir yn ddigon teg gymharu'r beddrod hwn â'r gorau o feddrodau uchelwyr Cymru a Lloegr.

Ceid llu o ffurfiau celfyddydol: bedyddfeini addurnedig, croglenni ac iforïau cerfiedig, a bogeiliau to. Yn abatai Ystrad Fflur a Nedd, addurnwyd teils y llawr â blodau, herodraeth a lluniau o olygfeydd hela. Yn eglwys gadeiriol Tyddewi mae'r misericordiau ar y seddau o'r bymthegfed ganrif yn gerfluniau doniol o bobl ac anifeiliaid. Y bwriad oedd i'r murluniau yn Llandeilo Tal-y-bont a Llanilltud Fawr wneud argraff ar y gynulleidfa yn ogystal â'i hyfforddi. Darlunio disgrifiad y Testament Newydd o Wawdio Crist yn ystod y Dioddefaint wna peintiad a wnaed tua 1500-30: mae'n rhan o gyfres o beintiadau trawiadol a gofnodwyd gan y Comisiwn Brenhinol yn eglwys ddadfeiliedig Llandeilo Tal-y-bont ger Pontarddulais cyn iddi gael ei symud i'r Amgueddfa Werin i'w hadfer. Diben tebyg oedd i'r gwydr lliw cyfoethog yn eglwys Gresffordd, eglwys sydd hefyd yn cynnwys nodweddion o gyfnod y Dadeni. Mae'r ffenestr drawiadol yng nghorff eglwys Sant Dyfnog yn Llanrhaeadr-yng-Nghinmeirch ger Dinbych (tudalen 122) yn dangos Jesse wrth fôn y darlun mewn gwydr lliw o Gyff Jesse. Ar ei frig mae'r Forwyn Fair a'r Plentyn ac o danynt mae lluniau o'r proffwydi ymhlith trwch mawr o ddeiliach. Y dyddiad arni yw 1533, sef yn union cyn y Diwygiad Protestannaidd pan ddinistriwyd llawer iawn o waith crefftwyr yr Oesoedd Canol mewn llu o fannau eraill.

Ralph A. Griffiths

Cymru Fodern Gynnar

Richard Suggett

Er bod haneswyr fel rheol o'r farn bod prosesau sy'n para blynyddoedd maith yn bwysicach na digwyddiadau unigol, gellir dweud i'r Gymru fodern gynnar ddechrau, i bob pwrpas, adeg pasio'r Ddeddf Uno ym 1536. Llawer llai pendant yw diwedd y cyfnod: gellid dweud iddo ryw ddechrau tynnu at ei derfyn wrth i'r Chwyldro Diwydiannol gyflymu ar ôl canol y ddeunawfed ganrif.

Creodd Deddf 1536 dair sir ar ddeg o glytwaith arglwyddiaethau'r Mers a thywysogaethau'r gogledd a'r gorllewin. Parodd y gweinyddiaethau sirol newydd, y cyflymu yn yr economi a'r cynnydd yn y boblogaeth i'r prif drefi flodeuo. Bron yr un pryd fe welwyd y foment hollbwysig honno yn y Diwygiad Protestannaidd yng Nghymru, sef diddymu'r mynachlogydd, proses a gwblhawyd ym 1539. Effaith hynny oedd i lawer o'r abatai mawr a'u hystadau edwino ond i'r ystadau preifat mawr gryfhau a thra-arglwyddiaethu ar fywyd gwledig Cymru tan iddynt hwy, yn eu tro, gael eu chwalu yn y bedwaredd ganrif ar bymtheg a'r ugeinfed ganrif. Newidiodd y Diwygiad Protestannaidd hefyd lawer iawn ar drefn ac addurniadau eglwys y plwyf ac arwain at godi'r enghreifftiau cyntaf o fath newydd o adeilad, y capel anghydffurfiol. Mae ôl pob un o'r newidiadau hynny i'w gweld yn glir yn adeiladau Cymru hyd heddiw.

Goroesi fel unedau gweinyddol bron tan ddiwedd yr ugeinfed ganrif fu hanes y siroedd a grëwyd gan y Ddeddf Uno; adlewyrchir eu presenoldeb bywiog o hyd gan y cymdeithasau sydd wrthi'n ddyfal yn ymchwilio i hanes eu siroedd, a chan y prosiectau sy'n astudio'u hanes. Gan i'r brif dref ym mhob sir gael rôl weinyddol newydd, daeth neuadd y sir yn ganolbwynt i'r ffordd y câi sir ei gweinyddu. Ar y llaw arall, er i'r cestyll, hen symbolau awdurdod yr arglwyddi, lwyddo i gadw ychydig bach o'u swyddogaeth, a hynny fel carchardai'r siroedd, dal i ddirywio'n araf wnaeth y mwyafrif ohonynt. At ei gilydd, trefi bach oedd trefi Cymru: mae'r ymchwil yn dangos mai prin oedd y rhai a oedd â mwy na mil o bobl ynddynt ar ddechrau'r cyfnod modern cynnar. Mae cynlluniau John Speed tua dechrau'r ail ganrif ar bymtheg nid yn unig yn dangos mor gyfyngedig oeddent o ran eu maint ond hefyd yn awgrymu bod rhai o'r trefi a oedd heb gael swyddogaethau newydd yn graddol grebachu. Mae gwaith y Comisiwn Brenhinol mewn amryw o drefi yn dangos mor bwysig yw olion pensaernïol wrth adrodd hanes trefol Cymru ac yn awgrymu hefyd fod llawer eto heb ddod i'r golwg.

Rhaid cofio mor fywiog a dylanwadol oedd prif drefi'r siroedd newydd. Yr oeddent fel llestri a fyddai'n llenwi a gwacáu ar gyfer y llys chwarter, y brawdlys (neu'r sesiwn fawr) a'r marchnadoedd. Codwyd ynddynt fath newydd o adeilad – neuadd y sir – ac yno y cynhelid sesiynau'r llysoedd. Cafodd neuaddau'r

Gyferbyn: Cyntedd yr Hen Bewpyr, Morgannwg. 1600 yw'r dyddiad ar yr arysgrif: 'SIR THOMAS JOHNS KNIGHT / BWYLT THIS PORCH WITH / THE TONNES [simneiau] IN ANO 1600 / HIS YERES 65 HIS WIFE 55'.

DI2006_1602 NPRN 19488

Isod: Adeilad y llys – adeilad ac iddo ffrâm o bren – yn Llanidloes, Sir Drefaldwyn, ynghyd ag awyrlun sy'n dangos ei leoliad ar groesffordd y prif strydoedd.

DI2006_1969 a DI2008_0400 NPRN 32039

Uchod: Plas Mawr, Conwy: mynedfa 1595 o'r Stryd Fawr. Tynnwyd y ffotograff hwn ganol yr ugeinfed ganrif gan Una Norman.

DI2007_0242 NPRN 16754

De: Golwg o ben draw neuadd y sir yn Ninbych: lluniad o'r arolwg sy'n dangos gwahanol gyfnodau codi'r adeilad.

DI2002_0242 NPRN 23423

siroedd eu codi a'u hailgodi'n gyson drwy gydol y cyfnod modern cynnar, ac mae rhai enghreifftiau gwerthfawr a chynrychioliadol ohonynt wedi goroesi. Gwelir y cam cyntaf yn natblygiad y broses o godi llysoedd yn 'neuadd y farchnad' yn Llanidloes, neuadd ac iddi ffrâm o bren lle mae ystafell y llys ar y llawr cyntaf wedi'i godi ar bileri uwchben marchnad dan do. Mae neuadd y sir yn Ninbych, a godwyd ym 1572, yn enghraifft o godi adeilad sifig mewn carreg yn lle pren, a hynny o dan nawdd Iarll Caerlŷr. Cynrychiolir ailddatblygiadau'r ddeunawfed ganrif, a dueddai i beidio â chynnwys marchnadoedd ar eu llawr isaf, gan y llys ym Miwmares lle mae ystafell y llys wedi'i chadw fel yr oedd hi.

Yn aml, man i ladd anifeiliaid oedd y lle rhwng y colofnau o dan nifer o neuaddau sir, ac yno hefyd yr oedd canolbwynt y farchnad. O bryd i'w gilydd, byddai gweithgarwch masnachu prysur y marchnadoedd wythnosol a'r ffeiriau tymhorol yn llenwi prif strydoedd y dref fodern gynnar ac, yn aml, yn ymestyn i'r fynwent hefyd. Mewn rhai achosion, fel yn Hwlffordd, gellir adnabod rhannau a oedd yn gysylltiedig â masnachau penodol. Mae patrwm llawer tref yn dal i adlewyrchu ei swyddogaeth hanesyddol fel canolfan i farchnad, ac ar hyd ei strydoedd llydan gellid codi stondinau dros dro. Ym Machynlleth hyd heddiw, cynhelir marchnad stryd wythnosol y gellir honni, efallai, ei bod hi'n barhad o'r farchnad a gynhelid yno yn yr Oesoedd Canol. Yn Ninbych, ar y llaw arall, codwyd adeiladau dros ran o dir y farchnad.

Mae nifer yr adeiladau sydd wedi goroesi o'r cyfnod modern cynnar yn amrywio cryn dipyn o dref i dref [048]. Er bod ambell dŷ tref hynod sylweddol, a'r Plas Mawr yng Nghonwy yn arbennig, yn dal i sefyll, fe welwyd ailddatblygu parhaus ar y tai fel arfer. Tai o bren oedd y mwyafrif o'r tai yn nhrefi'r Gymru fodern gynnar a chafwyd hyd i dai â'u tu blaen o bren hyd yn oed y tu allan i'r mannau lle ceir nifer dda o adeiladau pren gyda'i gilydd – fel y gwnaed, er enghraifft, yn Hwlffordd. Heddiw, er hynny, mae'n anodd dychmygu cymaint a godwyd mewn pren. Tân oedd y perygl i drefi o dai pren am y gallai ddinistrio rhan fawr o'r dref, fel y gwnaeth yn hanes Llanfair-ym-Muallt a Llanandras. Gellir bwrw amcan o hyd a lled y tân dychrynllyd a losgodd Lanandras ym 1681 drwy nodi'r mannau sy'n amddifad o'r un adeilad canoloesol.

Cafodd llawer o adeiladau o'r Oesoedd Canol a'r cyfnod modern cynnar eu dinistrio adeg yr ailddatblygu a fu tua diwedd y cyfnod Sioraidd ac yn ystod oes Victoria, a hynny heb i unrhyw lun gael ei wneud ohonynt. Mae adeiladau rhai trefi fel Aberystwyth yn perthyn bron yn llwyr i oes Victoria a chyfnodau diweddarach er bod patrwm y strydoedd ynddynt yn hŷn na hynny. Eto i gyd, gellir dod o hyd i adeiladau

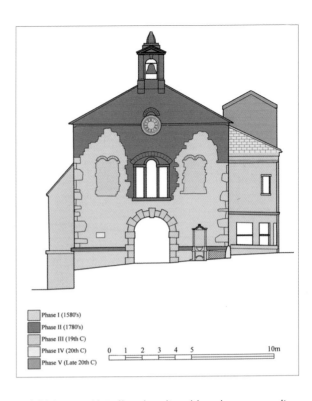

Phase I (1580's)
Phase II (1780's)
Phase III (19th C)
Phase IV (20th C)
Phase V (Late 20th C)

0 1 2 3 4 5   10m

trefol hŷn y tu ôl i'r ffasadau diweddarach, yn enwedig yn y trefi na ddatblygwyd mwy na mwy arnynt neu'r rhai sydd wedi cadw eu canol hanesyddol. Dangosodd arolwg y Comisiwn Brenhinol o'r Bont-faen fod y brif stryd yn cynnwys pedwar ar hugain o dai a godwyd cyn 1700. Mae arolygon o Lanandras, Hwlffordd a Dinbych wedi dangos bod yno glystyrau tebyg o adeiladau o'r cyfnod modern cynnar.

Diflannu'n llwyr wnaeth rhai mathau trefol o adeiladau megis adeiladau'r gildiau (er bod symbol gild y menigwyr wedi goroesi yn Ninbych [048]). Prin iawn yw mathau eraill o adeiladau nad oes rhyw lawer o newid wedi bod arnynt. Er mai cynllun domestig neu led-ddomestig sydd i dafarndai hanesyddol yn aml, gellir dod o hyd iddynt ar sail y duedd i ychwanegu ystafelloedd arbenigol atynt. Digwydd hynny yn Nhafarn y Spread Eagle yn y Bont-faen lle mae ystafell gyfarfod o'r ddeunawfed ganrif wedi goroesi uwchlaw bragdy a godwyd tua 1740. Prin hefyd yw siopau ac adeiladau masnachol, a thystiolaeth ddogfennol yn unig sydd i'r bythau a'r stondinau a ddefnyddid yn y marchnadoedd gynt. Mae Royal House ym Machynlleth, yr ymwelodd y Comisiwn ag ef gyntaf ym 1909, yn nodedig am iddo fod yn annedd i sidanwyr ac yn stordy am ryw bedwar can mlynedd [047].

Wrth i fasnach a'r incwm a oedd ar gael i'w wario gynyddu, bu ffyniant y siopau'n help i gynnal poblogaeth gynyddol y trefi yn ogystal â chwyddo'r galw am nwyddau yn yr ardaloedd o'u hamgylch. Cymorth i'r masnachu hwnnw oedd y cynnydd yn y

cyfleusterau cludo, a phorthladdoedd a chilfachau ymhlith y pwysicaf ohonynt. Mae'r masnachu ar hyd yr arfordir wedi gadael amryw o geiau a llongddrylliadau ar ei ôl yn ogystal â rhai adeiladau arbenigol, gan gynnwys ambell warws fel y stordy tybaco caerog rhyfeddol yn Aberddawan [051].

Mae llyfrau'r porthladdoedd yn dangos amrywiaeth y nwyddau a fasnachwyd, o ffyrnau o glai tân o a fewnforiwyd o Ddyfnaint (gellir eu gweld hyd heddiw mewn rhai ffermdai ym Morgannwg) i farrau haearn i'w hallforio. Yr oedd diwydiannau ar waith yng Nghymru ers cyn y Chwyldro Diwydiannol. Nid yn unig y cloddid am lo a metelau ond ceid hefyd fusnesau y

gwyddys llai amdanynt, gan gynnwys sawl gwaith halen ar hyd yr arfordir, fel y safle a gloddiwyd ym Mhort Einon yng Ngŵyr. Allforid haearn, copr a phlwm o'r ffwrneisiau a sefydlwyd yn ystod yr unfed ar ganrif ar bymtheg a'r ganrif ddilynol, ac yr oedd gweithfeydd pwysig yn cynhyrchu gwifrau yn Sir Fynwy. Sefydlwyd bathdy yn Aberystwyth, er na lwyddodd i oroesi'r Rhyfel Cartref. Yr oedd cael pren i greu siarcol yn hanfodol i'r busnesau hynny: cludid mwyn dros y môr i ffwrnais Ysgubor-y-coed, a godwyd mewn rhan goediog o ogledd Ceredigion, ac erbyn heddiw mae'r ffwrnais a'r ysgubor siarcol yno yng ngofal Cadw.

Ffwrnais a storfa siarcol Ysgubor-y-coed, gogledd Ceredigion.

DI2006_0785 NPRN 93938

Plasty Bachegraig a'r porthordy a godwyd gan Syr Richard Clough ac sydd â'r dyddiad 1567 yn amlwg ar ei du blaen.

DI2008_0444 NPRN 35642

Cododd elît, a fu ar ei ennill o'r Ddeddf Uno a'r Diwygiad Protestannaidd, ac aethant ati i godi tai mawr sy'n nodweddiadol yng Nghymru a Lloegr. I'r tai hyn y perthynai'r ystadau anferth a grynhowyd yn ystod yr ail ganrif ar bymtheg a'r ddeunawfed ganrif. Grŵp diddorol yw tai sgweieriaid Cymru, yr ynadon newydd, a'r swyddogion sirol a oedd hefyd yn landlordiaid sylweddol. Yn ystod rhan olaf yr unfed ganrif ar bymtheg, fe ailgodwyd y tai neuadd-agored gan ychwanegu atynt adenydd a chodi lloriau ynddynt [053]. Fel rheol, byddai'r parlwr wrth y fynedfa, siambr fawr ar y llawr cyntaf uwchlaw'r cyntedd, ac amryw byd o simneiau yn codi o'r to. Mae enghreifftiau niferus ohonynt wedi goroesi, ac yn y lluniadau topograffig (yn enwedig y rhai a gomisiynwyd yn y ddeunawfed ganrif gan Thomas Pennant) ceir cofnod gweledol o lawer tŷ o'r math hwn – tai sydd bellach wedi'u dymchwel. Mae'n fwy na thebyg i'r cynharaf ohonynt, fel Monaughty ym Mhowys, gael eu codi yn ystod y degawdau cyntaf wedi'r Ddeddf Uno. Yng nghyfrol thematig y Comisiwn Brenhinol ar dai mawr Morgannwg olrheinir y themâu a'r amrywiadau yn y cynlluniau a'r manylion. Gan i rai tai yng Nghymru gael eu hysbrydoli gan y Dadeni Dysg, maent yn gwbl arloesol, ac enghraifft nodedig ohonynt yw Bachegraig yn Sir Ddinbych. Fe'i codwyd o frics, a'r dylanwad ar arddull y tŷ oedd y tai trefol â thoeon uchel a geid yn yr Iseldiroedd. Yr oedd uchder y tai newydd hyn (a elwid weithiau'n dyrau gan y beirdd), a'u siambrau urddasol ar eu llawr cyntaf, yn gwrthgyferbynnu'n amlwg iawn â thai is-ganoloesol hir ac isel y ffermwyr.

Amharodd y Rhyfel Cartref a'r Werinlywodraeth ar godi tai crand yn ystod canol yr ail ganrif ar bymtheg, ac eithriad llachar i hynny yw'r ychwanegiad – a dyddiad arno – yn Uwchlaw'r-coed gan John Jones, y teyrnleiddiad. Bu'r hyder newydd a deimlwyd ar ôl yr Adferiad yn symbyliad i ailadeiladu sawl tŷ mawr, gan gynnwys Tŷ Tredegar ger Casnewydd a Thŷ Newton yn Llandeilo [052]. Er mai penseiri proffesiynol fu'n

Bwa cywrain mynedfa'r cerbydau i stabl fawr Tŷ Tredegar, Casnewydd. Fe'i codwyd ym 1684-8.

DI2008-0075 NPRN 20907

Rhosson-uchaf: yr olaf o'r ffermdai â simneiau crwn, na newidiwyd rhyw lawer arnynt, yn ardal Tyddewi.

DI2006-1597 NPRN 30144

cynllunio'r plastai hynny, mae'n anodd darganfod pa benseiri'n union fu wrthi. Dyna oedd y sefyllfa hyd at ganol y ddeunawfed ganrif, hyd yn oed yn achos plastai pwysig fel Nanteos, Ynysymaengwyn, Erddig a llu o rai eraill. Nid tan tua diwedd y ddeunawfed ganrif y gellir astudio'n fanwl waith y pensaer proffesiynol a oedd yn byw ac yn gweithio yng Nghymru a'r gororau, a John Nash yn fwyaf arbennig yn eu plith (tudalennau 186-187).

Ymhlith y symbolau eraill a gyfleai statws y plasty mawr yr oedd colomendai, stablau helaeth, parciau ceirw, pyllau pysgod, porthdai ac addurniadau herodrol (nodweddion a fapiwyd yn *Inventory* Morgannwg). Gwerthfawrogir mwy a mwy y ffaith bod nifer o erddi modern cynnar yn cael eu hamlygu'n eithaf dramatig, weithiau, gan awyrluniau. Ceir lluniau peintiedig trawiadol o'r gerddi yn Nhŷ Newton, Llannerch a'r ardd sydd bellach wedi'i hail-greu yn Nhŷ Tredegar. Mae'r gerddi taclus hynny fel petaent yn cyfleu awydd i sicrhau trefn ar ôl ymyrraeth y Rhyfel Cartref, ac yr oedd pensaernïaeth porthdai newydd a mynedfeydd â chlwydi mwyfwy addurnol yn fodd i gadw pellter cymdeithasol rhwng gwrêng a bonedd.

Gellir cyferbynnu'r duedd i dŷ'r sgweier gyd-fynd â chwaeth ac arddulliau cenedlaethol â theithi mwy rhanbarthol y ffermydd a'r bythynnod. Er y gellir rhoi pwys ar unffurfiaeth pensaernïaeth ddomestig y cyfnod ôl-ganoloesol, fel arall yr oedd hi yn y Gymru fodern

gynnar. Ac yn ystod yr unfed ganrif ar bymtheg a'r ganrif ddilynol fe ddisodlwyd cynllun unffurf y tŷ neuadd, tŷ a godid fel rheol gan ddefnyddio nenffyrch. Yn ei le, gwelid cynlluniau lleol a amrywiai'n rhyfeddol o ranbarth i ranbarth ac o ddosbarth i ddosbarth.

Mae'r clasur o fap o fathau rhanbarthol o dai sydd gan Peter Smith yn *Houses of the Welsh Countryside* yn dangos cymaint o amrywiaeth daearyddol oedd i'r bensaernïaeth frodorol [004]. Cyfraniad arhosol i archaeoleg Cymru yw'r map hwnnw ac fe'i seiliwyd ar waith ymchwil a oedd yn golygu dosbarthu cannoedd ar gannoedd o dai. Ynddo, gwelir rhai gwrthgyferbyniadau mawr rhwng gorllewin a dwyrain, a gogledd a de, o ran cynllun y tai. Mae mapio'r manylion pensaernïol yn amlygu rhai nodweddion hynod o leol, ac enghreifftiau nodedig o hynny yw'r ffermdai â simneiau crwn yn Sir Benfro ac, yn fwy arbennig, y simneiau ar ffurf côn yn ardal Tyddewi.

Yn y mapiau yn *Houses of the Welsh Countryside* gwelir cyfres o wrthgyferbyniadau rhanbarthol sy'n gorgyffwrdd nid yn unig o ran eu manylion pensaernïol ond hefyd o ran eu defnyddiau adeiladu. Gwrthgyferbyniad sylfaenol oedd carreg a phren. Ceir clystyrau o adeiladau o bren ar ochr ddwyreiniol Cymru (er bod llawer adeilad o bren wedi'i guddio bellach y tu ôl i ffasadau diweddarach), ond cyn 1700 cyfyngid codi tai o frics i ogledd-ddwyrain Cymru gan mwyaf. Mae

*Tŷ nodweddiadol o Eryri:
lluniad esboniadol gan Peter
Smith a gyhoeddwyd yn*
Houses of the Welsh
Countryside *(1975).*

DI2008_0441

gwaith cofnodi y Comisiwn Brenhinol ar adeiladau
brodorol wedi amlygu'r gwrthgyferbyniad hwnnw drwy
wneud arolygon manwl o Forgannwg yn y de a Sir
Faesyfed yn y dwyrain ac wedi dangos i dai sir
Gaernarfon gyfuno gwaith pren o safon uchel â muriau
cadarn o gerrig. Caiff gwaith cofnodi'r Comisiwn ar
adeiladau o glai (clom) sylw yn y cyfraniadau i'r
Cardiganshire County History ac yn y gyfrol y bydd y
Comisiwn yn ei chyhoeddi ar fythynnod.

Gwelwyd bod sawl cynllun newydd yn dod i'r golwg,
a'r rheiny wedi'u diffinio ar sail safle'r prif ddrws mewn
perthynas â'r lle tân. Yr oedd mynedfa-lobi'n nodweddu
Clwyd a gogledd a chanol Powys, a'r tŷ hir neu'r aelwyd-
a-chyntedd yn nodweddu de Powys, uwchdiroedd
Morgannwg, uwchdiroedd Gwent, Sir Gaerfyrddin a
Cheredigion. Deilliai'r naill fath a'r llall o gynllun y tŷ
neuadd ac maent yn cadw'r neuadd (sydd â nenfwd
erbyn hyn) ynghyd â'i mainc a'i bwrdd yn y pen uchaf.

Yn aml, câi'r tŷ a'r beudy eu cyfuno dan yr unto yn y
tŷ hir. Mae cryn ddiddordeb wedi bod yn y tŷ hwnnw, tŷ
yr honnir weithiau iddo fod yn dŷ nodweddiadol
Gymreig. Dangosodd ymchwil ddiweddar fod
dosbarthiad helaeth iddo ond nad oedd i'w gael ledled
Cymru o bell ffordd. Ceir y mwyafrif o dai hir yn
ardaloedd bugeiliol y canolbarth, y gorllewin a'r de ond
nid ym mhob ardal lle ceid amaethu bugeiliol: nid oes yr

un i'w gael yn y gogledd-orllewin. Y ddadl a gyflwynwyd yn astudiaeth y Comisiwn o dai Sir Faesyfed oedd bod y tŷ hir yn nodweddu ardaloedd lle'r oedd dwyn gwartheg yn bla tua diwedd yr unfed ganrif ar bymtheg a dechrau'r ganrif ddilynol [046]. Mae'n fwy na thebyg bod cyfuno tŷ a beudy nid yn unig yn amaethyddol gyfleus ond yn ymateb doeth i anhrefn y cyfnod.

Datblygiad nodedig oedd yr ymwrthod cynnar â chynllun y tŷ neuadd yng ngogledd-orllewin Cymru. Cyn pen dwy neu dair cenhedlaeth, disodlwyd neuaddau agored gan dai â lloriau llawn ac iddynt leoedd tân amgaeedig ar y llawr isaf a'r llawr cyntaf. Dangosodd *inventory* Sir Gaernarfon pa mor gyffredin oedd 'math Eryri' o dŷ, math sydd hefyd i'w gael ledled Meirionnydd. Er mai 1585 yw dyddiad yr enghraifft gynharaf sydd wedi'i dyddio gan arysgrif arni, fe aiff dendrocronoleg â'r stori'n ôl i tua 1540. Cadwyd traws-gyntedd ac ystafelloedd gwasanaethu y cynllun canoloesol, ond yn lle'r neuadd ceir cegin ac, yn ganolbwynt iddi, le tân mawr yn y talcen. Byddai grisiau, a'r rheiny'n aml wrth ochr y lle tân, yn arwain i'r siambrau uchaf a oedd wedi disodli'r hen ystafelloedd mewnol.

Gellir canfod proses o drwsio a chlytio ar waith mewn ffermdai wrth i'r rheiny, yn aml, gael eu newid ychydig ar y tro yn hytrach na chael eu hailgodi. Mae'n syndod cynifer ohonynt sydd wedi cadw eu ffabrig canoloesol. Er hynny, fe welwyd yn ystod y cyfnod modern cynnar gryn fuddsoddi mewn adeiladau fferm newydd â chymeriad brodorol cryf yn perthyn iddynt. Yr enghreifftiau cynharaf y mae amryw byd ohonynt wedi goroesi yw ysguboriau. Dangosodd gwaith archwilio ym Morgannwg fod maint a chronoleg yr ysguboriau hynny'n amrywio llawer – o rai mawr a godwyd yn yr unfed ganrif ar bymtheg a'r ganrif ddilynol i enghreifftiau llai eu maint ar yr uwchdiroedd. Cafodd y rhai cynharaf y mae modd eu dyddio ar sail yr arysgrifau arnynt eu codi yn yr ail ganrif ar bymtheg. Yn Sir Faesyfed, gellir dilyn datblygiad y cyfuno arloesol ar adeiladau (cyfuno ysgubor a beudy a hynny, yn aml, ar lefelau gwahanol) drwy sylwi ar arysgrifau dyddiad o'r ddeunawfed ganrif, ond diweddarach yw cyfuniadau eraill (stabl, cartws ac ydlofft yn arbennig), sef o tua diwedd y ddeunawfed ganrif neu, yn fwy arferol, o'r bedwaredd ganrif ar bymtheg. Er bod amlinelliad o gronoleg adeiladau fferm wedi'i sefydlu, nid oes digon o gofnodi wedi bod arnynt ac maent ymhlith yr adeiladau brodorol sydd fwyaf mewn perygl. Mae llawer math o adeilad fferm a manylion pensaernïol yn hynod leol eu natur ac yn ddymunol o fympwyol, ac enghraifft dda o adeiladau cymharol fach a rhanbarthol eu cymeriad yw'r tylciau crwn a geir yn y de a'r gorllewin [055]; mae'r colomendy a godwyd mewn ogof yn Culver Hole yng Ngŵyr yn unigryw.

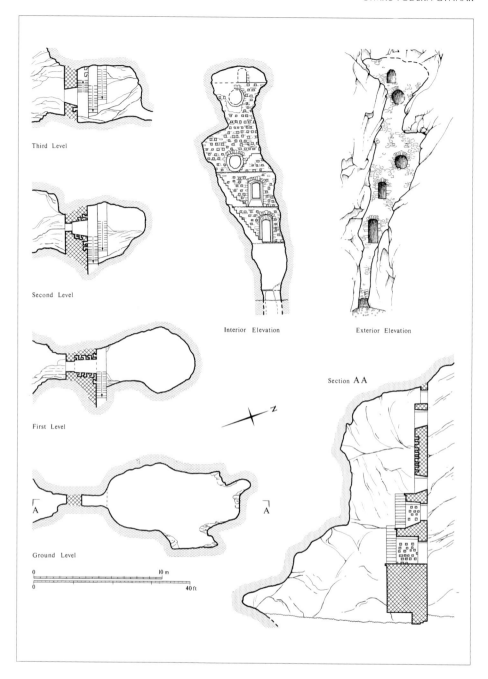

Third Level

Second Level

First Level

Ground Level

Interior Elevation

Exterior Elevation

Section AA

Cofnod arolygu o adeiladwaith y colomendy mewn ogof yn Culver Hole, Gŵyr.

DI2008_0442 NPRN 37514

Cafodd y Diwygiad Protestannaidd effaith sylweddol ar adeiladau crefyddol gan i'r ynadon newydd ddefnyddio'r brawdlysoedd a'r llysoedd chwarter i orfodi'r rheolau newydd. Ac un o sgil-effeithiau diddymu'r tai crefydd oedd creu cyflenwad o ddefnyddiau adeiladu y gallai pobl o bell ac agos eu dwyn, fel y digwyddodd yn achos Abaty Cwm-hir. Gan i'r diddymu, yn ogystal â dileu bywyd crefyddol, ddinistrio canolfannau a oedd wedi arfer noddi crefftwyr, rhoes derfyn ar gyfnod maith o harddu ac adnewyddu ffabrig eglwysi, proses a ddarlunnir orau gan y toeon pren addurnol a'r croglenni a saernïwyd yn ystod yr Oesoedd Canol diweddar [039]. Mae eglwys y

Eglwys y Plwyf, Gresffordd: cerflun o Siôn Trefor (1589), y gŵr a gododd Blas Trefalun, ar ei orwedd.

DS2008_042_011 NPRN 165221

plwyf yn Llanidloes yn dangos croesddylanwadau'r Diwygiad Protestannaidd. Dadleuwyd bod yr eglwys honno wedi manteisio ar ddiddymu Abaty Cwm-hir ym 1536 i gipio arcêd o'r abaty a'i defnyddio i ehangu ac ail-doi'r eglwys. Ond mae'r dyddiad cwblhau, sef 1542, a welir ar un o'r tariannau ar y to, yn cyd-fynd â dyddiadau blwyddgylchau'r pren ynddo ac yn dangos bod hwn yn do newydd a chostus o drawstiau gordd. Y to hwnnw, ynghyd â'i angylion adeiniog, oedd yr olaf o'i fath.

O fewn ychydig flynyddoedd, cawsai tu mewn eglwysi'r plwyfi eu gweddnewid bron yn llwyr. Cafodd nwyddau eglwysi eu cipio a delweddau eu dinistrio neu eu difwyno. Rhoddwyd gwyngalch dros y murluniau ac

yn eu lle, weithiau, rhoddwyd testunau mewn llythrennau du ynghyd â'r arfbais frenhinol [049]. Ceir tystiolaeth o dro i dro o ddryllio delwau, fel yn Llandeilo Tal-y-bont, lle mae'n ymddangos bod wyneb wedi'i ddileu'n fwriadol. Cafodd rhai capeli anwes eu cau am byth a'u haddasu at ddefnydd domestig: mae'r Comisiwn wedi cofnodi tri chapel ym Morgannwg a drowyd yn dai yn ystod y cyfnod modern cynnar. Mae cefnogaeth uchelwyr Cymru i'r drefn Anglicanaidd i'w gweld yn glir yn eu cofadeiliau a'u harfbeisiau, dwy elfen a lanwai fwy a mwy ar ganghellau neu gapeli arbennig eglwysi plwyf. Mae rhai cofadeiliau – er enghraifft, cofadeiliau teulu'r Stradlingiaid a'r Aubreyaid ym Morgannwg – o gryn ddiddordeb hanesyddol ac artistig.

Adfeilion Eglwys Leicester, Dinbych: ffotograff a dynnwyd cyn y Rhyfel Byd Cyntaf.

DI2005_0752 NPRN 93307

Mae'n anodd dilyn hynt yr ad-drefnu a fu ar eglwysi plwyf ar ôl y Diwygiad Protestannaidd, a drysu'r darlun ymhellach wna'r gwaith adfer a wnaed arnynt yn ystod y bedwaredd ganrif ar bymtheg. Prin iawn oedd yr eglwysi newydd a godwyd, ond yn eu plith mae'r eglwys hynod, Eglwys Leicester, y dechreuwyd ei chodi ym 1578 ac y rhoddwyd sylw o ddifrif iddi gyntaf yn *inventory* Sir Ddinbych. Neuadd bregethu Brotestannaidd ryfeddol ei maint oedd hon (55 metr o hyd), a hi oedd yr eglwys fwyaf a godwyd ym Mhrydain rhwng y Diwygiad Protestannaidd a'r ailadeiladu a fu ar Eglwys Gadeiriol Sant Paul yn yr ail ganrif ar bymtheg. Yr enghraifft bwysicaf sydd wedi goroesi o ailadeiladu yn yr ail ganrif ar bymtheg yng Nghymru yw eglwys y plwyf ym Mallwyd. Fe'i hailgodwyd yn unol ag egwyddorion yr Archesgob Laud gan y clerigwr o ysgolhaig, Dr John Davies, ac mae'n cynnwys twr

rhyfeddol o bren ac arno arysgrifau Lladin [050]. Mae tu mewn capeli ystâd y Rug a Gwydir (cofnodwyd yr olaf yn *inventory* Sir Gaernarfon) yn gyforiog o grefftwaith o safon uchel iawn.

Yr adeiladau crefyddol pwysicaf a godwyd i bwrpas penodol yw'r capeli anghydffurfiol cynnar. Maent yn frodorol eu hysbryd ac yn neilltuedig: er mai bwriad y Ddeddf Goddefiad oedd eu hamddiffyn, ni fynnai cynulleidfaoedd y capeli dynnu sylw atynt eu hunain. Trefnid tu mewn y capeli yn unol ag egwyddorion Protestannaidd, a'r enghreifftiau gorau o hynny yw Maesyronnen yn Sir Faesyfed [054] a'r Capel Newydd yn Llangian yn Sir Gaernarfon. Ar sail yr adeiladau syml ac anymwthgar hynny y datblygai pensaernïaeth grefyddol genedlaethol a fyddai'n sicrhau lle amlwg iawn iddi ei hun yn y bedwaredd ganrif ar bymtheg.

046 Tŷ Hir: Nannerth-ganol

Torlun o Nannerth-ganol sy'n dangos y tŷ hir â nenffyrch ar ôl gosod y lle tân ynddo tua diwedd yr unfed ganrif ar bymtheg.

DI2005_0027 NPRN 81416

Uchod: Nannerth-ganol cyn ei adfer.

DI2008_0403 NPRN 81416

De: Nannerth-ganol ar ôl ei adfer.

DI2007_0381 NPRN 81416

Isod: Adluniad o gynllun a golygon Nannerth-ganol o Houses and History in the March of Wales.

DI2008_0402 NPRN 81416

Credir yn aml mai'r tŷ hir, sef annedd a beudy dan yr unto, yw tŷ nodweddiadol Gymreig yr uwchdiroedd. Iorwerth Peate a fathodd y term 'tŷ hir', ac ef hefyd a ddaeth o hyd i Nannerth-ganol, y clasur o dŷ hir ger Rhaeadr Gwy sydd â lle amlwg yn y llenyddiaeth.

Cynigiai arolwg y Comisiwn Brenhinol o dai Sir Faesyfed gyfle i ailasesu Nannerth-ganol a'i osod yn ei gyd-destun hanesyddol. Mae torluniad Geoff Ward ohono'n dangos nodweddion hanfodol yr adeilad sylweddol hwn o gerrig a'i furiau trwchus. Gellid mynd o'r tŷ i'r beudy heb fynd allan, a'i gau o'r tu mewn. Perthyn y nenffyrch ynddo, sy'n dal i fod wedi'u duo gan fwg mewn mannau, i gyfnod cyntaf codi'r tŷ. Yn ddiweddarach, gosodwyd lle tân yn erbyn y nenfforch. Yr oedd y simnai anarferol o dal a chul yn cyfleu balchder perchennog Nannerth-ganol yn ei dŷ newydd, a hwnnw'n dŷ a gâi ei wresogi.

Rhaid pwysleisio nad cartref gŵr tlawd mohono. Mae'n fwy na thebyg y gallai'r sawl a gododd Nannerth-ganol fod wedi fforddio codi tŷ o fath gwahanol petai wedi dymuno gwneud hynny. Mae angen deall y tŷ hir yn nhermau ei gyd-destun hanesyddol, ond pwy a'i cododd a phryd y gwnaed hynny?

Mae dendrocronoleg wedi dangos i'r nenffyrch gael eu gwneud o bren coed a gwympwyd ganol yr unfed ganrif ar bymtheg: yr oedd y gwaith adeiladu wedi hen gychwyn erbyn gwanwyn 1556 ac mae'n debyg i'r lle tân gael ei adeiladu tua diwedd yr unfed ganrif ar bymtheg.

Yn ôl y dogfennau, câi Nannerth-ganol ei ddal ar brydles hir gan Bedo (neu Faredudd) ap Steven, gŵr y galwyd ei feibion i sesiwn fawr Sir Faesyfed ym 1557 i ateb tri chyhuddiad o ddwyn gwartheg: Thomas yn brif gyhuddedig ac Edward wedi'i gyhuddo o'i helpu. Gan i'r ddau fab fethu â dod i'r llys, cawsant eu rhoi ar herw. Rhaid bod y ddau wedi 'ffoi i'r wig' ac ni chawsant ddychwelyd tan i bardwn cyffredinol gael ei gyhoeddi ar ddechrau teyrnasiad Elisabeth. Yr oedd Nannerth-ganol yn dal i fod yn dŷ newydd pan ddaeth Thomas ac Edward yn ôl i bledio am bardwn a chael mechnïaeth i sicrhau eu hymddygiad da o hynny ymlaen.

Mae'n rhyfeddol bod y cyhuddiadau o ddwyn gwartheg wedi cyd-ddigwydd mor agos â chodi Nannerth-ganol. Er mai menter go beryglus oedd dwyn gwartheg, mae'n amlwg iddi fod yn ffordd gyflym o gasglu cyfalaf ac efallai, wrth gwrs, i hynny helpu gŵr proffesiynol i godi adeilad mawr a gynhwysai dŷ a beudy. Gellid defnyddio'r beudy mawr a diogel mewn tŷ hir nid yn unig i warchod y gwartheg ond hefyd i'w cuddio. Er nad oes modd gwybod beth yn union a ddigwyddodd yn Nannerth-ganol, mae'n amlwg bod rhaid deall y tŷ hir, yn rhannol, mewn perthynas ag economi bugeiliol lle'r oedd dwyn gwartheg yn ddigwyddiad eithaf cyffredin.

Cynnyrch amgylchiadau hanesyddol penodol oedd y tai hir. Mewn ardaloedd lle'r oedd dwyn anifeiliaid yn bla, cynigient fwy o ddiogelwch i anifeiliaid am fod modd eu cadw dan do dros y gaeaf. Gan i nifer y cyhuddiadau o ddwyn gwartheg gynyddu yn ystod ail hanner yr unfed ganrif ar bymtheg a chodi i uchafbwynt ar ddechrau'r ganrif ddilynol, efallai y dylid ystyried mai ymateb doeth oedd codi cartref a gyfunai dŷ a beudy.

Richard Suggett

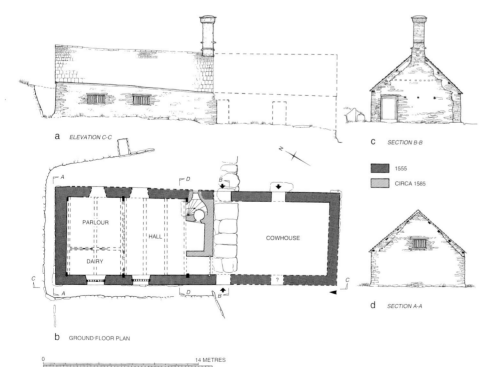

a *ELEVATION C-C*

c *SECTION B-B*

1555

CIRCA 1585

PARLOUR

HALL

DAIRY

COWHOUSE

?

d *SECTION A-A*

b *GROUND-FLOOR PLAN*

0 — 14 METRES
0 — 50 FEET

047 Royal House, Machynlleth

Ffotograff a dynnwyd cyn y Rhyfel Byd Cyntaf o Royal House, Machynlleth, a'r siop ddillad yn y tu blaen.
DI2008_0398 NPRN 29929

Gwaith plastr addurniadol yn Royal House.

DS2006_116_039 NPRN 29929

Addurniad peintiedig ar y pared post-a-phanel yn y neuadd.

DS2006_116_029 NPRN 29929

Prin yw'r tai tref yng Nghymru, a phrin dros ben yw siopau neu adeiladau masnachol cynnar sydd wedi goroesi o'r cyfnod cyn-Sioraidd. Enghraifft o annedd a stordy sidanwr yw Royal House, adeilad nad oes rhyw lawer o newid wedi bod arno. Gellir honni mai dyma un o'r siopau hynaf yng Nghymru. Yr oedd siop wedi bod yno am ryw 400 mlynedd, mae'n debyg, pan gaewyd hi ym 1988. Fe'i cofnodwyd fel rhan o waith cofnodi brys y Comisiwn Brenhinol, ac ar ôl cyfnod o ansicrwydd mawr mae'r adeilad bellach wedi'i adfer yn eithriadol o gelfydd.

Sefydlwyd tref Machynlleth tua diwedd y drydedd ganrif ar ddeg ac mae ei chynllun yn dal i fod ar ffurf y llythyren T ar fan cyfarfod y ffyrdd o'r gogledd, y de a'r dwyrain. Calon y dref yw'r groesffordd lle saif twr y cloc (a godwyd ym 1873) ar safle hen neuadd farchnad a llys a oedd yn debyg i'r un sy'n dal i sefyll yng nghanol Llanidloes. Arferai cannoedd o bobl heidio i farchnadoedd a llysoedd Machynlleth yn rheolaidd. Yr oedd lle'n brin ger neuadd y farchnad, a chodwyd adeiladau trefol nodweddiadol yma: nid tai annedd yn unig ond siopau a stordai. Safai Royal House mewn man digon amlwg yn y dref, sef rhwng eglwys y plwyf a neuadd y farchnad.

Drwy ryw ryfedd wyrth, fe oroesodd Royal House yr ailadeiladu a fu ar y dref yn y bedwaredd ganrif ar bymtheg. Mae ei ochr hir, isel ac ôl-ganoloesol yn cyferbynnu â'r adeiladau tal a godwyd yn ei ymyl yn y bedwaredd ganrif ar bymtheg. Erbyn ail hanner y ganrif honno, yr oedd hi mor amlwg bod Royal House yn wahanol nes i rywrai gysylltu honiadau hanesyddol diddorol â'r adeilad. Ar gardiau post ohono, fe'i hysbysebwyd fel y tŷ hynaf yng Nghymru ac, wrth gwrs, fe honnwyd i'r Brenin Charles I aros yno. Dyna a esboniai'r enw 'Royal House'.

Pa mor hen yw Royal House? Saif ar hen ddarn 'bwrdais' o dir sy'n dyddio'n ôl, mae'n debyg, i gyfnod sefydlu'r dref. Tair rhan sydd iddo, sef annedd wedi'i osod rhwng siop uwch ei ben a stordy o dano. Mae rhai manylion brodorol rhagorol wedi goroesi ynddo, gan gynnwys lle tân corbelog, pared o byst a phaneli ac arno olion addurniadau peintiedig, pen drws â dwy big fain, a gwaith plastr addurnol. Awgryma'r manylion pensaernïol mai yn ystod yr unfed ganrif ar bymtheg y codwyd yr adeilad, a'r dyddiadau a gafwyd o flwyddgylchau pren y to – to na fu fawr o newid arno – yw gwanwyn 1561 yn achos y tu blaen a 1576 yn achos rhan isaf yr adeilad. Er ei bod hi'n anodd dogfennu tai tref, y rhyfeddod yw bod cyfres o weithredoedd Royal House (Tŷ-yn-y-lôn oedd ei enw bryd hynny) wedi'u cadw. Dangosant i gyfres o sidanwyr ddefnyddio'r adeilad oddi ar yr ail ganrif ar bymtheg. Stordy oedd yr uned isaf, a chyfeiriwyd ati ym 1628 fel 'Sgubor Newydd'. Sidanwyr fyddai canolbwynt economi tref fel Machynlleth. Câi gwartheg eu hallforio o'r farchnad yno ond, yn gyfnewid am hynny, câi nwyddau (tecstilau'n bennaf, ond llyfrau, siwgr, perlysiau a bwydydd eraill hefyd) eu mewnforio i Fachynlleth a'u hailddosbarthu o'r siop i'r ardaloedd gerllaw.

Royal House yw un o'r dyrnaid prin o adeiladau cynnar a gwirioneddol drefol yng Nghymru. Er nad yw'n ddarn gwych o bensaernïaeth, mae'n ymgorfforiad o hanes y masnachu a fu ym Machynlleth. Mae'n bwysig hefyd am iddo gael ei ddefnyddio'n ddi-dor yn yr un lle ac at yr un dibenion - fel siop, annedd a stordy – am bedair canrif. Ni chafodd y tŷ gwreiddiol erioed ei ddymchwel ond wrth i'r adeilad gael ei addasu droeon i gyd-fynd ag amgylchiadau newydd, mae pob newid wedi gadael ei ôl arno.

Richard Suggett

Y brif ystafell (y neuadd) o'r unfed ganrif ar bymtheg yn Royal House ar ôl ei hadfer, a'r drws i'r ychwanegiad.

DS2006_116_021 NPRN 29929

048 Manylion Pensaernïol Cudd yn Ninbych

Y grisiau yng Ngwesty'r Bull sydd â llaw mewn maneg ar y postyn.

CD2005_627_033 NPRN 26894

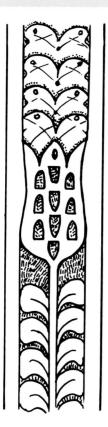

Uchod: Motiff y tiwlip ar y grisiau yn 1 Park Street.
DI2008_0407 NPRN 27620

De: Y grisiau cywrain o ganol yr ail ganrif ar bymtheg yng Nghaffe'r Forum, Stryd Fawr.
CD2005_627_031 NPRN 27338

Efallai mai herodraeth yr eryr deuben o 1643 a ysgogodd enwi'r gwesty'n Westy'r Eagles.
CD2005_628_002 NPRN 26773

Ar ôl i'r Comisiwn Brenhinol wneud gwaith cofnodi brys ym mis Ebrill 2002 ar Fryn-y-parc, sef cyfres o adeiladau â ffrâm o bren a godwyd o amgylch cwrt yn yr unfed ganrif ar bymtheg a'u difrodi'n wael gan dân yn ddiweddarach, gwnaed arolwg o ddetholiad o dai tref Dinbych. Ategai'r gwaith hwnnw fenter a sefydlwyd ychydig ynghynt, sef Menter Treftadaeth Trefwedd Dinbych. Gan fod tai tref yn aml yn cadw manylion hŷn y tu ôl i'r ffasadau a godwyd ar eu tu blaen yn y bedwaredd ganrif ar bymtheg, cyfoethogodd yr arolwg dethol hwnnw waith y Fenter a bwydo gwybodaeth newydd amdanynt i'r Cofnod Henebion Cenedlaethol. Er hynny, collwyd rhywfaint o'r manylion pensaernïol gwych yn y tân ym Mryn-y-parc, gan gynnwys panel arfbeisiol cerfiedig pwysig o ganol yr unfed ganrif ar bymtheg. Yn ffodus, tynnwyd llun o'r panel rai blynyddoedd ynghynt. Er hynny, fe ddatgelodd arolwg y Comisiwn nodweddion cudd llawer o dai tref hynaf Dinbych.

Mae sawl llawr i dai trefol, hyd yn oed y rhai a godwyd yn ystod yr Oesoedd Canol, ac weithiau bydd iddynt dri llawr a chroglofft. Yn aml, bydd llawer o'r tai tref tal wedi cadw'r grisiau deniadol a godwyd ynddynt yn ystod yr ail ganrif ar bymtheg. Byddai codi grisiau o amgylch man agored yn gyfle braf i bensaer ddangos ei ddawn. Mae'r grisiau a adeiladwyd tua dechrau'r unfed ganrif ar bymtheg yng Ngwesty'r Bull yn codi hyd at y groglofft ac mae iddynt falwstrau cerfiedig a moldiedig, llinyn moldiedig o waith strap, canllaw foldiedig, a physt grisiau sgwâr a arferai fod â blaenau a chrogaddurnau arnynt. Mae un o'r olaf wedi goroesi ar y gwaelod. Ar bob postyn grisiau ceir motiff cerfiedig o law mewn maneg. Mae'r motiff hwnnw'n awgrymu cysylltiad â gild gwneuthurwyr menig y dref, ac mae'n ddigon posibl y byddai'r gild hwnnw'n cyfarfod mewn ystafell ar lawr uwch yn y dafarn.

Yn y Forum yn 29 High Street gwelir holl botensial grisiau siafft ar gyfer arddangos trawiadol. Cwyd grisiau siafft cywrain yr adeilad, sy'n dyddio o ganol yr ail ganrif ar bymtheg, o'r seler i'r llofft uchaf. Mae i'r grisiau falwstrau sblat moldiedig a thyllog, losinau cerfiedig ar yr ochrau, canllaw foldiedig, a physt grisiau o waith strap cerfiedig (a arferai gynnwys blaenau gosgeiddig) ac arnynt grogaddurnau sydd wedi goroesi.

Yn 2 Hall Square ac 1 Lôn Parc ceir dwy set o risiau ac iddynt falwstrau dirdroadol sy'n dyddio o ran olaf yr

ail ganrif ar bymtheg. Gellid yn gyfleus ddigon addurno arwynebau pyst grisiau. Dangosir parhad y motiff rhwng rhan gynnar yr ail ganrif ar bymtheg a'i rhan olaf yn y defnydd o fotiffau 'S' sydd wedi'u cysylltu'n fertigol â'i gilydd yng Ngwesty'r Bull, 1 Lôn Parc, a Gwesty'r Crown, ond mae'r postyn isaf yn Lôn Parc yn dangos motiff amlwg a oedd yn newydd adeg ei gerfio, sef y tiwlip. Dyma fynegiant Cymreig cynnar o'r 'tiwlipomania' a ysgubodd ar draws Ewrop o'r Iseldiroedd yn yr ail ganrif ar bymtheg.

Gellir cymharu'r gwaith addurno sydd ar y grisiau hyn â manylion eraill o'r un cyfnod, yn enwedig y silffoedd simnai plastr a'r arysgrifau o ddyddiadau. Gellir nodi ambell enghraifft. Yn 15 Stryd y Dyffryn, ceir silff simnai ac arno'r blaenlythrennau 'PTA' wedi'u rhyng-gysylltu o dan y dyddiad '1639' uwchlaw'r lle tân lletraws a fewnosodwyd yn yr hyn a arferai fod yn neuadd agored. Mwy cywrain yw'r silff simnai ychydig yn ddiweddarach yng Ngwesty'r Eagles yn Lôn Cefn. Mae arni eryr deuben ar darian, a phob ochr iddi mae'r blaenlythrennau 'IFP 1643', a gwaith strap a fflŵr-dy-lis yn eu cysylltu. Er bod modd crybwyll llawer adeilad arall, mae'r dyrnaid hwn o enghreifftiau'n tynnu sylw at nodweddion pensaernïol cudd Dinbych o'r ail ganrif ar bymtheg, ac mae'n siŵr y daw rhai tebyg eto i'r golwg mewn trefi hanesyddol eraill yng Nghymru.

Geoff Ward

049 Murluniau Eglwysig Ôl-Ganoloesol

*Eglwys y plwyf, Llanynys, Sir Ddinbych: panel peintiedig celfydd (olew ar gynfas)
ac arno'r dyddiad 1661 ynghyd ag arfbais Charles II ar ôl adfer y frenhiniaeth.*

DI2005_1090 NPRN 155246

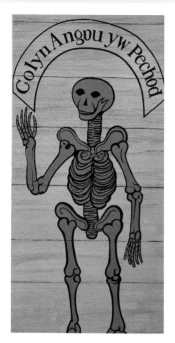

*Uchod: Memento mori
(wedi'i adfer) yn eglwys y
plwyf, Llaneilian, Môn.*
DI2005_1082 NPRN 32283

Isod: Y Credo mewn
cartouche *celfydd yn eglwys
y plwyf, Llangybi, Sir Fynwy.*
DI2006_1710 NPRN 220654

Cafodd y Diwygiad Protestannaidd lawn cymaint o effaith ar yr addurniadau a oedd i'w gweld yn yr eglwysi Cymru ag ar y rhai yn eglwysi Lloegr. Mynnodd Gorchmynion y Cyfrin-Gyngor ym 1548 fod rhaid dileu pob delwedd, boed honno'n gerflun, yn wydr lliw neu'n furlun ac, fel y gwnaethant yn Lloegr, fe ufuddhaodd y clerigwyr a'r bobl leol yn gymharol selog. Er mai prin oedd y cerfluniau a osgôdd ddinistr y dryllwyr, yr hyn a ddigwyddodd gan amlaf oedd gwyngalchu'r paentiadau. Mae'r Comisiwn Brenhinol wedi dod o hyd i lawer ohonynt ac wedi'u cofnodi.

Rhoddodd Gorchmynion y Cyfrin-Gyngor gyfarwyddyd penodol bod rhaid gosod testunau o'r Llyfr Gweddi diwygiedig a 'brawddegau dethol' o'r Beibl – a oedd newydd gael ei gyfieithu – yn lle'r lluniau. Byddai Gweddi'r Arglwydd, Credo'r Apostolion a'r Deg Gorchymyn i'w gweld bron ym mhob eglwys o tua diwedd yr unfed ganrif ar bymtheg ymlaen, a hynny yn Gymraeg neu Saesneg yn ôl iaith y fro. Mewn rhai achosion (fel yn Eglwys Gymyn yn Sir Gaerfyrddin a Llandeilo Tal-y-bont ym Morgannwg), mae'r olyniaeth o destunau'n dangos y newid o'r Gymraeg i'r Saesneg. Fe'u copïwyd o enghreifftiau printiedig gan ddefnyddio'r un sgript mewn llythrennau du (gan gynnwys yr amrywiadau yn sillafu'r argraffydd). O amgylch eu hymylon, fel rheol, ceid dynwarediadau o dabledi mewn ffrâm llun neu dablet cerfiedig – mae Paternoster o tua 1600 yn Llandeilo Tal-y-bont hyd yn oed yn hongian o 'wifren bictiwr' beintiedig. Ymhlith y 'brawddegau dethol' ceir testunau o'r salmau fel Salm 84.9-10 yng Nghil-y-cwm yn Sir Gaerfyrddin, ac adnodau didactig neu anogaethol fel Ioan 14.15 ym Mhatrisio yn Sir Frycheiniog a Mathew 26.6-8 ym Myddfai yn Sir Gaerfyrddin. Ceir cyfres nodedig ohonynt – a luniwyd adeg y Werinlywodraeth, efallai – yn Rhuddlan yn Sir y Fflint.

Ar ôl yr Adferiad gwelwyd newid mewn arddull a chynnwys. Daeth yr Arfau Brenhinol yn elfen safonol, ac weithiau fe'i cysylltid â thestunau gwleidyddol a oedd yn amlwg yn bleidiol i'r frenhiniaeth. Diddorol yw sylwi mai yn Saesneg yr oedd y rheiny mewn dau achos o leiaf (Llandeilo Tal-y-bont ym Morgannwg a Llangelynnin yn Sir Gaernarfon) er mai Cymraeg oedd iaith y testunau litwrgïaidd ar y pryd. Newidiodd y llythrennu i adlewyrchu arddulliau argraffu newydd. Unwaith eto, yr oedd ffigurau'n dderbyniol, ond ni cheid cynnwys mwy na mwy ohonynt: ceid darlunio Moses ac Elias gyda'r Deg Gorchymyn (fel yng Nghil-y-cwm), a disodlwyd San Cristoffer gan ffigur emblematig Angau gyferbyn â'r prif ddrws (fel yn Llangar ym Meirionnydd). Weithiau, ceid cyfansoddiad eithaf cymhleth. Ym Mhennant Melangell yn Sir Drefaldwyn, er enghraifft, ceid y Credo a Gweddi'r Arglwydd, yn ogystal â ffigurau ar ddau banel bob ochr i'r Deg Gorchymyn. Ambell waith, gallai'r peintiwr adael ei lofnod neu ei fonogram, fel y gwnaeth 'J. Cartwright de Aberedw' ym 1733 yng Ngholfa yn Sir Faesyfed. Fel arall, gellir dod o hyd i enw'r peintiwr yng nghofnodion y plwyf (fel y Thomas Jones a gafodd deirpunt am beintio'r Deg Gorchymyn ym Mhennant Melangell ym 1791) neu drwy chwilio am arddull debyg mewn gweithiau artistig eraill.

Daliodd arysgrifau i fod yn rhan o addurniadau eglwysi a chapeli anghydffurfiol yn y bedwaredd ganrif ar bymtheg. Y sefyllfa baradocsaidd oedd bod arysgrifau'n addurno eglwysi newydd yr adferiad Gothig (fel yn Llanfrynach yn Sir Frycheiniog ym 1855) tra câi testunau o'r ail ganrif ar bymtheg a'r ddeunawfed ganrif eu crafu oddi ar waliau eglwysi canoloesol yn enw 'eglwysoleg' (fel y gwnaed yn Llanbadarn Fawr yng Ngheredigion). Yn achos unrhyw fath o addurno peintiedig, golygai newid mewn chwaeth golli neu guddio'r hen, ac ni ddeuai'r hen yn ôl i'r golwg tan y gwnaed gwaith adfer yn ddiweddarach. Dyna pam y mae'r Cofnod Henebion Cenedlaethol yn cynnwys darnau lu o arysgrifau - fel Gweddi'r Arglwydd, o bosibl, a fframiau dwy arall yn Llanbister yn Sir Faesyfed – sydd, er iddynt gael eu cuddio o'r golwg am gyfnod, yn awgrymu cymaint o gyfoeth o addurniadau a welid mewn llawer eglwys ôl-ganoloesol.

A. J. Parkinson

050 Dr John Davies, Mallwyd, a'i Dŵr

Cyntedd a thŵr eglwys y plwyf, Mallwyd, Meirionnydd, yn 2002.

DI2007_0353 NPRN 43907

Uchod: Uncorn a fflŵr-dy-lis yr arfbais frenhinol wedi'u cerfio ar nenbren to'r gangell.

DI2008_0496 NPRN 43907

De: Torlun sy'n dangos adeiladwaith pren y tŵr.

DI2008_0428 NPRN 43907

Isod: Pont-y-Cleifion, y bont un-bwa ddramatig a godwyd gan Dr John Davies yn ystod hanner cyntaf yr ail ganrif ar bymtheg.

DI2007_0350 NPRN 24201

Y farn erbyn heddiw yw mai Dr John Davies (a fu farw ym 1644) oedd ysgolhaig mwyaf cyfnod olaf y Dadeni Dysg yng Nghymru. Câi ei edmygu gan ei gyfoeswyr fel adeiladwr neu bensaer yn ogystal ag fel ysgolhaig, ac yn ystod y cyfnod maith y bu'n rheithor Mallwyd yn Sir Feirionnydd aeth ati i ailgodi'r rheithordy a chreu gardd yno. Bu wrthi hefyd yn codi tair pont, a phob un yn fwy o gampwaith na'i ragflaenydd. Cyrhaeddodd y gwaith hwnnw ei anterth pan gododd Bont y Cleifion i rychwantu ceunant cyfan. Ond ei waith mwyaf uchelgeisiol oedd ailgodi eglwys y plwyf yn gyfan gwbl, tasg y treuliodd ddeg mlynedd ar hugain yn ei chyflawni.

Siambr sengl oedd i hen eglwys y plwyf ym Mallwyd ac fe estynnodd John Davies y gangell ac ychwanegu tŵr newydd yn y gorllewin a chyntedd yn y de. Wrth ail-doi ac ad-drefnu'r eglwys, fe ddifethodd y mwyafrif o'r manylion a oedd wedi goroesi ers tua diwedd yr Oesoedd Canol. Er bod modd canfod ôl sawl cyfnod o adeiladu yno, yr hyn sy'n uno'r cyfan yw'r mowldio ofolo arbennig.

Yr oedd y tŵr newydd o bren yn tra-arglwyddiaethu ar ben gorllewinol yr eglwys ac mae lluniau'r Comisiwn Brenhinol yn dangos ei fframwaith pren mewn persbectif. Lluniwyd y fframwaith yn gywrain gan gynnwys ynddo system gymhleth o byst a chyplysau. Nid fframwaith yn sefyll yn annibynnol mohono gan ei fod yn manteisio ar waith maen y talcen gorllewinol i'w ddal yn gadarn yn ei le. Mae tri llawr i'r tŵr. Ar ei waelod yr oedd system o gyplysau yn cuddio siambr arbennig yn rhannol rhag corff yr eglwys. O gwmpas llawr y clochyddion mae pyst enfawr â chyplysau, a'r rheiny'n codi i frig y tŵr ac yn ffrâm o amgylch siambr y gloch. Ar bob un o wynebau'r clochdy fe dyllwyd yr estyllod dŵr i ffurfio arysgrifau Lladin amlwg a duwiol. Byddai'r tyllau hefyd yn helpu i gario sŵn y clychau.

I bob pwrpas, 'bedyddfa' â sgrin a chanopi oedd yr ystafell ar waelod y tŵr. Mae'n amlwg, felly, mai bwriad John Davies oedd creu 'ystafell fedyddio' i'r eglwys, a honno'n cyd-fynd â'r gangell neu'r 'ystafell gymundeb' newydd. Canolbwynt y pen gorllewinol

oedd y bedyddfaen, a chanolbwynt y gangell oedd yr allor a osodwyd, yn unol â thraddodiad, yn y pen dwyreiniol. Byddai pensaernïaeth eglwys Dr Davies yn dangos yn fwriadol ac yn bendant i'r gynulleidfa, wrth iddi ymgasglu yng nghorff yr eglwys rhwng y bedyddfaen a'r allor, y daith ysbrydol o'r bedyddio neu'r ailenedigaeth i'r cymundeb.

Perthyn ailgodi eglwys Mallwyd i gyfnod cyffredinol o adfer eglwysi yn ystod oes y Stiwartiaid cynnar. Magodd y broses honno fwy a mwy o bwys ideolegol, ac yr oedd safle'r allor yn arwydd arbennig o hynny. Yn ystod y 1630au a than y Rhyfel Cartref, cafodd cannoedd o eglwysi plwyf eu hatgyweirio a'u hadddrefnu yn unol â'r pwyslais traddodiadol yn egwyddorion yr Archesgob Laud, a chododd tirfeddianwyr gapeli domestig newydd i'w teuluoedd a'u tenantiaid eu defnyddio. Pan roes yr Archesgob Laud ei hun gychwyn i'r broses o adfer Eglwys Gadeiriol St Paul, gofynnodd i uchelwyr a chlerigwyr siroedd Cymru a Lloegr gyfrannu at y gost. Bu Dr Davies ei hun yn casglu cyfraniadau ym Meirionnydd. Ychydig sy'n hysbys am y mwyafrif o'r eglwysi hynny ar eu newydd wedd ac mae'n fwy na thebyg mai eu hail-drefnu yn hytrach na'u hailgodi a wnaed. Mae gwaith adfer diweddarach yn cuddio'r dystiolaeth erbyn hyn. Perthyn arwyddocâd pensaernïol arbennig i eglwys Dr Davies am fod modd adlunio'i threfn fewnol ac am fod ei ffabrig o'r ail ganrif ar bymtheg fwy neu lai'n gyflawn.

Richard Suggett

051 Marsh House: Warws Amddiffynedig

Tynnwyd y ffotograff hwn o Marsh House, yng nghysgod gorsaf bŵer Aberddawan, Morgannwg, ym 1982 yn fuan ar ôl i ran ohono gael ei dymchwel.
DI2008_0395 NPRN 19309

Uchod: Twll mwsged yn Marsh House.

DI2008-0393 NPRN 19309

De: Cynllun tir adeiladau Marsh House.

DI2008_0405 NPRN 19309

Arferai masnachwyr arfordir Cymru yn yr ail ganrif ar bymtheg ddefnyddio dwsinau o borthladdoedd a chilfachau bach ar hyd arfordir gorllewin y wlad. Masnachent nid yn unig ar hyd yr arfordir ond â phorthladdoedd y Cyfandir gan fentro mor bell weithiau ag India'r Gorllewin. Drwy ddod o hyd i lestri ceramig a fewnforiwyd ac i'r poteli a'r pibau clai dirifedi a ddefnyddid i yfed y gwinoedd ac i smygu'r tybaco a fewnforiwyd, bydd archaeoleg yn ein hatgoffa'n gyson am bwysigrwydd y fasnach honno. Ond prin yw ei holion pensaernïol.

Er hynny, daeth gwaith maes gan y Comisiwn Brenhinol o hyd i dipyn o hanes difyr y masnachu a fu ar hyd arfordir Morgannwg yn yr ail ganrif ar bymtheg. Saif Marsh House ger porthladd bach Aberddawan, yng nghysgod pwerdy Aberddawan. Yn y man amddiffynedig hwn ceid stordy, a estynnwyd y tu allan i'r perimedr yn ddiweddarach, a thŷ bychan ond trawiadol a gawsai ei blastro â chalch.

Gan nad oedd ond un fynedfa ar yr ochr ogleddol, yr oedd modd amddiffyn y safle'n gadarn. Ac o'i amgylch codai wal gerrig 2.5 metr o uchder a chilfachau saethu bob hyn a hyn ar hyd-ddi. Ceid trefn debyg yn y stordy hefyd, a chilfach saethu wedi'i gosod yno'n unswydd i amddiffyn y fynedfa i'r safle.

Beth oedd swyddogaeth y safle a pham yr oedd angen ei amddiffyn? Er bod Marsh House yn unigryw yng Nghymru, mae'n perthyn i ddosbarth o safleoedd amddiffynedig sydd i'w cael hwnt ac yma ar hyd moroedd y gorllewin o Iwerddon i New England. Mae'r tŷ'n debyg i rai o'r 'bawns' neu lociau amddiffynedig sydd wedi'u cofnodi yn Swydd Down a mannau eraill – ac y mae rhai ohonynt yn gysylltiedig ag ymfudwyr o Loegr a'r Alban. Cafodd y math hwn o adeiladwaith, a ddatblygwyd yn Iwerddon yn ystod Oes Elisabeth, ei drawsblannu i Virginia ar ddechrau'r ail ganrif ar bymtheg ym mhlanhigfa arloesol Martin's Hundred.

Pwy gododd Marsh House a phryd y gwnaed hynny? Mae'r dystiolaeth ddogfennol yn awgrymu i'r stordy a'r cwrt gael eu codi tua 1636 gan Thomas Spencer, masnachwr cyfoethog ac uchelgeisiol a fasnachai drwy Aberddawan yn ystod hanner cyntaf yr ail ganrif ar bymtheg. Yr oedd Spencer â rhan yn y fasnach ag India'r Gorllewin, a bu'n mewnforio tybaco o St Kitts rhwng 1636 a 1640. Ond gan mai monopoleiddiwyr a benodwyd gan y Goron oedd yn tra-arglwyddiaethu ar y fasnach dybaco bryd hynny, y drefn oedd mai drwy gei'r Custom House yn Llundain yr oedd tybaco i fod i gyrraedd y wlad.

Gan fod Thomas Spencer, felly, yn ymhél â masnach anghyfreithlon, yr oedd angen amddiffynfeydd Marsh House arno i warchod ei lwythi hynod werthfawr. Gallai llond llong o dybaco fod yn werth rhai miloedd o bunnoedd a châi'r tybaco ei storio yn y warws i'w

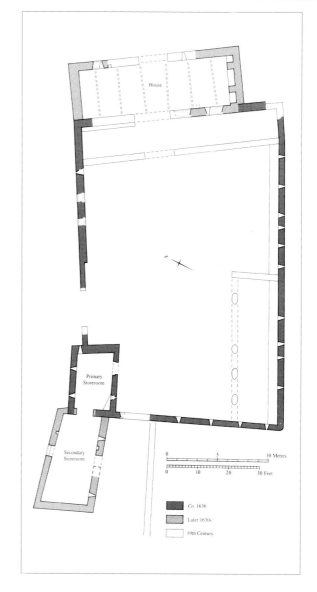

ailwerthu pan fyddai'r amser yn briodol. Byrhoedlog fu menter Spencer yn y fasnach filain hon gan iddi ddod i ben pan gipiodd môr-ladron o Dwrci ei long fwyaf, y 'Great Thomas', ym 1639 a phan ddechreuodd y Rhyfel Cartref.

Goroesodd Marsh House tan y 1980au. Dymchwelwyd rhan ohono heb fod yn hir ar ôl i'r Comisiwn Brenhinol ddod o hyd iddo a chyn i neb lawn sylweddoli pa mor bwysig ydoedd. Gosodwyd rhybudd diogelu interim ar yr adeilad ond yn y pen draw fe ddefnyddiwyd y safle'n fan i ollwng arni'r lludw a ddeuai o'r pwerdy sef, bellach, prif ddefnyddiwr porthladd Aberddawan.

Dyma grynodeb o'r disgrifiadau gan Matthew Griffiths a Howard Thomas yn Morgannwg 26, *(1982), 84-8, a Howard Thomas a Jack Spurgeon yn* Archaeologia Cambrensis *146 (1997), 127-37.*

052 Tŷ Newton (Plas Dinefwr), Llandeilo

Llun o blasty a gerddi Tŷ Newton heb fod yn hir ar ôl eu cwblhau.

DS2007_163_002 NPRN 17603

Drwy garedigrwydd Yr Ymddiriedolaeth Genedlaethol.

*Uchod: Grisiau mawr
Plas Dinefwr.*

DS2007_163_025 NPRN 17603

*De: Un o'r nenfydau
trawiadol o gyfnod yr Adferiad
ym Mhlas Dinefwr.*

DI2006_0822 NPRN 17603

*Isod: Awyrlun o Blas Dinefwr
heddiw a'r cyrtiau mewnol
(gwasanaethau) ac allanol
(y stablau).*

DI2006_0924 NPRN 17603

Mae ymwneud y Comisiwn Brenhinol â Thŷ Newton yn mynd yn ôl i 1917, cyfnod pan oedd gan y Comisiwn fwy o ddiddordeb, efallai, yn archaeoleg Parc Dinefwr, sy'n cynnwys y tŷ, nag yn y tŷ ei hun – hynny yw, yn y castell, y fwrdeistref ganoloesol a'r maenordy coll a ddisgrifiwyd mewn ymchwiliad ym 1532. Yn *inventory* Sir Gaerfyrddin ym 1917 dywedwyd bod y tŷ wedi'i ailgodi'n llwyr. Er mai camgymeriad oedd hynny, gellir ei ddeall am nad aeth y swyddog archwilio, i bob golwg, i mewn i'r tŷ o gwbl a hynny, mae'n debyg, am i du allan yr adeilad gael ei ailwampio yn yr arddull farwnaidd ym 1856.

Yn ddiweddarach, tynnodd y chweched Barwn Dinefwr sylw at y ffaith fod Castell Dinefwr yn ymgorffori tŷ cynharach, sef Tŷ Newton, a'i fod wedi cadw llawer o fanylion o'r ail ganrif ar bymtheg. Mae'n debyg i'r dyddiad 1660 gael ei weld yn y to. Wrth fynd i mewn i'r tŷ, yr argraff a geir yn syth yw bod yma dy o gyfnod yr Adferiad. O ran y cynllun, mae yma ddwy haen ynghyd â mur – sy'n asgwrn cefn i'r tŷ - rhwng y cyntedd a'r grisiau mawr. Nid oedd y neuadd yn ystafell mor bwysig ag yr oedd yn y tŷ neuadd canoloesol. Nid oedd hi bellach ond rhagystafell i'r parlwr a'r ystafell ymneilltuo, dwy ystafell go grand ac iddynt nenfydau hynod drawiadol hyd heddiw.

Y grisiau mawr yw prif nodwedd bensaernïol y tŷ. Mae'n codi drwy dri llawr ac yn rhyfeddod cyson o falwstrau oddfog, canllaw lydan a di-dor, pyst trwchus, a chrogaddurnau a blaenau cerfiedig. Mewn tai di-oriel, gallai'r grisiau gyflawni swyddogaeth oriel luniau. Mae'n debyg mai dyna a wnaent yn Nhŷ Newton. Yn wyrthiol ddigon, mae pedwar peintiad o'r ail ganrif ar bymtheg wedi goroesi ac yn darlunio'r tŷ a'r parc fel yr

oeddent yn weddol fuan ar ôl codi'r tŷ. Dangosant adeiladau y mae modd eu gweld o hyd yn y cyrtiau – y stabl a'r ysgubor. Mae trefn bendant y gerddi fel petai'n cyfleu awydd mawr y tirfeddianwyr i sicrhau trefnusrwydd ar ôl holl ansicrwydd y Rhyfel Cartref a'r Werinlywodraeth.

Pwy gododd Tŷ Newton? Yn draddodiadol, priodolid ei ailadeiladu i Syr Edward Rice (a fu farw ym 1663/4). Bellach, yn anffodus, does dim modd gwirio'r dyddiad '1660' yn y to; mae hi bron yn sicr iddo ddeillio o gamddarllen arysgrif o'r bedwaredd ganrif ar bymtheg yn y plastr o dan y to – to a godwyd yn ystod oes Fictoria. Er i'r manylion pensaernïol ddyddio, efallai, o 1660, mae'r dyddiad hwnnw fel petai'n amhosibl o gynnar ar gyfer cwblhau prosiect adeiladu na fu modd ei gyflawni tan i'r Adferiad greu amgylchiadau newydd.

Penderfynodd yr Ymddiriedolaeth Genedlaethol a'r Comisiwn Brenhinol mai dendrocronoleg oedd yr unig ffordd sicr o ddod o hyd i ddyddiad codi'r tŷ. Yn ffodus, cafwyd sampl â gwynnin cyflawn ynddi o'r nenffyrch derw gwreiddiol. Rhoddodd y sampl honno ddyddiad o haf 1664 gan ddangos na allai Tŷ Newton, hyd yn oed petai Edward Rice wedi dechrau ei godi, fod wedi'i gwblhau gan neb ond ei frawd, Walter, y gŵr a etifeddodd y stad ym 1664 ac a fu byw am ddeg mlynedd ar ôl hynny. Mae dogfennau y cafwyd hyd iddynt yn ddiweddar yn dangos i Walter Rice farw o leiaf £3,500 mewn dyled; mae'n debyg iddo afradu ei ffortiwn ar godi Tŷ Newton. Cadwyd ar gof a chadw ei eiriau wrth ei wraig ofidus ddydd ei farw: 'Ffye, will you not let me dye in quiett!'

Richard Suggett

053 'Tapestrïau Peintiedig': Darganfyddiadau yn y Ciliau

Manylyn o'r peintiad yn y Ciliau, Sir Faesyfed gan ddangos yr aderyn sydd wedi cynhyrfu a'r gath hunanfodlon. Mae'r oliniad (chwith) yn amlygu manylion nad ydynt yn hawdd eu gweld.

DS 2007_024_023 NPRN 81106

Gan mai prif ddiben paratoi adluniad gan y Comisiwn Brenhinol yw dadlennu adeiladwaith adeilad, fe all mai golwg braidd yn wag a phlaen sydd i'w du mewn yr adeilad dan sylw, fel yn y torluniad o'r Ciliau, tŷ bonedd nodedig a godwyd tua chanol oes y Tuduriaid. Cynlluniwyd i'r tŷ fod â neuadd agored draddodiadol, ond câi ei wresogi â lle tân ochrol ffasiwn-newydd. Er na chynhwysai neuaddau'r mwyafrif o dai yn yr unfed ganrif ar bymtheg fawr o gelfi heblaw bwrdd a meinciau, ac er bod unrhyw gynllun addurnol fel rheol wedi'i golli am byth, bydd tai brodorol weithiau'n dadlennu eu gorffennol mewn ffyrdd annisgwyl. Ar ôl i'r Comisiwn gwblhau'r torluniad hwn, er enghraifft, darganfu Mr Roger Capps fod y plastr dros y sgrin wrth ben llwyfan y neuadd yn cuddio cynllun peintiedig go helaeth.

Er mai'r prif fotiff yw llinynnau llawrydd o ddail a blodau, mae'r peintiad wedi'i drefnu'n fwriadus i ddangos ffris uwchben ei brif banel. Ar y cychwyn, yr oedd y ffris fel petai'n batrwm ailadroddus o ffrwythau pêr, ond o'i lanhau yn ofalus gwelwyd mai dail troed yr arth oeddent. Dros gefndir du'r panel islaw, ceir llifeiriant o ddail a blodau egsotig nad yw pyst a phaneli'r pared yn amharu dim arnynt. Mae'r dail hirfain a danheddog ar y panel yn plygu neu'n troi, a lliw'r ddwy ochr iddynt yn wahanol, y naill yn frown a melynllwyd a'r llall yn oren. Hwnt ac yma yn y deiliach gwelir sawl creadur. Daeth hi'n amlwg ar ôl glanhau'r panel fod yno aderyn wyneb yn wyneb â chath braidd yn hunanfodlon yr olwg: dyma'r darlun cynharaf sydd wedi goroesi yng Nghymru o'r anifail anwes cyffredin hwn. Mewn

man arall ceir aderyn, a chi â choler sydd ar drywydd rhyw greadur anweledig.

Cynlluniwyd i'r peintiad efelychu tecstilau'r arddull 'wyrddlas' a oedd yn gyforiog o luniau o lystyfiant. Chwaeth aristocrataidd oedd tapestrïau, a thapestrïau ffigurol yn enwedig, ond prin oedd y rhai a oroesai am amser maith. Daw'r rheswm dros hynny'n glir yn ewyllys yr Esgob Rawlins o Dyddewi, a fu farw ym 1536. Ynddi, disgrifir sut mae llygod mawr a gwyfynod wrthi'n bwyta'i groglenni. Gan fod cyfoedion yr esgob yn sylweddoli mor fregus oedd ffabrigau drud, cam mwy ymarferol iddynt hwy oedd peintio dyluniadau tapestrïau yn syth ar y muriau a'r paredau. Mae darganfyddiadau pellach yn y Ciliau wedi dangos i'r efelychiadau peintiedig hynny o groglenni orchuddio tri, os nad pedwar, o furiau'r neuadd.

Gan fod y dyluniad yn rhedeg y tu ôl i drawstiau'r muriau, rhaid bod peintiad yno cyn i nenfwd y neuadd gael ei osod yn ei le yn gynnar yn yr ail ganrif ar bymtheg. O ran ei arddull, mae'n beintiad sy'n perthyn yn fras i'r cyfnod 1575-1625. Efallai fod amryw o furluniau tebyg iddo i'w cael mewn tai ar y Gororau lle rhennir y mur yn dair rhan, sef dado, prif banel a ffris. Mae'r rheiny wedi'u dadansoddi gan Kathryn Davies, a hynny'n rhannol ar sail y deunydd yn archif y Comisiwn Brenhinol o furluniau. Mae'n fwy na thebyg bod modd dyddio'r cynllun yn fanylach ar sail ffynonellau dogfennol. Bu dau newid ym mherchnogaeth y tŷ tua diwedd yr unfed ganrif ar bymtheg gan i John ap Robert (mab Robert ap Gwilym, y gŵr a gododd y tŷ, mae'n debyg) etifeddu'r Ciliau ym 1574 a'i werthu, bum mlynedd yn ddiweddarach, i'r bonheddwr Edward Daunce o Henffordd. Mae'n debyg, felly, mai'r perchennog newydd ym 1579 a ailaddurnodd y Ciliau yn y dull ffasiynol.

Richard Suggett

De: Y sgrin beintiedig a ddaeth i'r golwg yn y Ciliau wrth dynnu'r plastr, ond cyn gwneud gwaith cadwraeth arno.

DI2006_1740 NPRN 81106

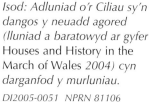

Isod: Adluniad o'r Ciliau sy'n dangos y neuadd agored (lluniad a baratowyd ar gyfer Houses and History in the March of Wales *2004) cyn darganfod y murluniau.*

DI2005-0051 NPRN 81106

054 Capel Maesyronnen ger y Clas-ar-Wy

Tu mewn Capel Maesyronnen, y celfi o'r ail ganrif ar bymtheg a'r ddeunawfed ganrif,
a'r nenfforch o ddiwedd yr Oesoedd Canol yn y wal rhwng y tŷ a'r capel.
DI2008_0392 NPRN 81403

Caiff cymhlethdodau'r newid yn niwylliant y wlad yn ystod y ddeunawfed ganrif eu hamlygu mewn ffordd annisgwyl gan Faesyronnen, un o'r tai cwrdd anghydffurfiol cynharaf ac un sydd wedi'i ddiogelu'n hynod o dda. Er bod yr adeilad, fel capel, wedi'i ddyddio'n fanwl-gywir i 1697, sef blwyddyn ei gofrestru mewn llys yn lle o addoliad o dan amodau Deddf Goddefiad 1689, dangosodd astudiaeth y Comisiwn Brenhinol o dai Sir Faesyfed mai tŷ hir o'r Oesoedd Canol oedd yno'n wreiddiol.

Adeilad brodorol sylweddol ond cynnil yw Maesyronnen. Esbonnir ei leoliad diarffordd yn rhannol gan gyfeillach gaeedig yr Annibynwyr anghydffurfiol a hefyd gan y rhagfarn yn erbyn aelodau'r enwad oherwydd y farn mai hwy oedd yn gyfrifol am ddienyddio'r brenin Charles I. Enghraifft o agwedd meddwl 'clytio a thrwsio' y cyfnod oedd y penderfyniad i greu'r capel drwy addasu'r adeiladau yn hytrach na'u dymchwel a chodi adeilad newydd yn eu lle. Ailwampiwyd y ffermdy gwreiddiol yn dŷ capel gan roi drws canolog iddo, ac ailgodwyd rhan

isaf yr adeilad (y cedwid yr anifeiliaid ynddi) yn dŷ cwrdd. Yn ddiweddar, cafwyd hyd i nenfforch ganoloesol sy'n dal i fod yn rhan o gefn y simnai rhwng y tŷ a'r capel.

O ran ei du allan, yr oedd y tŷ cwrdd yn ymdrech gynnar i greu tu blaen cymesur. Gosodwyd y ffenestri rhwng y drysau ar y naill ben a'r llall, a rhoddwyd uwchben y drysau hynny nodwedd addurnol fach i sicrhau cydbwysedd gweledol â'r ffenestri dormer a oedd gan y tŷ ar y pryd. Ym mraslun (mewn persbectif) y Comisiwn Brenhinol ceir adluniad o du blaen yr adeiladau adeg eu troi'n gapel, gan gynnwys y llwybr cerdded dan do – sydd bellach ar goll – o'r tŷ i'r capel. Ni wnaed unrhyw ymdrech i sicrhau bod golwg gymesur i gefn yr adeilad.

Yr oedd trefn tu mewn y tŷ cwrdd yn gwbl wahanol i drefn addoldy Anglicanaidd. Ar ganol y wal hir, gyferbyn â'r fynedfa, yr oedd i'r pulpud le amlwg. Mae'r ategion pren yn y wal yn dangos i'r pulpud fod yn uwch, yn wreiddiol, nag y mae erbyn hyn. Nid oedd y cynllun Calfinaidd hwn yn cynnwys allor, ond ceid bwrdd cymundeb sylweddol ynghanol y tŷ cwrdd. Disodlwyd y bwrdd gwreiddiol a oedd â chwe choes durniedig gan fwrdd plaen â mainc bob ochr iddo. Ar un fainc ceir yr arysgrif 'AP 1728'. Mae sawl côr cynnar, yn ogystal â rhai meinciau syml, wedi goroesi.

Deuai cynulleidfa'r tŷ cwrdd cynnar hwn o blith teuluoedd ffermwyr y fro ac mae dau bwynt pwysig yn codi o hynny. Yn gyntaf, er mai defnyddiau lleol a brodorol a roddwyd ynddo, yr oedd ei gynllun yn fwriadol wahanol ac, yn wir, yn un cydgenedlaethol gan iddo ddeillio o'r arferion crefyddol newydd a ddeuai o Genefa. Yn ail, er nad yw tu allan y tŷ cwrdd yn rhodresgar, yr oedd ei du mewn yn llawn o gelfi ac arteffactau o waith crefftwr medrus, gan gynnwys y ffenestri mwliwn aml eu cwarelau ac â chroeslathau uchel, ynghyd â'r pulpud, y corau, y bwrdd cymundeb, a'r llestri cymundeb o biwter. Yn y capel, fel yn y ffermdy, gwelid agwedd meddwl 'trwsio a chlytio' yn cydfodoli â diddordeb cynyddol mewn celfi a nwyddau eraill.

Mae'r capel yn dal i gael ei ddefnyddio, a'i gynulleidfa ynghyd ag Ymddiriedolaeth Landmark sy'n gofalu amdano.

Richard Suggett

Isod: Adluniad o gynllun a golwg Capel Maesyronnen fel y'i codwyd (lluniad a baratowyd ar gyfer Houses and History in the March of Wales.

DI2008_0401 a DI2008_0474 NPRN 81403

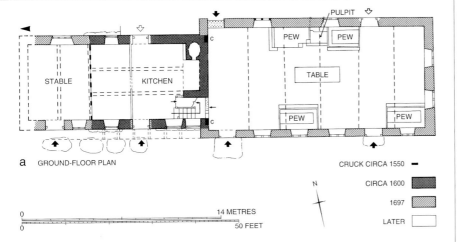

a GROUND-FLOOR PLAN

PULPIT

PEW PEW

TABLE

STABLE KITCHEN

PEW PEW

14 METRES

50 FEET

N

CRUCK CIRCA 1550

CIRCA 1600

1697

LATER

055 Y Twlc Corbelog: 'Palas i Fochyn'

Ffotograff a dynnwyd gan y Comisiwn Brenhinol ym 1972 o dwlc corbelog Pencaedrain, y Gelli-gaer, Morgannwg, pan oedd yn gyflawn.
DI2008_0404 NPRN 37632

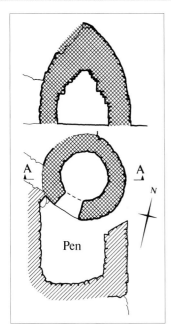

Mae adeiladweithiau crwn a godwyd o gerrig, a rhai ohonynt â thoeon corbelog, wedi'u cofnodi ledled Ewrop fel olion archaeolegol a hefyd fel adeiladau sy'n dal i sefyll. Er mai ansicr yw dyddiad a swyddogaeth llawer ohonynt, gellir dilyn parhad y cynllun drwy golomendai cylchog yr Oesoedd Canol hyd at tua diwedd y ddeunawfed ganrif, sef cyfnod codi adeiladweithiau corbelog mewn rhannau o'r de i gynnig cartref moethus i un o hanfodion economi'r fferm a'r bwthyn – y mochyn.

Yn ei astudiaeth *The Welsh House* (1940), nododd Iorwerth Peate bymtheg enghraifft ar hugain o dylciau corbelog yn y de, a chadarnhawyd y dosbarthiad daearyddol cyfyngedig hwnnw'n ddiweddarach gan astudiaethau Eurwyn Wiliam. Prin yw'r dyddiadau sy'n fodd i ni ddeall eu cronoleg. Teithwyr tua diwedd y ddeunawfed ganrif a nododd eu hynodrwydd gyntaf, a'r twlc diweddaraf a dyddiad iddo yw'r un a godwyd yn Llanofer yn Sir Fynwy ym 1856; dyma enghraifft, felly, o draddodiad adeiladu hynafol sydd wedi para hyd at yr oes ddiwydiannol.

Er bod y math hwn o dwlc – beth bynnag oedd ei darddiad – yn nodwedd gyffredin ar ffermydd Morgannwg o tua diwedd y ddeunawfed ganrif neu cyn hynny, nid oedd ond dau ar hugain ohonynt wedi goroesi erbyn cwblhau *inventory* y Comisiwn Brenhinol o ffermdai a bythynnod Morgannwg ym 1988. Yr oedd tylciau corbelog i'w cael ar hyd a lled y sir ac i bob golwg codwyd pob un o feini sych, a'r cyrsiau o feini wedi'u gosod ar oleddf er mwyn i ddŵr lifo oddi arnynt. Uwchlaw'r gwaelod silindrog, byddai diamedr pob cwrs yn lleihau er mwyn creu ffurf tebyg i gôn. Ar uwchdiroedd y de, cyrsiau tenau o gerrig, neu deils cerrig wedi'u hailddefnyddio, sydd i'r mwyafrif ohonynt. Dyna a geir yn y twlc yn Hendre-Prosser ym

Uchod: Cynllun a thrychiad o dwlc corbelog Pill House, Llanfadog, yng Ngŵyr.
DI2008_0406 NPRN 37656

De: Cefn twlc corbelog Penddeugae-fach, Bargod.
DI2008_1029 NPRN 37634

Isod: Dosbarthiad tylciau corbelog hysbys Morgannwg.
DI2008_0408
© y Goron. Yr AO 100017916.

Mhontypridd a'r un ger Pencaedrain, y Gelli-gaer. Yr oedd gan ambell un slotiau awyru, fel yn Hendre-Prosser ac yn Nhŷ-draw, Sain Dunwyd. Mynedfa isel ac iddi ben sgwâr sydd i siambr gron pob enghraifft hysbys. Er mai llawr pridd oedd i'r twlc fel rheol, ceid llawr o gobls mewn ambell un. Cafodd twlc Pensianel yn Nyffryn Clydach ei leinio'n helaeth â theils ceramig a chafodd ambell dwlc ei adeiladu'n rhan o fur terfyn buarth fferm.

Er i olwg allanol yr adeiladweithiau amrywio o ranbarth i ranbarth, yr oedd pob un ohonynt tua'r un maint, sef rhyw ddau fetr o hyd ac o led. Yng Ngŵyr, siâp crwn cwch gwenyn sydd i'r ddwy enghraifft sydd wedi goroesi, Jane's Grove ym Mhennard a Pill House yn Llanmadog, a'r ffurf honno sy'n tueddu i fod i bob un o'r rhai y cafwyd hyd iddynt yng nghylch Cwm Tawe. Ffurf unigryw sydd i'r twlc ym Mhensianel yn Nyffryn Clydach gan fod ei dop – sydd wedi'i rendro – ar gwrs tenau ac ymwthiol o gerrig. Ar uwchdiroedd y dwyrain y mae'r tylciau talaf, fel Hendre-Prosser, Pontypridd, a Phenddeugae-fach, Bargod, ac ar ben pob un ceir maen crwn gwastad yn cynnal blaen pigfain sydd wedi'i ffurfio o garreg amryfaen debyg. Gall hynny awgrymu mai'r un adeiladwr a'u cododd. Mae rhyw ffurf ar faen capan hefyd i'w chael ar y mwyafrif o'r tylciau eraill.

Er bod yr adeiladweithiau hynod hyn yn cynnig cartref sych i foch, rhoddwyd y gorau i ddefnyddio'r mwyafrif ohonynt dro byd yn ôl. Ac er bod defnydd newydd wedi'i wneud o ambell un, mae'r mwyafrif ohonynt yn dal i'n hatgoffa, mewn ffordd enigmatig braidd, o arferion ffermio a thraddodiadau adeiladu oes a fu.

Harry Brooksby

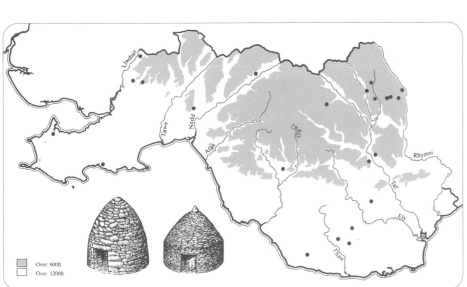

Y Genedl Ddiwydiannol Gyntaf

Stephen Hughes a Peter Wakelin

Trawsnewidiwyd economi'r wlad rhwng canol y ddeunawfed ganrif a chanol y ganrif ddilynol am i Gymru fod wrth galon y Chwyldro Diwydiannol a gweld arloesi mawr ym meysydd technoleg a threfniadaeth a newidiadau mewn cymdeithas ac yn y dirwedd. Ar eu hôl gadawodd y datblygiadau hynny safleoedd a thirweddau sydd, yn eu ffordd, lawn mor werthfawr â gweddillion Eidal y Dadeni Dysg neu'r Hen Roeg. Erbyn cyfrifiad 1851, Cymru oedd y wlad gyntaf i fod â mwy o bobl yn gweithio ym myd diwydiant nag ym myd amaeth. Hi oedd un o allforwyr diwydiannol mwyaf blaenllaw'r byd a chafodd bywyd beunyddiol y rhan fwyaf o bobl ynddi ei drawsffurfio'n llwyr. Yn ystod yr un cyfnod, arweiniodd y cynnydd mewn cyfoeth at fwy nag erioed o heidio i'r trefi, at gamau i wella amaethyddiaeth ac at fuddsoddiadau mawr mewn pensaernïaeth.

Elfen o bwys yn hyn oll oedd maint y boblogaeth gan iddi fwy na dyblu i 1,189,000 rhwng 1780 a 1851. Effaith y rhyfel yn Ewrop, ac yn enwedig y rhyfel â Ffrainc o 1793 tan gwymp Napoleon ym 1815, oedd creu galw am nwyddau a chodi prisiau gan hybu'r buddsoddi mewn diwydiant a'r ecsbloetio ar dir ymylol ar gyfer amaethyddiaeth. Gwelwyd goresgyniad hyd yn oed, sef glaniad aflwyddiannus y milwyr Ffrengig yn Abergwaun ym 1797.

Er i bob rhan o Gymru deimlo effeithiau'r diwydiannu, diwydiannau lleol a geid gan mwyaf – yn enwedig yn Abertawe, blaenau cymoedd y de a dyffryn Maes-glas (Greenfield) yn Sir y Fflint. Am fod y cyfraddau geni yn codi yn y trefi ym Morgannwg a Sir Fynwy lle cynhyrchid haearn, ac am fod mudo helaeth i'r trefi hynny o gefn gwlad Cymru yn bennaf, tyfodd y boblogaeth ynddynt yn gynt nag mewn bron unrhyw ran arall o Brydain. Datblygodd cymdeithas arbennig o bobl dosbarth-gweithiol yno a daliai i fod yn un Gymraeg ei hiaith gan mwyaf, hyd yn oed yn y trefi diwydiannol newydd, tan ddiwedd y bedwaredd ganrif ar bymtheg. Gwelwyd gostyngiad ym mhoblogaeth cefn gwlad, yn enwedig ar yr uwchdiroedd ymylol, wrth i bobl gael eu denu gan y cyfleoedd a gynigid gan gyflogau gwell a chymdeithas y cymunedau trefol [062]. Yn y wlad a'r dref, ehangodd anghydffurfiaeth yn gyflym, a daeth capeli'n nodwedd gyfarwydd ar dirwedd Cymru.

Tanwydd hanfodol i lawer o'r diwydiannau oedd y glo a geid yn helaeth yn y de a'r gogledd-ddwyrain. Fe'i defnyddid yn bennaf yn y diwydiannau a gynhyrchai fetelau, ond er i lo ddechrau cael ei allforio

tua diwedd y ddeunawfed ganrif, ni chyrhaeddodd y diwydiant hwnnw ei anterth am ganrif arall. Y diwydiannau cynharaf yng Nghymru i fagu pwys rhyngwladol oedd y rhai a gysylltid â metelau anfferrus. Yr oedd cloddio am fwyn plwm, mwyn copr neu fwyn arian wedi digwydd yn y rhan fwyaf o Gymru ar ryw adeg neu'i gilydd. Cynyddodd graddfa'r gweithgarwch hwnnw ac yn ystod y Chwyldro Diwydiannol cyflogid miloedd o bobl gan y mwyngloddiau plwm ar yr uwchdiroedd yng Ngheredigion a siroedd Trefaldwyn, Dinbych a'r Fflint. Datblygodd Thomas Williams gymaint ar fwynglawdd Mynydd Parys ym Môn nes iddo dyfu'n fwynglawdd copr mwyaf y byd tua diwedd y ddeunawfed ganrif. Gwasanaethid y mwynglawdd

Chwith: Codwyd capel Libanus, Llansadwrn, Sir Gaerfyrddin, ym 1788 a'i ailgodi ym 1841.

DI2005_0200 NPRN 6580

Gyferbyn: Traphont ddŵr Pontcysyllte ar Gamlas Ellesmere. Fe'i cydnabyddir yn un o'r henebion diwydiannol mwyaf nodedig yn y byd [058].

AP_2006_0914 NPRN 34410

Isod: Codwyd cored Rhaeadr y Bedol, neu Horseshoe Falls, ger Llangollen ym 1804-08 i gyflenwi dŵr i Gamlas Ellesmere.

DS2007_081_003 NPRN 403685

*De: Ffurf 'traed brain'
nodweddiadol tomenni
gwastraff un o'r
mwyngloddiau plwm ar
fynydd Esclusham yn Sir
Ddinbych.*

GTJ26392 NPRN 33927

gan borthladd Amlwch, ac am fod yn y dref honno dros 5,000 o bobl, hi oedd tref ail fwyaf Cymru am gyfnod byr. I brosesu'r mwyn o Fôn, datblygodd Williams gyfres o weithiau mwyndoddi a gweithgynhyrchu, gan gynnwys melinau a yrrid gan ddŵr yn nyffryn Maes-glas ger Treffynnon a gweithfeydd copr Middle ac Upper Bank yn Abertawe.

O'r Almaen ym 1584 y daeth y broses o doddi mwyn copr ar raddfa ddiwydiannol i Brydain, a dyna pryd y codwyd gwaith newydd ger Castell-nedd ym Morgannwg. O 1717 ymlaen, canolfan y diwydiant oedd glannau Afon Tawe uwchlaw Abertawe a chludid y mwyn yno o'r ochr arall i Fôr Hafren: fe grynhodd ar ochr Abertawe am fod y diwydiant yn defnyddio mwy o danwydd nag o fwyn, a gellid llenwi'r llongau â llwyth o lo ar gyfer eu taith yn ôl i Ddyfnaint a Chernyw.

Sefydlwyd tri ar ddeg o weithfeydd copr erbyn blynyddoedd cynnar y bedwaredd ganrif ar bymtheg, a chyn hir câi 90 y cant o'r copr a doddid ym Mhrydain ei gynhyrchu o fewn ugain milltir i Abertawe [056]. Codwyd gweithfeydd hefyd i doddi mwyn sinc, mwyn plwm, mwyn arian a mwynau metelau eraill. Yn y ddeunawfed ganrif ni chyflogai gweithfeydd copr mwy na chant o weithwyr, ond cyflogid dros fil gan y rhai a sefydlwyd ym mlynyddoedd cynnar y bedwaredd ganrif ar bymtheg. Adeg cyfrifiad 1841, yn rhan isaf cwm Tawe y ceid y crynodiad mwyaf o boblogaeth yng Nghymru – rhyw 40,000 o bobl – a'r rheiny wedi'u rhannu'n gyfartal rhwng y dref fasnachol a phentrefi diwydiannol y cylch. Llanwyd y cwm â mwg gwenwynig a thomenni gwastraff poeth.

Yr ail ddiwydiant o bwys rhyngwladol yng Nghymru oedd haearn. Sefydlwyd ffwrneisi chwyth ym Morgannwg a Sir Fynwy tua diwedd yr unfed ganrif ar bymtheg i ecsbloetio'r cyflenwadau lleol o siarcol a mwyn o ymylon meysydd glo Cymru a Fforest Ddena. Gwaith bach a ddefnyddiai siarcol yn danwydd ac a yrrid gan ddŵr oedd pob un o'r gweithfeydd haearn cynnar ac fe'u ceid hwnt ac yma ar hyd y wlad: yr unig glwstwr ohonynt oedd yr un yn nyffryn Gwy. Pan ddarganfu Abraham Darby o Coalbrookdale ym 1709 sut i doddi mwyn haearn â glo golosg yn hytrach na siarcol, effaith hynny ymhen amser oedd chwyldroi'r diwydiant haearn. Ym 1713 cynlluniodd Darby ffwrnais

*Y cloddio helaeth ar
fwynglawdd copr Mynydd
Parys, Môn. Mae tŵr y felin
wynt ger canol y llun yn
dangos mor fawr oedd y
gwaith.*

DI2006_1353 NPRN 33752

haearn yn Nôl-gun, i'r dwyrain o Ddolgellau, a chododd ei gyd-Grynwr, Charles Lloyd, ffwrnais yn y Bers ger Wrecsam ym 1717 gan ei newid ym 1721 i losgi golosg. Gan fod modd defnyddio glo, gellid codi ffwrneisiau helaethach a'u grwpio gyda'i gilydd, a bu codi cyfres o weithfeydd newydd yn gymorth i drawsffurfio'r fasnach haearn ym Mhrydain. Ffwrnais Hirwaun ym 1757 oedd y gyntaf yn y de i ddefnyddio golosg, ac fe'i dilynwyd gan Ddowlais ddwy flynedd yn ddiweddarach. Ar hyd blaenau'r cymoedd, rhoddwyd tiroedd helaeth a oedd â chyfoeth o lo, mwyn haearn a chalch ynddynt ar brydles i fentrau newydd a rhoddwyd yr holl ddulliau newydd ar waith yn drefnus ac ar raddfa fawr. Defnyddiai'r genhedlaeth newydd o weithfeydd nifer o ffwrneisiau. Llosgent olosg ac fe'u gyrrid â stêm gan mwyaf. Fel rheol, hefyd, caent eu cyfuno â ffwrneisiau pwdlo i wneud haearn gyr. Erbyn 1830, de Cymru oedd yn cynhyrchu 40 y cant o'r holl haearn crai ym Mhrydain, a gallai gynhyrchu mwy o haearn nag unrhyw ranbarth arall yn y byd.

Merthyr Tudful, â'i chasgliad o weithfeydd haearn enfawr, oedd prif ganolfan y fasnach haearn a hi oedd y dref fwyaf yng Nghymru. Erbyn 1851, pan nad oedd gan Gaerdydd ond 18,351 o drigolion, trigai 46,378 o bobl yno. Erbyn y 1790au Gweithfeydd Dur Cyfarthfa ym Merthyr oedd y rhai mwyaf yn y byd a chyflogid 2,000 o weithwyr yno. Ddeg mlynedd ar hugain yn ddiweddarach, y gwaith dur yn Nowlais gerllaw oedd y mwyaf; cyflogid 6,000 o weithwyr yno, a haearn crai a rheiliau o haearn gyr oedd y prif gynnyrch. Y cyntaf o'r meistri haearn i ddefnyddio proses 'bwdlo' Henry Cort o ddefnyddio glo yn danwydd i wneud haearn gyr oedd Richard Crawshay yng Nghyfarthfa, a datblygodd ef y broses mewn amryw o efeiliau a melinau rholio: gelwid y broses honno 'y dull Cymreig'.

Bu Cymru hefyd yn wlad o bwys rhyngwladol yn y diwydiant tunplat. Ym Mhont-y-pŵl tua 1720 y dyfeisiwyd ffordd o rolio platiau haearn yn fecanyddol i gynhyrchu tuniau, a de Cymru fu'n arwain y diwydiant am ddwy ganrif. Daeth 'caniau tun' yn bwysig fel cynwysyddion i gadw bwyd ynddynt. Sefydlwyd rhai gweithiau tunplat yn y de-orllewin yn y ddeunawfed ganrif – er enghraifft, yng Nghaerfyrddin, Castell Malgwyn ger Aberteifi, Cydweli, ac Ynys-pen-llwch yng Nghwm Tawe. Ar ôl canol y bedwaredd ganrif ar bymtheg, y gweithfeydd tunplat rhwng Port Talbot a Llanelli oedd calon y diwydiant.

Cyfrannodd diwydiannau eraill hefyd at drawsffurfio'r economi. Ffynnodd yr hen ddiwydiant gwlân yn gynnar yn y bedwaredd ganrif ar bymtheg er mai diwydiant domestig oedd ef o hyd i raddau helaeth, ac ni chodwyd y rhan fwyaf o'r ffatrïoedd tan ar ôl 1850. Gan mai cynyddu'n gyflym o'r 1790au ymlaen wnaeth nifer y gwehyddion yn y Drenewydd

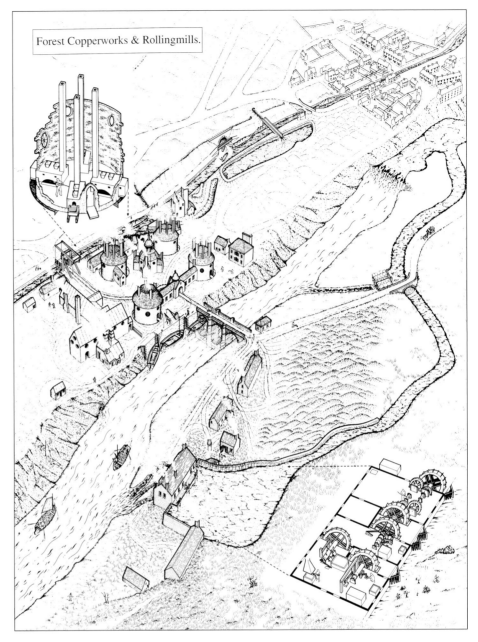

Forest Copperworks & Rollingmills.

yn Sir Drefaldwyn a ddefnyddiai wyddion llaw, cynlluniwyd maestref newydd ar eu cyfer ym Mhenygloddfa. Ynddi ceid tai â mannau gwehyddu uwch eu pennau. Daeth y diwydiant bragu i dorri syched y gweithlu diwydiannol a threfol newydd. Datblygodd ffatrïoedd i wneud brics i ateb anghenion y diwydiannau mwyndoddi ac adeiladu. Ehangodd y diwydiannau chwarela carreg galch a llosgi calch i ddarparu cyflenwadau o forter a gwrtaith calch. Tua diwedd y ddeunawfed ganrif dechreuodd ffyniant rhyfeddol y diwydiant llechi yn y gogledd-orllewin, ond ni chyrhaeddodd ei anterth tan flynyddoedd olaf y bedwaredd ganrif ar bymtheg pan gâi llechi eu defnyddio i doi adeiladau mor bell i ffwrdd â De America ac Awstralia [069].

Adluniad y Comisiwn Brenhinol o waith copr y Fforest ger Abertawe tua diwedd y ddeunawfed ganrif.
DI2007_1276 NPRN 300874

183

Ffotograff a dynnwyd tua diwedd y bedwaredd ganrif ar bymtheg o Bont William Edwards, Pontypridd.

CD2005_612_013 NPRN 24145

Adeiladwyd Tramffordd Hill ym 1817-18 i fynd â haearn o waith haearn Blaenafon i efail Garnddyrys a Chamlas Brycheiniog ac Abergafenni. Cludid yr haearn ar y dramffordd a dorrwyd i ochr y mynydd cyn disgyn i'r gamlas ar hyd incleiniau gwrthbwysedig.

DI2006_1719 NPRN 85860

Bu'r meysydd mwynau yn her fawr i'r rhai a oedd yn fodlon mentro'u datblygu. Byddai llongau'n cysylltu porthladdoedd ar hyd yr arfordir a buont o bwys mawr wrth gludo mwyn haearn i Abertawe, cludo'r copr gorffenedig i'r melinau efydd ym Mryste, dosbarthu llechi, allforio haearn a chludo nwyddau o wledydd eraill i Brydain i bobl eu prynu [063]. I hwyluso hyn oll, gwellwyd y porthladdoedd a'r goleudai [064]. Gwaith anodd, ar y llaw arall, oedd treiddio i gefn gwlad. O ran eu hamaethyddiaeth, tiroedd gwael oedd yr uwchdiroedd, a daeth gwella'r ffyrdd tyrpeg yn hwyr yn ôl safonau Lloegr. Er hynny, codwyd rhai pontydd trawiadol, yn enwedig pont

William Edwards ym Mhontypridd ym 1756, pont a fu am ddwy genhedlaeth, mae'n debyg, yn bont garreg fwyaf y byd.

Dau ateb i broblemau cludiant y diwydiannau hyn oedd camlesi ar y naill law ac, ar y llall, reilffyrdd y tynnid y wagenni arnynt gan geffylau [057]. Hyrwyddwyd camlesi gan gwmnïau o fân gyfranddalwyr yn ystod y buddsoddi gwyllt yn y 1790au. Dringai'r camlesi ar hyd y cymoedd strategol yn y de a chroesi o iseldiroedd Lloegr draw i Sir Ddinbych, a chludai'r rheilffyrdd lo, haearn a charreg galch at y dyfrffyrdd hynny o lethrau'r bryniau. Mae'n fwy na thebyg mai yn ne Cymru y cafwyd y rhwydwaith dwysaf erioed o reilffyrdd y defnyddid ceffylau i dynnu wagenni ar hyd-ddynt, ac efallai i'r rhwydwaith hwnnw estyn dros fil o filltiroedd i gyd. Cludid llechi o'r chwareli ym mynyddoedd y gogledd-orllewin ar hyd rheilffyrdd cynnar i lawr i'r porthladdoedd – o chwarel y Penrhyn ym 1801, chwareli Dinorwig a Dyffryn Nantlle yn y 1820au a chwareli Blaenau Ffestiniog ym 1836. Gan mai effaith y camlesi a'r rheilffyrdd oedd trawsffurfio cost y prosesau cynhyrchu drwy ostwng cost cludiant, agorwyd mwyngloddiau a chwareli newydd lle bynnag y gellid cyrraedd y mwynau. Pan agorodd Walter Coffin lefel y Dinas yn y Rhondda ym 1809, gwelwyd yr arlliw cynharaf o'r twf aruthrol a fyddai'n dod i faes glo'r de. Ym 1841 Rheilffordd Cwm Taf oedd y rheilffordd gyhoeddus gyntaf y tynnid pob trên arni gan injan, ac wrth iddi gyrraedd rhan isaf Cwm Rhondda yn sgil cwblhau Doc Gorllewin Bute yng Nghaerdydd ym 1839, crëwyd mwy a mwy o gyfleoedd i allforio glo.

Arloesi wnaeth cynllunwyr a mentrwyr byd diwydiant a chludiant yng Nghymru, a hwy sy'n cael y clod am osod y cledrau cynharaf i'w gwneud o haearn

yn unig, am y defnydd cyntaf a gofnodwyd o ddefnyddio injan i dynnu llwyth (gan Richard Trevithick ym 1803) ac am y gwasanaeth rheilffordd cyhoeddus cyntaf i gludo teithwyr (ym 1807). Yn y Bers, datblygodd John Wilkinson beiriant tyllu i wneud silindrau i ganonau ac i injans stêm. Effaith cyflwyno datblygiadau pwysig ym maes cynhyrchu copr dan arweiniad Thomas Williams oedd gwella'r gorchuddio ar gyrff llongau [063]. Llwyddodd peirianwyr a hyfforddwyd yn lleol, fel Watkin George yng Nghyfarthfa, i greu amryw o ddatblygiadau arloesol: George a gododd y draphont a'r bont reilffordd gyntaf erioed o haearn ym 1793, a chododd hefyd rai o'r toeon haearn cyntaf i fod â rhychwant mawr. Dylanwadodd y prototeipiau hynny ar gynllun traphont Pontcysyllte [058], a dylanwadodd y cynllun hwnnw yn ei dro ar ddulliau o godi traphontydd dŵr mewn llawer gwlad. Drwy ei waith ar Gamlas Ellesmere a'r ffordd i Gaergybi, datblygodd Thomas Telford dechnegau pwysig o ran peirianneg haearn, codi gwrthgloddiau a rheoli prosiectau. Byddai'r rheiny'n dylanwadu ar faes peirianneg ledled y byd.

Oes y 'gwellhawyr' oedd diwedd y ddeunawfed ganrif a dechrau'r bedwaredd ganrif ar bymtheg gan fod sicrhau cynnydd yn flaenllaw ym meddyliau'r tirfeddianwyr a hyrwyddai welliannau ym myd amaeth ac isadeiledd cefn gwlad. Cyrhaeddodd y brwdfrydedd hwnnw ei anterth yn ystod y Chwyldro Diwydiannol ac, yn arbennig, yn ystod y Rhyfeloedd â Ffrainc. Cyfnod oedd hwnnw a welodd y boblogaeth yn tyfu'n gyflym, prisiau gwenith yn codi'n eithriadol o uchel a

meddylfryd yr Ymoleuo'n herio'r *status quo*. Bu'r gwellhawyr, yn unigol neu mewn cwmnïau, wrthi'n adeiladu ffyrdd a phontydd, yn amgáu caeau, yn draenio tir ac yn datblygu ac yn lledaenu gwell technegau amaethyddol, gan gynnwys cynllunio adeiladau ffermydd a defnyddio calch i wella'r tir. Cafodd yr amgáu drwy Ddeddf Seneddol effaith fawr ar y dirwedd wedi'r 1760au drwy osod terfynau rheolaidd i gaeau ar dir comin agored [060].

Arweiniodd y Chwyldro Diwydiannol at dwf enfawr yn nifer a maint y trefi. Ac er i gyflymder y twf hwnnw fod yn aruthrol yn yr ardaloedd mwyngloddio a gweithgynhyrchu – mewn trefi fel Merthyr Tudful a Thredegar – ehangu hefyd wnaeth trefi glan-môr fel Dinbych-y-pysgod, trefi sirol fel Abergafenni a Wrecsam, a phorthladdoedd fel Caernarfon a Chasnewydd. Gweithredai llawer tref, wrth gwrs, ar sawl lefel a thyfu'n arbennig o gyflym o'r herwydd: yr oedd Abertawe yn dref glan-môr, yn dref fwyngloddio, yn ganolfan gweithgynhyrchu, yn ganolfan ranbarthol ac yn borthladd. Ond aros yn eu hunfan fu hanes trefi a oedd heb swyddogaeth bwysig i'w chyflawni. Digon di-drefn fu twf y mwyafrif o drefi: dyna a welwyd mewn mannau fel Blaenafon lle cynhyrchid haearn [061]. Dilynai'r tai linellau'r rheilffyrdd cynnar a chaent eu codi ar dir rhwng y mwyngloddiau, y ffwrneisiau a'r tomenni: peth cyffredin ar draws blaenau cymoedd y de, felly, oedd gweld strydoedd ag enwau fel Tram Side, Cinder Hill neu Furnace Row.

Yr oedd y cyfuniad o galedi a chyfle a grëwyd gan y Chwyldro Diwydiannol yn amlycach yn y trefi

Terfynau rheolaidd y caeau a ffurfiwyd wrth gau tir gwastraff o dan drefn Seneddol: Cellan, Ceredigion.
CD2003_643_002 NPRN 402564

Llun Syr Richard Colt Hoare o Waith Haearn Blaenafon tua 1798, pan nad oedd y gwaith yno ond ers deg mlynedd.
DI2008_0859 NPRN 34134

Uchod: Un o'r ddau dŵr amddiffynnol a godwyd gan berchnogion gwaith haearn Nant-y-glo y tu ôl i'w plasty er mwyn iddynt allu llochesu ynddo petai terfysg.

DI2008_0845 NPRN 54623

De: Drenewydd ger Rhymni, ystâd o dai a godwyd ar gyfer gweithwyr haearn fel patrwm yn yr arddull Baladaidd ym 1802-4.

DI2007_0464 NPRN 18180

diwydiannol nag yn unman arall. Anaml y byddai'r cyfleusterau glanweithdra'n ddigon da i ateb anghenion pawb a oedd wedi tyrru i'r trefi, ac o dro i dro lladdai epidemig nifer fawr o'r trigolion – mae'r fynwent ar ben bryn yn Nhredegar yn ein hatgoffa'n fyw o'r colera a ledai drwy'r pentrefi. Eto, er bod yr amodau byw yn wael yn ôl safonau diweddarach, rhagorent ar dai llwm tlodion cefn gwlad. Cynigiai rhai diwydianwyr addysg i blant eu gweithwyr yn ysgolion y gweithfeydd, ond peth cyffredin iawn o hyd oedd i blant weithio. Cyfrannodd ysgolion y gweithfeydd at ledu gwybodaeth o'r Saesneg (gan droi Cymru yn wlad ddwyieithog, i raddau helaeth, erbyn canol y bedwaredd ganrif ar bymtheg), tra bu'r diwygiadau Methodistaidd a ddechreuodd yn y cymunedau diwydiannol yn fodd i ysgogi a chynnal y Gymraeg. Er bod gan y gweithwyr lawer mwy o arian i'w wario, yr oedd eu dibyniaeth ar y meistri diwydiannol yn creu drwgdeimlad. Gwelwyd hynny yn nherfysgoedd grawn y 1790au a chododd i'w uchafbwynt yn Nherfysg Merthyr ym 1831 ac yn nherfysg y Siartwyr ym 1839 pan laddwyd o leiaf ugain o'r protestwyr. Cododd meistri haearn Nant-y-glo dyrrau amddiffynnol yn ymyl eu plastai am eu bod yn ofni'n fawr y gallai eu gweithwyr ymosod arnynt.

O bryd i'w gilydd, cynllunnid trefi newydd neu elfennau o drefi newydd, fel yn Nhremadog ym Meirionnydd [060], Aberaeron yng Ngheredigion, y Drenewydd ger Rhymni, neu Dreforys, pentref y gweithfeydd copr ger Abertawe. Efallai mai'r fwyaf o'r trefi hynny oedd Doc Penfro [059]. Yr oedd y cynlluniau ar eu cyfer yn esiampl o'r buddsoddi helaethach mewn llawer math o adeilad. Yr arddull Sioraidd oedd hoff iaith bensaernïol y cyfnod a thra-arglwyddiaethai ar drefweddau o Ddinbych i Hwlffordd

ac o Drefaldwyn i'r Bont-faen pan gâi tai, siopau a neuaddau tref du blaen newydd neu eu hailgodi. Golygai cymesuredd, cyfrannedd a symlrwydd yr arddull honno fod egwyddorion y Dadeni yn drech na'r traddodiadau brodorol. Er hynny, gwelodd diwedd y ddeunawfed ganrif a dechrau'r ganrif ddilynol lu o ffasiynau pensaernïol yn ymledu, gan gynnwys neo-glasuraeth, yr arbrofion cyntaf mewn adfywio'r bensaernïaeth Othig ar ffurf arddull 'gothick' bictwrésg, ac adfywiad byr yn yr arddull 'Eifftaidd'.

Ymgyfoethogodd ystadau tiriog oherwydd yr incwm a gaent o fyd amaeth, o weithgareddau mwyngloddio ac o'r fasnach â'r trefedigaethau, a chodwyd plastai mawr yn unol â'r chwaeth ddiweddaraf. Yn y 1820au cynlluniwyd Castell y Penrhyn ger Bangor gan Thomas Hopper mewn arddull Romanésg ddiaddurn i gyfleu cyfoeth enfawr y perchennog a'i wariant helaeth. Ymarfer yn yr arddull 'gothick' oedd Castell Margam ym 1830. Y pensaer pwysicaf a weithiai yng Nghymru oedd John Nash, ac mewn cwta ddegawd o 1788 ymlaen cynlluniodd ef adeiladau cyhoeddus ar gyfer y trefi Sioraidd eu naws ynghyd â chyfres o filâu arloesol i foneddigion y de-orllewin. Drwy wneud hynny, dysgodd gyplysu adeiladau â'r dirwedd mewn ffordd

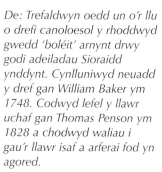

De: Trefaldwyn oedd un o'r llu o drefi canoloesol y rhoddwyd gwedd 'boléit' arnynt drwy godi adeiladau Sioraidd ynddynt. Cynlluniwyd neuadd y dref gan William Baker ym 1748. Codwyd lefel y llawr uchaf gan Thomas Penson ym 1828 a chodwyd waliau i gau'r llawr isaf a arferai fod yn agored.

DI2006-1963 NPRN 32055

Uchod: Cynlluniwyd Tŵr Paxton, y belfedir trionglog y tu allan i Gaerfyrddin, gan S. P. Cockerell ym 1808. Gallai coetshys fynd drwy'r bwâu mawr. Uwchben, yr oedd siambr wledda ac 'ystafell olygfeydd'.

DI2006_0784 NPRN 32666

dirwedd: ymhlith y llu sy'n dal i roi pleser i'r llygad mae cofeb Derry Ormond yng Ngheredigion, y groto cregyn ym Mharc Pont-y-pŵl a'r tŵr yn y Kymin ar fryn uchel uwchlaw Trefynwy.

Daeth ymweld â phlastai a thiroedd fel Piercefield ar lan afon Gwy, Wynnstay ger afon Dyfrdwy a'r Hafod ar lan afon Ystwyth yn elfen hanfodol wrth i foneddigion deithio ar hyd a lled Cymru. Hwyrach ei bod yn eironig bod Cymru yn mynd drwy ei Chwyldro Diwydiannol yr un pryd ag y daeth yn atyniad i dwristiaid cynnar. Eto, dangosai llu o'r ymwelwyr a chwiliai am y golygfeydd godidog a fawrygid gymaint gan y mudiad Rhamantaidd ddiddordeb yn effaith dyn ar fyd natur yn ardaloedd y mwyngloddio a'r gweithgynhyrchu. Trawsffurfiodd twristiaeth bensaernïaeth trefi'r arfordir gan droi trefi â gwreiddiau canoloesol fel Aberystwyth, Abertawe a Dinbych-y-pysgod yn drefi glan-môr o bwys erbyn diwedd y bedwaredd ganrif ar bymtheg. Yn Aberystwyth ceir rhai tai tref ac ystafell ymgynnull gain o'r cyfnod hwnnw, ac mae papurau newydd yr oes honno'n rhestru'r boneddigion a ymwelodd â hwy. Effeithiodd yr adeiladau hynny yn eu tro ar y ffordd y datblygodd plastai ac ystadau gwledig. I lawer, yr oedd Cymru a'i hiaith yn cynrychioli diwylliant hynafol y Brythoniaid. Ochr yn ochr â hynny, gwelwyd y Cymry'n ymddiddori o'r newydd yn eu gorffennol eu hunain, a gwelir hynny gliriaf yn ngweithiau Iolo Morganwg, y gŵr a ddyfeisiodd fath o sgript Ogam (Coelbren y Beirdd), Gorsedd y Beirdd a'r syniad o ddefnyddio cylchoedd cerrig. Er mai menter i ddehongli'r gorffennol ar sail dychymyg yn hytrach na dadansoddi oedd hynny, ysgogodd ddiddordeb yn henebion Cymru sy'n para hyd heddiw.

bictwrésg. Codwyd neu ailgodwyd cannoedd ar gannoedd o dai, a llawer ohonynt yn arddull Nash. Er i lai o gyfoeth gael ei fuddsoddi mewn plastai gwledig yng Nghymru nag mewn llawer rhan o Loegr, cafodd hynny effaith fawr ar adeiladau ac ar y dirwedd ehangach. Ailgynlluniwyd tiroedd llawer plasty yn null parcdiroedd Lloegr a chrëwyd llwybrau cerdded a golygfeydd yn unol ag estheteg y mudiad Pictwrésg. Cymru oedd cartref ysbrydol y mudiad hwnnw, diolch i waith ymchwil William Gilpin wrth grwydro dyffryn Gwy, i waith Uvedale Price ac i waith Thomas Johnes. Nash fu'n gyfrifol am gynllunio Emlyn Cottage, tŷ agweddi gothig yng Nghastellnewydd Emlyn, Castle House, fila glan-môr i Price yn Aberystwyth, a phlasty enwog yr Hafod i Johnes [065]. Dyma oes fawr cynllunio a chodi ffoleddau i harddu agweddau ar y

Uchod chwith: Safle 'barddol' y Garreg Siglo, Pontypridd. Defnyddiai Iolo Morganwg y garreg siglo yn y canol i gynnal defodau derwyddol arni tua 1814. Ychwanegwyd y cylch o gerrig a'r llwybr cyfriniol ar ffurf sarff gan ei ddisgybl, Evan Davies (Myfyr Morganwg), ym 1849.

AP2007_1663 NPRN 275888

Chwith: Glan môr Aberystwyth cyn dyfodiad y rheilffordd. Ar y dde mae Castle House (de), y tŷ a gynlluniwyd gan John Nash ym 1794 ar gyfer Uvedale Price, un o arloeswyr y mudiad Pictwrésg. Ym 1864 cynhwyswyd y tŷ ymhlith adeiladau gwesty'r rheilffordd, adeiladau a drowyd yn ddiweddarach yn Goleg Prifysgol Cymru.

CD 2003_646_012
NPRN 23303/96582

056 Dod o hyd i Olion Gwaith Copr yn Abertawe

Awyrlun o'r cloddio yn Upper Bank ym mis Mawrth 2008.
AP_2008_0113 NPRN 40465

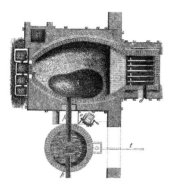

*Uchod: Cynllun ffwrnais
i doddi'r metel cwrs.*

DI2008_0714

*Uchod de: Cynhyrchwyr nwy
a'r gweithfeydd a
ddefnyddiai'r nwy i doddi
sinc. Cafwyd hyd iddynt yn
ystod cam olaf y cloddio.*

AP_2008_0713 NPRN 40465

*De: Trychiad o'r ffwrnais
galchynnu.*

DI2008_0717

*Isod: Llun o ddelfryd o waith
copr yn Abertawe, 1852.*

DI2008_0713

Er mai Abertawe oedd canolfan toddi copr y byd yn ystod y Chwyldro Diwydiannol, mae'r rhan fwyaf o adeiladweithiau'r diwydiant mawr hwnnw wedi'u hen ddymchwel neu o'r golwg dan ddatblygiadau diweddarach. Bu'r Comisiwn Brenhinol wrthi, felly, yn ymchwilio i safleoedd gweithfeydd copr adeg y dymchwel a'r adfer mawr ar dir yn y 1960au pan ddiflannodd llawer o'r hen adeiladweithiau am byth. Yn ystod y 1980au daeth o hyd i olion a oedd heb gael eu hadnabod cynt, a dyna fan cychwyn y gwaith ymchwil a arweiniodd yn 2000 at gyhoeddi *Copperopolis: the Early Industrial Landscapes of Swansea.*

Bu cyhoeddi'r bwriad i godi datblygiad tai newydd ar dir llwyd yn 2007 a 2008 yn gyfle arbennig i ddatgelu treftadaeth gudd y diwydiant copr, a hynny ar safle gwaith mwyndoddi Upper Bank a sefydlwyd ym 1755. Gan i'r Comisiwn nodi eisoes mai yno yr oedd neuadd mwyndoddi copr olaf Abertawe, ac iddo roi gwybod y ceid hyd i olion sylweddol y ffwrneisiau cynnar o dan y ddaear, gofynnodd Ymddiriedolaeth Archaeolegol Morgannwg-Gwent am gael cyflawni gorchwyl gwylio archaeolegol wrth i'r gwaith datblygu fynd rhagddo. Wrth i'r adeiladau gael eu clirio, y cyfan a welai Oxford Archaeology, y contractwyr a gyflogwyd gan y datblygwr, Barratts, oedd sylfeini concrid yr adeiladau diweddarach. Ond o dorri drwyddynt, cafwyd hyd i rywbeth tebyg i ddinas gudd o adeiladweithiau'r gweithfeydd copr a sinc cynnar.

Mae'r awyrlun a dynnwyd gan y Comisiwn ym mis Mawrth 2008 yn dangos rhan helaeth o'r safle wedi'r cloddio a fu yno. Ar y dde, gwelir y ceiau ar lan Afon Tawe lle defnyddiwyd blociau o slag i greu'r palmentydd. I'r mannau hynny y deuai'r mwyn copr mewn llongau hwylio o Gernyw, Môn a Chile i'w stocio cyn defnyddio amryw o reilffyrdd cul i'w ddosbarthu. Nodweddion amlycaf y safle yw'r naw ffwrnais a godwyd ar ôl 1890 pan ddechreuwyd toddi mwyn sinc yn lle mwyn copr, a'r pedair ffliw nwy gyfochrog sydd i bob un o'r naw ffwrnais. Yn y tri adeiladwaith crwn hanner ffordd i fyny'r ochr dde y cynhyrchid y nwy i wresogi'r ffwrneisiau.

Tua'r gwaelod ar y chwith ceir pedwar pwll (a groesir gan ramp o goncrid). Sylfeini'r ffwrneisiau copr cynharach yw'r rhain. Câi'r mwyn copr ei doddi yn

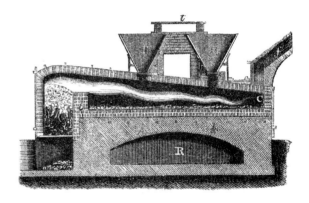

Abertawe gan ddefnyddio'r 'dull Cymreig' o grasu'r mwyn dro ar ôl tro ar ôl tro – o leiaf ugain gwaith. Oherwydd cynllun y ffwrneisiau, tynnid y gwres drwyddynt ac yna'i adlewyrchu oddi ar y toeon fowtiog rhag i'r glo ddifwyno'r metel. Goroesodd holl dyllau bwydo'r ffwrneisiau, y pyllau y gollyngid iddynt y gwastraff a geid o bob ffwrnais wrth ei glanhau, a sylfeini'r simneiau.

Cloddiwyd hefyd olion y pyllau gronynnu lle câi'r copr tawdd o'r ffwrneisiau ei ollwng i'r dŵr iddo galedu'n ronynnau cyn cael ei brosesu ymhellach. Cafwyd hyd i blanciau cydblethol o haearn bwrw y rhedid y berfâu drostynt: dywed y cofnodion i weithwraig o'r enw Mrs Matthews gludo 23 o dunelli o fwyn copr mewn berfa mewn un diwrnod (ac iddi fod wedi blino gormod i fynd i'r capel wedi hynny). Yng nghanol y safle, y ddau adeiladwaith hirgul yw gwaelod ffwrnais galchynnu fawr, ac mae archaeolegydd mewn siaced felen yn gorwedd yno â'i freichiau a'i goesau ar led. Dyma lle y dechreuai'r broses o sychu a chrasu'r mwyn. Defnyddiai'r gweithwyr racanau hir i dynnu'r cynnwys allan drwy slotiau petryal a chadwent gadach dros eu cegau i osgoi anadlu mwy na mwy o'r sylffwr.

Mae'n ddigon posibl y ceir hyd i ragor eto o olion sylweddol 'Copperopolis' ar safleoedd eraill yng Nghwm Tawe.

Stephen Hughes

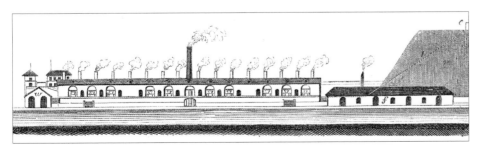

057 Cludiant Diwydiannol:
Camlas Abertawe a'i Rheilffyrdd

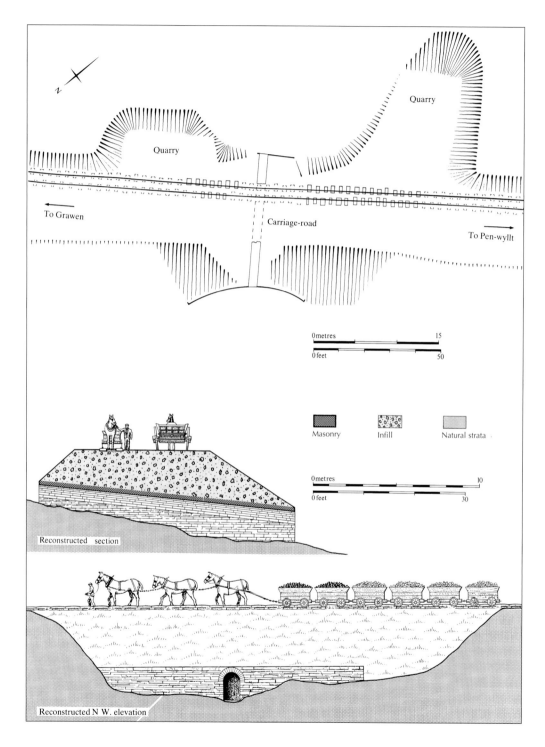

Quarry

Quarry

To Grawen

Carriage-road

To Pen-wyllt

0 metres   15
0 feet   50

Masonry   Infill   Natural strata

0 metres   10
0 feet   30

Reconstructed   section

Reconstructed N W. elevation

Cynllun cofnodi ac adluniad y Comisiwn Brenhinol o gwlfert ac arglawdd ar Dramffordd Fforest Brycheiniog wrth y Grawen, a adeiladwyd ym 1821-5.

DI2008_0856 NPRN 406575

Uchod: Pont nodweddiadol dros Gamlas Abertawe, Ynysmeudwy.

DS2006_230_001 NPRN 34508

De: Platiau haearn a sliperau cerrig a gloddiwyd o lan nant ger Gwaith Haearn Aber-craf.

DI2008_0857 NPRN 34028

Os camlesi oedd prif wythiennau'r Chwyldro Diwydiannol, y rheilffyrdd y tynnid wagenni gan geffylau arnynt oedd y mân wythiennau. Yr oedd bron 140 o filltiroedd o reilffyrdd cynnar ynghlwm wrth Gamlas Abertawe er nad oedd y gamlas honno ond 17 o filltiroedd o hyd. Fel y gwnâi deddfau eraill yr oes, yr oedd y Ddeddf ym 1794 a greodd y gamlas yn darparu pwerau statudol i brynu tir yn orfodol o fewn coridor o wyth milltir i adeiladu rheilffyrdd arnynt. Defnyddiwyd y pwerau hynny naill ai gan gwmni'r gamlas, neu gan dirfeddianwyr neu ddiwydianwyr lleol gyda chaniatâd cwmni'r gamlas, i greu'r hyn a oedd i bob pwrpas yn rhwydwaith cludo integredig.

Wrth i'r masnachwyr a'r tirfeddianwyr – rhai lleol yn bennaf – hyrwyddo'r gamlas, eu nod oedd ecsbloetio cyfoeth mwynau rhan uchaf Cwm Tawe drwy gludo'r mwynau hynny i lawr i'r porthladd a'r gweithfeydd mwyndoddi yn rhan isaf y cwm. Er bod rheilffyrdd pren go gyntefig wedi cysylltu'r mwyngloddiau â'r ceiau ar lan afon Tawe oddi ar y 1750au, bu adeiladu'r gamlas yn ysgogiad i ddatblygu llawer o gyfleusterau newydd yn gyflym. Adeiladwyd amrywiaeth o ffurfiau ar reilffyrdd, ac er i'w lled amrywio hefyd, platiau o haearn bwrw a bwlch o ryw 3 troedfedd rhyngddynt oedd y rhan fwyaf. Gall y sliperau carreg y'u gosodwyd arnynt ddal i gynnig cliwiau i lwybrau'r hen reilffyrdd hynny.

Ceid rheilffyrdd byr yn rhedeg i'r mwyngloddiau ar ochr ddwyreiniol y cwm, ac adeiladwyd rheilffyrdd eraill a oedd dros ddwy filltir o hyd i Gwm Clydach a Chwm Twrch, dau gwm ar ochr orllewinol Cwm Tawe. Ym 1803, yr oedd ar deulu'r Morrisiaid, y meistri copr blaenllaw, eisiau adeiladu camlas breifat i gysylltu'r glo a geid ar dir ar hyd glannau bae Abertawe â chamlas Abertawe, ond mynnodd cwmni'r gamlas adeiladu rheilffordd yn lle hynny. Ar y rheilffordd honno – rheilffordd y Mwmbwls neu Ystumllwynarth, a adeiladwyd ym 1807 – y dechreuodd y gwasanaeth cyntaf ar unrhyw reilffordd yn y byd i gludo teithwyr am dâl. Ychwanegwyd rheilffyrdd pellach ar ddwy ochr y gamlas yn ystod deg mlynedd ar hugain cyntaf y bedwaredd ganrif ar bymtheg.

Ym mhen uchaf Cwm Tawe adeiladwyd dros 16 o filltiroedd o reilffyrdd i ecsbloetio'r garreg galch, y tywod silica a'r pwdrfaen a geid yno. Er mai'r gobaith oedd dyblu hyd camlas Abertawe drwy ei hestyn tua'r gogledd a chroesi'r bwlch i Bontsenni yn nyffryn Wysg, byddai'r costau wedi bod yn llethol. Yn lle hynny, ym 1821-3, adeiladwyd rheilffordd gan John Christie, masnachwr gyda chwmni East India a gŵr a oedd wedi prynu ystadau Fforest Fawr. I ddechrau, âi rheilffordd Christie tua'r gogledd o'i chwareli carreg galch ar gopaon y mynyddoedd i'w diroedd ffermio newydd, ond am mai ymhellach tua'r de ac yn ymyl y gamlas yr oedd glo i'w gael i losgi'r calch, creodd reilffordd i gyrraedd y gamlas honno. Yn ystod y 1830au cyflwynwyd y dull chwythu poeth a olygai fod modd defnyddio'r glo carreg lleol i doddi mwynau, a chanlyniad hynny oedd cynnydd aruthrol yn nifer y gweithfeydd haearn mawr ar lannau'r gamlas yn rhan uchaf Cwm Tawe. Adeiladwyd rheilffordd sylweddol arall ym mhen uchaf y cwm i gludo glo a charreg galch i waith haearn Ynysgedwyn ger Ystradgynlais.

Yn y pen draw, cafwyd clystyrau o weithfeydd haearn, tunplat a chopr o amgylch y gamlas a rhwydwaith mawr o reilffyrdd i'w gwasanaethu. Ni ddechreuwyd defnyddio injans yn rhan uchaf y cwm tan y 1860au a daliwyd i ddefnyddio llawer iawn ar y gamlas a rhai o'i rheilffyrdd tan ddiwedd y bedwaredd ganrif ar bymtheg.

Stephen Hughes

Isod: Camlas Abertawe a'i rheilffyrdd.

DI2007_0157

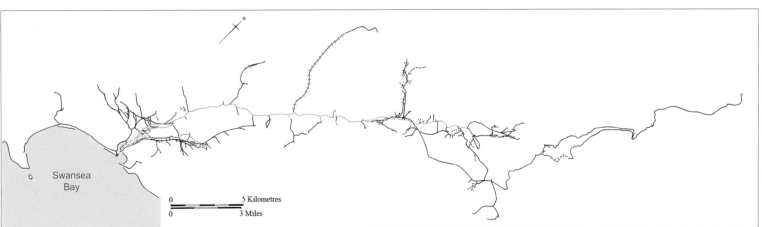

Swansea Bay

0   5 Kilometres
0   3 Miles

058 Campwaith Peirianyddol: Traphont Ddŵr Pontcysyllte

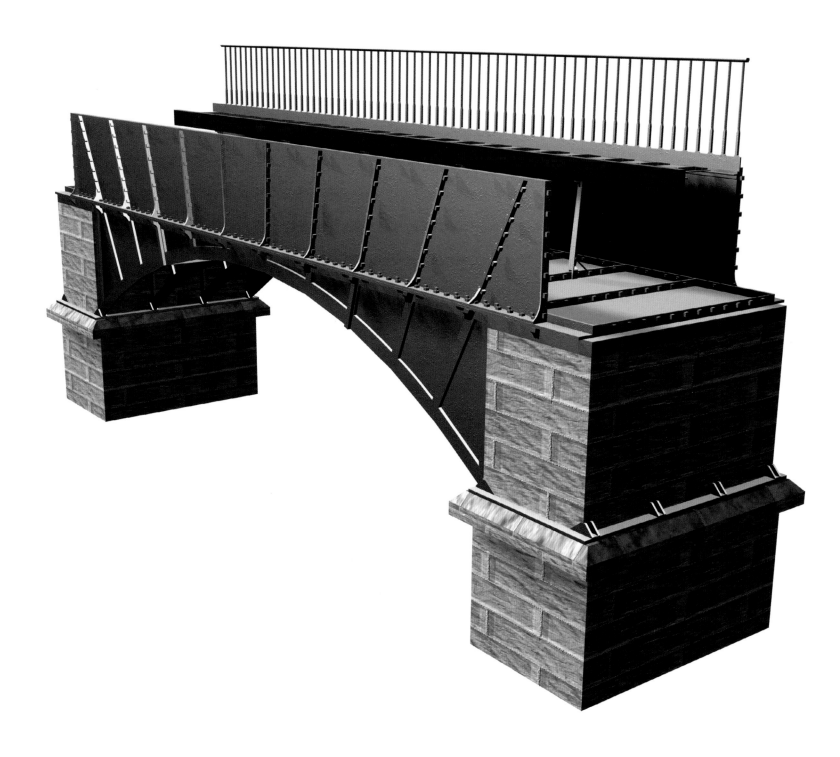

Model digidol y Comisiwn Brenhinol o ran uchaf traphont ddŵr Pontcysyllte gan ddangos adeiladwaith y colofnau, yr asennau a'r llwybr tynnu.

NPRN 34410

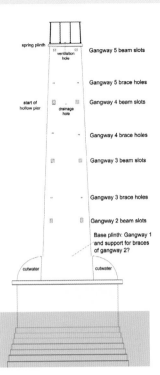

Uchod: O ddadansoddi pob colofn yn fanwl, gwelwyd ambell afreoleidd-dra mewn gwaith maen sydd fel arall yn safonol. Mae'r afreoleidd-dra'n cynnig tystiolaeth o'r dull o adeiladu'r colofnau ac yn dangos mor gywir oedd y peintiadau a wnaed ar y pryd.
NPRN 34410

De: Traphont Ddŵr Pontcysyllte o lannau Afon Dyfrdwy.
DI2005_0878 NPRN 34410

Mae Traphont Ddŵr Pontcysyllte wedi'i galw'n un o gampau peirianyddol mwyaf y byd. Fe'i codwyd rhwng 1795 a 1805 i fynd â Chamlas Ellesmere ar draws dyffryn Dyfrdwy a chysylltu pyllau glo Sir Ddinbych â'r system genedlaethol o gamlesi ac â phrif ardaloedd y Chwyldro Diwydiannol. Gan fod y tir yn fynyddig, wynebai'r ddau beiriannydd, William Jessop a Thomas Telford, anawsterau lu. Ar ôl i'r darn o gamlas rhwng basn Trefor a'r ffin â Lloegr gael ei gwblhau, dywedwyd iddo fod yn 'composed of works more difficult of execution than can perhaps be found anywhere within an equal distance of canal navigation'. Yr her fwyaf oedd croesi dyffryn afon Dyfrdwy. Y cynllun cychwynnol oedd codi cyfres o lociau bob ochr i'r dyffryn a thraphont isel o gerrig i groesi'r afon ar y gwaelod. Byddai'r cynllun wedi bod yn ddrud dros ben i'w adeiladu a'i weithredu a byddai cychod wedi cymryd amser maith i fynd drwy'r lociau. Penderfyniad mentrus o arloesol y ddau beiriannydd anghyffredin o ddawnus, felly, oedd dileu'r gyfres o lociau a chodi traphont uchel.

Adeg codi Traphont Ddŵr Pontcysyllte a'i phedwar rhychwant ar bymtheg ar uchder o 38.4 metr uwchlaw gwely'r afon, hi oedd y draphont ddŵr dalaf a hwyaf a godwyd tan hynny, a hi fyddai'r un dalaf yn y byd am ryw 200 mlynedd. Mentro defnyddio haearn bwrw oedd yr allwedd i gyflawni'r gamp ryfeddol hon, a daeth y draphont yn enwog fel un o symbolau'r oes ddiwydiannol newydd. Oherwydd uchder y colofnau o gerrig, bu'n rhaid i Telford a Jessop ddyfeisio ffyrdd o gwtogi ar faint a phwysau'r meini, a'r ateb i'r broblem honno oedd codi colofnau a feinhâi po uchaf y codent, a chynnwys gofod gwag yn yr adrannau uchaf.

Drwy astudio'r cliwiau sydd wedi goroesi yn yr adeiladwaith datgelwyd y dulliau a ddefnyddiwyd i gyflawni prosiect adeiladu mor fawr. Pennwyd trefn codi'r colofnau gan leoliad y chwarel a'r iard adeiladu ar ochr ogleddol yr afon. Codwyd y colofnau ryw chwech i wyth metr ar y tro, gan symud o'r de i'r gogledd ar draws y dyffryn. Codwyd pum lefel olynol o

De: Mae blociau bach ar yr un lefel â'r twll draenio yn dangos lle y tynnwyd estyll y gangwe ohono. Y ddau bâr arall o dyllau sy'n dangos lle y gosodwyd y gafaelfachau croeslin i ddal y dec uwch eu pennau.
DS2008_208_001 NPRN 34410

lwybrau cerdded o bren i gludo defnyddiau o'r lan ogleddol ar hyd-ddynt a hynny, mae'n fwy na thebyg, ar reilffordd. Cynhelid pob gangwe oddi ar waith maen y colofnau gan ddau drawst pren a gafaelfachau croeslin a ddelid yn eu lle gan wadnau o haearn bwrw. Gellir dal i weld mân olion y nodweddion hynny yng ngwaith maen pob colofn.

Cynhyrchwyd yr haearn bwrw mewn gefail a oedd newydd gael ei sefydlu ger yr iard adeiladu ym Mhlas Kynaston a gwnaed bwâu a chafn y draphont i gyd ohono. Mae i bob un o'r pedwar rhychwant ar bymtheg bedair asen o haearn bwrw, a'r rheiny'n dal cafn a wnaed o blatiau haearn bwrw a folltiwyd wrth ei gilydd. Er mwyn i'r cafn fod yn hyblyg, ni chysylltwyd mohono wrth yr asennau. Yn hytrach, fe'i rhwystrir rhag symud i'r naill ochr a'r llall gan fracedi ac oddfau a chan bwysau'r dŵr ynddo. Mae golwg yr adeiladwaith yn adleisio traddodiadau cynharach gan i'r asennau allanol gael eu cynllunio i gyfleu cadernid ac i ongl y platiau ochr efelychu bwa o gerrig. Yn ôl ymwelydd o'r Almaen, y Tywysog Hermann von Pükler-Muskau, ym 1832 byddai'r draphont wedi dwyn clod i Rufain.

Louise Barker a Susan Fielding

059 Iard Longau Frenhinol a Thref Newydd: Doc Penfro

Golwg dros grid trefnus Doc Penfro i lawr Pembroke Street i ddyfroedd dyfnion Aberdaugleddau (cyn 1905).
DI2008_0842 NPRN 30298

Mae'n debyg mai Doc Penfro oedd y fwyaf o'r trefi cynlluniedig a godwyd yng Nghymru. O 1812 ymlaen, gwariodd y llywodraeth symiau anferth ar greu lle diogel i adeiladu llongau'r llynges yn nyfroedd amddiffynedig Aberdaugleddau. Codwyd rhai adeiladu nodedig yn yr iard longau ac, er mai ffrwyth cysylltiadau damweiniol oedd ei chreu, bu ar waith tan 1926.

Rhoes perthynas y Llyngesydd Nelson â Syr William Hamilton fod i gyfleuster bach i'r llynges ar lan ogleddol yr aber. Hamilton oedd perchennog y tir, a Nelson fu'n hyrwyddo'r tir fel lleoliad da. Ac i nai Hamilton, Charles Greville, yr ymddiriedwyd y dasg o greu tref a phorthladd newydd. Dechreuodd y Llynges godi cilgant neo-glasurol yno ym 1809 ond bu Greville farw a methu wnaeth y trafodaethau i brynu'r safle. Penderfynodd y Llynges ym 1812, felly, droi ei sylw at dir yr oedd y llywodraeth eisoes yn berchen arno yn Paterchurch, ar y lan gyferbyn.

Archwiliwyd y safle gan y peiriannydd o fri, John Rennie, ac erbyn 1813 yr oedd y gwaith o godi mur amgylchynol a llithrfeydd i adeiladu llongau arnynt yng ngofal pensaer cynorthwyol y Llynges, Edward Holl. Dechreuwyd adeiladu'r llongau rhyfel cyntaf cyn codi'r un adeilad yno: ym 1814 y codwyd y pedwar tŷ cyntaf i'r gweithwyr, ym 1817-18 y codwyd y tai i swyddogion yr iard longau, a chodwyd storfeydd a swyddfeydd o 1822 ymlaen. Llongau rhyfel o bren a adeiladwyd yno tan i'r iard ddechrau defnyddio haearn o'r 1860au ymlaen. Fel prif iard adeiladu'r Llynges, yr oedd ganddi fwy o lithrfeydd nag unrhyw iard longau arall – tair ar ddeg i gyd – ond llai o adeiladau gan fod gosod offer y llongau a'u gwasanaethu yn digwydd mewn mannau eraill. Hon oedd yr unig iard o eiddo'r Llynges Frenhinol a arbenigai'n gyfan gwbl ar adeiladu llongau, a chyflogid rhyw 2,000 o weithwyr yno.

Yn y dref ceid grid rheolaidd o strydoedd eang o dai deulawr, ond llenwyd y tir yn raddol a chodwyd rhesi o

Rhif 1, The Terrace, a godwyd y tu mewn i furiau'r dociau gan Edward Holl ym 1817-18.
DI2008_0843 NPRN 30298

Mae'r awyrlun o Defensible Barracks Doc Penfro yn dangos cynllun y ffos sych a'r bastiynau a'r sgwâr Sioraidd cain sy'n amgáu'r maes parêd.
DI2005_0929 NPRN 34323

fythynnod unllawr y tu hwnt i'r grid. Ymhlith adeiladau'r iard longau yr oedd y llithrfeydd adeiladu llongau, a dechreuwyd eu toi o'r 1830au ymlaen. Yr oedd rhychwant y to pren a gynlluniwyd gan Syr Robert Sepping ym 1841 i un o'r llithrfeydd gymaint â chan troedfedd. Gwnaed y toeon arloesol o haearn bwrw ym 1844-5 gan Fox a Henderson, dau a fyddai'n ennill bri wrth adeiladu'r Palas Grisial ar gyfer Arddangosfa Fawr 1851. Yr oedd y toeon yn 80 troedfedd o led a throstynt rhoddwyd haen o ddefnydd newydd, sef haearn gwrymiog. Ymhen hir a hwyr, towyd pob un o'r tair llithrfa ar ddeg.

Yr oedd adeiladau'r Llynges o fewn y mur 12 troedfedd o uchder a amgylchynai'r iard longau yn gyfuniad o geinder yr arddull Sioraidd Ddiweddar a dyfeisgarwch yn eu hadeiladwaith. Adeiladweithiau arbrofol o haearn sydd i doeon tai'r swyddogion yn y Terrace a gynlluniwyd gan Holl ym 1817-18, ac i do'r stordy ym 1822, ac mae i'r stordy loriau o haearn a charreg sy'n gwrthsefyll tân. To haearn sydd hefyd i swyddfa'r Capten Arolygu, sef swyddfa o waith Fox a Henderson ym 1847.

Yr oedd codi amddiffynfeydd yr iard longau yn rhan o'r broses o godi amddiffynfeydd ar hyd yr aber tua chanol y bedwaredd ganrif ar bymtheg. Gan mai sifiliaid oedd y rhan fwyaf o'r gweithlu, ceid gan amlaf fwy o staff y Fyddin yn y dref i amddiffyn yr iard longau nag o staff y Llynges. Sgwâr o farics ar lwyfan gynnau a ffos sych o'i amgylch yw'r Defensible Barracks a godwyd ym 1842-5. Er iddynt gael eu codi ymhell uwchlaw'r dref i warchod y llwybrau o'r môr i'r porthladd, ffosil o bensaernïaeth filwrol yw'r barics am mai hon oedd y gaer olaf yn Ewrop i'w chodi yn unol â'r cynllun a ddyfeisiwyd gan Vauban yn yr ail ganrif ar bymtheg. Ychydig oddi ar lannau corneli de-orllewinol a gogledd-ddwyreiniol yr iard longau mae dau dŵr tanio godidog o gadarn a godwyd ym 1848-51. Ynddynt, mae'r gynnau uwchlaw'r ystafelloedd barics a'r rheiny, yn eu tro, uwchlaw'r stordai o fwledi a ffrwydron ar yr islawr.

Julian Orbach

060 Oes y Gwelliannau

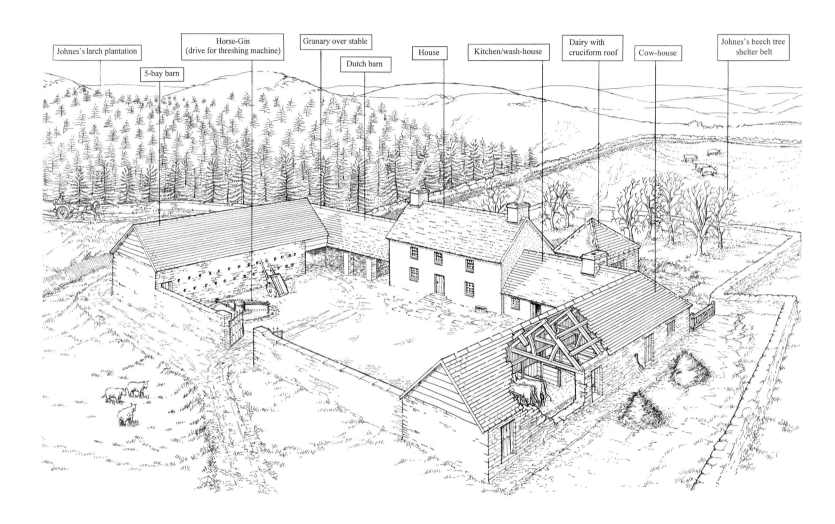

Johnes's larch plantation

5-bay barn

Horse-Gin
(drive for threshing machine)

Granary over stable

Dutch barn

House

Kitchen/wash-house

Dairy with
cruciform roof

Cow-house

Johnes's beech tree
shelter belt

Adluniad Geoff Ward o fferm fodel Gelmast a godwyd tua 1803 yng Ngheredigion.
GTJ00066 NPRN 3073

Un o weledyddion mawr oes o 'wellhawyr' oedd William Maddocks, gŵr a aeth ati rhwng 1798 a'i farwolaeth ym 1828 i ddatblygu cynllun rhyfeddol o uchelgeisiol i godi cob dros aber Afon Glaslyn yn Sir Gaernarfon. Elfen ganolog ei gynllun oedd draenio'r corsydd a elwid yn Draeth Mawr a chreu tir ffermio drwy godi cob bron yn filltir o hyd. Cwblhawyd y gwaith ym 1811, a thros y cob rhedai ffordd yr arfordir i gyfarfod â'r ffordd o'r dwyrain yn nhref Tremadog, fel y galwai Maddocks hi. Pennodd ef batrwm taclus a threfnus i Dremadog, a dangosir ei uchelgais i'r dref fod yn fan aros ar y ffordd i Iwerddon gan y ffaith iddo enwi'r prif strydoedd yno ar ôl Llundain a Dulyn – cyn i Telford adeiladu ei ffordd fawr i Gaergybi ymhellach i'r gogledd. Parodd awydd Maddocks i sicrhau gwelliannau iddo godi ffatri wlân a gwella'r harbwr yn yr hyn a ddeuai maes o law yn Borthmadog. Yn ddiweddarach, Porthmadog fyddai pen isaf Rheilffordd Ffestiniog a byddai miliynau o lechi'n dod i lawr y lein o'r chwareli, yn croesi'r Cob ac yn cael eu hallforio o borthladd Maddocks.

Esiampl fwy nodweddiadol o'r awydd cyffredinol i sicrhau gwelliannau oedd codi ffermydd newydd ac amgáu a draenio tir ymylol ar gorstir a bryn. Hyrwyddwyd gwell dulliau amaethyddol gan ffermydd model a chan y cymdeithasau amaethyddol a oedd newydd ymsefydlu, a myfyriwyd ynghylch cynnydd byd amaeth mewn cyfres o adroddiadau sirol a gyhoeddwyd gan y Bwrdd Amaeth. Pan etifeddodd Thomas Johnes ystâd yr Hafod [065] yng Ngheredigion, ni wyddai tenantiaid tlawd ei ffermydd ddim oll am y dulliau amaethyddol diweddaraf a'r gred oedd na cheid fawr ddim cynnyrch o'r tir.

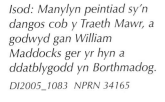

De: Bodcoll, Ceredigion, oedd un o'r llu ffermydd y gwnaeth Thomas Johnes eu prynu a'u datblygu.
DI2005_1194 NPRN 403857

Isod: Manylyn peintiad sy'n dangos cob y Traeth Mawr, a godwyd gan William Maddocks ger yr hyn a ddatblygodd yn Borthmadog.
DI2005_1083 NPRN 34165

Datblygodd Johnes brif fferm yr ystâd, Pendre, a phrynu llawer o ffermydd eraill ar hyd a lled y bryniau i'w gwella a'u gosod i denantiaid. Adeiladodd fferm Gelmast neu New Farm tua 1803 i arddangos ei syniadau ynghylch rheoli glaswelltir, stocio a chynhyrchu cynhyrchion llaeth. Rhoddwyd defaid i bori'r tiroedd mynyddig eang a chyflwynwyd ffermio llaeth ar dir a oedd newydd gael ei amgáu a'i draenio. Yr oedd yno fwy na 450 o erwau o dir pori a phlanhigfeydd coed.

Gan mai'r bwriad oedd i Gelmast gyflenwi llaeth, menyn a chaws i'r fro, ateb y gofynion hynny oedd prif ddiben adeiladau'r fferm. Yn adluniad y Comisiwn Brenhinol ar gyfer panel dehongli ar y safle, gwelir patrwm trefnus a rhesymegol buarth y fferm. Yr oedd digon o le yn y tŷ cymesur a cheid ffenestr ddalennog bob ochr i'r drws canolog. Yn y cefn safai llaethdy, ac iddo do ar ffurf pyramid, ar ei ben ei hun. Ar hyd ochr ddwyreiniol y buarth yr oedd beudy mawr. Ar yr ochr orllewinol yr oedd ysgubor fawr ac efallai mai'r bwriad gwreiddiol, ac optimistaidd braidd, oedd iddi ddal cryn dipyn o rawn. Mae peth tystiolaeth y bu yno felin ddyrnu a weithid gan geffyl. Yr oedd y sied wair â'i phileri o gerrig yn ddatblygiad arloesol ac yn ffordd fwy cyfleus o storio gwair na gwneud tasau ohono neu ei storio mewn llofft draddodiadol uwchben beudy.

Anna Skarżyńska a Peter Wakelin

061 Y Trefi Haearn: Blaenafon

Stack Square yng Ngwaith Haearn Blaenafon ym 1983, cyn gwneud gwaith cadwraeth yno.
Codwyd y cwrt ym 1788 i ddarparu tai i'r gweithwyr allweddol. Yn y canol yr oedd siop y cwmni.
DI2005_0035 NPRN 20853

Uchod: Tynnodd Syr Richard Colt Hoare lun o draphont Blaenafon rywbryd tua 1798.

DI2008_0858 NPRN 302129

De: Codwyd Eglwys Sant Pedr gan feistri haearn Blaenafon ym 1804.

DI2006_0003 NPRN 96484

Isod: Yn sgil creu gwaith haearn Blaenafon (ar y chwith eithaf) codwyd tai, plasty mewn tir coediog, ysgol waith ac eglwys ar dro'r rheilffordd a'i gwasanaethai, ond uwchlaw'r eglwys (ar y dde eithaf) yr oedd canol newydd y dref yn y 1840au.

CD2003_629_016 NPRN 33165

Prin oedd poblogaeth uwchdiroedd blaenau cymoedd Morgannwg a Sir Fynwy tan y Chwyldro Diwydiannol, ond erbyn y 1840au yr oedd rhyw 150,000 o bobl yn byw yno. Rhwng y 1750au a'r 1830au, codwyd cyfres o weithfeydd haearn newydd ar ymylon y maes glo am fod mwyn haearn, glo golosg a charreg galch i'w cael yno'n gyfleus o agos i'w gilydd. Mentrau enfawr oeddent yn ôl safonau'r oes a dylifodd pobl i weithio ynddynt. Er enghraifft, cyflogai Gwaith Haearn Cyfarthfa ym Merthyr Tudful 2,000 o bobl yn y 1790au. Ar y dechrau, codai'r cwmnïau haearn derasau gwasgaredig o dai i'w gweithwyr, ond ymhen amser dechreuodd trefi ddatblygu. Cynlluniwyd rhai ohonynt, fel y Drenewydd ger Rhymni, gan y meistri haearn, ond tyfu'n ddigynllun wrth i'r diwydiant haearn ehangu wnaeth y mwyafrif ohonynt. Chwalwyd y rhan fwyaf o dai'r gweithwyr haearn cynnar yn ystod cynlluniau clirio yn yr ugeinfed ganrif, ond cofnododd Jeremy Lowe enghreifftiau ohonynt a chedwir ei gronfa ddata yng Nghofnod Henebion Cenedlaethol Cymru. Safle Treftadaeth Byd Blaenafon yw un o'r lleoedd gorau i weld sut yr esblygodd yr aneddiadau diwydiannol cynnar.

Ffermydd mynydd gwasgaredig yn unig a geid yn rhan uchaf cwm Afon Lwyd tan 1787, pan ddewisodd tri gŵr busnes o Ganolbarth Lloegr y fan yn safle i waith haearn newydd a dechrau trafod i gael prydles ar 4,855 o hectarau o dir cyfoethog ei fwynau. Erbyn 1792 yr oedd yno dair ffwrnais a chwythid gan beiriant stêm, pyllau glo a mwyngloddiau haearn, chwareli carreg galch, a rheilffyrdd i gysylltu'r cyfan â'i gilydd. Mae cwrt o dai a godwyd ym 1788 yn dal i edrych allan dros iard y ffwrnais yng Ngwaith Haearn

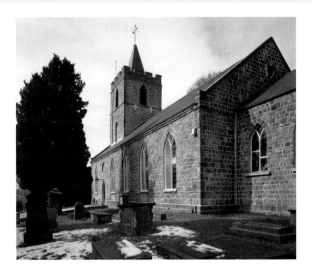

Blaenafon, ac mae'r cwrt hwnnw bellach yng ngofal Cadw. Yr oedd y tai pedair-ystafell hyn o safon ddigon uchel i ddenu gweithwyr medrus i sefydlu'r gwaith haearn. Yn rhes ganol y cwrt ceid siop y cwmni: yr oedd siop yn sefydliad cwbl hanfodol wrth gynnal cymuned newydd mewn man mor anghysbell. Cododd y cwmni derasau o dai llai eu maint ger y gweithfeydd haearn, y mwyngloddiau a'r cwarrau, a chymaint oedd y pwysau am gael lle i'r gweithwyr fyw nes y codwyd anheddau o dan ddeg bwa un o draphontydd y rheilffordd. Bu'n rhaid aros am ddegawd a rhagor cyn i gnewyllyn tref ddechrau datblygu drwy ychwanegu ar hyd y tro yn y rheilffordd a gludai gynhyrchion y gwaith haearn i gamlas Sir Fynwy, blasty i'r partner rheoli ym 1800, eglwys ym 1804, ysgol waith ym 1816 a rhagor o derasau o dai'r cwmni.

Er hynny, ni ddatblygodd y lle'n dref tan rywbryd rhwng y 1840au a'r 1860au. Bryd hynny, codwyd canolfan newydd iddi ar blotiau preifat o dir i'r gogledd-ddwyrain o'r eglwys gan lacio gafael gadarn y cwmni haearn ar holl drefn cyflenwi bwyd, diod a llety. Gellir dal i weld nodweddion arferol trefi haearn y de yno – capeli, tafarnau, siopau a'r rhesi o dai a godwyd gan hap-adeiladwyr. Gwerthai'r siopau niferus yr holl amrywiaeth o gynhyrchion y byddai ar gymuned ddiwydiannol lewyrchus eisiau eu prynu, gan gynnwys bwyd, dillad, esgidiau, gemwaith a gwydrau. Erbyn tua diwedd y bedwaredd ganrif ar bymtheg yr oedd yno ddeunaw lle o addoliad a rhyw ddeugain o dafarnau. Er nad oedd fawr o neb yn byw yno'n wreiddiol, yr oedd gan y dref boblogaeth o 13,000 ar ei hanterth, ond hanerodd y boblogaeth honno yn yr ugeinfed ganrif wrth i'r diwydiannau haearn, dur a glo edwino.

Peter Wakelin a Tom Pert

062 Diboblogi'r Uwchdiroedd: Penblaenmilo

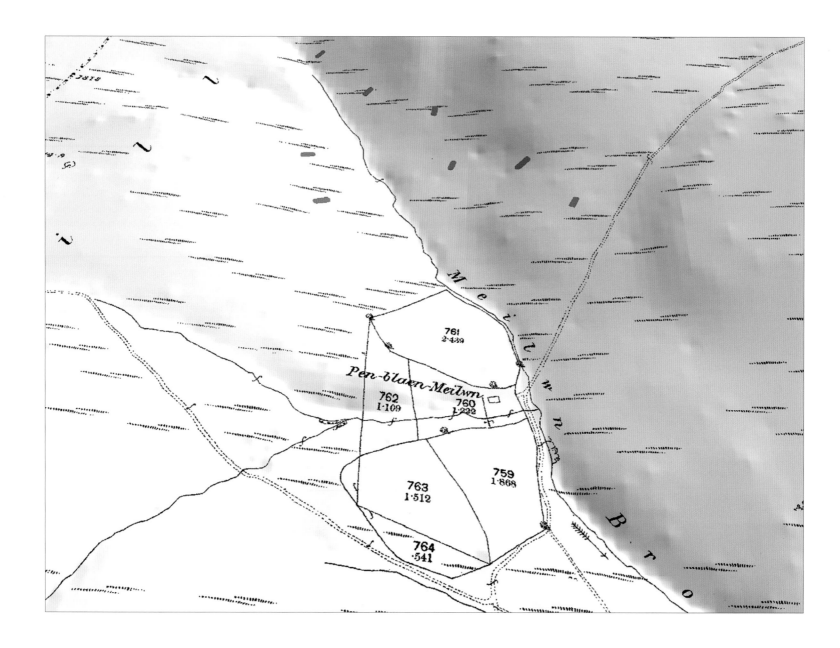

Er bod ffermdy Penblaenmilo wedi colli ei do erbyn cyhoeddi map yr Arolwg Ordnans ym 1891, yr oedd terfynau llociau bach y fferm yn dal yno.
Mae'r ddelwedd hon wedi'i throi'n un tri-dimensiwn i ddangos typograffeg y cwm, ac ati fe ychwanegwyd, mewn coch,
y tomenni clustog y cafwyd hyd iddynt wrth wneud gwaith maes.

NPRN 81460
© Landmark Information Group Cyf. © geoPerspectives

Uchod: Adfeilion ffermdy ar
dir uchel: Pen-castell,
Aberedw, yn 2004.

DI2006_1959 NPRN 81463

Saif olion ffermdy anghyfannedd Penblaenmilo yn uchel ar Fryn Aberedw ger Llanfair-ym-Muallt. Mae'n un o lu o ffermydd anghyfannedd sydd i'w cael hwnt ac yma ar draws tirwedd cefn gwlad ac yn gofadail i gymdeithas amaethyddol a gyrhaeddodd ei hanterth ar ddechrau'r oes ddiwydiannol. Yn ôl traddodiad lleol, safai'r tŷ ar un o'r prif lwybrau porthmona a âi drwy Lanfair-ym-Muallt ac ymlaen tua'r dwyrain i ddinasoedd Lloegr. Gallai'r porthmyn aros yno am hoe ar eu taith hir, a chedwid eu hanifeiliaid yn y caeau o amgylch y tŷ.

Mae cyfrifiad 1841 yn dangos i 'Penblaenmilon' fod yn gartref ar y pryd i William ac Anne Meredith a'u pum plentyn ifanc. Llafurwr oedd William, fel llawer o ddynion eraill y gymuned gwbl amaethyddol hon. Yn ôl cyfrifiad 1841, a gynhaliwyd pan oedd poblogaeth llawer plwyf gwledig ar ei hanterth, yr oedd 345 o bobl yn Aberedw, a bron pob un ohonynt yn ennill bywoliaeth o'r tir. Cofnododd arolwg y degwm ym 1842 mai Ymddiriedolaeth Elusennol Bochrwyd, ymddiriedolaeth a sefydlwyd yn yr ail ganrif ar bymtheg i helpu plant tlawd yn Sir Faesyfed, oedd perchennog Penblaenmilo. Byddai'r rhenti a delid gan denantiaid Penblaenmilo, felly, wedi cyfrannu at y gronfa honno.

O'r 1840au ymlaen, yr oedd y cyflogau uwch a'r gwell amodau byw a geid yn y trefi a'r ardaloedd diwydiannol, yn arbennig yng nghymoedd y de, yn denu mwy a mwy o bobl o gefn gwlad. Erbyn 1871, y cyfrifiad olaf i gofnodi bod pobl yn byw ym Mhenblaenmilo, yr oedd poblogaeth y plwyf wedi gostwng i 306. Erbyn y 1880au, yr oedd Penblaenmilo yn un o filoedd o ffermdai a bythynnod ar yr uwchdiroedd a adawyd yn anghyfannedd. Câi ffermwyr fwy a mwy o drafferth i gadw gweision ifanc ar y tir am fod y cyflogau'n isel, yr oriau gwaith yn hir a'r amodau'n aml yn galed. Yr oedd lleithder y tai ac ansawdd gwael eu toeon yn golygu bod y syniad o fyw mewn cymdeithas ddiwydiannol lle ceid tai teras o gerrig a thoeon o lechi uwch eu pennau yn atyniad, ac yn gam i fyny, i'r mwyafrif o bobl cefn gwlad. O gael

swydd ym myd diwydiant neu fasnach, ceid cyflog rheolaidd, a hwnnw fel rheol yn uwch o lawer na'r hyn y gellid ei ennill ar y tir. Gellid hefyd sicrhau dyrchafiad pellach. Mae cyfrifiad 1891 yn adlewyrchu'r duedd hon: yr oedd poblogaeth plwyf Aberedw wedi gostwng i 197, ac felly draean yn llai nag oedd hi gwta ugain mlynedd ynghynt.

Er bod olion prin y lle tân a safle'r drws ffrynt i'w gweld o hyd ym Mhenblaenmilo, adfail llwyr yw'r adeilad erbyn hyn. Gerllaw, ceir rhai o nodweddion eraill tirwedd y bu ffermwyr yn gweithio arni gynt: llociau bach a grëwyd o'r tir comin, tystiolaeth o droi'r tir hyd at 400 metr uwchlaw lefel y môr. Yno hefyd, o amgylch y nant uwchlaw'r tŷ a ddefnyddid gan genedlaethau cynharach i ffermio cwningod am eu cig a'u ffwr, ceid clwstwr o domenni clustog. Yr oedd ffermydd eraill yma ac acw ar draws y bryn a llociau bach sydd bellach yn dangos lleoliad pob un ohonynt. Yn un ohonynt cafwyd hyd i odyn fach i sychu grawn. Rhaid bod Bryn Aberedw wedi bod yn lle gwahanol iawn pan oedd teuluoedd mawr yn byw ac yn amaethu ar ei lethrau.

Mae menter y Comisiwn Brenhinol, Menter Archaeoleg yr Uwchdiroedd, wedi llwyddo i gofnodi bodolaeth nifer fawr o fythynnod a ffermydd anghyfannedd tebyg i Benblaenmilo. Ar yr uwchdiroedd, y drefn arferol oedd gadael olion lleoedd o'r fath fel yr oeddent. Ar y tir is, beth ffordd o'r tir comin, mae eu holion bron bob amser wedi diflannu wrth i'r tir gael ei wella ac i ddulliau dwysach o amaethu gael eu defnyddio yn ystod yr ugeinfed ganrif.

Jenny Hall a Paul Sambrook

Isod a de: Y cyfan sy'n weddill
o Benblaenmilo.

NPRN 81460

Drwy garedigrwydd Trysor.

063 Cludiant Môr

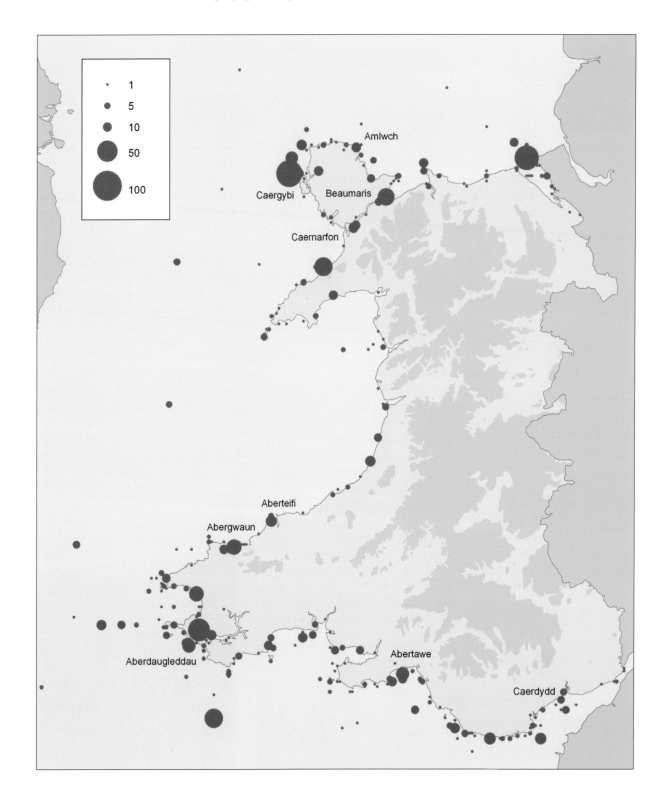

Rhestr o'r llongau yr oedd yn hysbys iddynt gael eu colli ar arfordir Cymru rhwng 1750 a 1850.

© Hawlfraint y Goron. Cedwir pob hawl. Trwydded rhif 100017916 yr Arolwg Ordnans.

R han o gylch gwaith y Comisiwn Brenhinol yw casglu gwybodaeth am archaeoleg y môr, gan gynnwys llongddrylliadau, awyrennau a saethwyd o'r awyr ac a laniodd yn y môr, a thirweddau a henebion cynhanesyddol suddedig sydd i'w cael ar y tir a ddaw i'r golwg rhwng trai a llanw. Peth o'r gwaith sydd ynghlwm wrth helaethu'r cofnod arforol yw chwilio drwy ffynonellau ysgrifenedig am gyfeiriadau at longddrylliadau. Esgorodd yr oes ddiwydiannol gynnar ar lawer o ddogfennau am bobl a anafwyd neu a laddwyd ar longau neu ar y môr: er enghraifft, bu i grŵp o'r tanysgrifenwyr yswiriant a ddeuai ymhen amser yn Lloyds of London gyhoeddi papur newydd o wybodaeth am longau ym 1741 a'i Lyfr Cofrestr o Longau ym 1764.

Mae'r 7,000 o longddrylliadau a cholledion a gofnodwyd yng nghronfeydd data'r Comisiwn Brenhinol yn dangos lle'r oedd rhai o'r peryglon mwyaf, sef ar hyd glannau penrhyn Llŷn, Môn ac Afon Menai, Penrhyn Dewi a Phen Caer. Ar y môr yng nghyffiniau'r porthladdoedd mwyaf llwyddiannus y ceid y colledion mwyaf. Mae'r map o'r 1,245 ohonynt sy'n dyddio o'r blynyddoedd rhwng 1750 a 1850 yn dangos mor bwysig yn oes y Chwyldro Diwydiannol oedd porthladdoedd Caerdydd (yn enwedig o ran y fasnach gynyddol mewn haearn o Ferthyr Tudful), Abertawe (y fasnach gopr), Aberdaugleddau, Abergwaun, Aberteifi, Caernarfon, Caergybi a Biwmaris. Mae'n dangos hefyd fod llwybrau'r llongau ar draws Môr Iwerydd i Lerpwl a Bryste yn fwyfwy pwysig i'r fasnach mewn siwgr, tybaco, cotwm a chaethweision. Ymhlith y colledion ceid brigiau, slwpiau, sgwnerau, rhwyflongau, cychod

tair-hwyl, llongau rigiau-llawn, llongau paced a hwyliai yn ôl ac ymlaen i Iwerddon, a sawl rhodlong ac agerlong gynnar.

Cafwyd amryw o golledion ger Amlwch yng ngogledd Môn. Wrth i'r mwynglawdd copr ar Fynydd Parys ehangu'n gyflym ar ôl 1768, gwelodd y pentref bach hwnnw gryn dro ar fyd, ac am fod cynifer o longau'n hwylio i mewn ac allan i'r gilfach yno, bu'n rhaid gwneud gwelliannau iddi. Ar ôl 1793, dyfnhawyd ei sianeli a'i glanfeydd a chodwyd dau bier â goleudy bach gwyngalchog ar ben draw'r naill a'r llall. Torrwyd y graig yn ôl ar ochr ddwyreiniol yr harbwr i greu cei llydan a chodi warws a biniau i storio mwyn, glo a haearn sgrap arno. Neilltuwyd yr ochr orllewinol i adeiladu a thrwsio llongau. Yr oedd yr iard longau gyntaf a gofnodwyd yn y dref yn eiddo i Nicholas a Francis Treweek, dau a lansiodd eu llong gyntaf – yr Unity a bwysai 68 tunnell – ym 1825. Gallai gwyntoedd cryf o'r gogledd ddal i achosi anhrefn llwyr yno. Ym 1889, er enghraifft, difrodwyd pum llong wrth i ryferthwy storm dorri'r cadwyni a'u daliai wrth y lan. Ymhlith y pump yr oedd 'the schooner Emporer which was in the dry dock floated and came out and knocked against the backing of the pier head and went to pieces'.

Cludid mwyn copr o Amlwch i'r gweithiau mwyndoddi yn Ravenhead yn Swydd Gaerhirfryn ac i Abertawe, a chynhyrchid nwyddau copr ym Maes-glas yn Sir y Fflint. Cynhyrchodd Thomas Williams, 'Copper King' Môn, haenau o gopr a dyfeisiodd folltau copr arloesol i gysylltu'r haenau hynny â gwaelodion llongau i rwystro organebau morol fel taradr môr rhag eu difrodi. Bu hynny'n ffordd bwysig o ddiogelu llongau pren wrth iddynt hwylio i ddyfroedd cynhesach, a chafwyd bod yr haenau o gopr yn llesteirio cregyn llong a chwyn rhag tyfu ac felly'n helpu'r llongau i ddal i hwylio'n gyflym a didrafferth. Ar Gofrestr Lloyd's marciwyd llongau o'r fath â'r byrfodd 'Y. M.', sef 'yellow metal'. Daeth y cystadlu rhwng y meistri i gwblhau teithiau cyflym yn eu 'coppered bottoms' yn rhan annatod o ysbryd oes y llongau hwylio pren.

Deanna Groom

064 Diogelu'r Lonydd Hwylio: Goleudai

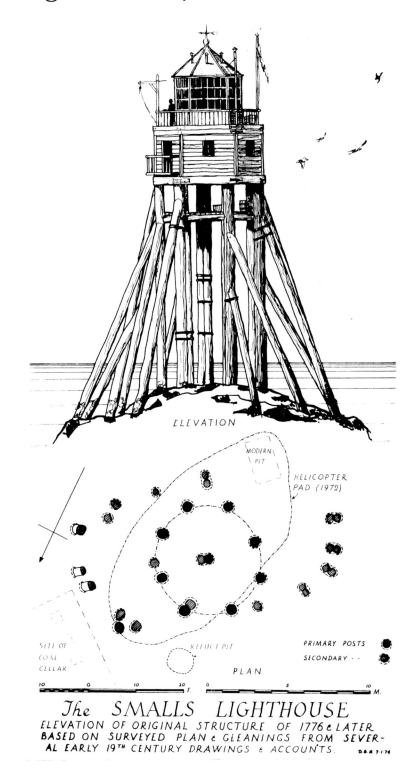

ELEVATION

MODERN PIT

HELICOPTER PAD (1972)

SITE OF COAL CELLAR

REFUGE PIT

PLAN

PRIMARY POSTS

SECONDARY

The SMALLS LIGHTHOUSE
ELEVATION OF ORIGINAL STRUCTURE OF 1776 e LATER.
BASED ON SURVEYED PLAN e GLEANINGS FROM SEVER-
AL EARLY 19ᵀᴴ CENTURY DRAWINGS e ACCOUNTS.

Lluniad Douglas Hague o oleudy gwreiddiol y Smalls ac olion archaeolegol y goleudy cyntaf i'w godi ar byst ym Mhrydain.

DI2006_0587 NPRN 34350

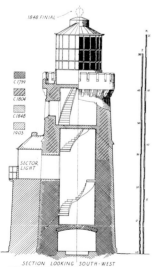

Chwaraeodd goleudai Cymru ran bwysig wrth sicrhau bod cynhyrchion chwyldro diwydiannol cyntaf y byd, a'r nwyddau a'r defnyddiau a ddaeth i Brydain yn gyfnewid amdanynt, yn cyrraedd pen eu taith yn ddiogel. Datblygodd Lerpwl a Bryste, y naill ben a'r llall i Gymru, yn brif borthladdoedd i'r fasnach ar draws Môr Iwerydd wrth i'r fasnach honno ehangu'n gyflym yn y ddeunawfed ganrif a'r bedwaredd ganrif ar bymtheg. Cynhyrchodd Aberdaugleddau a phorthladdoedd mawr glo, haearn a chopr y de lawer o draffig arforol hefyd. Rhwng 1770 a 1870 codwyd rhyw ugain o oleudai newydd ac ailgodwyd llawer o rai hŷn i oleuo arfordir Cymru am i nifer y llongau a gollwyd gynyddu ac i fasnachwyr, perchnogion a morwyr bledio'r achos dros godi goleudai.

Dau oleudy hollbwysig wrth oleuo'r llwybr hwylio tua'r de o Lerpwl oedd goleudy'r Smalls, sydd ymhell allan i'r môr y tu hwnt i ben gorllewinol Sir Benfro, a goleudy Ynysoedd y Moelrhoniaid oddi ar arfordir Môn. Yr oedd y ddau ohonynt yn eiddo preifat tan i Trinity House eu prynu ganol y bedwaredd ganrif ar bymtheg. Hawlid tollau goleuo oddi ar longau ym mhob porthladd, ac wrth i fyd masnach gynyddu gallai goleudai ar y prif lwybrau ennill incwm aruthrol. Cafodd John Phillips, meistr Doc Sant Siôr yn Lerpwl, brydles i godi goleudy ar graig y Smalls ym 1773. Cynlluniwyd y goleudy gan Henry Whiteside, gwneuthurwr offerynnau cerdd. Yn hytrach na chodi twr enfawr o feini i herio'r elfennau, mabwysiadodd gynllun dyfeisgar a fyddai'n fodd i ferw gwyllt y môr lifo drwyddo. Y cynllun a gwblhaodd ym 1776 oedd rhagflaenydd pob goleudy o'r fath a godwyd yn y bedwaredd ganrif ar bymtheg. Adeiladwaith cyfansawdd oedd hwnnw a châi amryw o byst pren a thri phostyn o haearn bwrw eu rhoi wrth ei gilydd ynddo – enghraifft arloesol o ddefnyddio haearn bwrw mewn adeiladwaith. Disodlwyd y goleudy ym

1861 gan dŵr a godwyd o feini ar gyfer Trinity House gan y peiriannydd cynhyrchiol, James Walker.

Sylweddolwyd mor gynnar â 1658 mor beryglus oedd creigiau Ynysoedd y Moelrhoniaid. Dyna pryd yr apeliodd Henry Hascard ar i Gyngor y Wladwriaeth dan Oliver Cromwell godi goleufa yno. Cafodd y goleudy cyntaf, a godwyd tua 1716, ei ail-godi tua 1759 yn dŵr o feini â thân glo ar ei ben. Efallai mai'r tŷ sengl a godwyd i'r ceidwad yn gynnar yn y ddeunawfed ganrif oedd y breswylfa gyntaf o'r fath i'w chodi erioed. Ym 1804 codwyd tŵr y goleudy'n uwch eto ac ynddo gosodwyd llusern a losgai olew. Yna, fe'i hailwampiwyd yn helaeth mewn arddull gyfoethog gan James Walker tua 1848 i Trinity House. Mae'r tŵr yn amlygu dwy o nodweddion gwaith cynllunio Walker, sef bod diamedr y goleudy yn lleihau wrth godi o'r gwaelod i'r brig a bod parapet cadarn i'r adeilad.

Erbyn 1852 telid tollau llawer mwy i oleudy'r Smalls a goleudy Ynysoedd y Moelrhoniaid nag i unrhyw oleudy arall ym Mhrydain. Pan brynwyd goleudy Ynysoedd y Moelrhoniaid gan Trinity House ym 1844, talwyd cymaint â £440,984 amdano - mwy nag am yr un goleudy arall. O ystyried y dull darbodus o'i godi mae'n sicr, bron, mai'r goleudy gwreiddiol ar y Smalls oedd yr un mwyaf proffidiol yn y byd.

Yn y Cofnod Henebion Cenedlaethol ceir cyfoeth o wybodaeth am oleudai, a llawer ohoni'n ffrwyth gwaith Douglas Hague, ymchwilydd gyda'r Comisiwn Brenhinol o 1948 tan 1981 a chydawdur y llyfr *Lighthouses*, gyda Rosemary Christie, a gyhoeddwyd ym 1975. Cyhoeddodd y Comisiwn *Lighthouses of Wales* ym 1994, yn gompendiwm o ymchwil Hague, a cheir yn y gyfrol honno luniadau-wrth-raddfa Hague a ffotograffau a dynnwyd ganddo.

Angharad Williams

065 Cymru Bictwrésg a'r Twristiaid Cynnar: Yr Hafod

Plasty yn y mynyddoedd: cynlluniwyd yr Hafod gan Thomas Baldwin ac ychwanegwyd ato gan John Nash ac Anthony Salvin.
DI2008_0841 NPRN 5577

Gwyddai Jane Austen y cyfan am dwristiaeth. Yn *Pride and Prejudice* (1813) mae ymweliad 'teithio' Elizabeth Bennet â Pemberley gyda'i hewythr a'i modryb yn enghraifft o arfer a oedd wedi hen ymsefydlu ymhlith y dosbarthiadau cymdeithasol a ddymunai ymddyrchafu. Byddai ymweliad o'r fath yn fodd iddynt weld y wlad a gweld hefyd sut yr oedd eu gwell yn byw. Ymwelent, felly, pan fyddai perchennog plasty yn y wlad oddi cartref, a hynny er mwyn osgoi'r posibilrwydd o ailadrodd y *faux pas* sy'n digwydd yn y nofel. Yn achos pobl â'r un statws cymdeithasol, cynhelid parti plas, ffasiwn a effeithiodd ar bensaernïaeth plastai drwy roi pwys ar drefnu bod yr ystafelloedd derbyn ar y llawr isaf a'u bod yn agor yn syth i'r gerddi neu'r parcdir o'u cwmpas. Câi pob ymwelydd, boed wedi'i wahodd neu beidio, 'weld' tirnodau a mannau hardd lleol.

De: Ffotograff o fasg ffynnon yng ngerddi'r Hafod ym 1951.
DI2005_0904 NPRN 5577

Cyfyngid twristiaeth o'r fath i bobl gefnog a feddai ar gysylltiadau. Erbyn 1800 gwelid mwy a mwy ohoni wrth i'r rhwydwaith o ffyrdd tyrpeg ymledu ac wrth i'r rhyfeloedd â Ffrainc gwtogi ar y cyfle i fynd ar y daith fawr ffasiynol o amgylch Ewrop. Yn lle mentro i'r Cyfandir, dechreuwyd ymweld â'r rhannau harddaf a mwyaf diarffordd o Brydain, ac â Chymru'n arbennig. Câi'r teithwyr weld harddwch naturiol Eryri ac Uwchdiroedd Cymru yn ogystal ag wynebu'r her gorfforol ac ieithyddol. Disgrifiwyd y cyfan mewn cyfrolau a llyfrau tywys fel *Tours in Wales* (1778-81) gan Thomas Pennant, *A Second Walk through Wales* (1799) gan y Parch Richard Warner a *The Scenery, Antiquities, and Biography of South Wales* (1804) gan B. H. Malkin.

Y nod wrth reoli rhai ystadau oedd creu tirwedd hardd a darparu cyfleusterau i ddenu ymwelwyr. Un

o'r rhai nodedig a wnaeth hynny oedd ystâd yr Hafod, eiddo Thomas Johnes, yn rhan uchaf Cwm Ystwyth yng Ngheredigion. Etifeddodd Johnes yr Hafod ym 1780 a dewis ymgartrefu yno yn hytrach nag yn ei sir enedigol, Swydd Henffordd. Mewn ardal a ystyrid yn anialdir anghysbell, treuliodd y pymtheg mlynedd ar hugain nesaf, a gwario'i ffortiwn, ar wella'r ystâd [060]. Trefnodd godi plasty 'gothick' a chyflogi'r pensaer John Nash i ychwanegu ystafell wydr hir a llyfrgell wythonglog drawiadol ato. Rhoes Johnes drefn ar diroedd helaeth ac adeiladu teithiau cerdded ymysg rhaeadrau a chlogwyni. Credir iddo blannu dros dair miliwn o goed yno. Byddai wrth ei fodd yn croesawu ymwelwyr. Ymysg y rhai a gafodd wahoddiad ganddo yr oedd enwogion y dydd, ac yn eu llythyrau, eu nodiadau a'u brasluniau ceir cipolwg hynod o ddifyr ar weithgareddau Johnes. Bu hefyd yn 'hysbysebu' yr Hafod yn frwd wrth gynulleidfa ehangach gan argyhoeddi William Gilpin, er enghraifft, i ddisgrifio dau lwybr a grëwyd yn ddiweddar, sef Llwybr y Boneddigesau a Llwybr y Boneddigion, ar gyfer yr ail argraffiad o'i *Observations on the River Wye, and Several Parts of South Wales etc relative chiefly to picturesque beauty* ym 1789. Ym 1795 aeth ymhellach eto a darparu llety drwy godi'r Hafod Arms cyntaf ym Mhontarfynach.

Bu'r Hafod yn atyniad i dwristiaid ymhell ar ôl i Johnes farw ym 1816. Yn ystod ei daith ym 1854 arhosodd George Borrow, awdur *Wild Wales*, yn yr Hafod Arms 'to view the wonders of Wales, of which this region close by is considered amongst the principal'. Er mai ef oedd yr unig ymwelydd â'r gwesty ar y pryd, nododd 'in the summer [it] is thronged with guests'.

Peter White

Isod: Gwesty'r Hafod Arms.
DI2007_0107 NPRN 108359

Cymdeithas Oes Fictoria

Penny Icke[1]

Ym 1918 ysgrifennodd Lytton Strachey, yn ei gyfrol *Eminent Victorians*, 'The history of the Victorian Age will never be written: we know too much about it. For ignorance is the first requisite of the historian – ignorance, which simplifies and clarifies, which selects and omits, with a placid perfection unattainable by the highest art.' Roedd Oes Fictoria yn gyfnod cythryblus a gwyddom gryn dipyn amdani, ond mae rhai o'i themâu pwysicaf yn cael eu harchwilio o hyd. Mae adeiladau a thirwedd Cymru yn adnoddau pwysig er mwyn deall y prosesau a drawsnewidiodd y wlad.

Bu teyrnasiad y Frenhines Fictoria o 1837 i 1901 yn gyfnod o ddatblygiad cymdeithasol, deallusol a thechnolegol rhyfeddol. Roedd yn oes o ddiwydiant, cyfoeth a diwygio cymdeithasol. Yn sgil cynnydd sylweddol yn y boblogaeth ynghyd â mudo torfol, bu newid yn yr ardaloedd trefol ac yng nghefn gwlad. Arweiniodd cyfoeth newydd a ddeilliodd o ddiwydiant a masnach gydwladol at dwf dosbarth canol wrth i'r economi gael ei thrawsnewid o un a oedd yn seiliedig ar amaethyddiaeth yn bennaf i economi a lywiwyd gan gyfalafiaeth ac entrepreneuriaeth, ac, ar yr un pryd, cryfhawyd hunaniaeth y dosbarth gweithiol diwydiannol newydd. Denodd cymoedd de Cymru ddegau o filoedd o bobl i weithio yn y diwydiannau glo a haearn, ac ehangodd cymunedau'r chwareli llechi yn y gogledd yn gyflym hefyd [069]. Bu'r rheilffyrdd o gymorth i dwf

diwydiannau yng Nghymru, ac erbyn yr 1870au roedd y rhwydwaith newydd yn fodd i bobl o bob dosbarth cymdeithasol fwynhau teithio a thwristiaeth [075]. Roedd yn anochel y byddai agweddau negyddol i newidiadau mor sylfaenol, a gwelwyd caledi cymdeithasol a budrelwa hefyd yng Nghymru Oes Fictoria. Yng nghanol y ganrif dechreuodd deddfwriaeth osod rheolau ar yr amodau gwaith erchyll. Dilynwyd hynny gan ymdrechion i ddiwygio iechyd cyhoeddus, cyflwr y gymdeithas ac addysg. Ystyriwyd mesurau o'r fath fel modd o leddfu'r aflonyddwch yn y gymdeithas a oedd wedi codi'n flaenorol ar ffurf Merched Beca, Gwrthryfel Merthyr a mudiad y Siartwyr.

Twf cyflym maes glo de Cymru oedd nodwedd amlycaf datblygiad Cymru yn ail hanner y bedwaredd ganrif ar bymtheg. Er y cloddiwyd glo ers nifer o flynyddoedd ar gyrion y maes glo, fel tanwydd ar gyfer mwyndoddi haearn neu gopr, yn yr 1840au a'r 1850au cloddiwyd y maes glo canolog a dechreuodd masnach gydwladol mewn glo stêm, a hyrwyddwyd gan ddyfodiad y rheilffyrdd ac adeiladu dociau yng Nghaerdydd, Casnewydd ac Abertawe. Cynyddodd y cynnyrch o'r cymoedd o tua 4.5 miliwn tunnell ym 1840 i 8.5 miliwn ym 1854 a mwy na 50 miliwn erbyn 1912. Daeth cymoedd y Rhondda yn arbennig o enwog am domenni glo du, offer pen pwll a rhes ar ôl rhes o dai teras glowyr. Mudodd gweithwyr o bob rhan

Uchod: Ffotograff hanesyddol a dynnwyd tua 1915 o injan stêm ym Mhwll Glo Ocean Deep Navigation, Treharris, Merthyr Tudful (o gasgliad John Cornwell).
GTJ28935 NPRN 80489

Gyferbyn: Yr argraffiad cyntaf (1881) o fap 25-modfedd yr Arolwg Ordnans o Gaerdydd sy'n dangos y patrwm a ddilynwyd tua diwedd y bedwaredd ganrif ar bymtheg wrth godi tai teras i'r gweithwyr o amgylch y brif reilffordd yn y Rhath, y Sblot ac Adamsdown.
GL MMXXXVII.12 DI2008_0541

Chwith: Codi Traphont Crymlyn ym 1856.
DI2008_0532 NPRN 34959
Drwy garedigrwydd Casgliad Howarth-Loomes

[1] Gyda chyfraniad ar bensaernïaeth plastai gan David McLees.

Uchod: Ffotograff cynnar o gasgliad John Cornwell sy'n dangos y pyllau glo a suddwyd gan David Davies yng Nglynrhedyn yn y Rhondda i godi glo stêm ohonynt. Codwyd y terasau uwchlaw'r pyllau glo i gartrefu'r mewnlifiad o lowyr a'u teuluoedd.

DI2008_0535 NPRN 80496

o Ynysoedd Prydain ond yn enwedig o gefn gwlad Cymru ac ardaloedd amaethyddol y tu hwnt i aber afon Hafren. Rhwng 1851 a 1910 cynyddodd poblogaeth y Rhondda o tua 1,000 i fwy na 150,000. Datblygodd diwydiannau eraill ochr yn ochr â'r diwydiant glo. Drwy'r rhan fwyaf o Oes Fictoria, Cymru oedd cynhyrchydd llechi, metelau anfferrus, haearn a thunplat pwysicaf y byd, ac roedd hefyd yn wlad bwysig o ran cynhyrchu dur. Yn ogystal ffynnodd diwydiannau ategol fel gweithiau brics a theils, peirianneg, trafnidiaeth a bragu. Buddsoddodd

diwydianwyr, masnachwyr a thirfeddianwyr lawer o'u cyfoeth yn isadeiledd y rheilffyrdd, dociau a threfi.

Yn ogystal ceisiodd cyfoethogion oes Fictoria fodloni eu chwaeth a'u diddordebau eu hunain, ac nid oedd diffyg arian yn broblem i nifer ohonynt. Gallent wireddu eu breuddwyd drwy adeiladu plastai moethus – erys Castell Coch yr Ardalydd Bute yn enghraifft wych [073]. Roedd gwaith adeiladu plastai ar ei anterth yn ystod y blynyddoedd rhwng 1855 a 1875. Nid oedd un arddull yn rhagori a châi penseiri ryddid i arbrofi. Roedd cynlluniau tai oes Fictoria yn amrywio o ran arddull. Yn eu plith ceid clasuriaeth Eidalaidd ym Mhenoyre (Brycheiniog), arddull y Dadeni Ffrengig yn Wynnstay (Sir Ddinbych), arddull yr Adfywiad Gothig Ffrengig yn Hafodunos (Sir Ddinbych), arddull Sbaenaedd yn Neuadd Sychdyn (Sir y Fflint) ac arddull Adfywiad y Frenhines Anne ym Mharc Cinmel (Sir Ddinbych) gyda'i doeon mansard uchel a'i ffenestri dormer.

Codwyd Hafodunos, adeilad Gradd Un, rhwng 1861 a 1868 ar gyfer y masnachwr cyfoethog o Lerpwl, H. R. Sandbach, gan Syr Gilbert Scott, a oedd yn enwog am gynllunio Gwesty St Pancras a'r Swyddfa Dramor yn Llundain. Er ei le blaenllaw yn yr Adfywiad Gothig yng nghanol oes Fictoria, dim ond yr un plasty hwn a gynlluniwyd gan Scott yng Nghymru. Defnyddiodd arddull gynnil yn ôl dull Ffrengig diwedd y drydedd ganrif ar ddeg, fel y dengys yr ardd flaen gymesur, er iddo ychwanegu nodweddion toreithiog at yr adeilad talcen wythochrog (sy'n awgrymu cegin ganoloesol fel eiddo Ynys Wydrin ond sydd mewn gwirionedd yn ystafell filiards yn cael ei golau oddi uchod) a meindwr o waith agored dros dŵr y cloc yn y cefn. Adfeiliodd y tŷ yn ddifrifol ac fe'i difrodwyd gan dân yn 2004, ffaith

Codwyd Hafodunos ym 1861-8 gan ddilyn cynllun Syr Gilbert Scott.

DI2005_0768 NPRN 27268

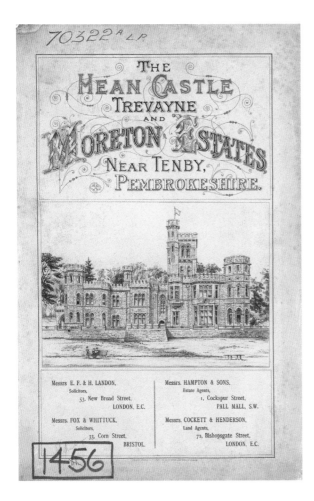

sy'n ychwanegu at bwysigrwydd yr archif ffotograffau a gedwir gan y Comisiwn Brenhinol.

Gwariodd landlordiaid ystadau mawr lawer o'u harian ar welliannau, nid yn unig i'w plastai ysblennydd a'u gerddi ond hefyd i ffermydd, pentrefi'r ystadau, ffyrdd a phontydd. Ystyriwyd eu hystadau fel arwydd allanol o'u dyhead am amlygrwydd cymdeithasol, a gorwariodd rhai ohonynt [074]. Ar ôl cwblhau ei dŷ yn arddull yr Adfywiad Gothig yn Nhre'r-llai ger y Trallwng ym 1851, aeth y bancwr John Naylor ati i adeiladu fferm lle arbrofodd gyda nifer o dechnolegau newydd yr oes [072]. Gwariodd ei gymydog, iarll Powis, bron chwarter ei renti ar wella ei ystâd ei hun rhwng 1859 a 1875, gan helpu i'w chynnal drwy ddirwasgiad amaethyddol ddiwedd y bedwaredd ganrif ar bymtheg pan effeithiwyd ar nifer o dirfeddianwyr gan gynaeafau gwael a chynnydd yn y mewnforion o Ogledd America ac Awstralasia. Mae Cofnod Henebion Cenedlaethol Cymru yn cadw casgliad o fanylion gwerthiannau ystadau o'r cyfnod hwn sy'n dangos maint ystadau o'r fath ac, yn ogystal, effaith y dirwasgiad. Symudodd llawer o denantiaid a llafurwyr i'r trefi a'r ardaloedd diwydiannol i chwilio am waith.

Yn ystod y ddeunawfed ganrif adeiladwyd tai rhad yn yr ardaloedd haearn, gan deuluoedd fel y Crawshays ym Merthyr Tudful, ar gyfer y bobl a oedd wedi heidio i'r ardaloedd diwydiannol. Ym 1866 gorfodwyd awdurdodau lleol gan y Ddeddf Glanweithdra i wella amodau byw drwy agor carthffosydd, darparu dŵr a glanhau strydoedd. Diffiniwyd gorlanw am y tro cyntaf a phenodwyd arolygwyr glanweithdra. Roedd y Ddeddf hon, ynghyd ag is-ddeddfau lleol, yn golygu bod y rhan fwyaf o dai gweithwyr a adeiladwyd o'r 1870au ymlaen wedi'u cynllunio a'u hadeiladu yn llawer gwell na'r bythynnod sy'n gysylltiedig â'r diwydiant haearn ganrif yn gynt neu anheddau cyntefig y werin wledig [066]. Adeiladwyd y rhan fwyaf o dai'r gweithwyr yn ne Cymru yn oes Fictoria gan gwmnïau adeiladu preifat yn hytrach na chyflogwyr diwydiannol. Sefydlwyd clybiau adeiladu i helpu teuluoedd i gynilo i brynu eu tai, ond roedd llawer o bobl yn rhentu gan landlordiaid preifat neu gan ddiwydianwyr. Wrth i gyflogau gynyddu, am y tro cyntaf roedd pobl gyffredin yn gallu cynilo arian neu wario'r gwarged ar bethau heblaw hanfodion bywyd. Roedd y sawl a oedd yn ennill cyflogau gwell yn dyheu am brynu tŷ ar wahân neu fila â gardd breifat – adeiladwyd maestrefi â pharciau coediog a mannau agored mewn lleoedd megis y Rhath, Pontcanna, Parc Fictoria a Phenarth yng nghyffiniau Caerdydd, a Sgeti a Threforys ger Abertawe.

Er i'r wladwriaeth ddechrau ymyrryd ym mhroblem lles y gymdeithas yn ystod oes Fictoria, roedd ei sefydliadau yn bur annigonol yn ôl safonau modern. Roedd y tlotai, gwallgofdai, carchardai ac ysbytai yn cadw'r preswylwyr ar wahân i weddill cymdeithas. Tlotai oedd unig ffynhonnell bwyd a lloches i nifer o bobl sâl a'r oedrannus [076] ond roedd amgylchiadau'n gosbol a

Chwith: Manylion gwerthu ystâd Hean ym 1898. Arweiniodd cyfres o fuddsoddiadau gwael at chwalu'r ystâd gwta ugain mlynedd ar ôl codi'r plasty castellog gothig Tuduraidd hwn.
DI2008_0544 NPRN 22044

Uchod: Terasau o'r tai a godwyd yn y Sblot, Caerdydd, yn ystod y 1880au i gartrefu'r gweithwyr dur a'u teuluoedd.
DI2006_1810 NPRN 309003

Isod: Crëwyd Parc Fictoria, Caerdydd ym 1897-8 i ddathlu Jiwbilî Diemwnt y Frenhines Fictoria. Hwn oedd y parc dinesig cyntaf yng Nghaerdydd, ac un o'r rhai cyntaf yn y wlad.
AP_2006_1815 NPRN 301658

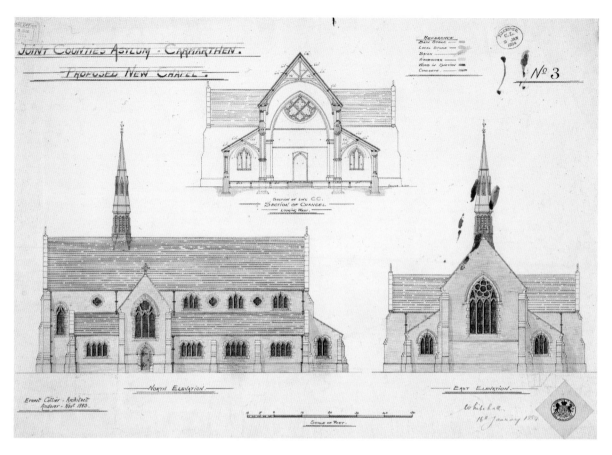

Cynlluniau Ernest Collier (1883) ar gyfer capel newydd arfaethedig Gwallgofdy'r Cyd-Siroedd, Caerfyrddin.

DI2005_0791 NPRN 100196

rhannwyd teuluoedd. Wedi Deddf Diwygio Cyfraith y Tlodion 1834 sefydlodd plwyfi dlotai yn lle dosbarthu cymorth y tlodion ar ffurf arian, bwyd a blancedi, ond roedd y broses yn un raddol. Mor ddiweddar â 1845 cofnododd Comisiynwyr Cyfraith y Tlodion nad oedd gan 17 o'r 47 undeb Cyfraith y Tlodion yng Nghymru unrhyw dlotai effeithiol yn gweithredu, ac nid tan 1879 y cyfymffurfiodd Rhaeadr Gwy â'r ddeddfwriaeth drwy adeiladu tloty ar gyfer ei thlodion. O ran ysbytai, sylwodd *The Builder* ym 1858 nad oedd gofal cleifion yn flaenoriaeth yn y rhan fwyaf ohonynt, a byddai gan bobl well cyfle o gael iachâd 'drwy orwedd yn yr awyr agored'. Defnyddiwyd gwallgofdai fel mannau i gadw pobl dlawd a sâl, ac yng nghanol y bedwaredd ganrif ar bymtheg roeddent yn dal ar agor i ymwelwyr chwilfrydig i fynd i syllu ar y cleifion. Mor ddiweddar â 1844 roedd y Comisiynwyr Gwallgofrwydd yn dod o hyd i ddynion a merched mewn celloedd tywyll wedi'u rhwymo i welyau neu gadeiriau, er bod creulondeb eithafol y ganrif flaenorol wedi diflannu i raddau helaeth. Wrth i oes Fictoria fynd rhagddi, cymeradwywyd dulliau fel gweithgareddau therapiwtig, diwydrwydd ac amynedd. Roedd y syniadau tadol newydd yn cael eu hadlewyrchu yn y bensaerniaeth: roedd rhai sefydliadau'n ymddangos mwy fel plastai na chyfleusterau meddygol, gyda ffermydd, porthdai a chapeli yn gysylltiedig â hwy [093].

Gwelodd y gymdeithas dwf enfawr yn y bywyd crefyddol yn hanner cyntaf y bedwaredd ganrif ar bymtheg, gyda chodi capeli anghydffurfiol yn nodwedd amlwg yng Nghymru. Erbyn 1851 nododd y cyfrifiad ar grefydd bod 2,813 o gapeli yng Nghymru – adeiladwyd un capel bob wyth diwrnod ar gyfartaledd dros yr hanner canrif flaenorol [071]. Roedd y mwyafrif o'r eglwysi plwyf yn bell o'r cymdogaethau diwydiannol newydd. Araf fu'r Eglwys sefydledig i addasu, er y bu twf graddol mewn adeiladu eglwysi [070]. Fodd bynnag, dewisodd y mwyafrif o bobl Cymru fynychu capeli. Roedd oedfaon mewn capeli yn pwysleisio'r unigolyn, ac roeddent yn lleoedd cynhyrfus a oedd yn caniatáu i leygwyr gael rhan amlwg, gan roi iddynt ymdeimlad o hunan-werth y teimlent eu bod yn amddifad ohono yn yr Eglwys sefydledig. Honnwyd erbyn canol y bedwaredd ganrif ar bymtheg: 'The Non-conformists of Wales are the people of Wales'. Daethant i dra-arglwyddiaethu ar bob agwedd ar fywyd. Yn etholiad cyffredinol 1852 etholwyd Walter Coffin, yr Aelod Seneddol Undodaidd cyntaf, i gynrychioli etholaeth yng Nghaerdydd. Daeth anghydffurfiaeth yn rhan annatod o deithi'r cyfnod o ran gwerth yr unigolyn, cefnogaeth i addysg a throi'r Cymry yn bobl wleidyddol.

Roedd nifer o'r capeli mwyaf yn cynnwys adeiladau ychwanegol fel ysgoldy, festri, tŷ'r gweinidog,

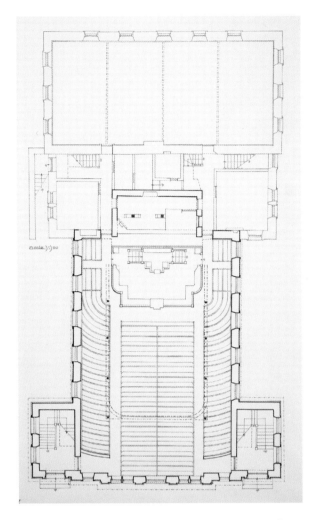

ystafelloedd cyfarfod, llyfrgell a stablau – er enghraifft Capel Methodistiaid Calfinaidd Moreia yn Llangefni, Môn. Daeth capeli o'r fath yn ganolfannau i'r gymdogaeth, yn llawn ar y Sul ond hefyd yn cael eu defnyddio drwy'r wythnos ar gyfer cyfarfodydd, hyfforddiant ac eisteddfodau. O ran cynllun roeddent yn wahanol i eglwysi Anglicanaidd gan fod pob capel yn cael ei ystyried yn awditoriwm lle roedd y gynulleidfa yn dod at ei gilydd i wrando ar air Duw yn hytrach nag arfer defodau litwrgïaidd. Nid oedd anghydffurfwyr yn pryderu am gyfeiriad cynllun eu hadeiladau ac nid oedd rheidrwydd gosod pulpud yn y pen dwyreiniol: yn hytrach, tueddwyd i'w osod wrth wal gefn y capel gyda'r sedd fawr ar gyfer blaenoriaid neu ddiaconiaid y capel yn union o'i flaen. Yn aml roedd galeri dairochrog i ddarparu ar gyfer cynulleidfa fawr. Ar y bedwaredd ochr, gyferbyn â'r fynedfa, adeiladodd rhai o'r cynulleidfaoedd mwy cefnog organ fawreddog.

Roedd capeli'n amrywio'n fawr o ran eu golwg allanol. Er bod gan gynllunwyr capeli megis Thomas Thomas, William Beddoe Rees a Richard Owens eu harddull arbennig, yn aml y gweinidog a'r gynulleidfa a oedd yn gyfrifol am ddewis arddull eu hadeilad ar ôl chwilio mewn catalogau pensaernïaeth neu weld capeli eraill. Arweiniodd hyn at gyfosodiadau rhyfedd o bensaernïaeth y gorffennol. Crëwyd cyfuniadau o arddulliau Gothig, Lombardaidd, Clasurol a Groegaidd gan ddenu nifer o sylwadau anffafriol gan feirniaid pensaernïol. Golygai'r gystadleuaeth ymhlith yr enwadau, ynghyd â'r brwdfrydedd a ddaeth yn sgil diwygiad yn ystod y bedwaredd ganrif ar bymtheg, fod capeli yn gweld cyfres o newidiadau, gan amrywio o ffasâd newydd i ail-gynllunio llwyr. Nid ystyriwyd adeiladwaith y capel fel rhywbeth sanctaidd; roedd ond yn dŷ cwrdd i'w addasu, ei ehangu neu ei ddymchwel. Gosodwyd carreg mewn lle amlwg ar du blaen y rhan fwyaf o gapeli i gofnodi dyddiad eu sefydlu, eu hailadeiladu, eu hehangu a'u hadnewyddu.

Didolwyd plant ysgol, yng nghanol y bedwaredd ganrif ar bymtheg, ar sail rhyw, dosbarth a chrefydd. Cymharol brin oedd nifer y merched a dderbyniodd unrhyw addysg ffurfiol. Addysgwyd meibion teuluoedd cefnog yn eu cartrefi neu mewn ysgolion preifat. Roedd bechgyn dosbarth canol yn tueddu i fynd i ysgolion bach lleol lle roedd gofyn iddynt dalu am eu haddysg. Cyfyngwyd meibion teuluoedd tlawd i ysgolion elusennol, neu i ysgolion Sul. Ni chafodd eraill unrhyw addysg o gwbl. Sefydlwyd ysgolion elusennol megis y rheini a gynhelid gan y Gymdeithas Genedlaethol er Hyrwyddo Addysg y Tlodion yn Egwyddorion yr Eglwys

Sefydledig neu gan y Gymdeithas Brydeinig a Thramor er mwyn hyrwyddo addysg elfennol, ac adeiladwyd nifer fawr o'r ysgolion hyn yn ystod hanner cyntaf y ganrif [068]. Fodd bynnag, roedd cynnydd yn araf, fel yr awgrymodd y *Llyfrau Gleision* yn ddadleuol ym 1847 mewn adroddiad beirniadol ar addysg yng Nghymru. Portreadwyd y Cymry fel pobl 'ill-educated, poor, dirty, unchaste, and potentially rebellious'. Priodolwyd hyn yn bennaf i effaith yr iaith Gymraeg ac anghydffurfiaeth. Roedd y mwyafrif o'r dosbarth gweithiol yn siaradwyr Cymraeg uniaith, ond cynhaliwyd y gwersi drwy gyfrwng y Saesneg. Ni châi'r athrawon hyfforddiant, ac ychydig o grantiau'r llywodraeth a ddaeth i ran ysgolion Cymru. Nodwyd yn yr 1840au fod safon llythrennedd mor wael yng Nghymru fel mai prin hanner yr holl briodfeibion a oedd yn gallu llofnodi eu henwau ar y gofrestr priodasau.

Erbyn 1870 bu newid sylweddol yng Nghymru o ran agweddau tuag at addysg elfennol. Hyd yn oed yn ne Cymru, lle roedd plant a oedd yn gweithio mewn diwydiant yn dod ag incwm hollbwysig i'w teuluoedd, adeiladwyd 102 o Ysgolion Brytanaidd rhwng 1853 a 1860. Roedd ysgolion yn tueddu i fod â'u nodweddion pensaernïol arbennig, gyda ffenestri uchel a thŵr cloch, fel y gwelir yn yr hen ysgol Frytanaidd yng Nghorris. Tybiwyd mai'r arddull othig, un gadarn a mawreddog, oedd yr arddull briodol, fel yr argymhellwyd gan Henry Kendall yn ei *Designs for Schools* ym 1847.

Darparodd rhai diwydianwyr ysgolion lle gallai eu gweithwyr cyflog anfon eu plant, ond prin oedd y bechgyn neu'r merched a fyddai'n aros ynddynt am fwy na blwyddyn neu ddwy wrth i rieni eu tynnu allan o'r ysgol er mwyn iddynt ddechrau gweithio. Nid tan Ddeddf Ehangu Deddfau'r Ffatrïoedd 1867 y gwaharddwyd plant rhwng 8 a 13 rhag gwaith nos a'u gorfodi i fynychu'r ysgol am hanner yr amser. Creodd hyn, ynghyd â Deddf Addysg 1870, rwydwaith o ysgolion elfennol ledled Cymru. Am y tro cyntaf ystyriwyd addysg yn gyfrifoldeb y wladwriaeth yn hytrach na chyfrifoldeb gwirfoddolwyr, a rhannwyd y wlad yn rhanbarthau i adeiladu'r ysgolion bwrdd newydd. Ymgorfforwyd Ysgolion Brytanaidd yng nghyfundrefn y byrddau ysgol ond arhosodd yr ysgolion cenedlaethol yn annibynnol. Adeiladwyd nifer o ysgolion sir yn dilyn Deddf Addysg Ganolradd Cymru ym 1889. Erbyn 1902 roedd gan Gymru 95 o ysgolion canolradd gyda'r rhan fwyaf o'r disgyblion yn dod o gefndir dosbarth canol is a'r dosbarth gweithiol. Cyflwynwyd addysg uwch i Gymru yn ystod y cyfnod, a sefydlwyd Prifysgol Cymru ym 1893 fel corff dyfarnu graddau. Erbyn diwedd y bedwaredd ganrif ar bymtheg, fel y nododd yr hanesydd John Davies, roedd mwy o gyfleoedd i dderbyn addysg academaidd yng Nghymru nag yn Lloegr.

Roedd Lytton Strachey yn gywir wrth nodi bod llawer iawn yn hysbys am oes Fictoria. Gellir olrhain y datblygiadau drwy'r arolygon, y cyfrifiadau, yr

Codwyd Ysgol Frytanaidd Corris, Meirionnydd, ym 1872. Hostel ieuenctid sydd yno bellach.

DS2008_179_004 NPRN 406767

ymchwiliadau a'r comisiynau niferus yn rhan olaf y ganrif a fwriadwyd i asesu tueddiadau, achosion o gam-drin ac anghyfiawnderau. Erbyn diwedd y ganrif roedd gan y mwyafrif o'r dynion y bleidlais, gosodwyd rheolau ar amodau gwaith, roedd rhyw fesur o wasanaethau cymdeithasol ac roedd cyfreithiau ar waith i warchod y boblogaeth. Roedd y wladwriaeth wedi dechrau mabwysiadu'r egwyddor y dylai gymryd y cyfrifoldeb am les y gymdeithas. Cafodd y datblygiadau cymdeithasol ac economaidd hyn effaith enfawr ar yr amgylchedd wrth i sefydliadau newydd gael eu comisiynu. Adeiladwyd nifer o ysbytai,

carchardai, neuaddau tref, amgueddfeydd a llyfrgelloedd, ac roedd eu harddull bensaernïol fawreddog yn adlewyrchu eu hurddas a'u pwysigrwydd. Roedd pensaernïaeth oes Fictoria nid yn unig yn diwallu anghenion strwythurol a swyddogaethol ond roedd ganddi genhadaeth ddidactig, ac roedd yn adlewyrchu newidiadau cymdeithasol, deallusol a thechnolegol newydd yr oes. Yn ystod degawdau olaf teyrnasiad Fictoria cyrhaeddodd Prydain ei hanterth o ran ei goruchafiaeth ddiwydiannol ac economaidd, gan amlygu optimistiaeth a hyder na fu eu tebyg yn ei hanes erioed o'r blaen.

Agorwyd Neuadd a Sefydliad y Gweithwyr ym Mlaenafon ym 1895. Talwyd amdano drwy dynnu dimai'r wythnos o gyflogau'r gweithwyr ac fe'i cynlluniwyd gan E.A. Lansdowne, Casnewydd. Yr oedd yr adeilad yn cynnwys llyfrgell, ystafelloedd biliards a darllen, a neuadd fawr. Codwyd cant a rhagor o'r sefydliadau hyn yng Nghymru.
DI2005_1057 NPRN 31951

066 Bywyd mewn Bwthyn

Uchod: Troedrhiwfallen, Cribyn, cyn ei adfer ac, isod, ar ôl ei adfer.

Top: DI2007_0391. Below: DI2007_0088 NPRN 3079

Uchod: Brig un o'r nenffyrch sgarffiedig sy'n cynnal to gwellt Coed-weddus, Llangadog, Sir Gaerfyrddin.

DS2006_001_020 NPRN 17230

De: Rhaffau gwellt o dan do gwellt Ty'n Cwm, Llansanffraid, Sir Gaerfyrddin.

DI2008_0512 NPRN 35341

Cafodd y Chwyldro Diwydiannol gymaint o effaith ar gefn gwlad ag a gafodd ar drefi. Roedd angen mwy o fwyd ar boblogaeth a oedd yn tyfu'n gyflym. Wrth i fwy o dir gael ei ddefnyddio ar gyfer amaethyddiaeth, bu'n rhaid i nifer o dlodion cefn gwlad amgáu tir comin yn anghyfreithlon ac adeiladu tai yno iddynt eu hunain. Cynyddodd nifer y bythynnod. Ond erbyn canol y bedwaredd ganrif ar bymtheg mewnforid mwy a mwy o fwyd ac roedd mecaneiddio cynyddol ar ffermydd yn golygu nad oedd cymaint o alw am weithwyr fferm. Dechreuwyd mudo o gefn gwlad ar raddfa fawr a bu gostyngiad yn nifer y bythynnod: yn y 1890au dim ond 35,000 oedd ar ôl yng Nghymru, a nifer fach ohonynt sydd wedi goroesi tan heddiw. Mae Troedrhiwfallen yng Nghribyn yng Ngheredigion yn enghraifft dda.

Adeiladwyd bythynnod cynnar gyda pha ddeunyddiau bynnag a oedd wrth law, ac maent yn aml yn dangos medr a dyfeisgarwch mawr o ran eu hadeiladu. Gellid defnyddio tyweirch ar gyfer waliau a thoeon, ond nid oeddent yn para'n hir. Mae nifer o fythynnod pridd neu glai ('clom' fel y'i gelwid yn lleol), a gyfunwyd ambell waith â cherrig, wedi goroesi yng ngorllewin Cymru. Roedd angen sail garreg ar waliau pridd er mwyn atal pydru oherwydd lleithder, ac roedd yn rhaid eu hamddiffyn rhag y glaw drwy eu gwyngalchu. Mae waliau Troedrhiwfallen yn anarferol o uchel – efallai eu bod wedi'u codi'n uwch ar ryw adeg.

Mae math arbennig o gwpl to yn aml yn gysylltiedig â waliau pridd gorllewin Cymru: sef y nenfforch gymalog neu sgarffiedig, lle mae llafnau'r cwpl yn eistedd ar gilbyst pren unionsyth a osodwyd yn y waliau, ac a sicrhawyd â hoelion pren er mwyn diogelwch ychwanegol, fel yn yr achos hwn. Roedd gan nifer o fythynnod gwledig ledled Cymru doeon

Llawr o gerrig mân ac iddo ymylon saethben yng nghegin bwthyn Hen Felin, Cwm Mabws, Ceredigion.

DI2008_0435 NPRN 5600

gwellt. Yn yr ardaloedd gorllewinol gosodwyd neu plethwyd brigau o amgylch y prennau to, a gosodwyd arnynt haen o eithin, banhadlen, grug neu beth bynnag a oedd ar gael yn lleol i roi oddi tano. Hefyd, gellid defnyddio gwenith, haidd neu wair rhostir ar gyfer hyn; fesul llond dwrn, byddai'n cael ei glymu ar un pen a'i wthio i'r tan-do ag offeryn fforchog. Hoeliwyd gwiail collen i mewn i'r to i gadw rhannau bregus o'r to rhag cael eu codi gan y gwynt. Roedd y simnai'n cynnwys fframwaith gwiail, a oedd hefyd yn cynnwys gwellt, ond gan fod y rhain mewn perygl o fynd ar dân tueddwyd i osod simneiau briciau yn eu lle. Ar ôl i'r to gwellt bydru, neu os defnyddid bythynnod at ddibenion eraill, daeth yn arfer gorchuddio'r to â haearn gwrymiog.

Cynllun syml iawn sydd i'r rhan fwyaf o fythynnod : byddai'r cynharaf ddim ond yn cynnwys un ystafell, ond mae'r rhai sydd wedi goroesi'n tueddu i fod â dwy ystafell lawr llawr. Roedd y parwydydd wedi'u gwneud o blethwaith a chlai, dellt a phlastr neu estyll pren. Erbyn canol y ddeunawfed ganrif roedd yn gyffredin i gael *croglofft* neu *daflod* (mesanin) uwchben yr ystafell lai ei maint, gan ddefnyddio ysgol, fel yn Nhroedrhiwfallen, er mwyn dringo iddi. Roedd gan fythynnod oedd â llawr uchaf cyflawn risiau canolog. Roedd yr ystafell â'r prif, neu'r unig, le tân yn agored i'r to. Yng ngorllewin Cymru, yn enwedig, roedd cwfl y simnai wedi'i wneud o blethwaith. Yn ddiweddarach gosodwyd lle tân o frics a grât neu ffwrn haearn yn lle'r lle tân agored.

Mae'r gofal dros Droedrhiwfallen i'w groesawu – fe'i adferwyd mewn modd sensitif ac mae bellach ar gael fel llety gwyliau.

Eurwyn Wiliam

067 Lles a'r Tloty: Castell Albro

Y Warden a Mrs Nugent gyda'r staff a'r plant yn nhloty Castell Albro ym 1927.

DI2008_0248 NPRN 3041

Uchod: Mynedfa flaen tloty Castell Albro, Aberteifi.

DI2008_0246 NPRN 3041

De: Awyrlun sy'n dangos y cyrtiau awyru a'r wylfa ganolog yn nhloty Llanfyllin, Sir Drefaldwyn.

AP 2004 0601 NPRN 32044

Isod: Cefn tloty Castell Albro gan ddangos ffurf 'H' ei gynllun.

DI2008_0247 NPRN 3041

Tloty ar gyfer y pum plwyf ar hugain a unodd i gwrdd â gofynion Deddf y Tlodion drwy ffurfio Undeb Ceredigion oedd Castell Albro. Ar ôl i'r defnydd ohono ddod i ben, bu ei leoliad anghysbell ar ffin Ceredigion a Sir Benfro yn gymorth i'w warchod rhag cael ei newid neu ei ddymchwel, yn wahanol i'r rhan fwyaf o dlotai trefol. Mae'n dyddio o'r cyfnod cyntaf o adeiladu tlotai ar ôl Deddf Diwygio Cyfraith y Tlodion ym 1834. Roedd maes dylunio tlotai yn nwylo nifer fach o benseiri, ac i gychwyn, gofynnwyd i George Wilkinson o Rydychen i'w gynllunio gan Fwrdd y Gwarcheidwaid. Ond dyn lleol, William Owen o Hwlffordd, oedd yn gyfrifol am y cynlluniau terfynol ar gyfer tloty i 120 o dlodion.

Roedd cynllun Owen yn fersiwn o'r 'cynllun croesffurf' a argymhellwyd gan Gomisiynwyr Cyfraith y Tlodion i gadw mathau gwahanol o dlodion ar wahân. Roedd y tloty hwn ar ffurf cynllun 'H' gyda chyrtiau awyru wedi'u gosod o amgylch y rhan ganolog a'r asgell gefn. Roedd gwylfa wythonglog (neu 'panopticon') a ffenestri yng nghornel pob asgell yn rhoi golygfa o'r cyrtiau. Roedd yr esgyll yn cynnwys ystafelloedd dydd ac ystafelloedd cysgu ar gyfer dynion a menywod ar wahân.

Roedd amrywiaeth yn arddull y tlotai yn yr un modd ag yr oedd sawl arddull wahanol ar gyfer adeiladau crefyddol, addysgol a chyhoeddus yng nghanol y bedwaredd ganrif ar bymtheg. Roedd Castell Albro wedi'i adeiladu yn yr arddull Duduraidd – a fynegwyd yn y ffenestri cerrig wedi'u mowldio, pâr o ddrysau Gothig i fynedfa flaen y talcen a chlystyrau simnai o frics. Roedd y manylion hyn yn debycach i dlotai yn arddull oes Elisabeth a luniwyd gan George Gilbert Scott na'r arddull neo-glasurol lem a ffafriwyd gan Wilkinson a phenseiri eraill. Darluniwyd perthynas yr arddulliau pensaernïol gwahanol â'i gilydd yn llyfr A. W. N. Pugin Contrasts (1841), a oedd o'r farn fod y

cynllun panopticon neo-glasurol yn cymharu'n wael ag arddull y tlotai hynafol. Fodd bynnag, roedd gwedd gadarnhaol i'r arddull neo-Duduraidd, a oedd yn cyfuno hen arddull Seisnig oes Elisabeth ag arddull Othig symlach oesau cynharach. Ym 1841 roedd The Welshman o'r farn bod tloty newydd Aberystwyth, a oedd yn debyg i Albro, yn 'picturesque, domestic and somewhat collegiate'.

Prin oedd y newidiadau i Gastell Albro rhwng cyfnod ei gwblhau ym 1840 a'i gau ym 1948, heblaw am ychwanegu celloedd i grwydriaid, gyda griliau torri cerrig ym 1884. Diddymwyd Bwrdd y Gwarcheidwaid ym 1929, ac yn ei gyfnod olaf cyn cael ei feddiannu'n orfodol yn ystod yr Ail Ryfel Byd, bu Castell Albro'n gartref i blant amddifad yn hytrach nag i dlodion a chrwydriaid. Mae gan y Cofnod Henebion Cenedlaethol gopi o lun teimladwy o'r warden a staff eraill gyda'r plant amddifad.

Mae Castell Albro'n perthyn i grŵp bach o dlotai cynnar yng Nghymru sy'n dyddio o tua 1840. Llanfyllin a'r Gelli yw'r tlotai sydd debycaf iddo o ran cynllun, gyda chynlluniau croesffurf yn cynnwys gwylfâu wythonglog – sydd i'w gweld orau o'r awyr. Adeiladwyd tloty Rhaeadr Gwy lawer yn ddiweddarach (tua 1880) ac mae ei gynllun yn llai nodweddiadol. Ymgorfforwyd y rhan fwyaf o'r tlotai sydd wedi goroesi yng Nghymru mewn adeiladau ysbytai, fel ym Mhenrhyndeudraeth, Hwlffordd, Aberystwyth, Caerdydd, Treffynnon a Llanelwy. Addaswyd tloty Rhaeadr Gwy i fod yn westy, ac mae ymddiriedolaeth egnïol yn chwilio am ffordd newydd o ddefnyddio tloty Llanfyllin. Addaswyd Castell Albro yn fflatiau ers iddo gael ei gofnodi gan y Comisiwn Brenhinol, ond saif i'n hatgoffa mewn modd ingol o ddarpariaeth les cyfnod cynnar oes Fictoria.

Richard Suggett

068 Addysg ac Ysgolion

Ffotograffau o blaciau a meini dyddiad ysgolion o Gasgliad Malcolm Seaborne.

Rhoddwyd talcenni cywrain, yn y dull Jacobeaidd, i Ysgol Genedlaethol Llanengan, Sir Gaernarfon, pan godwyd hi ym 1847-8. Trowyd hi'n dŷ annedd tua 1980.

DI2007_1560 NPRN 23226

Codwyd Ysgol Frytanaidd Llangollen ym 1846. Fe'i trowyd yn gapel i'r Methodistiaid Calfinaidd ar ôl 1882 ac, yn ddiweddarach, yn Eglwys Rydd Efengylaidd Penllyn.

DI2007_1565 NPRN 7726

Codwyd yr Ysgol Genedlaethol yn Abergele, Sir Ddinbych, ym 1869 gan ddilyn cynlluniau G.E. Street. Mae'n ychwanegu addurniadau Fictoraidd gwych at yr ysgol Othig dau-dalcen safonol, sef twred wythonglog y gloch – a godwyd o gerrig – a'i dŵr pigfain bach, patrwm igam-ogam y llechi, ac amryw o simneiau ffug-Duduraidd.

DI2007_1561 NPRN 23348

Yn ystod y bedwaredd ganrif ar bymtheg cynyddodd poblogaeth Cymru o lai na hanner miliwn i dros dwy filiwn. Daeth twf cyflym mewn ysgolion law yn llaw â diwydiannu, yn enwedig yn ne Cymru. Adeiladodd Eglwys Loegr (fel yr oedd cyn datgysylltu'r eglwys yng Nghymru ym 1920) nifer o Ysgolion Cenedlaethol. Bu twf cyflym yn nifer yr ysgolion yng Nghymru, gwlad lle'r oedd cyfleusterau addysg i bobl dlawd yn brin, ac erbyn 1833 roedd 146 o Ysgolion Cenedlaethol yn addysgu dros 13,000 o ddisgyblion. Fodd bynnag roedd nifer o anghydffurfwyr o'r farn fod egwyddorion Anglicanaidd yn tra-awdurdodi yn yr ysgolion hyn, ac yr oeddent, felly, yn gwrthod anfon eu plant iddynt. Sefydlodd y Gymdeithas Brydeinig a Thramor ysgolion anenwadol mewn ymdrech i gynnig addysg elfennol fwy derbyniol. Roedd pethau'n anodd i ysgolion o'r fath heb gefnogaeth y wladwriaeth; ni chynigiodd y llywodraeth grantiau i'r ddwy gymdeithas ar gyfer adeiladu ysgolion tan 1833.

Yn dilyn Deddf Addysg 1870, a awdurdododd sefydlu byrddau a ariannwyd gan drethi lleol, cyflymodd y gwaith o adeiladu ysgolion elfennol yn y cymdogaethau trefol a chefn gwlad fel ei gilydd. Erbyn diwedd oes Fictoria a'r cyfnod Edwardaidd, pan oedd y diwydiant glo yng Nghymru ar ei anterth, roedd nifer yr ysgolion a adeiladwyd yng Nghymru yn uwch nag yr oedd yn Lloegr.

Roedd Cymru hefyd ar y blaen, mewn rhai agweddau, o ran addysg uwchradd. Diwygiwyd yr hen ysgolion gramadeg, sefydlwyd ysgolion uwchradd i ferched yn Llandaf, Dinbych a Dolgellau, ac o dan amodau Deddf Addysg

Ganolradd Cymru 1889 sefydlwyd bron cant o ysgolion uwchradd eraill, wedi'u hariannu gan drethi lleol a grant y Trysorlys – dros ddegawd yn gynt na Deddf Addysg Balfour 1902. Symbylodd hyn yn ei dro dwf colegau prifysgol.

Ar y cyfan anghydffurfwyr rhyddfrydol oedd fwyaf dylanwadol yng ngwleidyddiaeth Cymru erbyn diwedd oes Fictoria, a rhan bwysig o'u rhaglen oedd darpar ysgolion anenwadol a reolwyd gan gyrff etholedig a'r ysgolion uwchradd yn cael eu cynnal gan arian cyhoeddus. Gwelwyd llwyddiant y polisi hwn gyda Deddf Addysg Ganolradd Cymru ym 1889. Erbyn diwedd y bedwaredd ganrif ar bymtheg sefydlwyd cynifer â 94 o ysgolion canolradd (uwchradd) ledled Cymru. Yn fuan fe'u gelwid yn ysgolion 'sir' neu 'ramadeg' tan i'r rhan fwyaf ohonynt ffurfio cnewyllyn yr ysgolion cyfun ar ôl yr Ail Ryfel Byd. Hyd yn oed heddiw dim ond dau y cant o blant Cymru sy'n mynychu ysgolion preifat, o gymharu â saith y cant ym Mhrydain gyfan.

Mae'r cyfosodiad o blaciau a cherrig dyddio a ddangosir yma'n darlunio'r ymgyrch fawr hon i adeiladu ysgolion yn ystod oes Fictoria.

Malcolm Seaborne

Rhoddodd Malcolm Seaborne ei gasgliad ffotograffig mawr i'r Cofnod Henebion Cenedlaethol ar ôl cyhoeddi ei lyfr, Schools in Wales, 1500-1900, yn 1992. Mae'r casgliad yn cynnwys delweddau o nifer o Ysgolion Cenedlaethol ac Ysgolion Brytanaidd yn ogystal â rhai o'r ysgolion gramadeg a sir mwyaf ar ôl 1889. Mae'n darparu adnodd ardderchog ar gyfer astudio pensaernïaeth ysgolion.

069 Y Diwydiant Llechi

Mae Chwarel y Penrhyn yn Sir Gaernarfon wedi cynhyrchu llechi'n ddi-dor oddi ar y ddeunawfed ganrif.
Er bod gwastraff bron â llenwi hen wynebau a lefelau'r chwarel (gwaelod, de) gellir gweld olion y melinau, y gweithdai hollti a'r inclein.
DI2007_1578 NPRN 40564

Uchod: Trac y rhoddwyd y gorau i'w ddefnyddio yn Chwarel y Penrhyn.

DI2008_0002 NPRN 40564

De: Melin lechi Ynys-y-pandy, Dolbenmaen.

DS 2007_280_002 NPRN 40572

Isod: Hollti llechi yn Chwarel y Penrhyn.

DI2008_0003 NPRN 40564

Er bod Cymru ddiwydiannol y bedwaredd ganrif ar bymtheg yn cael ei chysylltu yn bennaf â chloddio glo a phrosesu copr, haearn, dur a thunplat, roedd hefyd yn cynnal diwydiant nodedig, sydd ar waith o hyd ar raddfa lawer llai, sef chwarelu a thrin llechi. Defnyddiwyd y garreg laid gywasgedig fetamorffig a holltai yn rhwydd ar gyfer deunydd toeon yn bennaf, ond hefyd ar gyfer slabiau at ddibenion pensaernïol a dibenion eraill – lloriau, silffoedd, cerwyni bragdai, sisternau, wrinalau a switsfyrddau trydan. Cymru oedd y brif ffynhonnell llechi i'r byd yn gyfan yn ystod y cyfnod hwn: yn llythrennol gellir dod o hyd i olion diwydiant llechi Cymru ym mhedwar ban y byd.

Er y cloddiwyd llechi mewn dros 400 o fannau yng Nghymru, mewn pedair ardal yn siroedd Caernarfon a Meirionnydd y'u gwelid yn bennaf: Dyffryn Ogwen, lle yn ystod y ddeunawfed ganrif elwodd chwarel anferth y Penrhyn o ail-fuddsoddi'r elw a wnaeth ei berchennog ym mhlanhigfeydd siwgr India'r Gorllewin; Llanberis, pentref dan gysgod chwarel Dinorwig; Nantlle-Moel Tryfan, lle cloddiwyd llechi ers yr Oesoedd Canol; a Blaenau Ffestiniog. Roedd grwpiau llai o chwareli allgraig mewn mannau eraill yn y gogledd-orllewin, megis o amgylch Porthmadog, yn nyffryn Conwy a'i isafonydd, ac yn Nhal-y-llyn, Corris a Dinas Mawddwy. Roedd chwareli llechi bach hefyd mewn mannau eraill, megis dyffryn Dyfrdwy a rhannau o Sir Benfro. Er bod dulliau'r cloddio yn amrywio'n fawr, yn cynnwys gweithio lefelau grisiog

yn y Penrhyn a Dinorwig, pyllu agored yn Nantlle a chloddio tanddaear ym Mlaenau Ffestiniog, yr hyn sy'n amlwg ym mhob man heblaw'r chwareli lleiaf oll yw eu heffaith eglur ar y dirwedd, yn enwedig ar ffurf y tomenni lle gadawyd cerrig nad oedd modd eu gweithio. Yn chwarel y Penrhyn sy'n gweithredu o hyd, ac a ddangosir mewn ffotograff a dynnwyd o'r awyr gan y Comisiwn Brenhinol, mae ffyrdd ar gyfer tryciau dadlwytho modern yn arwain at y lefelau gwaith ac mae dulliau newydd o weithio yn dechrau dileu olion y rheilffyrdd inclein, a osodwyd o 1800 ymlaen i gludo'r blociau crai o'r wyneb i'r mannau trin llechi (ar y dde isaf yn y llun).

Drwy gydol y rhan fwyaf o'r bedwaredd ganrif ar bymtheg, technoleg elfennol a nodweddai'r diwydiant. Roedd gweithio â llaw yn bwysig o hyd wrth gynhyrchu llechi to, er yn raddol daeth melinau mecanyddol, a ddefnyddid i gychwyn i lifio a ffurfio slabiau, yn fwy cyffredin. Y mwyaf nodedig o ran twf mewn buddsoddi technolegol yw'r felin lechi hynod (ac annodweddiadol) sef Ynys-y-pandy, a adeiladwyd ym 1856-7. Mae'r peiriant pwmpio Cernywaidd eiconig a osodwyd yn chwarel Dorothea yn ardal Nantlle ym 1904 yn cynrychioli lledaeniad technoleg a ddeilliai o'r tu allan i Gymru. Roedd trafnidiaeth reilffordd yn hollbwysig ar gyfer cludo o fewn y chwareli ac i gludo'r cynnyrch gorffenedig i ddyfrffyrdd neu brif reilffyrdd, tan i loriau a theirw-dur ddechrau cymryd eu lle yng nghanol yr ugeinfed ganrif, gan adael cofnod archeolegol ar ffurf darnau o draciau segur a darnau o bwyntiau.

Ers tro bu'r diwydiant llechi a'r chwarelwyr a oedd yn ennill bywoliaeth yn yr amgylchedd anodd hwn yn symbolau o Gymreictod a'r ymdrech i sicrhau cyfiawnder cymdeithasol. Astudiwyd y diwydiant nodedig hwn yn drwyadl gan haneswyr, cymdeithasegwyr, ac yn gynyddol gan archeolegwyr, gan elwa'n aml ar wybodaeth y sawl a fu'n gweithio yn y diwydiant.

David Gwyn

070 Eglwysi Oes Fictoria

Tu mewn Eglwys y Drindod Sanctaidd, Pontargothi, Sir Gaerfyrddin. Alfred Stansell o Taunton a beintiodd y murluniau.

DI2005_0773 NPRN 192

Mae'r tu mewn i eglwys y Drindod Sanctaidd ym Mhontargothi yn Nyffryn Tywi yn eithriadol o brydferth a chyflawn. Fe'i hadeiladwyd rhwng 1865 a thua 1870 ar gyfer diwydiannwr o Abertawe, Henry James Bath, ar ei ystâd wledig, ac fe'i cysegrwyd er cof amdano ym 1878. Y pensaer oedd Benjamin Bucknall, sydd fwyaf enwog am gyfieithu gwaith Viollet-le-Duc, yr hanesydd a'r damcaniaethwr pensaernïol o Ffrainc. Ym Mhontargothi efelychodd Bucknall idiom Gothig Cynnar rydd Viollet. Mae hwn yn addoldy lliwgar, gyda murluniau gan Alfred Stansell o Taunton a gwydr lliw ym mhob ffenestr, gwaith cwmni blaenllaw Clayton and Bell o Lundain. Mae'r murluniau a'r ffenestri lliw yn dangos cyfres gymhleth o destunau'r Hen Destament a'r Testament Newydd, gan orffen gyda phortread o'r Croeshoeliad, yr Atgyfodiad a'r Esgyniad yn y ffenestr ddwyreiniol.

Roedd y rhan fwyaf o dirfeddianwyr, boed yn rheiny'n fonheddig neu'n bobl a oedd newydd ennill eu ffortiwn drwy fasnach neu ddiwydiant, yn glynu wrth yr Eglwys sefydledig, ac roedd nifer yn teimlo dyletswydd gymdeithasol i adfer eglwysi o'r Oesoedd Canol ar eu hystadau a chodi rhai newydd lle gallent hwy a'u tenantiaid addoli. Bwriadwyd i nifer o eglwysi newydd, megis Pontargothi, gynnwys beddrodau teuluol mawreddog. Rhoddwyd cryn dipyn o adeiladu ar waith hefyd gan glerigwyr y plwyfi wrth i nifer ohonynt ymroi'n egnïol i godi arian ar gyfer eglwysi newydd yn ogystal ag ysgolion ac adeiladau eraill ar gyfer cymdeithas y trefi a'r ardaloedd diwydiannol.

Ysbrydolwyd y cynnydd mewn adeiladu eglwysi newydd, a lluniwyd ei gymeriad, gan y diddordeb newydd yn archaeoleg a chelf yr Oesoedd Canol. A. W. N.

Pugin oedd yr ysbrydoliaeth yn y maes hwn, yn yr ysgrifau o'i eiddo o 1836 ymlaen, ac yn yr eglwysi cadeiriol a'r eglwysi eraill a gynlluniwyd yn ystod y 1840au ar gyfer y Pabyddion a oedd newydd eu rhyddfreinio. Pregethodd am yr angen i amgyffred teithi ysbrydol adeiladau'r Oesoedd Canol yn ogystal â'u ffurf, ac i godi eglwysi newydd a oedd yn deilwng o'r ddefodoldeb adferedig a fyddai'n cyffwrdd â'r synhwyrau i gyd. Yng Nghymru, lle roedd Anglicaniaid yn awyddus i'w diffinio'u hunain mewn cyferbyniad â'r twf mewn anghydffurfiaeth, roedd neges Pugin yn arbennig o atyniadol.

Gadawodd dau bensaer eglwysig nodedig eu hôl yng Nghymru. Hyfforddwyd John Pritchard o Landaf gan ddisgybl i dad Pugin a rannai weledigaeth Pugin ei hun, ac fe'i gwireddwyd yn y modd mwyaf dramatig yn ei waith godidog yn adnewyddu Eglwys Gadeiriol Llandaf. O'r 1850au hyd y 1870au adeiladodd Pritchard nifer o eglwysi hynod o gelfydd ym Morgannwg, ar y dechrau mewn partneriaeth â'r pensaer o Lundain J. P. Seddon. Yn y gogledd-orllewin y prif bensaer o tua 1860 oedd John Douglas o Gaer. Y mae'n cynrychioli arddull Fictoraidd ddiweddar fwy tyner a dyfeisgar, ac mae gan ei eglwysi gorau addurniadau a ffenestri lliw coeth.

Mae treigl amser a newidiadau mewn ffasiwn wedi erydu cymeriad nifer o eglwysi. Mae gan yr Eglwys yng Nghymru ei chyfrwng reolaeth ei hun, sef yr Awdurdodaeth Ffacwlti, sy'n atal newidiadau heb awdurdod, ac felly nid yw sefydliadau seciwlar megis y Comisiwn Brenhinol wedi ymyrryd. Fodd bynnag, wrth i fwy o eglwysi gael eu dyfarnu yn ddiangenraid, mae angen eu cofnodi hwy a'u haddurniadau cyn y gwelir ailddefnyddio'r adeiladau a gwasgaru eu cynnwys. Nod y Comisiwn Brenhinol yw cofnodi'r adeiladau pwysicaf cyn iddynt gau. Dros y blynyddoedd diwethaf cofnodwyd eglwysi pwysig gan ffotograffydd y Comisiwn ar gyfer Canllawiau Pevsner i Bensaernïaeth.

John Newman

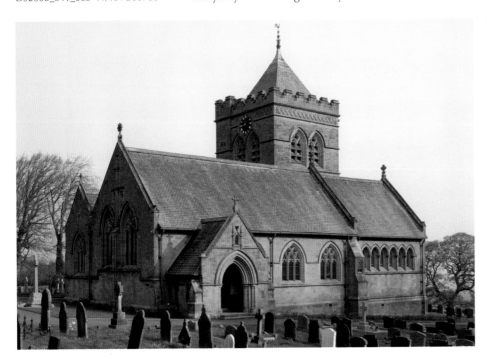

071 Capeli Anghydffurfiol

Y Tabernacl, capel yr Annibynwyr, Llanelli.
DI2006_0297 NPRN 6429

Cynllun mwyaf cyffredin capeli'r Gymru wledig o ddiwedd y ddeunawfed ganrif hyd ganol y bedwaredd ganrif ar bymtheg oedd un ar ffurf y wal-hir, lle'r oedd y ffasâd a'r fynedfa ar wal hir yr adeilad ac nid ar y talcen. Mae capel Gosen, a adeiladwyd tua 1844 ar gyfer y Methodistiaid Calfinaidd yng Nghynghordy, Sir Gaerfyrddin, yn nodweddiadol o'r ffurf syml a deniadol hon, ac erys ei ffenestri pengrwn a'u gwydr mewn cwarelau bach â'r ffenestr dal ganolog yn goleuo'r pulpud.

Erbyn 1901 yr oedd poblogaeth Cymru bedair gwaith yn fwy nag yr oedd yn 1780, a pheidiodd ei heconomi â bod yn un amaethyddol yn bennaf. O'r bobl a rifwyd yng nghyfrifiad crefyddol 1851, roedd 80 y cant yn anghydffurfwyr. Fel nododd Geraint Jenkins, gwariwyd symiau sylweddol ac egni ar godi capeli enfawr yn 'addurn i'w cymdogaeth'. Cefnwyd ar gynllun y capel wal-hir syml, a blodeuodd pensaernïaeth ddyfeisgar. Un o'r enghreifftiau gorau yw capel y Tabernacl yn Nhreforys, Abertawe. Fe'i hadeiladwyd ym 1872 gan Daniel Edwards, entrepreneur tunplat lleol, a chynlluniwyd y Tabernacl gan John Humphrey o Dreforys, saer coed yn ôl ei grefft, a oedd wedi ailgynllunio capel cyfagos Mynydd-bach lle roedd yn ddiacon. Ceir lle i 1,450 o bobl i eistedd yng nghapel y Tabernacl. Mae'r oriel bedairochrog gain yn gogwyddo i lawr tua'r pulpud ac mae lle i'r côr o amgylch yr organ. 'Eglwys gadeiriol anghydffurfiaeth Cymru' yw'r enw a roddir i'r Tabernacl, a chaiff ei ddefnyddio'n rheolaidd ar gyfer gwasanaethau a chyngherddau.

Aeth y gwaith o adeiladu capeli yn ei flaen: erbyn 1905 roedd 4,280 o gapeli o gymharu â'r 2,813 a oedd yn sefyll ym 1851. Ond yn yr ugeinfed ganrif, yn enwedig ers 1945, bu dirywiad di-droi'n-ôl o ran arfer crefydd, gydag effeithiau trychinebus ar adeiladwaith y capeli. Oherwydd y pryder cyffredin sy'n dilyn yr edwino ar dreftadaeth y capeli, mae'r Comisiwn Brenhinol yn cynnal prosiect sylweddol i gydlynu'r gwaith o gofnodi adeiladau anghydffurfiol Cymru ac yn casglu adnoddau helaeth o ddarluniau, lluniau a gwybodaeth arall, deunydd sy'n cael ei ddadansoddi ar hyn o bryd. Capel Ebenezer yn y Tymbl oedd un o'r capeli niferus a gofnodwyd gan y Comisiwn yn fuan cyn ei ddymchwel.

Llanelli oedd un o'r trefi mwyaf lle bu'r diwylliant Cymraeg yn gadarn dros gyfran sylweddol o'r ugeinfed ganrif, yn sgil llwyddiant diwydianwyr lleol brodorol wrth sefydlu gweithfeydd tunplat. Canlyniad buddsoddiad ariannol yr entreprenuriaid hyn yn eu bywyd ysbrydol anghydffurfiol oedd creu grŵp o gapeli y gellir honni eu bod ymhlith y coethaf a mwyaf addurnedig. Ymddangosodd rhai cynllunwyr lleol talentog, megis y Bedyddiwr a'r saer coed a phensaer Henry Rogers, ond denwyd y penseiri amlycaf o bob enwad o bellter i gyflawni eu gweledigaeth yn Llanelli. Yr Annibynnwr Thomas Thomas a gynlluniodd Siloah, Capel Als ac Ebenezer i'r Annibynwyr, ac mae'n debyg Gapel y Drindod ar gyfer y Methodistiaid Calfinaidd. Y Bedyddiwr George Morgan a gynlluniodd Calfaria a denwyd Owen Morris Roberts o Borthmadog i ail-gynllunio Capel Als yn unôl â'r ffasiwn ddiweddaraf. John Humphrey, cynllunydd Tabernacl Treforys, a adeiladodd Gapel-y-Doc a'r Tabernacl (1873) ar gyfer yr un enwad. Mae dyluniadau tri-bwa Humphrey, a ysbrydolwyd gan adeiladau'r Dadeni Eidalaidd megis Bedyddfa Fflorens, ymysg campweithiau mwyaf soffistigedig 'pensaernïaeth genedlaethol Cymru'.

O. M. Jenkins a Stephen Hughes

Uchod: Codwyd Gosen, capel y Methodistiaid Calfinaidd, tua 1844 a thraphont reilffordd drawiadol Cynghordy, Sir Gaerfyrddin, gan Henry Robertson yn gefndir iddo.
DI2006_0305 NPRN 6475

De: Chwalu tu mewn Ebenezer, capel y Methodistiaid Calfinaidd Cymraeg, wrth i'r seddau, y gosodiadau a'r ffitiadau gael eu torri'n ddarnau i'w gwerthu.
DI2005_1069 NPRN 6570

Isod: Tu mewn y Tabernacl, capel yr Annibynwyr Cymraeg, Treforys, Abertawe. Mae'r oriel, y seddau, y sedd fawr a'r pulpud i gyd wedi'u saernïo'n gelfydd iawn.
DI2007_0794 NPRN 8993

072 Ystâd Leighton Park

Fferm fodel Leighton Park.
DI2007_1401 NPRN 80542

Melin Cil Cewydd, Tre'r-llai.
DI2008_0127 NPRN 80538

Uchod: Tŷ ceblau uchaf y
rheilffordd halio.
DI2008_0126 NPRN 85843

De: Fferm Leighton Park o'r
awyr.
AP_2007_2450 NPRN 80538

Isod: Y Cwt Ieir.
DI2008_0847 NPRN 85876

Roedd yn anochel y byddai technolegau diwydiannol newydd oes Fictoria yn cael eu cymhwyso at amaethyddiaeth. Yn y cyfnod hwn esgorodd y gwelliannau o ran hwsmonaeth ac amaethyddiaeth – megis bridio da byw, mecaneiddio a chynllunio ffermydd – a welwyd yn ystod y ganrif flaenorol ar ymdrechion i ddiwydiannu ffermio.

Ystâd Leighton Park yw un o'r enghreifftiau mwyaf trawiadol o'r duedd hon. Cyflwynwyd yr ystâd i John Naylor fel anrheg priodas gan ei ewythr ym 1846-7, ynghyd â £100,000. Parhaodd y gwaith o foderneiddio'r ystâd dros yr ugain mlynedd nesaf. Gwariwyd £200,000 ar y prosiect rhwng 1848 a 1856, gyda'r gwaith yn mynd rhagddo drwy chwedegau'r ganrif. Codwyd adeiladau niferus, yn cynnwys ysguboriau modern, adeiladau ar gyfer cynhyrchu bwyd anifeiliaid, melin malu esgyrn, melin lifio, gweithdy peirianyddol, gwaith nwy, melin flawd ar raddfa ddiwydiannol, a gwell llety i'r gweithlu mawr. Darparwyd pŵer gan dyrbinau dŵr a wasanaethid gan ddull arbennig o reoli dŵr. Roedd creu dull o ddarparu gwrtaith ar gyfer rhan o'r ystâd yn gam arloesol: cyfeiriwyd gwrtaith hylifol a gyfoethogwyd â blawd esgyrn drwy ddisgyrchiant o danc ar Foel y Mab o'r prif lifeiriant i drefn o bibellau tyllog a falfiau-cau dros dro a oedd yn galluogi gwrteithio gwahanol rannau o'r tir yn ôl y gofyn.

Canolbwynt yr ystâd oedd fferm y plas. Wedi'i chynllunio, mae'n debyg, gan y pensaer o Lerpwl W. H. Gee, nod yr adeiladau oedd creu argraff. Y cnewyllyn oedd yr iard stoc ar y pen ucha, a adeiladwyd ym 1849, gyda thair iard arall yn dilyn yn fuan wedyn. Mae dau adeilad crwn yn nodweddion amlwg: roedd un ar gyfer moch (yr un agosaf yn y llun) ac un ar gyfer defaid. Ychwanegwyd y rhain erbyn 1855 ynghyd â melin pedwar llawr. Erbyn diwedd y degawd, adeiladwyd y sied borthiant ar wahân a gosodwyd llwybr tramiau i gludo gwair a gwellt ar hyd

yr echel a ffurfiwyd gan yr ysguboriau. Yr adeilad olaf a godwyd, yn yr 1860au, oedd prosesydd mecanyddol ar gyfer llysiau gwraidd a storfa.

Adeiladwyd melin flawd yr ystad, melin Cil Cewydd, o'r neilltu i fferm y plas fel y gellid cymryd dŵr o afon Hafren a gosod cilffordd rheilffordd. Codwyd y prif adeilad pum llawr ym 1862 ac fe'i pwerwyd gan ddau dyrbin a osodwyd mewn siambr frics fwaog islaw. Ychwanegwyd estyniad tri llawr ym 1868, gan rychwantu'r sianel ddŵr wreiddiol ac wedi'i bweru gan bâr ychwanegol o dyrbinau.

Un o nodweddion arbennig yr ystâd oedd rheilffordd ffwnicwlar dau drac â gorsafoedd cebl o bensaernïaeth flodeuog. Gallai fod wedi'i hadeiladu'n wreiddiol fel rhan o system ehangach i gysylltu fferm y plas â'r llechweddau uwch, ond ymddengys mai pleser oedd ei unig bwrpas erbyn diwedd y bedwaredd ganrif ar bymtheg. Fel y rhan fwyaf o bethau eraill yn Nhre'r-llai fe'i pwerwyd gan dyrbin.

Cofnodwyd llawer o adeiladau ac adeiladweithiau'r ystâd rhwng 1986 a 1989 gan fyfyrwyr ôl-raddedig o Sefydliad Ironbridge o dan oruchwyliaeth staff o'r Comisiwn Brenhinol.

David Percival

073 William Burges a Phensaernïaeth Uchel-Fictoraidd

Parlwr wythonglog Castell Coch.

DI2006_1486 NPRN 93112

Uchod: Mantell hynod Ramantaidd simnai'r neuadd wledda yng Nghastell Caerdydd.

DI2008_0460 NPRN 33

De: Neuadd wledda Castell Coch, y gyntaf o'r rhai a alwyd gan Burges yn 'ystafelloedd y castellan'. Ceir ynddi ddelweddau Cristnogol cynnar.

DI2005_0669 NPRN 93112

Isod: Castell Caerdydd a'i dyrrau chwareus o eclectig a hynod unigolyddol. Yn ystod yr un mlynedd ar bymtheg y bu Burges yn gweithio i Arglwydd Bute, cododd dŵr y cloc, tŵr Guest a thŵr y tanc, a chynyddu rhagor ar uchder tŵr Herbert, y tŵr wythonglog a thŵr Bute.

DI2008_0879 NPRN 33

Cyrhaeddodd egni rhyfeddol pensaernïaeth Uchel-Fictoraidd ei hanterth yn ffantasïau canoloesol yr Arglwydd Bute a William Burges yng Nghastell Caerdydd a Chastell Coch. Roedd perthynas greadigol y cleient a'r pensaer yn ddamwain gyfareddol. Hon hefyd oedd yr orchest gynllunio fwyaf rhyfeddol yn ystod oes Fictoria.

Dechreuodd y prosiect cyffrous ar gyfer castell Caerdydd yn ebrwydd ym 1866 pan gyflwynodd Burges adroddiad yn dangos sut y gellid cyfoethogi'r adeiladwaith â thŵr mawr a gardd a ffos. Ei gleient, y trydydd ardalydd Bute ifanc, oedd y dyn cyfoethocaf ym Mhrydain. Roedd ganddo dai ac ystadau ledled y wlad a diddordeb dihysbydd mewn hynafiaethau, diwinyddiaeth, iaith (gan gynnwys y Gymraeg) a phensaernïaeth yr Oesoedd Canol. Wrth iddo noddi Burges a'i ddyluniadau ysgolheigaidd ar gyfer ail-greu y plas yn ne Cymru mewn modd dychmygus, lluniwyd adeilad ac iddo ffasadau o wneuthuriad enfawr, rhodfeydd â chanllaw, tyredau a roddai olygfeydd, pentisiau pren ac amlinell ddihafal a thyrau unigryw yn codi bob hyn a hyn, ar ei hyd. Cyfoethogir y rhain gan gerfluniau o ffigurau wedi'u paentio, sy'n arbennig o drawiadol ar dŵr y cloc sy'n edrych dros y ddinas, a nodweddion pensaernïol sy'n efelychu gwaith o Gymru, fel yr arcedau yn Llys yr Esgob yn Nhyddewi. Mae tu mewn yr ystafelloedd yn nhŵr y cloc a'r ystafelloedd derbyn ar ochr orllewinol yr adeilad yn foethus iawn.

Rhoddwyd neuadd wledda fawr lle bu tair ystafell wely yn wal y cwrt o'r Oesoedd Canol Diweddar. Mae'r to pren ysblennydd, gydag angylion â'u hadenydd ar led ar y trawstiau gordd a chilfwâu cromennog, yn efelychu nodweddion arddull Seisnig o'r Oesoedd Canol diweddar. Mae'r murluniau lliwgar ar ddwy lefel yn dangos gorchestion milwrol a seremonïau llys ac eglwys o fywyd Robert Iarll Caerloyw, arglwydd Morgannwg, a adeiladodd y castell o waith maen cyntaf yn y ddeuddegfed ganrif. Ceir cerflun o'r Iarll Robert yn marchogaeth yn ei arfwisg lawn o fewn bwa maen â phorthcwlis a berthynai i simnai ffantastig, gyda thrympedwyr ar y muriau caerog a boneddiges yn gollwng ei hances. Mae'r fframiau

drysau pigfain gyda ffigurau herodrol a cherfiedig helaeth a phaneli llieinblyg yn cwblhau'r darlun.

Cymerodd y Comisiwn Brenhinol y cam canmoladwy o ddadansoddi a chyflwyno adroddiad ar bob un o'r saith cyfnod yng ngwaith adeiladu Castell Caerdydd a'i gyhoeddi yn *The Early Castles of Glamorgan* (1991). Dilynwyd y gamp bwysig hon gan *The Later Castles of Glamorgan* (2000), a oedd yn cynnwys hanes Castell Coch drwy bob cyfnod. Cyn i Burges roi ei waith mewn llaw ym 1872, buasai Castell Coch yn adfail darniog. Cyflwynodd y Comisiwn achos cryf dros briodoli pwysigrwydd milwrol i'r neuadd o'r drydedd ganrif ar ddeg sy'n edrych dros geunant Taf, ac o blaid ystyried yr ail-greadigaeth Fictoraidd, gan gynnwys y parlwr cromennog, yn orchest fawreddog. Mae'r parlwr yn ystafell Gothig hudolus o dan gromen wythonglog nefolaidd, gyda lefel uwch ar ffurf oriel a simnai amlwg sy'n cynnwys cerfluniau o'r Tair Tynged ar eu heistedd, nodwedd ar chwedloniaeth Roegaidd. Y Greadigaeth yw'r thema: sêr ac adar yn y ffurfafen, gloÿnnod byw ar asennau'r gromen, planhigion yn eu tyfiant ffrwythlon ac anifeiliaid o Chwedlau Esop ar y murluniau, a thair oes dyn ar gorbelau'r simnai. Mae'r gwrthgyferbyniad yn amlwg rhwng arddull Othig gref y prif rannau strwythurol, a gwblhawyd yn ystod oes Burges, a dylanwadau'r mudiad Esthetig wedyn ar yr arwynebau addurniadol.

Mae ymchwil arloesol a dull cyflwyno hygyrch y Comisiwn Brenhinol yn gaffaeliad parhaol o ran dehongli, cynnal a chadw ac atgyweirio'r ddwy heneb hyn sydd o arwyddocâd Ewropeaidd – y naill yng ngofal Cyngor Caerdydd a'r llall yng ngofal Cadw. Mae archifau'r Comisiwn yn hanfodol er mwyn gofalu am orchestion pensaernïol treftadaeth Cymru gyfan.

David McLees

074 Anterth Byr y Plasty Fictoraidd

PLAS-YN-DINAS, DINAS MAWDDWY (Copyright)

Uchod: Adfeilion Plas yn Dinas ar ôl y tân ym 1912.
Isod: Cerdyn post sy'n dangos y plasty cyn y tân. Mae golwg drawiadol i'r tŵr a'i do mansard.

DI2007_1977 a DI2007_1978 NPRN 96601
Drwy garedigrwydd Casgliad Thomas Lloyd

Awyrlun sy'n dangos lle safai Plas yn Dinas gynt.
DI2008_0534 NPRN 96601

Safai Plas yn Dinas uwchlaw gerddi teras hyfryd.
DI2007_1979 NPRN 96601

Roedd yr arfer o adeiladu plastai, a fu'n boblogaidd ym Mhrydain hunan-hyderus y Frenhines Fictoria, ar drai erbyn diwedd ei theyrnasiad. Daeth diwrnodau hir o gyfri'r gost i ran y sawl a oedd wedi adeiladu ar sail ariannol ansicr, a gwelwyd achosion trist o werthu plastai, neu o encilio a gadael y plasty yn adfail i'w ddymchwel. Plas yn Dinas, ym mlaenau dyffryn Mawddwch ym Meirionnydd, oedd un o'r enghreifftiau mwyaf byrhoedlog o'r afradlonedd diofal ar ran y perchnogion.

Etifedd ffodus i ddiwydiannwr cyfoethog o ganolbarth Lloegr a'i cododd, Edmund Buckley. Prynodd yr ystâd (â'i photensial ar gyfer chwarel lechi) fel buddsoddiad ym 1856. Yn y dull Fictoraidd clasurol, dymunai Edmund ymbellhau o'r ddinas ac ymsefydlu'n ŵr bonheddig. Cynlluniwyd ei dŷ newydd, a adeiladwyd ym 1864-7, gan James Stevens o Macclesfield, a'r tu mewn coeth wedi'i gynllunio gan Bird and Hull, addurnwyr tai blaenllaw o Fanceinion. Yr oedd y gwariant arno gymaint â £70,000, ond megis dechrau oedd hyn. Gwariwyd £40,000 yn ychwanegol i adeiladu lein fach Mawddach at wasanaeth ei chwareli ac at ddefnydd y cyhoedd. Fe'i gwobrwywyd ag urdd barwnig, ac yn ogystal, enillodd sedd seneddol yng nghanolbarth Lloegr. Aeth rhagddo i godi Gwesty Dinas Mawddwy, a wnaed gyda'r defnydd arloesol o goncrid, ym 1873. Roedd wrthi'n adeiladu iard fawr ar gyfer fferm y plas a phlanhigfa gan ddefnyddio llawer o goncrid a gwydr, pan aeth yn fethdalwr ym 1876. Roedd amgylchiadau ansicr wedi lleihau ei incwm ac aeth ei fab i ddyled anferth. Nid

oedd unrhyw un am brynu adeilad mor rhwysgfawr yng nghefn gwlad gwyllt Cymru. Cafwyd nifer o ddenantiaid byrdymor tan yn y pen draw, gydag eironi erchyll, sefydlodd Dr Walker o Henffordd Gartref i Feddwon yno rhwng 1901 a 1911. Llosgwyd yr adeilad yn ulw gan dân ym 1912 pan oedd yn wag.

Pensaer masnachol oedd James Stevens yn bennaf. Roedd ei *blas* yn fawreddog, ond o'i gymharu ac adeiladau uwch-Gothig eraill ym Mhrydain yr oedd yn ddigon cyffredin. Er hyn roedd manwl gywirdeb ei waith yn amlwg – cerrig da wedi'u torri, eu gosod a'u cerfio yn gain, addurniadau coeth a gerddi terasog. Mae'n destun tristwch bod cymaint o grefftwaith wedi ei golli. Roedd Buckley yn un o nifer sylweddol iawn o ddiwydianwyr o ogledd Lloegr a geisiodd wireddu'r freuddwyd o ddianc i erwau rhatach ac awyr iach Meirionnydd, gan adael etifeddiaeth bensaernïol sy'n cael ei harchwilio ar hyn o bryd.

Ar brydiau ymdrechodd rhai bonheddwyr hir-sefydledig i greu cartrefi ffasiynol, gan ailadeiladu cartrefi plaen ar ffurf castell, fel ym Mronwydd yng Ngheredigion, mewn ymdrech ofer i gadw eu lle ar frig y drefn gymdeithasol. Dim ond nifer fechan o'r palasau Fictoraidd mawreddog hynny sydd mewn cyflwr boddhaol erbyn hyn. Gwnaeth problemau ddechrau'r ugeinfed ganrif ffordd o fyw o'r fath yn amhosibl. Ymhlith yr adeiladau mawreddog nad oeddent yn bosibl eu cynnal, ac a adeiladwyd gan hen deuluoedd Cymreig, gellir cynnwys Castell Lawrenny yn Sir Benfro, Castell Margam ym Morgannwg a Llysdulas ar Ynys Môn, tra roedd cartrefi'r diwydianwyr a'r bancwyr newydd yng Nghymru yn wynebu'r un peryglon: roedd Parc anferth Glan Wysg ym Mrycheiniog a Phant-glas yn Sir Gaerfyrddin ymysg y cartrefi a ddadfeiliodd.

Y mae dyfais y camera, sef un o ddarganfyddiadau pwysicaf oes Fictoria, yn caniatáu i ni weld yr hyn a ddifethwyd gyda threigl amser. Mae'r llun o fynedfa flaen Plas yn Dinas yn dangos y tŷ newydd sbon yn y 1870au. Deillia dwy ddelwedd arall o'r ffasiwn Edwardaidd am gardiau lluniau, ac fe'u tynnwyd yn union cyn ac ar ôl y tân. Ceir copïau o'r golygfeydd hyn yn y Cofnod Henebion Cenedlaethol, ynghyd â miloedd o luniau eraill sy'n dangos adeiladau Cymru dros y ganrif ddiwethaf a mwy. Ychwanegir at y cofnod yn barhaus gan ffotograffwyr y Comisiwn Brenhinol ei hun, a thrwy fenthyg a chopïo deunydd hŷn sydd mewn dwylo preifat.

Thomas Lloyd

075 Twf Twristiaeth ar Raddfa Fawr

Y Pier Brenhinol, Aberystwyth, a godwyd yn wreiddiol gan Eugenius Birch ym 1865.

CD2005_635_031 NPRN 34175

Uchod: Awyrlun o Bier Llandudno sy'n dangos dec llydan y promenâd, y pafiliynau a man glanio'r stemars.

DI2005_0775 NPRN 34159

De: Dinbych-y-pysgod.

AP_2005_0905 NPRN 33213

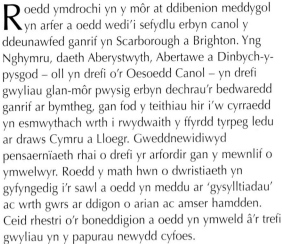

Roedd ymdrochi yn y môr at ddibenion meddygol yn arfer a oedd wedi'i sefydlu erbyn canol y ddeunawfed ganrif yn Scarborough a Brighton. Yng Nghymru, daeth Aberystwyth, Abertawe a Dinbych-y-pysgod – oll yn drefi o'r Oesoedd Canol – yn drefi gwyliau glan-môr pwysig erbyn dechrau'r bedwaredd ganrif ar bymtheg, gan fod y teithiau hir i'w cyrraedd yn esmwythach wrth i rwydwaith y ffyrdd tyrpeg ledu ar draws Cymru a Lloegr. Gweddnewidiwyd pensaernïaeth rhai o drefi yr arfordir gan y mewnlif o ymwelwyr. Roedd y math hwn o dwristiaeth yn gyfyngedig i'r sawl a oedd yn meddu ar 'gysylltiadau' ac wrth gwrs ar ddigon o arian ac amser hamdden. Ceid rhestri o'r boneddigion a oedd yn ymweld â'r trefi gwyliau yn y papurau newydd cyfoes.

Hybwyd twristiaeth ar raddfa fawr gan dwf y rhwydwaith rheilffyrdd yng nghanol y bedwaredd ganrif ar bymtheg, ond dim ond ar gyfer y sawl oedd â digon o amser ac arian, gan fod gwyliau'n ddi-dâl tan yr ugeinfed ganrif. I ddechrau, roedd yn anodd i'r trefi gwyliau glan-môr yng Nghymru elwa ar y datblygiad oherwydd eu pellter o'r prif ganolfannau trefol. Gwelodd y pensaer Seddon mai rhandai glan-môr lle gallai teuluoedd cefnog aros am gryn amser a weddai i Aberystwyth, yn hytrach na gwestai mawreddog (methodd gwesty sylweddol cyntaf Aberystwyth, a ysgogwyd gan ddyfodiad y rheilffordd, o fewn misoedd, gan ddod yn gnewyllyn i Goleg Prifysgol Cymru maes o law). Ar y llaw arall, roedd arfordiroedd de a gogledd Cymru yn hygyrch i ymwelwyr undydd. Yn y de, roedd rheilffyrdd y cymoedd, a sefydlwyd yn bennaf ar gyfer cludo glo, yn galluogi pobl o gymunedau glofaol i gyrraedd glan y môr yn gyflym.

Bu arfordir y gogledd ar ei ennill o'r cysylltiadau a gynigid gan reilffyrdd a llongau â phoblogaeth drefol Swydd Gaerhirfryn. Yma datblygwyd mannau gwyliau niferus ar gyfer bron bob dosbarth yn y gymdeithas. Y pennaf yn eu mysg oedd Llandudno, a gynlluniwyd yn ofalus gan ystâd Mostyn yn y disgwyl y byddai'r rheilffordd yn cyrraedd. Cadwodd yr ystâd reolaeth

dros y dref, gan ddarparu ar gyfer datblygu ei phromenâd nodedig a nifer o westai mawreddog. Roedd y datblygiadau ym Mae Colwyn gerllaw yn wahanol iawn. Roedd y rheilffordd wedi cyrraedd erbyn 1865, gan fod yn agos iawn i lan y môr, a phrynwyd ystâd Pwllycrochan gan Syr John Pender, diwydianwr o Glasgow, gŵr a chanddo uchelgais i ddatblygu lle gwyliau. Er gwaethaf penodi pensaer, John Douglas, i oruchwylio'r gwaith o gynllunio'r dref, gan gynnwys adeiladu Gwesty'r Colwyn Bay ym 1872, llesteiriodd lleoliad y rheilffordd ddatblygu promenâd braf a thros y blynyddoedd tyfodd Bae Colwyn yn gynyddol i fod yn dref breswyl.

Ym 1865 ymddangosodd math newydd o adeiladwaith am y tro cyntaf yn Aberystwyth, ac un a ddilynwyd yn fuan wedyn mewn trefi glan-môr eraill. Y pier glan-môr oedd hwn, peth a oedd yn hanfodol ar gyfer mynd ar fwrdd y llongau pleser newydd. Yn aml wedi'u hadeiladu'n fentrus gan ddefnyddio haearn, daeth y pierau'n nodweddiadol o lan y môr, gan ddarparu, yn ogystal â'r lanfa, le cerdded ychwanegol at y promenâd, uwchlaw'r dŵr, a theatrau a neuaddau dawns mawr mewn pafiliynau.

Hefyd yn sgil y rheilffyrdd datblygodd Llandrindod yn y canolbarth yn y dref ffynhonnau, er yn enghraifft ddiymhongar a ddatblygodd braidd yn hwyr ar y dydd. Yma, yng nghanol y bryniau, mae nifer o adeiladau gwesty enfawr yn bwrw eu cysgod dros drefwedd wledig hyd heddiw. Yn briodol, ceir darlun o'u heffaith yn y Cofnod Henebion Cenedlaethol ar ffurf cerdyn post.

Peter White

Isod: Cerdyn post sy'n dangos gwestai mawr Llandrindod.

DI2007_1433 NPRN 33222

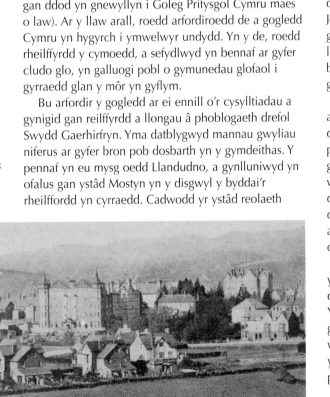

Cymru ym Mlynyddoedd Cynnar yr Ugeinfed Ganrif

Brian Malaws

Daeth marwolaeth y Frenhines Fictoria ym 1901 â'r teyrnasiad hwyaf yn hanes Prydain i ben. Gwelodd y teyrnasiad hwnnw lu o gampau diwydiannol, datblygiadau technolegol a diwygiadau cymdeithasol. Parhaodd optimistiaeth a hyder oes Fictoria yn ystod yr oes Edwardaidd, o 1901 tan 1910, am fod Prydain yn gallu honni mai hi oedd yn arwain y byd mewn gwleidyddiaeth, masnach a newidiadau cymdeithasol. Gwelodd y cyfnod lu o ddatblygiadau sy'n bwysig ym Mhrydain hyd heddiw, megis dyfodiad ceir ac awyrennau, sefydlu pleidiau gwleidyddol newydd, a threfnu darpariaethau lles i blant, y cleifion, yr henoed a'r di-waith. Ond daeth Rhyfel 1914-18 i lethu'r holl optimistiaeth. Yn ystod yr ugain mlynedd cyn i'r rhyfela ail-ddechrau, gwelodd Prydain gyfnod o herio cyson ar yr hen wirioneddau: newidiadau sylweddol yn digwydd yn nhechnoleg bywyd bob-dydd, egwyddorion newydd moderniaeth yn codi ym myd cynllunio a phensaernïaeth, America'n tra-arglwyddiaethu mwy a mwy ac argyfyngau economaidd yn cyffroi aflonyddwch cymdeithasol ac ymrafael difrifol.

Erbyn 1900 yr oedd diwydiant a masnach wedi tyfu'n elfennau cwbl sylfaenol yn economi Cymru. Dangosodd cyfrifiad 1901 fod y niferoedd a oedd yn gweithio ym myd amaethyddiaeth wedi dal i ostwng, sef i ryw 8.5% o'r boblogaeth. 1913 oedd yr uchafbwynt o ran cynnyrch a gweithlu diwydiant glo Cymru: blwyddyn cynhyrchu bron 57 o filiynau o dunelli metrig o lo – pumed ran o holl gynnyrch glo'r Deyrnas Unedig – a hynny gan ryw 233,000 o ddynion mewn 600 a rhagor o byllau glo. Y flwyddyn honno, cipiodd porthladd y Barri y record drwy allforio un filiwn ar ddeg o dunelli o lo. Talwyd pris am y cynhyrchu prysur hwnnw: lladdwyd 439 o ddynion a bechgyn gan ffrwydrad tanddaearol yn Senghennydd ger Caerffili ar 14 Hydref 1913 – y trychineb glofaol

Gyferbyn: Awyrlun, a dynnwyd gan Aerofilms ym 1929, o Ddociau Caerdydd. Dyma safle Canolfan Mileniwm Cymru a Senedd y Cynulliad Cenedlaethol erbyn hyn. Mae'n ddiddorol cymharu hwn â'r ffotograff ar dudalen 271.
DI2006_0742 NPRN 91412

Gwaith dur Porth Talbot.
GTJ25867 NPRN 91392

237

*Pont Gludo Casnewydd,
a godwyd ym 1906.*
DI2006_1626 NPRN 43157

*Cynllun dŵr Cwm Elan: codi
argae Garreg Ddu a'r eglwys
newydd ym 1899.*
GTJ63724 NPRN 752

gwaethaf a ddigwyddodd ym Mhrydain. Yr oedd
diwydiannau eraill hefyd yn datblygu: 1907 oedd
blwyddyn sefydlu gwaith dur Port Talbot ac agor gwaith
alwminiwm Dolgarrog, gwaith a yrrid gan drydan-dŵr,
yn Nyffryn Conwy. Ochr yn ochr â'r ddibyniaeth ar y
diwydiannau trwm, datblygwyd technolegau newydd:
ym 1912, yn Waunfawr ger Caernarfon, sefydlodd
Marconi'r orsaf lwyddiannus gyntaf i drosglwyddo
radio tonfedd-hir ac, am ryw chwe blynedd ar hugain,
hi oedd yr orsaf bwysicaf o'i bath ym Mhrydain am ei
bod yn trosglwyddo galwadau o fewn yr ymerodraeth
ac yn rhyngwladol.

Yr oedd yr aflonyddwch cymdeithasol a welwyd
mor aml rhwng y ddau ryfel byd wedi codi ei ben
ynghynt, yn enwedig yn y diwydiannau llechi a glo. Er
i gymunedau amaethyddol cefn gwlad weld rhywfaint
o adfywiad cyn y Rhyfel Byd Cyntaf, digon garw oedd
yr amodau byw yn y rhanbarthau diwydiannol. Y streic
a gychwynnodd ym mis Tachwedd 1900 yn chwarel y
Penrhyn yn Sir Gaernarfon fyddai'r anghydfod hwyaf yn
hanes Prydain: clowyd y chwarelwyr allan am dair
blynedd. Rhannwyd y gymuned ac ymadawodd
miloedd â'r fro heb ddychwelyd byth. Yn y de, galwyd
ar filwyr i chwalu'r terfysgoedd a ddigwyddodd yn
Nhonypandy ym 1910 yn sgil cloi glowyr allan o bwll
glo, a rhwng 1910 a 1914 gwelwyd amryw o streiciau
gan lowyr, docwyr a gweithwyr rheilffordd. Esgorodd y
dirwasgiad economaidd wedi'r rhyfel ar ragor o
ymrafael. Aeth y glowyr ar streic ym 1924 yn erbyn
gostwng eu cyflogau. Ar ôl Streic Gyffredinol 1926, fe'u
gorfodwyd i ddychwelyd i weithio ar gyflogau is ac am
oriau hwy. Y flwyddyn ganlynol, cynyddodd diweithdra
gymaint nes ysgogi'r orymdaith gyntaf gan ddynion
newynog o dde Cymru i Lundain. Bu'r dirwasgiad byd-
eang o 1929 tan 1933 yn drychineb. Cyrhaeddodd
diweithdra ei anterth ym 1930 gan daro'r de'n arbennig
o galed.

Er bod oes aur adeiladu rheilffyrdd wedi hen
ddarfod, cwblhawyd un prosiect mawr olaf rhwng
1902 a 1906, sef adeiladu porthladd Abergwaun a
chysylltu'r brif lein ag ef mewn ymdrech ddewr nid yn
unig i greu taith fyrrach i Iwerddon drwy Rosslare ond i
gipio peth o fusnes y llongau mawr a hwyliai dros Fôr
Iwerydd. Ymhlith y gwelliannau llai uchelgeisiol ym
myd cludiant yr oes yr oedd adeiladu rheilffordd Cwm
Rheidol o Aberystwyth i Bontarfynach a thramffordd
Penygogarth yn Llandudno, ill dwy ym 1902, adeiladu
rheilffordd y Trallwng a Llanfair Caereinion ym 1903 a
chodi pont gludo Casnewydd ym 1906. Cyrhaeddodd
rheilffyrdd Prydain eu hanterth cyn y Rhyfel Byd
Cyntaf; yn sicr, ni fuont erioed mor brysur yn y de wrth
gludo glo i'w allforio. Ym 1908, er enghraifft, cludodd
rheilffordd Cwm Taf dros ddeunaw miliwn o dunelli
metrig o lo ar hyd ei chledrau. Deliai dociau Caerdydd,
y Barri a Chasnewydd â llwythi enfawr: mewn
blwyddyn, allforiwyd dros ddeg miliwn o dunnelli
metrig o lo ager gan Gaerdydd, sef mwy o lo na'r un
porthladd arall yn y byd.

Parhâi prosiectau peirianneg sifil eraill i fod yn
bwysig. Ym 1904, ar ôl un mlynedd ar ddeg o waith
adeiladu, agorwyd cynllun dŵr Cwm Elan gan y
Brenin Edward VII a'r Frenhines Alexandra [078] i
gyflenwi dŵr glân i ddinas Birmingham. Fe'i dilynwyd
gan ragor o brosiectau i foddi cymoedd er mwyn
cyflenwi dŵr yfed i ddinasoedd Lloegr ac i
ganolfannau poblog cynyddol eu maint yng Nghymru,

fel Caerdydd, Abertawe a Chasnewydd. Ymhen dwy genhedlaeth cafwyd cynllun mwy dadleuol, sef cynllun Lerpwl ym 1965 i foddi pentref Capel Celyn yn Nhryweryn ger y Bala.

Yn sgil cydnabod mwy a mwy ar genedligrwydd y Cymry o ganol y bedwaredd ganrif ar bymtheg ymlaen, dyrchafwyd Caerdydd yn ddinas ym 1905 (er na ddaeth yn brifddinas swyddogol Cymru am hanner canrif arall). Mae'r adeiladau dinesig crand ym Mharc Cathays sy'n gymaint rhan o ganol y ddinas yn fynegiant o'r cyfoeth a gafwyd drwy allforio glo, ac yn symbol o dwf cyflym pwysigrwydd a maint Caerdydd dros yr hanner canrif cyn hynny [076, 077]. Ni thyfodd Abertawe mor gyflym er gwaethaf pwysigrwydd rhyngwladol ei phrif ddiwydiannau trwm, yn enwedig o ran cynhyrchu metelau anfferrus, ac ni ddyrchafwyd mohoni'n ddinas tan 1969.

Serch mai blynyddoedd goruchafiaeth y Rhyddfrydwyr yng ngwleidyddiaeth genedlaethol a lleol Prydain oedd y rhain, llwyddodd y Blaid Lafur Annibynnol i ennill tir. Rhoes diwygiad crefyddol 1904-5 hwb i fywiogrwydd diwylliannol y cyfnod tua diwedd oes Fictoria, ac erbyn i gymylau rhyfel gronni ym 1914 yr oedd camau ar y gweill i ddatgysylltu a dadwaddoli'r Eglwys Anglicanaidd, proses na chyflawnwyd mohoni tan 1920. Bu'r flwyddyn 1907 yn bwysig yn hanes creu sefydliadau diwylliannol cenedlaethol: blwyddyn sefydlu'r Amgueddfa Genedlaethol ac adran Cymru o'r Bwrdd Addysg ac, ar ôl pymtheg mlynedd ar hugain o bwyso a mesur, cafwyd y Siarter Frenhinol a sefydlodd y Llyfrgell Genedlaethol. Yn fuan ar ôl i'r gwaith adeiladu ddechrau yn Aberystwyth, daeth y llyfrgell honno'n un o chwe llyfrgell adnau gyfreithiol Prydain, a chanddi'r hawl i gael copi o bob cyhoeddiad a gynhyrchid yn y Deyrnas Unedig. Y flwyddyn ganlynol, gwelwyd sefydlu Comisiwn Brenhinol Henebion Cymru, ynghyd â chwaer-sefydliadau ar gyfer yr Alban a Lloegr. Cymaint oedd ymchwydd yr hyder yng Nghymru nes i fesur i roi hunanlywodraeth iddi gael ei

gyflwyno yn y Senedd ym 1914, ond rhoddwyd y gorau iddo cyn hir oherwydd y Rhyfel Byd Cyntaf.

Esgorodd rhyfel 1914-18 ar newidiadau dirfawr gan chwalu'r hen drefn mewn llawer maes. Ymatebodd dynion ifanc yn eiddgar i'r alwad i ddwyn arfau ac ni ddychwelodd rhyw 35,000 o Gymry o'r brwydro. Rhan o'r paratoi ar gyfer ymladd ar y ffrynt oedd cloddio ffosydd ymarfer mewn llawer man yng Nghymru, a cheir olion nodedig rhai ohonynt hyd heddiw ym Mhenalun yn Sir Benfro a Bodelwyddan yn Sir Ddinbych [081]. O dan gyfarwyddyd David Lloyd George, y gweinidog arfau ac, yn ddiweddarach yr ysgrifennydd rhyfel ac, yn y pen draw, y prif weinidog, cyfrannodd diwydiannau Cymru i ymdrech y rhyfel drwy gynhyrchu dur, diwallu'r angen am ffrwydron a bodloni gwanc aruthrol y llynges am lo ager: codwyd

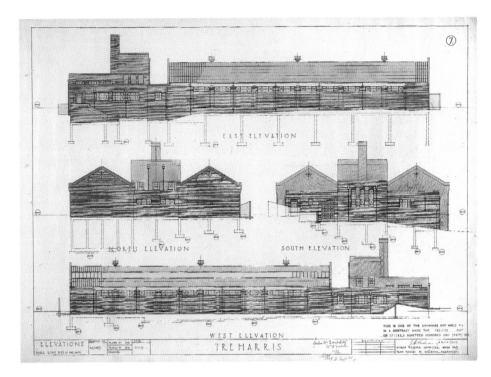

O'r 1920au ymlaen, codwyd baddondai ar yr wyneb yn yr arddull fodernaidd gan Bwyllgor Lles y Glowyr: dyma luniad y dyluniad gwreiddiol ym 1932 ar gyfer baddondai Pwll Glo Deep Navigation.
DI2006_0242 NPRN 80489

Pwll Glo Gresffordd
DI2008_0712 NPRN 301580
Drwy garedigrwydd
Heather James

*Purfa Olew newydd Llandarcy,
Morgannwg, ym 1923.*
AEROFILM AFL03 8769
NPRN 91695

ffatrïoedd arfau ar hyd arfordir y gogledd, sefydlwyd Gwaith Dur Margam ger Castell-nedd ym 1916 a buddsoddwyd hefyd mewn pyllau glo. Ym mhwll glo Deep Navigation yr agorwyd y baddondai cyntaf ar ben pwll yng Nghymru. Yn eironig ddigon, fe'u seiliwyd ar gynlluniau a ddatblygwyd yn yr Almaen cyn y rhyfel ac yr oeddent yn wahanol i'r baddondai modernaidd a gynlluniwyd gan Bwyllgor Lles y Glowyr o'r 1920au ymlaen. Cofnododd y Comisiwn Brenhinol faddondai Deep Navigation fel rhan o'i arolwg o'r diwydiant glo wrth i'r diwydiant hwnnw grebachu'n gyflym yn y 1990au ac yn fuan cyn i adeiladau'r lofa gael eu dymchwel.

Wedi'r Rhyfel Byd Cyntaf gwelwyd dirywiad y plastai a'r ystadau mawr yn parhau. Yr oedd y broses wedi dechrau tua diwedd oes Victoria wrth i gost gynyddol llafur a chyflwyno trethi marwolaeth fygwth

cyfoeth y perchnogion. Ym 1909, prynodd cyngor lleol Merthyr Tudful Gastell Cyfarthfa, hen gartref meistri haearn teulu'r Crawshays, a'i droi'n oriel ac amgueddfa. A chynifer o ddynion wedi'u galw i'r rhyfel, yr oedd y ffordd o fyw a geid ym mhlastai'r wlad fel petai'n anghydnaws â gofynion creulon y rhyfel, ac ar ôl hynny ceid trafferth i ddenu pobl i weithio i'r ystadau a'r plastai mawr ac i'w rhedeg fel cynt.

Yr oedd mudiad y gardd-bentrefi wedi ymsefydlu cyn y rhyfel, a dechreuwyd creu pentrefi mewn sawl man, yn enwedig yng ngardd-faestref y Barri ac yn Rhiwbeina yng Nghaerdydd [080]. Pan ddaeth y milwyr adref ar ôl y fuddugoliaeth ym 1918, disgwylient weld gwell ffordd o fyw na chynt, a chawsant addewid gan y llywodraeth y ceid gwared ar y slymiau. Yn eu lle, ceid 'cartrefi teilwng i arwyr'. Er i bobl, yn naturiol, droi eu sylw at y dyfodol, codwyd cofeb ryfel bron ym mhob tref a phentref yng Nghymru i goffáu'r niferoedd mawr o ddynion a oedd wedi'u lladd yn y 'rhyfel i roi terfyn ar bob rhyfel' [082]. Bu colli'r dynion yn ergyd drom i gymunedau Cymraeg gan iddo arwain at ostyngiad mawr yn niferoedd y siaradwyr Cymraeg. Daeth rhai pobl i'r casgliad mai'r ffordd o ddiogelu diwylliant a hybu amcanion cenedlaetholdeb oedd gweithredu'n wleidyddol drwy sefydlu Plaid Genedlaethol Cymru, y blaid a ddaeth, yn ddiweddarach, yn Blaid Cymru. I eraill, y ffordd ymlaen oedd trefnu'r mudiad llafur ac adfywio'r blaid Lafur yn lleol ac yn San Steffan.

Blynyddoedd o wrthgyferbyniad oedd y 1920au. Er i'r trafferthion rhwng y gweithwyr a'r perchnogion, a thrafferthion y diwydiannau trwm traddodiadol, gynyddu ac er i gryn nifer o weithwyr ymfudo i drefi a dinasoedd Lloegr, bu'n gyfnod llewyrchus i rai pobl wrth i dechnolegau newydd gael eu cyflwyno ac i'r diwydiant hamdden ddatblygu. Dechreuodd y BBC ddarlledu rhaglenni radio o Gaerdydd, agorwyd purfa olew Llandarcy ger Abertawe, a chafodd gweithfeydd dur Shotton yn Sir y Fflint, a fu'n cynhyrchu ar raddfa sylweddol iawn yn ystod y rhyfel, eu haddasu i gyflenwi diwydiant newydd – y diwydiant moduron. Yr oedd cynlluniau enfawr ar y gweill i gyflenwi dŵr. Un ohonynt oedd Llyn Alwen yn Sir Ddinbych, cronfa a agorwyd ym 1921 i gyflenwi dŵr i Benbedw (Birkenhead). Codwyd cronfeydd dŵr hefyd ar y Bannau yn Nhal-y-bont (dechreuwyd ym 1923) i gyflenwi Casnewydd ac yn Llwyn-onn (a gwblhawyd ym 1926) i gyflenwi Caerdydd. Dwy enghraifft o'r gwelliannau ym myd addysg oedd sefydlu Coleg y Brifysgol, Abertawe ym 1920 ac, ym 1927, sefydlu Coleg Harlech ym Meirionnydd yn goleg preswyl i oedolion. Serch trafferthion y diwydiant glo, datblygwyd pyllau newydd a mwy effeithlon fel Pwll Glo Taf Merthyr ym Morgannwg [083], a gwellwyd llawer iawn ar amodau gweithio'r glowyr wrth i faddondai gael eu codi ar ben y mwyafrif o'r pyllau glo mawr mewn cyfnod byr.

Erbyn canol y 1930au, yr oedd Cymru'n codi o'r dirwasgiad economaidd a sefydlwyd maes awyr Caerdydd ar Gorstir Pengam i ddod â'r cysylltiadau rhyngwladol diweddaraf i'r ddinas honno. Hwb i'r broses o foderneiddio byd amaeth oedd sefydlu'r Bwrdd Marchnata Llaeth ym 1933 gan drawsffurfio byd cynhyrchu a marchnata cynnyrch llaeth. Bu hyn yn ddatblygiad o bwys arbennig i ran helaeth o'r de-orllewin lle cynhyrchid llaeth. Agorwyd llaethdy newydd cyntaf y Bwrdd yng Nghymru ym Mhontllanio [084]. Wrth i'r degawd fynd rhagddo, gwelwyd arwyddion o wireddu'r addewid i godi tai wedi'r Rhyfel Byd. Gan i Ddeddf Tai 1930 ganiatáu i awdurdodau lleol ddymchwel eiddo gwael eu cyflwr cyhyd ag y

ceid hyd i le arall i'r tenantiaid fyw ynddo, darparwyd tai cyngor ar raddfa fawr. A chan i'r ffyniant a'r hyder cynyddol esgor, i rai, ar ragor o amser i hamddena a mwynhau, dechreuwyd codi'r gwersylloedd gwyliau cyntaf – fel un Pontin ym Mhrestatyn ar arfordir y gogledd [098] – yn gyrchfannau i'r rhai a heidiai yno o ardaloedd diwydiannol Prydain. Cafodd y rhaglenni radio cyntaf i'w darlledu yn Gymraeg eu gwneud gan y BBC yn ei stiwdio ym Mangor.

Ym mis Medi 1934 cafwyd trychineb arall yn y diwydiant glo wrth i ffrwydrad aruthrol ddigwydd ym mhwll glo Gresffordd ger Wrecsam. Lladdwyd 266 o lowyr. O weld y crebachu yn niwydiant glo y de – a'r diffyg swyddi oherwydd hynny, yn enwedig yn yr ardaloedd fel y Rhondda a ddibynnai'n llwyr ar

Ffatri Ordnans Caer-went ym 1999, chwe blynedd ar ôl ei chau.
GTJ26940 NPRN 96062

Canol tref Abertawe ym 1949
adeg y clirio wedi'r rhyfel ar ôl
y cyrchoedd bomio trwm ym
mis Chwefror 1941.
AEROFILMS AFL03 R10837
NPRN 33145

gynhyrchu glo – ymateb y llywodraeth oedd sefydlu
Ystâd Fasnachu De Cymru a Sir Fynwy (Ystâd
Ddiwydiannol Trefforest yn ddiweddarach) ger
Caerdydd, y gyntaf o'i bath yng Nghymru, a denu
diwydiannau gweithgynhyrchu ysgafn i greu swyddi yno.

Wrth i Gymru godi o fwrllwch y Dirwasgiad,
crynhodd cysgodion rhyfel unwaith eto. Aethpwyd ati
ar frys mawr i ail-gomisiynu cyfleusterau rhyfel a oedd

wedi'u datgymalu neu wedi'u rhoi o'r neilltu ers 1918.
Ychwanegwyd atynt drwy godi ffatrïoedd mawr i'r
Ordnans Brenhinol yn Hirwaun, Pen-y-bont ar Ogwr,
Caerdydd, Casnewydd, Caer-went a Wrecsam. Codwyd
cyfres o ffatrïoedd i gynorthwyo'r gwaith cynhyrchu
arfau yr oedd y prif ffatrïoedd yn Lloegr yn ei wneud;
cafwyd enghreifftiau ohonynt ym Mhenarlâg a
Brychdyn yn y gogledd, yn y Drenewydd yn y

Canolbarth ac yn Abergafenni yn y de-ddwyrain.
O wybod y gallai'r rhyfel gyrraedd tir Prydain,
gweithredwyd rhagofalon a mesurau amddiffynnol rhag
cyrchoedd awyr, fel y rhwydwaith o orsafoedd radar a
godwyd ar hyd arfordir y de ym Mhen Caer,
Maenorbŷr, Rhosili, Oxwich a Margam, y llinell atal
wrth-oresgyniad o'r Rhos i Langeler ar draws y de-
orllewin, ac amryw o gaerau tanddaearol o goncrid
cyfnerthedig mewn mannau strategol ar hyd a lled y
wlad, megis pontydd, dociau a'r rheilffyrdd a'u
hadeiladau [085]. Yr oedd rhai o'r ffatrïoedd yn anferth
ac yr oedd gan y fyddin wersylloedd enfawr, gan
gynnwys gwersylloedd y carcharorion rhyfel fel un
Island Farm ym Mhen-y-bont ar Ogwr, a meysydd awyr
fel maes awyr Breudeth yn Sir Benfro.

Gan fod perygl y câi henebion pensaernïol pwysig
eu bomio o'r awyr, a chan y gallai unrhyw oresgyniad
fygwth adeiladau cyffredin o lawer math, sefydlwyd y
Cofnod Adeiladau Cenedlaethol (yr NBR) ym 1940 i

greu cofnod ffotograffig ohonynt. Yn y pen draw, aeth y
Cofnod hwnnw'n rhan o Gofnodion Henebion
Cenedlaethol y tri Chomisiwn Brenhinol yng Nghymru,
Lloegr a'r Alban. Y de diwydiannol, a'i ddiwydiannau
strategol a'i lwybrau cludiant a'i ddociau hollbwysig, a
drawd waethaf gan fomiau'r gelyn: dioddefodd
Caerdydd yn enbyd a chanlyniad tair noson olynol o
ymosod ar Abertawe ym mis Chwefror 1941 oedd
chwalu llawer iawn o ganol y dref honno.

Ar ôl i Brydain sicrhau buddugoliaeth ym 1945,
etholwyd llywodraeth Lafur i foderneiddio'r wlad.
Cafwyd llu o gynlluniau gwladoli ganddi, yn
arbennig ar gyfer cludiant, y dociau a'r diwydiannau
glo a haearn, a rhoddwyd cymorthdaliadau a
benthyciadau i hybu sefydlu ystadau diwydiannol
newydd, llawer ohonynt ar hen safleoedd milwrol. Y
bwriad pendant iawn, y tro hwn, fyddai sicrhau na
welid ail-fyw'r gorffennol na diweithdra torfol y
degawdau blaenorol.

*Y ffatri a godwyd yn
Fforest-fach, ger Abertawe,
ym 1944 ar gyfer cwmni
Mettoy o Northampton.*
AEROFILMS 235501
NPRN 300189

243

076 Sefydliadau Cenedlaethol

*Canolfan ddinesig darpar brifddinas. Yr Amgueddfa Genedlaethol, Neuadd y Ddinas a'r Llysoedd Barn
sydd ar y brig ac adeiladau'r brifysgol a'r llywodraeth sydd ar y gwaelod.*
GTJ00047 NPRN 401617

Y twf yn ymwybyddiaeth genedlaethol y Cymry tua diwedd y bedwaredd ganrif ar bymtheg fu'r ysgogiad i greu llawer o'n sefydliadau cenedlaethol cyfarwydd ar ddechrau'r ugeinfed ganrif. Ochr yn ochr â datblygu safbwynt gwleidyddol a diwylliannol Cymreig arbennig, sefydlwyd amryw o gyrff cyhoeddus i gyflawni nifer o swyddogaethau a gyflawnwyd gynt gan sefydliadau Prydeinig. Mae'r rhestr o gyrff a sefydlwyd yn ystod y cyfnod hwn yn tystio i'r cynnydd yn hunanhyder y Cymry ac yn arwydd o eni Cymru'n genedl fodern. Yn eu plith yr oedd yr Eisteddfod Genedlaethol (1880), Prifysgol Cymru (1893), yr Amgueddfa Genedlaethol (1907), y Llyfrgell Genedlaethol (1907) a'r Comisiwn Brenhinol (1908). Ym myd gwleidyddiaeth, sefydlwyd mudiad cenedlaethol Cymru Fydd (Young Wales) ym 1886 a Phlaid Cymru ym 1925. Yn ystod yr un cyfnod gwelwyd geni mudiadau llafur Cymreig fel Ffederasiwn Glowyr De Cymru ym 1898. Cam o bwys gwleidyddol oedd rhoi statws dinas i Gaerdydd ym 1905 gan i hynny gadarnhau safle Caerdydd fel prifddinas i bob pwrpas, er na wnaed mohoni'n brifddinas yn swyddogol am hanner canrif arall.

Yn ogystal â sefydliadau diwylliannol a gwleidyddol, gwelodd blynyddoedd olaf y bedwaredd ganrif ar bymtheg sefydlu cyrff swyddogol ym myd chwaraeon – conglfaen arall yr hunaniaeth genedlaethol fodern. Yr oedd Cymdeithas Pêl-droed Cymru (y drydedd hynaf yn y byd) ar waith erbyn 1876, ac ym 1881 fe sefydlwyd Undeb Rygbi Cymru yn arwydd o ddyfodiad ffurfiol gêm genedlaethol Cymru ac, ym marn llawer, ei hobsesiwn cenedlaethol. Erbyn 1908 yr oedd tîm rygbi Cymru wedi cyflawni ei Gamp Lawn gyntaf: yn wir, y Gamp Lawn gyntaf erioed. (Fe ddathlodd y canmlwyddiant drwy ennill ei ddegfed yn 2008.)

Llyfrgell Genedlaethol Cymru, Aberystwyth.

DI2006_0298 NPRN 23293

Oherwydd dyfodiad y sefydliadau cenedlaethol hyn y dechreuwyd codi llawer o brif adeiladau cyhoeddus Cymru. Codwyd cartref i Lyfrgell Genedlaethol Cymru mewn man amlwg ar lethr bryn yn Aberystwyth, cartref Coleg Prifysgol Cymru, a hwnnw'n adeilad trawiadol o garreg Portland a gwenithfaen o Gernyw. Dechreuwyd ei godi ym 1911 a symudodd y staff iddo ym 1916. Cwblhawyd y bloc canolog ym 1937 a gorffennwyd y rhan olaf o'r cynllun uchelgeisiol gwreiddiol erbyn 1955. Serch y manylion art deco, gosododd arddull Roegaidd glasurol y llyfrgell ddiwylliant Cymru'n gadarn ym myd gwareiddiad Ewrop. Adleisiwyd hynny yng nghynllun yr Amgueddfa Genedlaethol, adeilad trawiadol arall o gerrig Portland a gwenithfaen. Dechreuwyd codi'r adeilad ym 1910, ac er bod ei drefn Ddoraidd symlach yn pwysleisio mai diben pennaf yr adeilad yw arddangos celfyddyd ac arteffactau, mae'n adeilad sylweddol iawn. Mae ei gyntedd marmor a'r gromen uwch ei ben yn arbennig o drawiadol.

Yr oedd y ffaith mai yng Nghaerdydd yr oedd yr Amgueddfa Genedlaethol yn ei chysylltu'n agos â datblygiad y ddinas yn brifddinas, ac yr oedd adeiladau eraill y ganolfan ddinesig wych ym Mharc Cathays – parc a ddatblygwyd o 1901 ymlaen – yn symbol o ymwybyddiaeth gynyddol Caerdydd ohoni'i hun yn brif ddinas y genedl. Ymhlith adeiladau'r ganolfan ddinesig yr oedd y Llysoedd Barn, Neuadd y Ddinas, Neuadd y Sir a Chofrestrfa'r Brifysgol. Canlyniad y cyfuniad braf ynddynt o'r arddulliau Clasurol a Baróc oedd creu canolfan ddinesig a oedd yn ddigon urddasol i gystadlu â'r gorau yn Ewrop.

Gareth Edwards

Lluniad dylunio Lanchester Stewart a Rickards, 1899, ar gyfer y Llysoedd Barn ym Mharc Cathays.

DI2008_0299 NPRN 31806

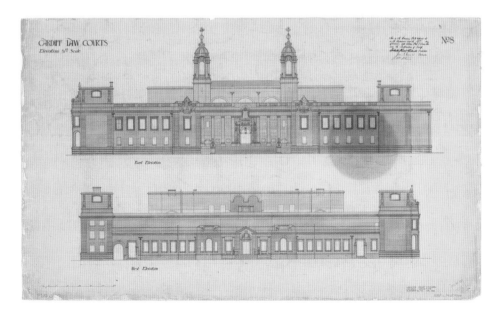

077 Adeiladau Swyddogol:
Casgliad y Gweithredwyr Gwasanaethau Eiddo

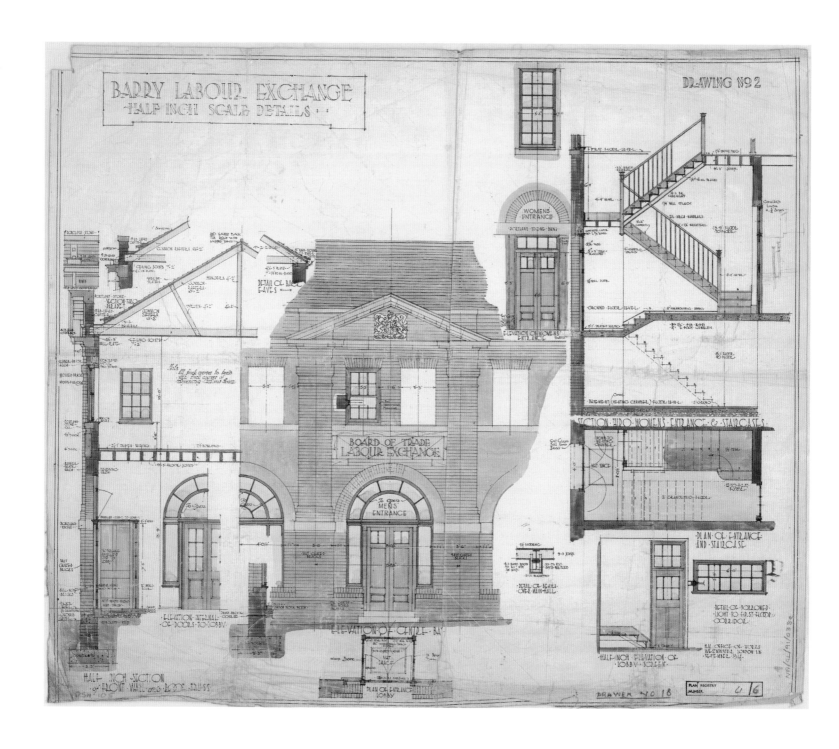

Y lluniad ar gyfer Cyfnewidfa Lafur y Bwrdd Masnach yn Dock View Road yn y Barri, 1914.

DI2008_0571 NPRN 406839

Gwelodd blynyddoedd cynnar yr ugeinfed ganrif fuddsoddi sylweddol mewn codi adeiladau i'r llywodraeth y tu allan i Lundain, gan gynnwys codi llysoedd barn, swyddfeydd post, swyddfeydd treth a chyfnewidfeydd llafur. Mae llawer o'r rheiny wedi'u cofnodi yn y lluniadau a roddwyd ar adnau yng Nghofnod Henebion Cenedlaethol Cymru gan y Gweithredwyr Gwasanaethau Eiddo (y PSA). Sefydlwyd yr asiantaeth honno ym 1972, ac fe etifeddodd

Lluniadau ar gyfer Swyddfeydd Cyllid y Wlad a'r Llys Sirol a godwyd yng Nghaerdydd ym 1904.

DI2008_0149 NPRN 31750

gyfrifoldeb Swyddfa Weithfeydd Ei Mawrhydi dros adeiladu a chynnal-a-chadw adeiladau cyhoeddus, adeiladau'r llywodraeth ac adeiladau dinesig. Ychydig cyn i gangen Caerdydd o'r asiantaeth gael ei phreifateiddio ym 1989, trosglwyddwyd rhyw 5,000 o luniadau mesuredig i'r Comisiwn Brenhinol. Cawsai'r lluniadau cynharaf eu cynhyrchu fel rheol gan Adran Beirianneg y Swyddfa Weithfeydd yn Llundain, neu ar gyfer yr adran honno, ac yn eu plith ceir lluniadau a chynlluniau gweithredol eithriadol iawn ar gyfer adeiladau o bwys.

Un o'r adeiladau cynharaf y ceir lluniadau ohonynt yn y casgliad yw'r Brif Swyddfa Bost yn Heol y Porth yng Nghaerdydd. Lluniwyd y rhai gwreiddiol ym 1893-4 gan Syr Henry Tanner, prif bensaer Swyddfa Weithfeydd y llywodraeth. Bu clasuriaeth gywrain yr adeilad a'r defnydd o garreg befriog Portland ynddo yn batrwm i adeiladau'r llywodraeth ac i adeiladau dinesig, yn enwedig y rhai yn y ganolfan ddinesig newydd ym Mharc Cathays [076] a fyddai'n nodweddu'r twf cyflym yn amlygrwydd Caerdydd yn gynnar yn yr ugeinfed ganrif. Ond cyn i ganolbwynt adeiladau'r llywodraeth yng Nghaerdydd symud draw i'r ganolfan ddinesig, daeth swyddfeydd Cyllid y Wlad a'r Llys Sirol i ymuno â'r Swyddfa Bost yn Heol y Porth ger calon byd busnes yng Nghaerdydd ar y pryd. Tebyg oedd cynllun adeilad y swyddfeydd hynny ac fe'i cwblhawyd, gan ddefnyddio carreg Portland unwaith eto, ym 1904. Yr oedd y swyddfeydd Edwardaidd ynddo'n frith o falconïau, arfbeisiau, colofnau, pedimentau a thoeon gosgeiddig ac yn cynnwys cwpola bach. Mae'r lluniadau ar gyfer yr adeilad yn cynnwys nid yn unig gynlluniau a golygon mewn inc a golch ond hefyd fanylion yr holl waith adeiladu.

Nid yng Nghaerdydd yn unig y codwyd adeiladau swyddogol newydd. Yn nociau'r Barri, fe gwblhawyd codi Cyfnewidfa Lafur bwrpasol ar gyfer y Bwrdd Masnach ym 1914. Yn nhu blaen yr adeilad urddasol hwnnw yr oedd tair mynedfa: y brif fynedfa ganolog i ddynion yn unig, a dwy fynedfa lai bob ochr, y naill i fenywod a'r llall i fechgyn. Mae set wych arall o luniadau ar gael ar gyfer y Swyddfa Bost yn nociau'r Barri, ac ynddynt ceir manylion diddorol y celfi gosod a'r ffitiadau a geid mewn swyddfa bost tua diwedd y bedwaredd ganrif ar bymtheg.

Gan fod rhai o'r lluniadau hyn yn fregus, maent wedi cael sylw archifol arbennig ac wedi'u catalogio at lefel yr eitem unigol. Mae nifer ohonynt wedi'u digido.

Susan Evans

078 Dŵr i Birmingham: Cynllun Dŵr Cwm Elan

Codi argae Carreg Ddu, gan edrych i fyny'r afon o'r ffordd, Medi 1897.
GTJ63718 NPRN 752

*Uchod: Argae Pen y Garreg;
adeiladu pen mewnfa'r
cwlfert, Medi 1897.*

GTJ63732 NPRN 32534

*De: Blastio'r pant a enwyd yn
'Devil's Gulch' ar y rheilffordd
a adeiladwyd i hwyluso codi'r
argaeau, Hydref 1897.*

GTJ63750 NPRN 309635

*Isod: Codi'r draphont ddŵr a
gludai'r pibelli dros Nant
Caethon, Chwefror 1897.*

GTJ63740 NPRN 309608

Wrth i ddinas Birmingham dyfu'n gyflym tua diwedd y bedwaredd ganrif ar bymtheg, câi fwy a mwy o drafferth i gyflenwi digon o ddŵr i'w phoblogaeth. Ei hateb i'r broblem oedd gweithredu Cynllun Dŵr Cwm Elan a chodi argaeau, cronfeydd dŵr, twneli a thraphont ddŵr yno.

Mae Cwm Elan ar uwchdir garw i'r gorllewin o Raeadr Gwy yn y Canolbarth a thros ddeg milltir a thrigain o Birmingham, ac fe'i dewiswyd am ei fod, ar gyfartaledd, yn cael deg modfedd a thrigain o law y flwyddyn. Oherwydd uchder y tir yno, gallai'r dŵr lifo i lawr yr holl ffordd i Birmingham heb unrhyw gymorth o gwbl. Nodweddion amlycaf y cynllun heddiw yw'r cronfeydd dŵr a'u hargaeau enfawr o gerrig. Nodwedd drawiadol arall ar y cynllun, ond un sydd o'r golwg gan mwyaf, yw'r draphont ddŵr sy'n cludo'r dŵr am 117 o gilometrau o bwynt ger tŵr y Foel yng nghronfa ddŵr Garreg-ddu i gronfa ddŵr Frankley yn Birmingham.

Cyfarwyddwyd y gwaith gan James Mansergh, a chan fod y cynllun yn un mor uchelgeisiol, cymerodd dair blynedd ar ddeg, sef o 1893 tan 1906, i'w gyflawni. Yr oedd y rhan fwyaf o ddigon ohono wedi'i gorffen pan agorwyd y cynllun yn swyddogol, ac yn llawn rhwysg a rhodres, gan y Brenin Edward VII a'r Frenhines Alexandra ar 21 Gorffennaf 1904. Ganrif yn ddiweddarach, mae'r cynllun yn dal i gyflenwi dŵr i Birmingham, a thua chanol yr ugeinfed ganrif cafodd ei ehangu drwy godi argae arall ar afon Claerwen er mwyn iddo allu cyflenwi hyd at 76,000,000 o alwyni o ddŵr y dydd, dwbl yr hyn a allai ei gyflenwi cynt.

Mae casgliad gwych o ffotograffau cyfoes yng Nghofnod Henebion Cenedlaethol Cymru yn dogfennu

codi'r argaeau, cloddio'r twneli a chodi'r draphont a'r rheilffordd adeiladu, ac yn cyfleu graddfa enfawr y gwaith peirianyddol yn glir. Ceir cipolwg hefyd ar fywydau'r peirianwyr a'r gweithwyr, gan gynnwys y llety lle byddent yn byw a'r technegau a ddefnyddient i dorri drwy'r graig, i symud blociau enfawr o garreg ac i godi muriau'r argaeau. Cofnodwyd hefyd godi eglwys newydd Nantgwyllt yn lle'r un a foddwyd gan y cronfeydd dŵr.

Rhodd a gafodd y Comisiwn Brenhinol gan berthynas i un o beirianwyr y cynllun oedd copi o'r llyfr *The Vale of Nant Gwilt – a submerged valley* (1894) gan R. E. Tickell, gŵr a fu'n gweithio ar y cynllun o'r cychwyn cyntaf. Mae'r llyfr yn sôn yn rhamantus am y fro, ei thai a'i chysylltiadau llenyddol â'r bardd Shelley, ac mae'r lluniadau ynddo'n gofnod a wnaed ar y pryd o'r adeiladau a'r tirweddau a foddwyd wrth weithredu'r cynllun.

Hilary Malaws

079 Pensaer yn y Gogledd: Casgliad Herbert L. North

Dyluniadau ar gyfer porthdy Newry, Llanfairfechan, a godwyd ar gyfer C.W. May-Massey ym 1906.

DI2008_0151 NPRN 469. Hawlfraint: Herbert L. North, Caernarfonshire.

Dyluniad arfaethedig North ar gyfer eglwys, na chodwyd mohoni, yng Nghaerhun yn Sir Gaernarfon.

DI2008_0152
Hawlfraint: Herbert L. North.

Drwy ei ddyluniadau blaengar ac ysgafn yn null 'celfyddyd a chrefft', a thrwy ei ddylanwad ar benseiri eraill, cafodd y pensaer adnabyddus Herbert Luck North gryn effaith ar dirwedd y gogledd yn gynnar yn yr ugeinfed ganrif. Mae gan Gofnod Henebion Cenedlaethol Cymru gasgliad mawr o luniadau a rhai ffotograffau o'i bractis pensaernïol yn Llanfairfechan yn ystod hanner cyntaf yr ugeinfed ganrif – practis a alwyd yn y pen draw yn Bartneriaeth North a Padmore.

Ganed North yng Nghaerlŷr ym 1871 ac fe symudodd i Lanfairfechan gyda'i deulu yn gynnar yn y 1880au. Ym 1885 fe'i hanfonwyd i ysgol fonedd Uppingham ac ym 1890 aeth yn fyfyriwr i Goleg Iesu yng Nghaergrawnt. Ar ôl graddio, aeth yn ddisgybl at Henry Wilson, pensaer blaenllaw ym myd 'Celfyddyd a Chrefft' ac un â diddordeb arbennig ym mhensaernïaeth eglwysi. Yna, bu North yn gweithio am rai blynyddoedd i'r pensaer enwog, Edwin Lutyens, tan 1901 pan ddychwelodd i Gymru i sefydlu ei bractis ei hun. Oherwydd ei ddiddordeb mewn adeiladau lleol a'i sensitifrwydd i ddefnyddiau a nodweddion y fro, bu'n awdur sawl llyfr, gan gynnwys *The Old Cottages of Snowdonia* (1908) a *The Old Churches of Snowdonia* (1924).

Ceir rhai lluniadau gwych o eglwysi, ysgolion a thai yng Nghasgliad Herbert L. North. Mae llawer o'r adeiladau arbennig a ddyluniwyd gan North i'w

gweld hyd heddiw, yn enwedig yng nghyffiniau Llanfairfechan. Un o'r hyfrytaf yw'r porthdy yn Newry, Llanfairfechan, a godwyd ar gyfer C. W. May-Massey ym 1906, a Penrhyd Lodge, Eglwys-bach, a godwyd ar gyfer Reuben North ym 1899. Ymddiddorodd North gryn dipyn mewn pensaernïaeth gymdeithasol, nid yn unig drwy ddatblygu tai yn arddull y gardd-bentrefi ar ei dir ei hun yn y Close yn Llanfairfechan ond hefyd drwy gynllunio adeiladau unigol fel Ysgol y Santes Gwenfrewi yn Llanfairfechan. Dyluniwyd yr adeilad hwnnw ym 1922 ac ynddo yr oedd neuadd, ystafell gerdd a dwy ystafell ddosbarth (dymchwelwyd yr ysgol yn ystod y 1970au). Adeilad arall oedd yr ysgol gynharach a mwy Gothig ei harddull, sef Ysgol Genedlaethol y Gyffin yng Nghonwy. Fe'i codwyd ym 1904, a phatrwm lletraws oedd i lechi ei tho serth. Ceir hefyd ddyluniadau anorffenedig fel y rhai o deils wal a chanopi dros allor a gynigiwyd gan North ar gyfer eglwys newydd yng Nghaerhun, eglwys nad oes cofnod iddi erioed gael ei chodi.

Mae dros 160 o gofnodion unigol yn y casgliad. Gan fod llawer o'r lluniadau wedi'u digido, mae modd trefnu iddynt fod ar gael i'w hastudio ar-lein gan y gynulleidfa eang y mae gwaith nodedig North yn haeddiannol ohoni.

Susan Evans

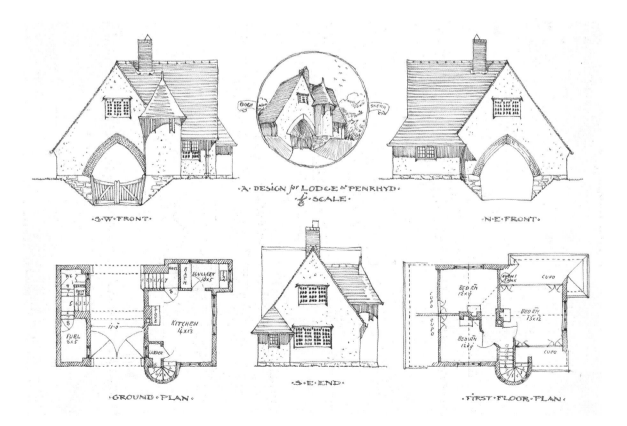

Penrhyd Lodge, Eglwys-bach, Sir Ddinbych a godwyd ar gyfer Reuben North ym 1899.

CD2005_604_004 NPRN 96658
Hawlfraint: Herbert L. North.

080 Mudiad y Gardd-Bentrefi

Ystâd Dai Glebelands, Aberdaugleddau: datblygiad consentrig a godwyd rhwng y ddau Ryfel Byd, a llain yn ei ganol.

DI2006_0564 NPRN 402790

Deial haul yn y Groes.
DS2008_187_008 NPRN 403393

Maen dyddiad 1913
yn y Groes.
DS2008_187_009 NPRN 403393

Yn gymdeithasol, yr oedd y syniadau a roes fod i fudiad y Gardd-Bentrefi yn sefyll rywle yn y canol rhwng y bythynnod pictwrésg a geid ar ystadau yn y ddeunawfed ganrif a'r bedwaredd ganrif ar bymtheg a'r cynlluniau tai cyhoeddus torfol a gafwyd yn ddiweddarach. Ffrwyth cynlluniau ymarferol a llawn gweledigaeth oedd y gardd-bentrefi a'r gardd-faestrefi, a'u diben oedd darparu tai da a rhesymol eu cost i weithwyr-denantiaid a fyddai weithiau'n gyfranddalwyr. Yng Nghymru, câi'r mudiad ei gysylltu â'r diddordeb damcaniaethol ac ymarferol mewn tai a ddangoswyd yn y cylchgrawn, *The Welsh Housing Yearbook*. Er bod y cylchgrawn hwnnw bron yn gwbl angof erbyn hyn, fe amlygai gonsýrn cymdeithasegol ynghylch ffeithiau a ffigurau byd tai. Hyrwyddai'r ddelfryd o gynllunio da ac fe adlewyrchai gryfder cynyddol proffesiwn y penseiri yng Nghymru ynghyd â dyfodiad ysgol newydd, sef Ysgol Pensaernïaeth Cymru. Cynhwysai'r mudiad amryw o bersonoliaethau cwbl nodedig, gan gynnwys llu o gynllunwyr, economegwyr a gwyddonwyr cymdeithasol o fri.

Tyfodd mudiad y Gardd-Bentrefi yn ddylanwad o bwys yng Nghymru yn union cyn y Rhyfel Byd Cyntaf ac fe ffurfiwyd y Welsh Town Planning and Housing Trust ym 1913 er mwyn darparu gardd-bentrefi i weithwyr. Rhoddwyd cynlluniau ar waith yn y Drenewydd, Llanidloes, Machynlleth ac Acton Park yn Wrecsam. Y pensaer oedd T. Alwyn Lloyd, gŵr a oedd wedi gweithio gyda Raymond Unwin, arloeswr y Gardd-Bentrefi a'r Gardd-Ddinasoedd. Sidney Colwyn Foulkes oedd yn gyfrifol am y cynlluniau yn Abergele, Llanrwst a Biwmares. Cafwyd cynlluniau mawr mewn trefi ar hyd arfordir Morgannwg (Caerdydd, yr hyn a ddeuai'n Townhill yn Abertawe, a'r Barri) ac mewn sawl pentref yng nghymoedd y de – ac Oakdale yn arbennig. Hwb pellach i'r mudiad wedi'r Rhyfel Byd Cyntaf oedd yr awydd i ddarparu cartrefi a fyddai'n deilwng o arwyr, a chododd ystâd Llanofer ardd-bentref yn Nhre Elidyr (Llanofer yn Sir Fynwy) fel cofeb ryfel am i'r teulu golli eu hetifedd yn y brwydro.

Y cynllun mwyaf llwyddiannus, a'r un sydd wedi'i gadw orau, oedd yr un yn Rhiwbeina yng ngogledd Caerdydd. Llwyddodd yr Housing Reform Company Cyfyngedig, a sefydlwyd gan yr economegydd H. Stanley Jevons, i brynu ystâd Pen-twyn. Lluniodd Raymond Unwin gynllun datblygu ar gyfer y 44.5 o hectarau, a chyflogwyd A. H. Mottram yn bensaer. Cychwynnodd y cyfan yn syndod o gyflym, ac ym mis Gorffennaf 1913 fe ddadorchuddiwyd plac dyddiad a deial haul ar y tai cyntaf. Y cam cyntaf oedd codi tri deg pedwar o dai. Codwyd y rhai yn y Groes mewn dull a oedd yn fersiwn syml o arddull Celfyddyd a Chrefft. Yr oedd i bob tŷ dair ystafell wely ac fe safent mewn parau o gwmpas cylch o dir glas yn y pentref. Yn Lôn-y-Dail ceid tai â phedair ystafell wely. Ychwanegwyd datblygiadau preifat at y pentref yn ystod blynyddoedd llewyrchus y 1920au.

Nid y gweithwyr-denantiaid a ragwelwyd yn wreiddiol oedd y preswylwyr bob amser. Gan i rai o breswylwyr y gardd-bentref gwreiddiol fod yn ddeallusion a gydymdeimlai â delfrydau iwtopaidd y sylfaenwyr, gelwid Rhiwbeina weithiau'n 'Little Moscow'. Wrth i Riwbeina dyfu, dechreuwyd ei alw'n 'Debtors' Retreat' am mai'r honiad oedd bod rhai o'r preswylwyr mewn dyled ariannol i fasnachwyr Caerdydd. Drwy gydol y cyfnod rhwng y ddau Ryfel Byd, ac ar ôl hynny, bu Rhiwbina Garden Village Cyf yn gwarchod cymeriad Rhiwbeina â'i thîm ei hun o weithwyr cynnal-a-chadw. Oherwydd y cynnydd yn y costau, daethpwyd â'r gymdeithas i ben yn y pen draw a gwerthwyd y tai i'r tenant-gyfranddalwyr. Dynodwyd bod y pentref yn ardal gadwraeth ym 1977 ac mae ei gymeriad arbennig yn dal i fod yn amlwg iawn.

Richard Suggett

Y Groes a'r llain, Rhiwbeina.
Dangosir uchod fanylion y
deial haul a'r maen dyddiad
ar y tai cyntaf.
DS2008_187_009 NPRN 403393

081 Profiad o Ryfel: Ffosydd Ymarfer Penalun

Un o'r systemau o ffosydd ymarfer sydd wedi'u diogelu orau ym Mhrydain ers y Rhyfel Byd Cyntaf. Llenwyd y rhan fwyaf o'r gweddill
a'u defnyddio'n dir amaethyddol unwaith eto, ond yma ym Mhenalun maent wedi'u torri i'r graig.

DI2006_00376 NPRN 268143

Bedwar mis ar ôl i'r Rhyfel Byd Cyntaf ddechrau â chyfnod o symudiadau milwrol cyflym, arafodd popeth ar Ffrynt y Gorllewin. O dipyn i beth, trodd y tyllau bach niferus a gloddiwyd i fod yn dyllau tanio amddiffynnol yn systemau cymhleth a gysylltid â'i gilydd. Addaswyd y rheiny i wneud y defnydd gorau o'r amodau lleol ac o dir a amrywiai o glai mwdlyd i sialc. Er nad oedd ymladd mewn ffosydd yn syniad cwbl newydd yn ystod y Rhyfel Byd Cyntaf gan i ffosydd gael eu defnyddio'n helaeth yn ystod Rhyfel Cartref America a'r gwrthdaro rhwng Rwsia a Siapan ym 1904-5, yr oedd y rhwydwaith enfawr o'r ffosydd hyn yn estyn am ryw 764 o gilometrau o lannau Môr y Gogledd yng Ngwlad y Belg hyd at ffin y Swistir. Erbyn 1916 yr oedd byddinoedd Prydain a'r Gymanwlad wedi'u crynhoi mewn sector 137 cilometr o hyd rhwng Boesinghe ac Afon Somme.

Sefydlwyd gwersylloedd hyfforddi ledled Prydain a bu'n rhaid i'r milwyr ddysgu'r sgiliau sylfaenol y byddai eu hangen arnynt wrth ymladd ar Ffrynt y Gorllewin. Ymhlith y rheiny yr oedd technegau adeiladu, trefn ddyddiol, arsylwi, cyfathrebu a chyflenwi, yn ogystal â thactegau hollbwysig ymosod ac amddiffyn. Byddai'n rhaid eu harfer beth bynnag fyddai'r tywydd, ddydd a nos. Mae rhai o olion ffosydd ymarfer o'r Rhyfel Byd Cyntaf i'w gweld yng Nghymru, ac ymhlith yr enghreifftiau gorau mae'r system safonol a ddatblygwyd yn llawn ym Mhenalun yn Sir Benfro – lle mae wedi'i chadw'n dda am i'r ffosydd gael eu torri i'r graig – ac ar dir castell Bodelwyddan. Nid yw eraill yn weladwy bellach ac eithrio fel ôl cnydau mewn awyrluniau. Enghreifftiau o'r rhain yw'r rhai ger Biwmaris ym Môn a gwersyll ANZAC (Corfflu Byddinoedd Awstralia a Seland Newydd) yn Rhuddlan yn Sir y Fflint. Dinistriwyd tystiolaeth o lawer o'r ffosydd hyfforddi eraill pan ailddechreuwyd trin y tir at ddibenion amaethyddol a phan ailddefnyddiwyd y gwersylloedd i hyfforddi milwyr ar gyfer gwrthdaro hynod fecaneiddiedig yr Ail Ryfel Byd.

Datblygodd a mireiniodd lluoedd Prydain drefn lle ceid tair llinell gyfochrog o wrthgloddiau: y ffosydd tanio, y ffosydd rheoli a'r ffosydd wrth gefn neu'r ffosydd cymorth. Y llinell flaen oedd y ffos danio, a'r unig amddiffyniad rhag y gelyn yno oedd weiren bigog. Llinell ddi-dor oedd hi ac fe godai a disgynnai. Ar hyd-ddi ceid bwtresi pridd i gysgodi rhywfaint ar y milwyr rhag ffrwydradau'r sieliau a rhag y bwledi a gâi eu tanio'n un llif ar hyd y lein. Ym mhob cilfach yn y ffos ceid uned fach dan arweiniad swyddog iau. Yn aml, byddai cloddwyr yn tyllu drwy'r pridd o'r ffos danio i dir neb i gyrraedd safle gwylio, safle rhybuddio neu bwynt a fyddai'n fan cychwyn i gyrchoedd ar ffosydd y gelyn.

Bob hyn a hyn y tu ôl i'r ffos danio ceid ffosydd cysylltu troellog at y ffos reoli gyfochrog. Defnyddid y ffosydd troellog i symud milwyr, cyflenwi bwyd a bomiau a bwledi, a diogelu'r ceblau ffôn i'r pencadlys. Gellid defnyddio'r ffos reoli i gysgodi'r milwyr yn ystod ymosodiadau milain. Câi'r drydedd linell, y ffos wrth gefn neu'r ffos gymorth lle ceid milwyr cymorth y llinell flaen, ei defnyddio'n aml hefyd i gysgodi ynddi yn ystod y brwydro neu i ailgrwpio ynddi ar ôl i'r gelyn ymosod.

Ar faes y brwydro, yn hytrach nag ar glogwyni Sir Benfro, arhosodd y ffosydd bron yn ddigyfnewid am bedair blynedd am mai ychydig lathenni o dir a enillwyd er i filoedd o bobl farw.

Medwyn Parry

Golwg fanwl o batrwm y ffos saethu. Ar y dde ar y brig, mae ffos gloddio yn igam-ogamu tuag at y gelyn. Mae ffosydd cysylltu yn rhedeg draw i'r ffos reoli ar y chwith ar y gwaelod.

DI2006_0375 NPRN 268143

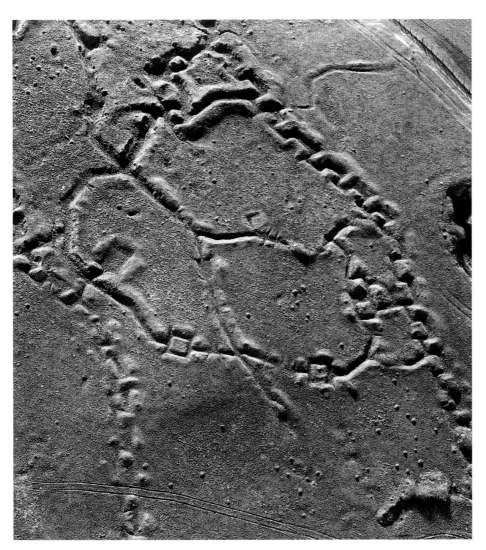

082 Y Rhwyg o Golli'r Hogia

Cofeb Ryfel Genedlaethol Cymru, Caerdydd (1924-8, Ninian Comper).

DS2006_038_001 NPRN 32845

Aberystwyth: Heddwch yn dod allan o ddryslwyni Rhyfel (Mario Rutelli, 1923).

DI2006_0300 NPRN 32643

Cofeb y Waun gan Eric Gill (1920).

DS2008_146_001 NPRN 32717

Gan i ryw 35,000 o bobl o Gymru farw yn y Rhyfel Byd Cyntaf, teimlodd bron pob cymdogaeth y rhwyg o golli'i milwyr ifanc. Mae'r cofebau i'r milwyr hynny wedi'u catalogio gan gorff a sefydlwyd gan yr Amgueddfa Ryfel Ymerodrol gyda Chomisiwn Brenhinol Henebion Lloegr a chyda cydweithrediad mudiadau treftadaeth yng Nghymru, sef y Rhestr Genedlaethol y Deyrnas Unedig o Gofebau Rhyfel. Mae'r catalog ar ffurf cronfa ddata ar-lein, sef www.ukniwm.org.uk.

Mae dros 40,000 o gofebau yn y Deyrnas Unedig a 2,590 ohonynt yng Nghymru. Amrywiant o gofebau annibynnol a cherfluniau gorchestol i blaciau syml mewn capeli, eglwysi, ysgolion, swyddfeydd post a banciau. Y rhain, gyda'i gilydd, yw'r corff mwyaf o lawer o gofebau cyhoeddus yng Nghymru, a cheir enghraifft ohonynt ym mhob cymuned. Ar ben hynny, ceir neuaddau coffa mewn pentrefi a maestrefi ledled Cymru a'r geiriau 'Neuadd Goffa' yn amlwg ar draws eu tu blaen.

Dechreuodd y broses goffáu yn union wedi'r rhyfel ac yn ystod y 1920au fe sefydlwyd llawer pwyllgor – nid heb densiwn o ran dosbarth, ardal ac iaith – i ddarparu cofebau rhyfel. Ar ffurf cerflun yr oedd llawer ohonynt, ac arnynt fe restrwyd enwau'r rhai a fu farw yn y rhyfel. Er mai'r hyn a wnaed yn aml, ac yn arbennig mewn cymunedau cymharol fach, oedd codi croesau coffa, a'r rheiny'n fynych ar ffurf croes Geltaidd, y mae'r cerfluniau ffigurol drudfawr yn hynod o niferus. Comisiynodd llawer o gymunedau gwledig gofebau a oedd yn gastin neu'n gerflun o filwr galarus yn pwyso ar garn ei reiffl: cynrychiolai'r 'Tommy' hwnnw bawb a oedd wedi gwasanaethu yn y Rhyfel Mawr, a phrin yw'r darluniau o aelodau eraill o'r lluoedd (fel y morwr yng Nghaergybi). Syllu i'r pellter wna milwyr Goscombe John yn Llanbedr Pont Steffan, Caerfyrddin a Llandaf, ond gwahanol iawn yw cerfwedd gerfiedig Eric Gill o filwr yn y Waun; mae bron yn sicr ei fod yn cynrychioli'r 'Dai Greatcoat' stoicaidd. Prinnach byth yw cynrychioliadau alegoriol o heddwch. Cofeb nodedig yw'r obelisg yn Aberystwyth (gan Mario Rutelli, 1923) ac mae ffigur noeth heddwch yn dod allan o brysglwyni rhyfel wedi'i edmygu gan genedlaethau o fechgyn ysgol.

Cafwyd hierarchaeth o gofebau rhyfel, a honno'n amrywio o'r cymunedol i'r sirol ac o'r rhanbarthol i'r cenedlaethol. Pensaernïol yn hytrach na cherfluniol oedd y cofebau rhanbarthol. Yn achos Cofeb Arwyr y Gogledd ym Mangor (gan D. Wynne Thomas, 1923), codwyd adeilad yn arddull porthdy Tuduraidd a gosod enwau 8,500 o aelodau'r lluoedd ar baneli pren yn y siambr uchaf ynddo. Tueddai hynny i ostwng rhywfaint ar statws Cofeb Genedlaethol Cymru yng Nghaerdydd (1924-8, gan Ninian Comper), cofeb syml a chain o golofnres glasurol grom sy'n agored i'r awyr ac yn cynnwys cerfluniau efydd sy'n cynrychioli'r tri llu arfog. Yn olaf, rhaid crybwyll y Deml Heddwch ac Iechyd (1937-8, gan Syr Percy Thomas) sydd hefyd ym Mharc Cathays. Fe'i sefydlwyd gan yr Arglwydd Davies o Landinam i hyrwyddo heddwch ac iechyd yn ogystal ag i goffáu'r rhyfel. Cwblhawyd y neuadd honno, a'r crypt o dani, ar drothwy'r Ail Ryfel Byd. Er nad arweiniodd yr Ail Ryfel Byd at godi llawer o gofebau rhyfel newydd, cafodd enwau aelodau coll y lluoedd arfog eu hychwanegu at y rhestri a roddwyd ar gofebau'r rhyfel blaenorol.

Richard Suggett

257

083 Dyddiau Gorau'r Maes Glo: Pwll Glo Taf Merthyr

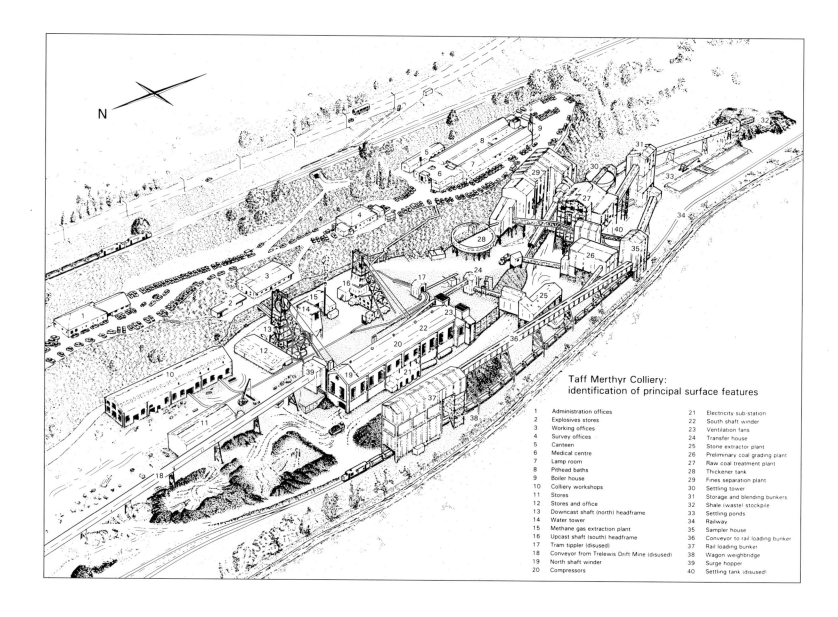

N

Taff Merthyr Colliery:
identification of principal surface features

1	Administration offices	21	Electricity sub-station
2	Explosives stores	22	South shaft winder
3	Working offices	23	Ventilation fans
4	Survey offices	24	Transfer house
5	Canteen	25	Stone extractor plant
6	Medical centre	26	Preliminary coal grading plant
7	Lamp room	27	Raw coal treatment plant
8	Pithead baths	28	Thickener tank
9	Boiler house	29	Fines separation plant
10	Colliery workshops	30	Settling tower
11	Stores	31	Storage and blending bunkers
12	Stores and office	32	Shale (waste) stockpile
13	Downcast shaft (north) headframe	33	Settling ponds
14	Water tower	34	Railway
15	Methane gas extraction plant	35	Sampler house
16	Upcast shaft (south) headframe	36	Conveyor to rail loading bunker
17	Tram tippler (disused)	37	Rail loading bunker
18	Conveyor from Trelewis Drift Mine (disused)	38	Wagon weighbridge
19	North shaft winder	39	Surge hopper
20	Compressors	40	Settling tank (disused)

Lluniad deongliadol y Comisiwn Brenhinol o Bwll Glo Taf Merthyr.
DI2005_1114 NPRN 80488

Uchod: Fframwaith offer weindio'r siafft ddisgyn liw nos.

DI2008_0708 NPRN 80488

De: Fframweithiau'r offer weindio a rhan o gylch y tramiau.

DI2005_0678 NPRN 80488

Isod: Y siafft esgyn ar waelod y pwll, o gasgliad John Cornwell.

GTJ28914 NPRN 80488

Ychydig cyn y Rhyfel Byd Cyntaf y cyrhaeddodd y twf rhyfeddol a welwyd yn niwydiant glo'r de yn ystod y bedwaredd ganrif ar bymtheg ei uchafbwynt. Er gwaetha'r newid graddol o lo i olew a'r gystadleuaeth gynyddol oddi wrth feysydd glo ledled y byd, daliwyd i ddatblygu pyllau glo newydd ar ôl y rhyfel hwnnw. Suddwyd pwll glo Taf Merthyr ger Bedlinog, yng nghanol maes glo'r de, rhwng 1922 a 1926 gan Gwmni Taff Merthyr Steam Coal (cwmni a oedd yn eiddo i ddau gwmni glo mwyaf Cymru, Powell Duffryn a'r Ocean). Fe'i seiliwyd ar egwyddorion mwyaf modern y cyfnod, a defnyddiwyd trydan ynddo o'r cychwyn cyntaf. Gwasgwyd adeiladau'r wyneb i gwm cul a serth ac i ddarn o dir nad oedd ond 400 metr wrth 180 o fetrau.

Ym 1992, wrth i'r diwydiant glo traddodiadol ddirwyn i ben, dechreuodd y Comisiwn Brenhinol wneud arolwg ffotograffig o bob un o'r pyllau glo a oedd yn weddill yng Nghymru. Aeth ati hefyd i brynu casgliad ffotograffig John Cornwell o'r gweithgareddau dan ddaear ac ar yr wyneb i'r Cofnod Henebion Cenedlaethol. Helpodd i achub deunydd archifol a oedd dan fygythiad a'i drosglwyddo i'r archifdai mwyaf priodol. Dewiswyd gwneud cofnod cynhwysfawr o weithrediadau un pwll glo, sef Taf Merthyr, pwll yr oedd ei ddwy siafft yn 640 o fetrau o ddyfnder. Tua'r diwedd, defnyddid siafft y gogledd i godi sgipiau a ddaliai naw tunnell fetrig o lo, a defnyddid siafft y de at ddibenion awyru ac i gludo dynion a defnyddiau yn ôl ac ymlaen i'r ffas. Mewn neuadd beiriannau fawr yr oedd y rhan fwyaf o offer pŵer y pwll, sef dau beiriant weindio a'u setiau o eneraduron, tri chywasgydd a'r ddau fodur trydan a yrrai'r gwyntyllau awyru. O'i amgylch ceid enghreifftiau o'r holl adeiladau a nodweddai byllau glo'r de yn anterth y diwydiant: dwy set o offer weindio, gweithdai mawr, ystafell lampau, prif swyddfa, tŵr dŵr, stordy ffrwydron a sgriniau glo – a'r cyfan yn dyddio o gyfnod yr adeiladu gwreiddiol. Yn ddiweddarach yn y 1920au, ychwanegodd Pwyllgor

Lles y Glowyr faddondai, canolfan feddygol a ffreutur at ben y pwll. Pan uwchraddiodd y Bwrdd Glo Cenedlaethol y pwll yn y 1970au, cafodd yr adeiladau lle câi'r glo ei baratoi eu hailwampio gan ymgorffori rhai o'r adeiladau cynharach ynddynt, ac fe ychwanegwyd cyfleusterau eraill hefyd.

Dewiswyd pwll glo Taf Merthyr am sawl rheswm. Er iddo gael ei agor ar ddiwedd cyfnod y galw mawr am lo'r de, fe ddaliwyd i arddel y traddodiadau a'r technegau a geid yn gyffredin mewn pyllau cynharach. Gan fod y pwll hefyd yn dal i weithio'n llawn, ac i raddau helaeth wedi'i adeiladu i gyd yr un pryd, doedd dim angen mynd ar drywydd unrhyw newidiadau cymhleth. A chan fod y pwll ar fin cau, rhoddwyd y flaenoriaeth i gynnal rhaglen sylweddol o dynnu ffotograffau i gofnodi nodweddion pensaernïol a pheirianegol holl adeiladau'r wyneb, ac i ymchwilio'n fanwl er mwyn gallu cofnodi, ar ffurf diagramau, holl gamau'r gwaith o brosesu glo. Wrth gofnodi gweithrediad y pwll glo yn y fan a'r lle yn hytrach na chasglu'r cofnodion technegol at ei gilydd, fe sylweddolwyd mor bwysig yw sylwi'n fanwl ar y prosesau diwydiannol tra byddant yn dal ar waith. Erbyn hyn, felly, mae gan y Cofnod Henebion Cenedlaethol gofnod cywir a chynhwysfawr o'r ffordd y câi glo ei brosesu tua diwedd yr ugeinfed ganrif mewn pwll a adeiladwyd yn gynnar yn y ganrif honno. Mae'r cofnod yn un nodweddiadol ond hefyd yn unigryw. Er bod y glo'n cael ei baratoi mewn ffordd debyg mewn llawer pwll glo arall, ceir tystiolaeth yn y pwll hwn o gymhwyso'r broses i gyd-fynd â'r amodau lleol.

Brian Malaws

084 Moderneiddio yng Nghefn Gwlad: Ffatri Laeth Pontllanio

Gorsaf reilffordd Pontllanio, a'r ffatri laeth y tu ôl iddi.
DI2008_0702 NPRN 91430

Bu twf y rhwydwaith rheilffyrdd tua diwedd y bedwaredd ganrif ar bymtheg yn fodd i ran fawr o orllewin Cymru – gogledd Sir Benfro, Sir Gaerfyrddin a de Ceredigion – gyflenwi llaeth i farchnad Llundain. Ond er bod yno gymdeithasau amaethyddol cydweithredol, nid oedd pob rhan yn gweithredu'n effeithiol ar ddiwedd y ganrif. Nid oedd rhyw lawer o fanteisio ar y cyfleusterau cludiant, a menyn a hufen a gynhyrchid gan ganolbarth Ceredigion am na ellid mentro i farchnad fwy proffidiol llaeth ffres. Ni fyddai'r ffatri laeth fechan hon a godwyd ym 1896 ger gorsaf reilffordd Pontllanio rhwng Tregaron a Llanbedr Pont Steffan – ar anogaeth y cyngor sir – ond yn defnyddio'r rheilffordd i gludo nwyddau'n lleol bryd hynny. Ac er i fentrau cydweithredol Ceredigion ymroi yn ystod y 1920au i hybu adfywiad mewn llaeth hylif, a hyd yn oed i geisio'i farchnata, prin oedd y ffermwyr a allai fforddio prynu peiriannau godro a'r offer eraill a fyddai'n cynyddu eu cynnyrch. Mor ddiweddar â 1939, 8 y cant yn unig o fuchesau llaeth y wlad a gâi eu godro â pheiriant, ac yr oedd gan lai na 15 y cant o ffermydd Ceredigion drydan hyd yn oed.

De: Stondin go gywrain i ganiau llaeth yn fferm Old Abbey, Pontrhydfendigaid, Ceredigion.
DI2008_0711 NPRN 308020

De: Stondin anarferol i ganiau llaeth mewn brigiad o'r graig wrth ymyl y brif ffordd ym Mhont-ar-sais, Sir Gaerfyrddin.
DI2008_ 0707 NPRN 300209

Isod: Cerdyn post masnachol sy'n dangos codi'r ffatri laeth ym Mhontllanio ym 1937.
DI2008_0706 NPRN 91430

Yn sgil sefydlu'r Bwrdd Marchnata Llaeth (yr MMB) ym 1933 a dechrau casglu, dosbarthu a marchnata llaeth yn fwy trefnus ac ar raddfa fwy, bu modd i Geredigion gynhyrchu mwy a mwy o laeth (sef ei phrif gynnyrch amaethyddol hyd heddiw). Ymhlith y gwelliannau a wnaed gan yr MMB yr oedd creu 'parthau' o ffermydd a phennu pwyntiau casglu i gwtogi ar gostau cludo, a chodi ffatri fodern â chysylltiad rheilffordd i wasanaethu 'parth y gogledd' ym Mhontllanio. Cafodd y ffatri newydd ei hagor ar 1 Hydref 1937 yn adeilad â ffrâm o bren a muriau o goncrid cyfnerthedig a tho gwastad – adeilad cwbl blaen heb unrhyw addurniadau pensaernïol. Ymhen hir a hwyr, cafwyd offer iddi ar gyfer trin llaeth hylif, gwahanu llaeth a gwneud menyn a phowdr llaeth sgim. Câi'r llaeth ei roi mewn caniau llaeth safonol a ddaliai 45 litr (10 galwyn) ac yna'i gasglu gan lorïau bob dydd (neu ddwywaith y dydd yn yr haf) o ffermydd ym mharth Pontllanio. Gadawai'r ffermwyr eu caniau llaeth ar stondinau bach ar ymyl y ffordd, ac er bod cynllun rhai o'r stondinau hynny'n eithaf cywrain ac eraill yn hynod o ddiaddurn, cydymffurfiai pob un ohonynt â'r dimensiynau safonol a gawsai eu pennu gan yr MMB. Mae llawer o'r stondinau hynny i'w gweld o hyd.

Oherwydd y cynnydd mewn cynhyrchu llaeth, yr oedd y ffatri ym Mhontllanio yn derbyn 136,200 o litrau (30,000 o alwyni) y dydd – ffigur uchel iawn – erbyn 1950. Cyflogai'r ffatri dros 120 o staff ac fe weithiai bob awr o'r dydd a'r nos yn yr haf. Cafodd effaith aruthrol ar yr economi lleol. Pan ddaeth y bygythiad i'w chau, fe ymladdodd undebau'r ffermwyr a Phlaid Cymru ymgyrch egnïol o blaid ei chadw, ond effaith y streic gan yrwyr lorïau ym 1969 oedd cadarnhau'r penderfyniad swyddogol i gau'r ffatri a'i chyswllt rheilffordd, oherwydd yr hyn a alwyd yn 'rhesymau economaidd', ym mis Medi 1970.

Brian Malaws

085 Amddiffyn rhag Goresgyniad yn ystod yr Ail Ryfel Byd

Awyrlun o Gaergybi a dynnwyd gan y Luftwaffe ar 24 Tachwedd 1940 fel rhan o daith hedfan i gasglu gwybodaeth (Feindflug F1039). Fe'i tynnwyd o awyren Junkers 88, mae'n debyg. Gellir gweld sawl llong ryfel wrth angor yn y porthladd mewnol a'r morglawdd enfawr yn eu hamddiffyn. Mae'r rheilffordd yn troi gan bwyll allan o'r dref dros Bont Lasinwen. Er i 'Operation Sealion' gael ei ohirio, yr oedd Uchel Reolwyr yr Almaen yn dal i gasglu gwybodaeth am bob man goresgyn posibl.

DI2008_0122 NPRN 32990

Gan fod un o'r 'tyrrau ffoledd' wedi'i osod yn y mur a amgylchynai Dŷ Pwynt y Milwyr yng Nghaergybi, yr oedd ganddo olwg clir dros yr harbwr. Trowyd y llawr gwaelod yn gaer ddiffenestr – gellir gweld y tyllau tanio a grëwyd wrth roi brics i lenwi tyllau'r ffenestri.

DSCN2613 NPRN 270424
Drwy garedigrwydd Medwyn Parry

Blwch 'Math 24' nodweddiadol y gellid tanio i lawer cyfeiriad ohono i rwystro unrhyw gerbyd rhag teithio ar hyd yr unig ffordd dros Fwlch yr Oernant ger Llangollen.

DSCN2576 NPRN 270455
Drwy garedigrwydd Medwyn Parry

Wrth i'r Ail Ryfel Byd ddechrau, canolbwyntiodd y llywodraeth i gryn raddau ar amddiffyn arfordir de-ddwyrain Lloegr rhag cael ei oresgyn o gyfeiriad Ffrainc a'r Iseldiroedd. Ond credid hefyd fod gwir berygl y gallai'r Natsïaid geisio goresgyn y wlad o Weriniaeth Iwerddon, serch bod honno'n wlad niwtral. Y sefyllfa annifyr i lywodraeth Iwerddon oedd bod modd i'r wlad honno gael ei goresgyn o ddau gyfeiriad: gan yr Almaenwyr o'r môr (cafodd cynllun 'Unternehmen Grün' ei lunio yn gynnar ym 1940) a chan y Prydeinwyr o dir Gogledd Iwerddon er mwyn meddiannu'r porthladdoedd a rhwystro'r Almaenwyr rhag eu defnyddio ('Cynllun W', a arfaethwyd yn gynnar ym 1939). Petai'r Natsïaid yn defnyddio'r Weriniaeth yn fan cychwyn, byddai angen iddynt allu defnyddio'r porthladdoedd i ddadlwytho'u milwyr a'u cyflenwadau trwm ar ôl yr ymosodiad cyflym ac annisgwyl cyntaf. Eu prif dargedau wrth oresgyn Cymru fyddai porthladdoedd dwfn Caergybi ac Aberdaugleddau am fod y rheiny yn ymyl meysydd awyr a thraethau lle gallai'r ail don o filwyr lanio.

Câi cyffiniau'r harbwr yng Nghaergybi eu hamddiffyn gan grwpiau o ynnau, gynnau gwrthawyrennau a meysydd ffrwydron. Cyn pen dim, fe ddatblygwyd system gymhleth o dri chylch consentrig o ynnau peiriant a chaerau tanddaearol o amgylch yr harbwr. Yr oedd y cylch mewnol yn canolbwyntio ar yr harbwr a'r traethau gerllaw, a'r llinell allanol yn gwarchod pwyntiau penodol ar hyd cyrion y dref. Diben gosod amddiffynfeydd y cylch allanol i wynebu allan oddi wrth yr harbwr oedd gwrthsefyll unrhyw ymgais dactegol i ymosod o gyfeiriad arall.

Cynllun sylfaenol silindrog oedd i'r mwyafrif o gaerau tanddaearol Caergybi. O goncrid cyfnerthedig y codwyd eu craidd, ond oherwydd prinder cyflenwadau adeiladu rhoddwyd rwbel lleol ar eu hwynebau allanol; ar ben rhai, fe godwyd ffug-greneliadau hyd yn oed gan roi golwg ffug-adeilad iddynt, ac effaith defnyddio'r defnyddiau traddodiadol hynny oedd cuddio'r adeiladweithiau o'r golwg.

Petai grymoedd y gelyn wedi sicrhau troedle iddynt eu hunain yng Nghaergybi, byddent wedi wynebu'r angen i groesi Môn ar unwaith. Ar eu ffordd, byddent hefyd wedi wynebu gwrthsafiad ffyrnig yma a thraw o du unedau'r Gwarchodlu Cartref wrth i'r rheiny geisio arafu taith unedau mecaneiddiedig y goresgynwyr Natsïaid ar hyd y ffyrdd a pheri iddynt wastraffu eu bomiau a'u bwledi yn ogystal â'u hamser. Byddai hynny wedi bod yn hollbwysig er mwyn cael digon o amser i'r milwyr rheolaidd a'r arfau trwm gyrraedd. I groesi o Fôn i'r tir mawr, byddai'r goresgynwyr wedi gorfod croesi'r Fenai. Wrth i waith ailadeiladu enfawr gael ei wneud ar Bont y Borth yn ystod blynyddoedd cynnar y rhyfel, cafwyd hyd i ddyfais ffrwydrol yno. Mae'n fwy na thebyg iddi gael ei phlannu gan elfennau a oedd yn gysylltiedig â 'Cynllun Kathleen', sef cefnogaeth Byddin Weriniaethol Iwerddon (yr IRA) i gynllun yr Almaenwyr, ond fe allai fod wedi arwain at gadw'r goresgynwyr ar yr ynys petai rhwystrau wedi'u codi ar Bont Reilffordd Britannia.

Petai'r Natsïaid wedi croesi'r Fenai, byddai tir mynyddig y gogledd wedi ffafrio'r amddiffynwyr. Crynhowyd cyfundrefn o fannau cryf yn y bylchau rhwng y mynyddoedd, ac yno ceid caerau tanddaearol, trapiau tanciau, mortarau sbigot, safleoedd tanio fflamau petrol, a rhwystrau ffyrdd. Mae llawer ohonynt wedi goroesi hyd heddiw a chânt eu nodi a'u diogelu am eu bod o bwys cenedlaethol.

Medwyn Parry

Cymru wedi'r Ail Ryfel Byd

Richard Suggett[1]

Erbyn diwedd yr Ail Ryfel Byd yr oedd cyrchoedd awyr wedi gwneud difrod enbyd i borthladdoedd Abertawe a Chaerdydd, y ddau borthladd mwyaf yng Nghymru. Dinistriwyd neu difrodwyd adeiladau pwysig a newidiwyd patrwm strydoedd Abertawe am byth. Ar hyd yr arfordir, ac mewn mannau eraill, goroesodd adeiladweithiau o gyfnod y rhyfel er nad oedd eu hangen mwyach. Er gwaetha'r dystiolaeth wasgarog o greithiau'r rhyfel, gadawodd y rhyfel ei olion gwleidyddol, economaidd a chymdeithasol dwys. Gan i'r rheiny, ynghyd ag effeithiau'r 1930au, adael eu hôl ar yr amgylchedd a'r ffyrdd o fyw mewn cymunedau ledled Cymru, mae'r Comisiwn Brenhinol wedi bod yn cofnodi elfennau pwysig o'r gwddnewid rhyfeddol sydd wedi digwydd yn ystod ei oes ei hun.

Newid mawr wedi'r rhyfel oedd yr ymwybod cynyddol o gadwraeth. Wrth i ymwybyddiaeth pobl o ystyr yr hyn a oedd o'u cwmpas, a'u chwilfrydedd yn ei gylch, gynyddu, dechreuwyd cwmpasu pynciau nad ystyrid mohonynt gynt yn rhai o unrhyw bwys hanesyddol. O'r 1960au ymlaen, felly, cofnododd cymuned frwd a gwybodus o archaeolegwyr diwydiannol olion y diwydiannau a oedd wedi diflannu ac wrthi'n diflannu – o olion y diwydiannau llechi a glo i olion y diwydiannau copr a phlwm. Bu'r Comisiwn Brenhinol ar flaen y gad yn hyn o beth, yn arbennig o ran adfer y dirwedd ddiwydiannol gynnar a oedd o'r golwg o dan ddatblygiadau diweddarach yn Abertawe, ac o ran olrhain datblygiad camlesi Cymru. O ganlyniad i ailddarganfod parciau a gerddi hanesyddol bu mwy a mwy o werthfawrogi arnynt, a bu Ymddiriedolaeth Gerddi Hanesyddol Cymru a Cadw, ymhlith eraill, yn hyrwyddo'r broses o'u hastudio. Ledled Cymru, ymddiddorodd cymdeithasau dinesig, grwpiau hanes lleol a mudiadau arbenigol fwy a mwy yn y gorffennol gan ddadlau bod angen sicrhau cadwraeth adeiladau a safleoedd hanesyddol. Oherwydd pryderon ynghylch canlyniadau'r dirywiad mewn crefydd gyfundrefnol, tynnwyd sylw at yr angen i gofnodi eglwysi a chapeli a oedd dan fygythiad neu heb neb yn eu defnyddio, ac i frwydro dros eu diogelu. Wrth edrych yn ôl, dechreuwyd barnu bod adeiladau crefyddol Cymru'r bedwaredd ganrif ar bymtheg, a'r capeli'n fwyaf arbennig, yn rhyw fath o bensaernïaeth genedlaethol.

Mae'n bwysig tanlinellu cymaint o amrywiaeth economaidd a chymdeithasol oedd yng Nghymru a nodi i hynny esgor ar amrywiadau yng nghyflymdra'r newidiadau a'r math o newidiadau a welwyd. Nid yr un oedd profiadau trefi a phentrefi mawr y de â phrofiadau'r trefi gwledig, a gwahanol oedd hynt yr arfordir i hanes cefn gwlad. Yn y gogledd, yr oedd y chwareli llechi'n edwino ers tro byd a dal i ddirywio a wnaethant wedi'r rhyfel. Ar hyd yr arfordir, crebachodd y diwydiant pysgota a'i borthladdoedd gan arwain at gau dociau a gostwng nifer y cychod i ddim mwy na dyrnaid ohonynt. Yng nghefn gwlad, gwelwyd ffermydd bach yn diflannu'n fynych yn sgil diboblogi a dirywiad byd amaeth. Ar yr uwchdiroedd, cafodd ehangu rhaglen y Comisiwn Coedwigaeth o blannu coed effaith aruthrol ar dirweddau hanesyddol. Wrth i blanhigfeydd aeddfed gael eu cwympo heddiw, mae aneddiadau ac adeiladweithiau hanesyddol sydd heb fod yn y golwg ers hanner canrif wedi ailymddangos ac wedi'u cofnodi. Ac o'r 1990au ymlaen, dechreuodd

ffermydd gwynt fod yn symbolau amlwg a mwyfwy cyffredin o'r newid yn yr economi ynni ar dir a môr.

O ran poblogaeth, yr oedd y de diwydiannol, a'r trefi glo a dur yn arbennig, yn tra-arglwyddiaethu ar weddill Cymru, ac yno y gwelwyd y newidiadau mwyaf oll. Yn hinsawdd economaidd y cyfnod wedi'r Ail Ryfel Byd, digon bregus oedd llawer o'r cymunedau a sefydlwyd yn y bedwaredd ganrif ar bymtheg i wasanaethu'r diwydiannau trwm traddodiadol. Serch yr ad-drefnu a gafwyd drwy wladoli'r diwydiant glo ym 1947 a'r diwydiant dur yn gynnar yn y 1950au, dal i fod yn fregus yr oedd y sectorau hynny. Er pob

Gyferbyn: Gwaith Golosg Cwm, ger Llantrisant, Morgannwg.

DI2007_0155 NPRN 91585

Ymlediad y planhigfeydd o goed conifferaidd, Fforest Tywi, Llanwrtyd.

AP_2007_5078 NPRN 268323

[1] Gyda chyfraniadau ar foderniaeth gan John Newman.

Uchod: Cynllun cloddio glo brig, Ffos-y-frân, Dowlais, Morgannwg.

AP_2008_0849 NPRN 407892

Uchod de: Mast gorsaf radio Crugion, Sir Drefaldwyn, ychydig cyn ei ddymchwel yn 2003.

DI2007_0326 NPRN 309697

ymdrech, caewyd gwaith dur Glynebwy ym 1975-6, ac yna waith East Moors yng Nghaerdydd ym 1978. Gwelwyd cyfnod ar ôl cyfnod o gau pyllau glo o 1947 ymlaen, a phan gaewyd pwll glo mawr Penallta ym 1992, dim ond tri phwll oedd ar ôl o'r cannoedd a fu ar waith yn y de. Caewyd yr olaf, Glofa'r Tŵr, yn 2007. Er i'r tomenni anferth o wastraff barhau i fod yn nodwedd amlwg ar dirwedd llawer cwm yn y de, bu trychineb Aber-fan ym 1966, pan lithrodd tomen a chladdu ysgol gyfan gan ladd 144 o blant ac oedolion, yn symbyliad i glirio llawer ohonynt. Yr unig gynnydd a welwyd yn y diwydiant glo oedd cloddio glo brig, gweithgarwch a ddechreuodd yng Nghymru er mwyn hybu ymdrech y rhyfel. Tyfodd yn beth cyffredin o amgylch ymylon y meysydd glo o'r 1950au ymlaen gan newid tirweddau cyfan, a'u hamgylchedd dynol, yn barhaol. Yn 2006, caniatawyd yr hyn a elwir yn 'weithgarwch cloddio glo brig mwyaf yn Ewrop' yn Ffos-y-frân ar ymyl ddwyreiniol bryniau Merthyr Tudful.

Ailstrwythurwyd economi'r de wrth i weithgarwch gweithgynhyrchu ddisodli diwydiannau trwm, ond dirywio hefyd fu hanes rhai o'r diwydiannau newydd. Yr enghraifft fwyaf nodedig o hynny oedd ffatri Dunlop Semtex ym Mryn-mawr [086] a gaewyd ym 1982. Dyma'r adeilad cyntaf i gael ei restru o blith y rhai a godwyd wedi'r Ail Ryfel Byd ym Mhrydain. Yr oedd yn ffatri a oedd yn gofeb i arloesi cymdeithasol a phensaernïol, ond fe'i dymchwelwyd am na lwyddwyd, er sawl cynnig, i ddod o hyd i ffyrdd priodol o'i hailddefnyddio. Gwelwyd datblygiadau technolegol yn newid llawer diwydiant o'r bôn i'r brig gan ddileu'r angen am amryw o brosesau arbenigol. Yng Ngwasg Gee, y wasg hynaf yng Nghymru, golygai'r dechnoleg newydd ddileu'r angen am amrywiaeth o adeiladau arbenigol [094]. Ym myd telathrebu, rhoddwyd y gorau i ddefnyddio'r cyfnewidfeydd ffôn a oedd wedi'u helaethu wrth i nifer y tanysgrifwyr gynyddu. Enghraifft drawiadol o effaith grebachol y dechnoleg ddigidol yw'r banciau o ddetholyddion a gofnodwyd yn Shotton cyn iddynt gael eu datgomisiynu: yr oedd golwg go hynafol arnynt er nad oeddent ond deg ar hugain oed.

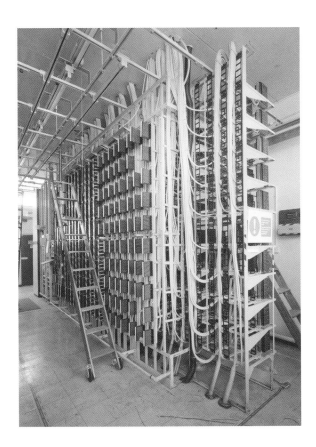

Dymchwelwyd mastiau gorsaf radio Crugion yn 2003 ar ôl iddynt wasanaethu am hanner canrif o ddiwedd yr Ail Ryfel Byd i'r Rhyfel Oer a thu hwnt.

Wedi'r rhyfel, gwelwyd ehangu mawr ar isadeiledd a sector cyhoeddus y wlad. Wrth i'r rheilffyrdd grebachu o dan 'fwyell Beeching' o 1963 ymlaen [089], chwyldrowyd y system ffyrdd, a symbol o hynny yw'r ffyrdd deuol a adeiladwyd yn y gogledd a'r de a'r ddwy bont a godwyd dros afon Hafren. Bu gwella'r ffyrdd yn fodd i ddarparu'r rhwydweithiau sylfaenol ar gyfer datblygu maestrefi enfawr, creu ac ehangu trefi fel Cwmbrân a'r Drenewydd a sefydlu parciau manwerthu a 'pharthau menter' ar gyrion trefi ac mewn ardaloedd gwledig. Ym maes cludo tanwydd fe all mai'r bibell nwy a adeiladwyd yn ystod degawd cyntaf yr unfed ganrif ar hugain, am 317 o gilometrau o Aberdaugleddau ar draws y de i Swydd Gaerloyw, oedd y datblygiad mwyaf uchelgeisiol ym Mhrydain ers codi'r camlesi i gludo glo adeg y Chwyldro Diwydiannol. Er i'r cynllun gael ei feirniadu gan y cymunedau y rhedai'r bibell drwyddynt, creodd gyfle gwerthfawr i ddod o hyd i safleoedd hanesyddol a'u cofnodi.

Yr oedd traddodiadau cymdeithasol a chymunedol yr ardaloedd diwydiannol i'w gweld yn glir yng nghlybiau a sefydliadau'r gweithwyr. Ynddynt, cyfunid addysg, hamdden a gwleidyddiaeth mewn ffyrdd cwbl arbennig. Codwyd ambell un o'r adeiladau wedi'r rhyfel, ond collwyd llawer o'u pwrpas wrth i'r

diwydiannau traddodiadol ddiflannu ac i ddyfodiad y car a'r teledu chwyldroi patrwm bywyd pobl. Er bod y cymdeithasau cyfeillgar yn sylfaen hŷn ac ehangach i gymdeithasau diwydiannol a gwledig, ac er iddynt ddarparu budd-daliadau diweithdra a salwch a chladdedigaeth deilwng, edwino wnaethant hwythau wedi'r rhyfel wrth i'r wladwriaeth les dyfu. Fel rheol, cyfarfyddai cymdeithasau cyfeillgar mewn tafarndai, a chofnododd y Comisiwn Brenhinol un o'r ystafelloedd cyfarfod olaf yn nhafarn y Fountain yn Nhroedrhiw-gwair yn Sir Fynwy.

Oherwydd y cynnydd yn y ddarpariaeth gyhoeddus, yn enwedig ym myd addysg ac iechyd, crëwyd cyfleoedd i wella'r amgylchedd cymdeithasol. Wrth i ysgolion gramadeg ddiflannu'n raddol o'r 1960au

Uchod: Y beipen nwy naturiol o Aberdaugleddau, i'r dwyrain o Bontsenni ym Maes-car, Brycheiniog.

AP_2007_1129 NPRN 25853

Uchod chwith: Cyfnewidfa Ffôn Shotton (Cyfnewidfa Ffôn Awtomatig Cei Connah): detholyddion diangen cyn eu datgomisiynu.

DI2008_0485 NPRN 3088

Atomfa Trawsfynydd.
DS2008_007_001 NPRN 301092

Y 'Buff's Room' (ar gyfer y
Buffaloes Benefit Society) yn
Nhafarn y Fountain,
Troedrhiw-gwair, Sir Fynwy.
DI2008_0483 NPRN 36863

ymlaen, trawsffurfiwyd byd addysg gan ddyfodiad ysgolion cyfun mawr a cholegau addysg bellach a'r ehangu ar y prifysgolion. Yn lle llawer o ysbytai tref a bwthyn, rhai ohonynt mewn hen adeiladau wyrcws, codwyd ysbytai a chanolfannau iechyd pwrpasol. Er hynny, un o'r newidiadau mwyaf dramatig ym myd iechyd y cyhoedd oedd gwacáu'r ysbytai iechyd meddwl a chau, felly, bob un o'r gwallgofdai hanesyddol [093]. Yn sgil proses o gynllunio rhanbarthol ac o fuddsoddi gan y llywodraeth ledled Prydain, symudwyd rhai cyrff mawr i Gymru. Daeth yr Asiantaeth Trwyddedu Gyrwyr a Cherbydau i Abertawe

a'r Bathdy Brenhinol i Lantrisant. Yn y gogledd, codwyd atomfeydd yn yr Wylfa a Thrawsfynydd.

Yn union wedi'r rhyfel, codwyd tai parod – 'prefabs' – i gwrdd â'r prinder tai [087]. Yna, gwelwyd datblygu mawr ar ystadau tai cyngor a chodi ambell floc uchel o fflatiau. Gallai clirio slymiau yn enw moderneiddio, a'r pryderu am les pobl, arwain at ddinistrio adeiladau hanesyddol. Adeg dymchwel y slymiau yn Abergefenni, gwelwyd enghraifft gynnar o gofnodi brys ar adeiladau o oes y Tuduriaid a'r Stiwartiaid, a diogelir ffrwyth y cofnodi yng nghasgliad Thacker yn y Cofnod Henebion Cenedlaethol. Erbyn y 1960au, ac wrth i gyflwr economi'r wlad wella, gwelwyd codi ystadau mawr newydd o dai preifat a moderneiddio terasau o'r tai a godwyd yn oes Fictoria. Effaith fynych gwaith cynllunwyr a phenseiri yn yr ugeinfed ganrif oedd dymchwel adeiladau diangen a dirywiedig a chodi, yn eu lle, adeiladweithiau a fu, maes o law, yn syndod o fyrhoedlog. Golygai 'moderniaeth' ym mhensaernïaeth yr ugeinfed ganrif ymwrthod yn fwriadol â'r gorffennol o ran swyddogaeth a defnyddiau lawn cymaint ag o ran delwedd. Nid yw'n syndod, felly, mai'r adeiladau mwyaf mentrus ac anghonfensiynol oedd y rhai a oedd debycaf o beidio â phara'n hir neu o gostio'n ddrud i'w cynnal a'u cadw. Wrth i ffasiynau newid, gadawyd rhai adeiladau a fu'n ddatblygiadau arloesol yn eu dydd mewn cyflwr bregus am nad apelient bron o gwbl at chwaeth cenhedlaeth newydd.

Un o newidiadau mwyaf y cyfnod wedi'r rhyfel oedd y newid ym mhatrwm gweinyddiaeth y wlad. Ym 1974 dilëwyd y system o siroedd a sefydlwyd yng Nghymru yn ystod teyrnasiad Harri VIII, a disodlwyd y siroedd newydd yn eu tro gan ddau ar hugain o awdurdodau unedol ym 1996. Oherwydd y newidiadau hynny mewn llywodraeth leol nid oedd angen llu o adeiladau trefol a dinesig. Er nad oedd effeithiau'r ad-drefnu ar wasanaeth y llysoedd, yn enwedig yn sgil dileu sesiynau chwarter a brawdlysoedd ym 1971, mor fawr yng Nghymru, efallai, ag yn Lloegr – a rhaid cofio bod sawl un o lysoedd y Goron yn dal i weithredu mewn adeiladau hanesyddol, yn enwedig yng Nghaerfyrddin – rhoddwyd y gorau i ddefnyddio rhai llysoedd ynadon. Ar y llaw arall, esgorodd ad-drefnu llywodraeth leol ar gnwd o adeiladau sifig newydd na feddai'r rhan fwyaf ohonynt ar unrhyw ragoriaeth bensaernïol.

Yr oedd bythynnod bach yn ogystal â ffermdai sylweddol mewn perygl yn ystod newidiadau cyflym a helaeth y degawdau hyn, yn enwedig yn y gogledd a'r gorllewin, yn rhannol am iddynt gael eu gadael i ddirywio ac yn rhannol oherwydd datblygu anystyriol arnynt [088]. Er hynny, y prif gategori o adeiladau brodorol a oedd fwyaf mewn perygl oedd adeiladau traddodiadol y ffermydd. Hwy oedd y rhai mwyaf niferus a'r rhai a gâi eu diogelu leiaf. Dangosodd

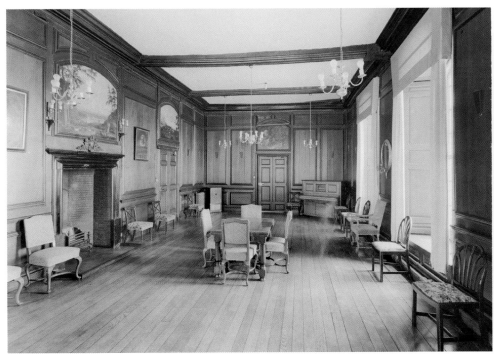

gorolwg Eurwyn Wiliam yn *The Historical Farm Buildings of Wales* (1986) y gallai adeiladau fferm berthyn i deipiau hynod leol ac nad oedd dealltwriaeth gadarn o gronoleg eu codi. Rhoddwyd y gorau i ddefnyddio'r adeiladau hyn yn sgil cyfuno ffermydd a chyflwyno ffyrdd modern o weithio. Bellach, mae ffermydd cyfan (y ffermdai yn ogystal ag adeiladau'r ffermydd) yn anghyfannedd yn sgil cyfuno ffermydd, yn enwedig ar yr uwchdiroedd. Ar y tiroedd isel brasach, yn enwedig yn Sir Fynwy, Bro Morgannwg a rhannau o'r gogledd-ddwyrain, mae ffermydd wedi bod yn ganolbwynt i ddatblygiadau preswyl newydd yn y wlad.

Yn yr eithaf arall, fel y dogfennwyd gan Thomas Lloyd yn *The Lost Houses of Wales* (1986), dal i ddirywio wnaeth llawer o blastai'r tirfeddianwyr a'r diwydianwyr ar ôl yr Ail Ryfel Byd gan ddiflannu y tu ôl i fôr o rododendrons a throi yn y pen draw yn adfeilion llwyr. Achos hynod yw Cefn Mabli, plasty a fu unwaith yn un o blastai mwyaf yn y de. Llwyddodd i oroesi er gwaetha'i werthu, ei addasu'n ysbyty, a dioddef tân trychinebus. Achubwyd adfeilion y tŷ a throi'r cyfan yn fflatiau chwaethus (Michael Davies oedd y pensaer) ochr yn ochr â chynllun i ddatblygu'r parc. Ychydig filltiroedd oddi yno, mae Castell Rhiw'rperrai yn dal i fod yn enghraifft o holl her adfer plasty mawr a'i diroedd rhag degawdau o ddiffyg sylw.

Difrifol hefyd oedd sefyllfa tai trefol mawr y diwydianwyr, y mentrwyr a'r dosbarth canol proffesiynol llewyrchus yn ystod rhan olaf yr ugeinfed ganrif. Yn aml, codwyd y tai hynny ar ymylon trefi ar ddiwedd y bedwaredd ganrif ar bymtheg neu ddechrau'r ugeinfed ganrif. Oherwydd eu hamgylchynu'n ddiweddarach â

thai, troesant yn safleoedd a oedd yn hawdd eu hailddatblygu neu eu haddasu at ddibenion eraill. Yn aml, fe'u codwyd o ddefnyddiau rhagorol a chynhwyswyd ynddynt addurniadau helaeth – a go fympwyol ar adegau. Cafodd rhan o Stelvio House yng Nghasnewydd, cartref mentrwr masnach fôr, ei dymchwel er i'r tŷ gael ei restru, a dygwyd achos llwyddiannus yn erbyn y perchnogion am ei dymchwel yn anghyfreithlon.

Mae'r prosesau sy'n effeithio ar werthfawrogi a defnyddio adeiladau modernaidd yn amrywio, a syniadau a ffasiynau wedi newid. Mwy a mwy, bernir mai campwaith idiosyncratig yw casgliad pensaernïol rhyfeddol Clough Williams-Ellis o adeiladau ym Mhortmeirion [090]. Arweiniodd yr ymwrthod â

Cefn Mabli, Morgannwg: ffotograff o du mewn y plasty a ddinistriwyd gan dân (uchod) ym 1994.
DI2008_0482 a DI2008_0476 NPRN 18286

Stelvio House, Casnewydd: y dymchwel rhannol ac anghyfreithlon ar blasty trefol rhestredig o'r bedwaredd ganrif ar bymtheg.
DI2008_0477 NPRN 3066

Ysgol Uwchradd y Betws, Casnewydd.

DS2008_006_006 NPRN 407385

Dau ffotograff o'r Empire Pool, Caerdydd, ar ôl ei gau ym 1998.

DI2008_0465 a DI2008_0471
NPRN 3065

choncrid atgyfnerthedig, ynghyd â newidiadau ym mhatrwm busnes gwyliau, at roi terfyn ar wersyll gwyliau Prestatyn [098]. Ar y llaw arall, yr oedd Ysbyty Sili ger y Barri yn fynegiant eithriadol o estheteg fodernaidd er iddo gael ei godi, rhwng l932 a 1936, yn adeilad mwy confensiynol o frics wedi'u rendro. Wedi iddo beidio â bod yn ysbyty yn y 1990au, cafwyd hyd i ffordd newydd a domestig o'i ddefnyddio. Bygythiadau o'r fath sydd wedi peri i'r Comisiwn Brenhinol sylweddoli bod angen cofnodi adeiladau pwysicaf a mwyaf anturus y gorffennol diweddar cyn iddynt gael eu colli neu eu difwyno. Mae'r safleoedd yn amrywio o ffatri neilon Dupont ger Pont-y-pŵl i grŵp – sydd heb ei newid – o dai dieneiniad o ddiaddurn yn Ninas Powys ger Caerdydd [091] ac Ysgol Uwchradd y Betws yng Nghasnewydd. Codai'r ysgol gyfun fodiwlaidd honno mewn tri cham o lan llyn ac fe'i hadeiladwyd o goncrid a gwydr, gan ddilyn cynllun gan Evans a Shalev, mor ddiweddar â 1969-72. Tynnwyd ffotograffau ohoni yn 2008 pan argymhellwyd y dylid ei dymchwel.

Yng Nghaerdydd, yr oedd yr Empire Pool a Pharc yr Arfau yn adeiladau cyhoeddus a chwaethus a oedd yn nodweddiadol o ysbryd optimistaidd y wlad wedi'r rhyfel. Pan agorwyd yr Empire Pool ym 1958, yr oedd yn symbol o statws newydd Caerdydd ers ei dyrchafu'n brifddinas ym 1955. I lawer, cynrychiolai'r adeilad croesawgar hwnnw y buddsoddi helaeth mewn chwaraeon a hamdden a'r terfyn ar y cyfnod o brinderau wedi'r rhyfel. Dyma'r adeilad cyhoeddus modernaidd cyntaf yn y ddinas, ac wrth ei gynllunio llwyddodd adran penseiri'r cyngor i ddal naws y 'Festival of Britain'. Dylanwad uniongyrchol neu anuniongyrchol arno oedd rhai o'r adeiladau a godwyd ar y Cyfandir yn gynnar yn yr ugeinfed ganrif, yn enwedig ffatri dyrbinau AEG yn Berlin ym 1908. Ym mhob pen i'r cyntedd gwydrog âi'r grisiau helaeth ag

ymwelwyr i'r ystafelloedd newid ar y llawr cyntaf, ac ar yr ail lawr yr oedd caffi â lloriau *parquet* ac addurniadau crôm. Ar y llawr isaf, yr oedd baddondai Twrcaidd eithaf dirgel ynghyd â baddonau eraill. Bob ochr i'r pwll nofio, a oedd yn 50 metr o hyd, yr oedd seddau ar oledd i 1,772 o wylwyr, sef mwy na'r hyn a geid yn y rhan fwyaf o ganolfannau adloniant ar y pryd. Safai Parc yr Arfau i'r gogledd o'r Empire Pool ac fe'i codwyd ychydig yn ddiweddarach. Yr oedd naws Gymreig iddo o ddechrau'r broses o'i godi ym 1967. Cynlluniwyd y stadiwm gan Osborne V. Webb a'i Bartneriaid, penseiri yng Nghaerdydd, ac fe'i codwyd gan beirianwyr a chontractwyr o Gymru. Ynddo, defnyddiwyd deunyddiau a gynhyrchwyd yn bennaf gan y diwydiannau a adferwyd yn y de wedi'r rhyfel. Bu'n gynllun eithriadol o lwyddiannus am fod modd cael cipolwg ar ei ffrâm goncrid o wahanol fannau yn y ddinas a'i gweld yn llawn o lannau Afon Taf. Anaml y daw adeiladwaith ac iddo ffrâm goncrid yn adeilad sydd mor agos at galon cenedl, ond rhoddodd oes aur rygbi Cymru yn y 1970au gymeriad cwbl arbennig i'r lle.

Fel y sylwodd haneswyr chwaraeon, cyd-ddigwyddodd y llwyddiant ar y maes rygbi â llwyddiant economi Cymru. Yr oedd pobl wedi ymserchu'n fawr yn yr Empire Pool a Pharc yr Arfau, yn rhannol am i'r ddau ohonynt gael eu cynllunio'n gelfydd ac yn rhannol oherwydd i'r cyhoedd – ac yn

Difyr yw cymharu'r awyrlun hwn o'r hen a'r newydd ym Mae Caerdydd â'r ffotograff a dynnwyd ym 1929 (tudalen 236).

AP_2005_0044 NPRN 403908

enwedig y rhai a dyfodd yn oedolion yn y 1960au a'r 1970au – deimlo'u bod yn berchen arnynt ac, yn sgil hynny, ar ganol y ddinas. Er na restrwyd mo'r naill na'r llall, tynnwyd ffotograffau ohonynt fel rhan o raglen cofnodi brys y Comisiwn Brenhinol cyn iddynt gael eu dymchwel ym 1998 [096] i godi Stadiwm y Mileniwm, stadiwm sy'n cyffroi edmygedd ond heb lwyddo eto i ennyn serch y bobl.

Agwedd bwysig ar bolisi trefol o 1987 ymlaen oedd ailddatblygu ardal y dociau yng Nghaerdydd gan Gorfforaeth Ddatblygu Bae Caerdydd. Ar ddechrau'r ganrif newydd, ymffurfiodd prifddinas weinyddol newydd ar lan y dŵr ac yno mae'r bae sydd dan ddŵr yn barhaol yn gefndir i Senedd y Cynulliad Cenedlaethol ac i Ganolfan Mileniwm Cymru, dau adeilad y mae eu cynllun a'u defnyddiau'n fynegiant o agweddau ar dreftadaeth Cymru. Er mai wrth edrych yn ôl y gwelir i ba raddau y bydd y ddau adeilad wedi dal dychymyg y bobl a'r dychymyg proffesiynol, ceir mwy a mwy o ymddiddori yn nhreftadaeth bensaernïol Cymru yn gyffredinol a mwy o gydnabod ar ei chyfoeth a'i hamrywiaeth. Fwy a mwy, hefyd, mae traddodiad adeiladu brodorol cefn gwlad fel petai'n cynnig ysbrydoliaeth arbennig i bobl. Bydd y traddodiad cynnar o godi adeiladau o bren yn denu'r rhai sy'n ymddiddori mewn datblygu adeiladau cynaladwy [095] tra bo'r traddodiad o godi adeiladau o gerrig, ac yn enwedig o gerrig enfawr yn Eryri, yn cyfleu parhad y diwylliant a chydymdeimlad â'r dirwedd [092]. Fel y dywed yr arysgrif Saesneg ar du blaen Canolfan y Mileniwm: 'In these stones horizons sing'.

Canolfan Mileniwm Cymru, Bae Caerdydd.

DS_2006_037_009 NPRN 403908

271

086 Moderniaeth: Ffatri Dunlop Semtex

Mawredd mewn concrid. Yr oedd domau 'cregyn' anferth a gynhelid gan golofnau ar oledd yn rhychwantu'r gofod cynhyrchu.
DI2008_0464 NPRN 41229

Ffatri Dunlop Semtex ym Mryn-mawr oedd y cyntaf i gael ei restru o'r adeiladau a godwyd ym Mhrydain wedi'r Ail Ryfel Byd. Gan fod hynny'n mynd â'r broses restru y tu hwnt i 1939, y dyddiad terfynol arferol, penderfyniad dewr gan y Swyddfa Gymreig oedd ei ddiogelu ar radd II* ym 1986. Oherwydd ei naws fodernaidd a'r cynllunio peirianegol rhagorol ynddo, ac am fod ei safle yn rhyw 3 hectar, yr oedd yn adeilad trawiadol iawn. Bu'n cynhyrchu'r defnydd llawr o rwber a gafodd ei ddefnyddio'n helaeth gan ysgolion ac ysbytai wedi'r rhyfel. Fe'i codwyd fel rhan o'r ailstrwythuro ar gymoedd y de wedi'r rhyfel, a'i agor ym 1953. Adroddir hanes ei gynllun a'i ddiben cymdeithasol arloesol, a gweledigaeth ei hyrwyddwr, yr Arglwydd Forrester, yn llyfr Victoria Perry *Built for a Better Future* (1994). Yn ei anterth, yr oedd yno fil o weithwyr, llawer ohonynt yn gyn-lowyr.

Cynhyrchodd yr Architects' Co-Partnership a'r peirianwyr Ove Arup gynllun eclectig a chyffrous i'r ffatri. Uwchlaw'r gofod gweithgynhyrchu enfawr yr oedd naw fowt ac iddynt haen denau o goncrid. Hwnt ac yma, yr oedd *oculi* a fyddai, ar ddiwrnodau heulog, yn gollwng pelydrau o heulwen ar ongl hyd at lawr y ffatri gan greu argraff a gymharwyd â'r un a grëir gan gryndo eglwys gadeiriol St Paul's. Er mai hwy, adeg eu codi, oedd y fowtiau mwyaf o'u bath yn y byd, nid oeddent ond tair modfedd (7.5 cm) o drwch. Ar ddwy ochr y gofod gweithio canolog yr oedd mannau storio a melino ac iddynt doeon tonnog. Man gwasanaethu cwbl ddiaddurn a wynebai'r llyn storio.

Ymfalchïai'r penseiri yn nodweddion cymdeithasol-flaengar eu cynllun am fod y rheiny'n erydu'r gwahaniaeth rhwng y gweithwyr a'r rheolwyr: un ohonynt oedd bod pawb yn defnyddio'r un ramp at y fynedfa a'r un ffreutur. Yr oedd y gwaith addurno gan fyfyrwyr o Gymdeithas y Penseiri yn cynnwys masgiau peintiedig a ysbrydolwyd gan Picasso. Mae llyfr

Victoria Perry yn adrodd storïau difyr am y digwyddiadau cymdeithasol-letchwith a grëwyd gan feiddgarwch y mannau hynny wrth chwalu'r hierarchaeth rhwng y gweithwyr a'r rheolwyr.

Prin bod oes weithio'r ffatri wedi para deg mlynedd ar hugain erbyn iddi gau ym 1982 ac effaith yr ychwanegiadau ati yn y 1960au a'i dadfeiliad yn y 1980au a'r 1990au oedd amharu ar nodweddion cerfluniol gwych y cynllun. Methwyd â dod o hyd i ffordd newydd o ddefnyddio'r adeilad a throdd yn dipyn o ddolur llygad. Yn y pen draw, cafwyd caniatâd i'w ddymchwel er gwaethaf erfyniadau'r cymdeithasau amwynder. Er i'r ymwybyddiaeth o harddwch a gwerth yr adeilad, a'r gefnogaeth leol o blaid ei gadw, gynyddu dros y blynyddoedd cyn ei ddymchwel, yr oedd hi'n rhy hwyr i newid y penderfyniad.

Mae'r bwylerdy, sydd ar wahân ac wedi llwyddo i ddianc rhag cael ei chwalu, yn rhyw led-awgrymu'r hyn a gollwyd. Er bod ystafell y bwyleri ar y llawr isaf, sydd wedi'u gwneud o frics a choncrid, yn ddigon diaddurn, mae i'r llawr uchaf do fowtiog parabolig dyrchafol a'i asennau wedi'u gwneud o goncrid cyfnerthedig. Ei lwybr dyrchafol ar dro a ddeuai â'r wagenni at yr hoprau. Cysylltid y lefelau uchaf ac isaf gan risiau heligol arloesol a ddymchwelwyd erbyn 1986.

Tynnodd y Comisiwn Brenhinol ffotograffau o'r ffatri ym 1999 fel rhan o'i raglen cofnodi brys. Erbyn hynny, yr oedd tyllau annifyr yn y llawr y tu mewn, a phlanhigyn o'r enw'r efwr enfawr wedi ymledu ar draws y tu allan. Y diwrnod cyn dymchwel y ffatri ar 21 Mehefin 2001 defnyddiwyd ffotograffiaeth stereo i gofnodi'r ffatri o'r awyr ac mae'r anaglyffau tri-dimensiwn a gynhyrchwyd o'r parau stereo hynny'n creu delwedd unigryw o'r fowtiau.

Richard Suggett

De: Y bwylerdy ar wahân, a'i do fowtiog uchel o goncrid asennog.

DI2005_1078 NPRN 41230

Isod: Awyrlun o safle Dunlop Semtex sy'n dangos naw dôm concrid y prif ofod cynhyrchu ac, i'r dde ohonynt, fowtiau baril 'ystafell gyffuriau' y gogledd, ystafell felino y gorllewin (brig), yr adrannau gwasanaethu (chwith) a'r bwylerdy (gwaelod, de).

DI2007_1403 NPRN 41229

087 Tai wedi'r Ail Ryfel Byd: Tai Parod Casnewydd

Tai parod ar fin cael eu dymchwel yn Bishpool, Casnewydd, yn 2004.

DI2007_0408 NPRN 309133

Yng Nghasnewydd ceir amrywiaeth da o ystadau tai cyhoeddus a phreifat go arbennig o'r bedwaredd ganrif ar bymtheg a'r ugeinfed ganrif gan i'r dref a'i chymydog newydd, Cwmbrân, ymgadw rhag codi blociau uchel o fflatiau cyhoeddus wedi'r rhyfel. Glynwyd, yn hytrach, wrth batrwm y clos preswyl o dai a gerddi bach. Er nad oedd disgwyl i'r tai parod (*prefabs*) a godwyd ar frys ym 1946-7 ar ôl yr Ail Ryfel Byd bara mwy na phymtheg mlynedd, polisi cyngor Casnewydd oedd cynnal a chadw, a dal i ddefnyddio, nifer syndod o fawr ohonynt. Cynllun Arcon oedd i'r tai hynny, cynllun a grëwyd ym 1944 yn wreiddiol ac a olygai ffolltio paneli parod wrth ffrâm o diwbiau dur. Tai o deip Arcon Mark V oedd y rhan fwyaf ohonynt, ac erbyn mis Mai 1948 yr oedd Casnewydd wedi codi rhyw 750 ohonynt yn gartrefi i deuluoedd cyn-aelodau o'r lluoedd arfog gan mwyaf. Hanner canrif yn ddiweddarach, ystâd Bishpool oedd un o'r olaf, a'r mwyaf, o'r clystyrau o dai parod ym Mhrydain a oedd yn dal ar eu traed.

De: Ystafell fyw un o dai parod Casnewydd yn 2004.

DI2008_0473 NPRN 309133

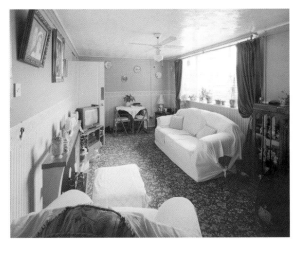

De: Clos tawel yn Bishpool.

DI2007_0406 NPRN 309133

Yn Bishpool yr oedd y rhesi o dai parod yn glòs wrth ei gilydd. Safai pob tŷ mewn clos tawel ac yr oedd i bob un ohonynt ardd daclus. Wrth i'r to gwrymiog nodweddiadol, a oedd wedi'i beintio'n goch, gyrraedd ei frig, âi'n fwy gwastad, ac yr oedd muriau asbestos a sment y tŷ wedi'u peintio mewn lliw hufen. Yn yr enghreifftiau mwyaf cyflawn ceid siediau gardd a ymdebygai i fersiwn llai o'r cysgodfeydd Anderson y byddai pobl yn ymochel ynddynt rhag cyrchoedd awyr adeg y rhyfel. Ni fentrodd mwy na dyrnaid o'r bobl a brynodd y tai parod hyn ddefnyddio cyfuniadau eraill o liwiau, ychwanegu ystafell a phatio atynt, neu eu haildoi â theils. Yr oedd cynllun tu mewn y tai yn unffurf, yn hwylus ac yn hawdd ei foderneiddio. Gwahenid y ddwy ystafell wely oddi wrth yr ystafell fyw a'r gegin gan gyntedd bach a'r ystafell ymolchi a thŷ bach oddi arno, ac yn y cynllun gwreiddiol anfonai stof tanwydd-solid yn yr ystafell fyw aer poeth i'r ystafelloedd eraill drwy diwbiau yn y nenfwd.

Ym 1999, yn sgil penderfyniad cyngor Casnewydd i godi byngalos yn lle'r tai parod hyn, tynnodd y Comisiwn Brenhinol ffotograffau o ddetholiad ohonynt wrth i raglen Ymddiriedolaeth Tai Casnewydd fynd rhagddi. Er na ellid uwchraddio'r tai parod, dymuniad y trigolion a'r cynllunwyr oedd gweld cyn lleied o darfu â phosibl am fod Bishpool yn gymuned mor sefydlog. Gan fod llawer o'r trigolion wedi ymddeol ac wedi byw yn y cylch am y rhan fwyaf o'u hoes, penderfynwyd mai fesul cam y gweithredid y rhaglen i godi byngalos yn lle'r tai parod. Er bod hynny'n golygu lleihau maint y gerddi, credid ei fod yn gyfaddawd rhesymol am mai un o'r gofynion oedd sicrhau mynediad mwy hwylus i gerbydau'r anabl. Cyn dymchwel grwpiau o'r tai parod ar ddechrau'r cynllun, bu'n rhaid symud rhai o'r trigolion i gartrefi symudol er mwyn gallu codi'r byngalos newydd ac yna symud grwpiau o'r preswylwyr i fyw ynddynt.

Bellach, mae hiraeth am yr hen dai parod. Yn llyfr Gary Robins, *Prefabrications – Newport's Temporary Bungalows: The First Fifty years* (2001), mawrygir tai parod Casnewydd a'r ffordd o fyw a gysylltid â hwy a cheir arolwg ffotograffig ohonynt. Mae un o dai parod Caerdydd wedi'i ailgodi yn Sain Ffagan ac mae'r adeilad 'dros dro' hwnnw bellach yn sefyll ar safle parhaol ac wedi'i adfer i'w gyflwr gwreiddiol.

John Newman, Richard Suggett ac Iain Wright

Isod: Tai parod a siediau gerddi.

DI2007_0240 NPRN 309133

088 Dirywiad Bywyd y Bwthyn: Llythyr Kate Roberts at Peter Smith

Cae'r Gors, Rhosgadfan, Sir Gaernarfon, cyn ei adfer.

DI2005_1137 NPRN 26171

Uchod: Y simdde fawr.
DI2005_1136 NPRN 26171

Isod: Cynllun ac adluniad Peter Smith a braslun Kate Roberts o Gae'r Gors (1972).
DI2008_0494 a DI2008_0495
NPRN 26171
Drwy garedigrwydd Plaid Cymru

Yn aml, bydd perygl i fythynnod bach ddiflannu, rhai oherwydd eu gadael yn anghyfannedd a rhai oherwydd eu datblygu heb ymdeimlo â'u naws unigryw. Bu bron i fythynnod yn nhraddodiad y muriau clai yn Sir Gaerfyrddin a Cheredigion ddarfod o'r tir yn ystod ail hanner yr ugeinfed ganrif. Yn y gogledd-orllewin, ar y llaw arall, gwelwyd cryn nifer o fythynnod yn goroesi am fod eu hadeiladwaith o gerrig mor gadarn, ac oherwydd hynny gall enghreifftiau ohonynt gael eu hachub rhag difancoll hyd yn oed os byddant wedi colli'u toeau.

Er bod diddordeb academaidd mewn bythynnod brodorol i'w ganfod yn rhai o *Inventories* cynharaf y Comisiwn Brenhinol, mae'r diddordeb hwnnw'n deillio'n bennaf o lyfr Iorwerth Peate *The Welsh House* (1940) a llyfr Peter Smith *Houses of the Welsh Countryside* (1975). Darluniodd Smith fwthyn Cae'r Gors, cartref y nofelydd Kate Roberts (1891-1985) yn Rhosgadfan ger Caernarfon, bwthyn a godwyd yn anterth oes y chwareli llechi ac y bu'r dirywiad ynddo'n ddrych o ddirywiad y diwydiant hwnnw. Gan i'r bwthyn fod yn gartref i'r chwarelwr o dyddynnwr a ddisgrifir yn nofelau Kate Roberts, ysgrifennodd Smith ati i ofyn am wybodaeth. Cafodd ganddi'r ateb hwn, dyddiedig 11 Tachwedd 1972. Er bod y nofelydd yn ei

hwythdegau erbyn hynny, yr oedd hi wedi llunio cynllun o'i chartref fel yr oedd adeg ei phlentyndod.

Dear Mr Smith,
I thank you for your letter which took six days on its journey.

There was a wooden partition between the kitchen and the dairy and between the kitchen and the bedrooms. There was no window between the kitchen and the cowshed, the back of the chimney (y simdde fawr) was the partition there, with a big oven on one side and a cupboard on the other. There was only one dairy with the door near the simdde fawr, thus forming a small addition to the dairy. There was no back door.

I have no idea when the house was built. The owner and occupier died in 1891 and we moved in about 1896 when his widow built a new house on the other side of the road.

I guess that cottages of this kind in Rhosgadfan were built between 1840 and 1860. But I am sure there are some older ones than Cae'r Gors in the neighbourhood.

Now, the roof has been taken off, and also the partitions and the beautiful tiled kitchen floor. I understand the latter was given away by the builder to a friend who had made two surrounds for fireplaces with them.

If there is anything else you want to know please let me know. Many thanks for your kind words about my books.

Yours sincerely,
Kate Roberts

[Atgynhyrchwyd drwy garedigrwydd Plaid Cymru]

Er bod y darlun o fwthyn sydd wedi mynd â'i ben iddo yn drosiad llenyddol sy'n cyffwrdd â'r galon, mae'r bwthyn hwn bellach yn symbol grymus o gydymdrech y gymuned gan mai gofalu am Gae'r Gors a mawrygu gwaith Kate Roberts yw dau nod Cyfeillion Cae'r Gors. Mae'r bwthyn wedi'i aildoi ac mae tu mewn o ddiwedd y bedwaredd ganrif ar bymtheg wedi'i ail-greu ynddo. Wrth ei ochr, codwyd Canolfan Dreftadaeth Kate Roberts.

Ers ei adfer, mae'r bwthyn yn rhoi golwg yn ôl i ni ar y gymuned Gymraeg a fawrygir yn nofelau Kate Roberts. Ledled Cymru, bellach, bydd bythynnod tebyg a godwyd o ddefnyddiau lleol yn ysgogi dadleuon ynghylch cynaladwyedd ac arbenigrwydd lleol sy'n hynod o berthnasol i'r unfed ganrif ar hugain. Cyn hir, bydd y Comisiwn Brenhinol yn cyhoeddi llyfr arall, un gan Eurwyn Wiliam, a fydd yn parhau â'r astudiaeth o fythynnod brodorol.

Richard Suggett

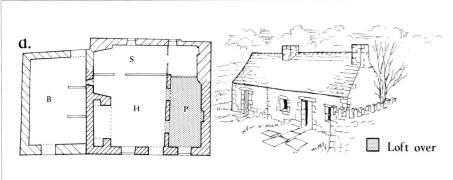

□ **Loft over**

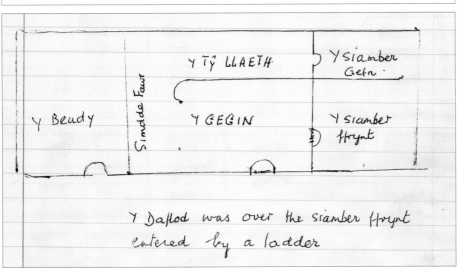

089 Dirywiad y Rheilffyrdd: Casgliad Rokeby

Dwy orsaf goll Abergafenni. Gorsaf Brecon Road (uchod), y tynnodd y Parch. Rokeby lun ohoni ar 12 Gorffennaf 1957, a gorsaf Abergavenny Junction, y tynnwyd y llun hwn ohoni ar 28 Rhagfyr 1957 gan D.W. Winkworth, gŵr y casglodd Rokeby lawer o'i luniau.

DI2008_0606 NPRN 407764 a DI2008_0603 NPRN 407763
Drwy garedigrwydd Ymddiriedolaeth Genedlaethol yr Eglwysi.

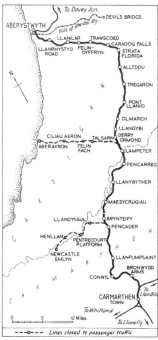

Cafodd y tocio mawr ar rwydwaith rheilffyrdd Cymru effaith sylweddol ar y dirwedd wedi'r rhyfel. Er bod y broses o ddileu gwasanaethau dyblyg neu aneconomaidd wedi dechrau cyn hynny, yr oedd y rheilffyrdd gwladoledig yn colli arian erbyn y blynyddoedd wedi'r rhyfel a chwtogwyd ymhellach arnynt. Ar ôl adroddiad Beeching, *The Reshaping of British Railways*, ym 1963 fe'u tociwyd yn gyflym ac yn ddidrugaredd. Aeth y bobl a oedd yn ymddiddori mewn rheilffyrdd ati i gofnodi'r isadeiledd cyn iddo ddiflannu, ac un o'r casgliadau mwyaf a wnaed oedd un y Parch. H. D. E. Rokeby o Norfolk. Gan Gofnod Henebion Cenedlaethol Cymru y mae adran Gymreig y casgliad hwnnw, ac ynddo mae dros 1,500 o ffotograffau o orsafoedd, arosfeydd ac adeiladau eraill. Er iddynt gael eu tynnu tua diwedd y 1950au a dechrau'r 1960au gan mwyaf, mae rhai ohonynt yn dyddio'n ôl i'r 1930au.

Collwyd llu o orsafoedd. Am bron i gan mlynedd, yr oedd tair gorsaf yn nhref farchnad Abergafenni: gorsaf Oxford Road ar y lein o Henffordd i Gasnewydd, gorsaf Brecon Road ar y lein i Ferthyr Tudful, a gorsaf y Junction, lle byddai'r lein o Ferthyr yn cwrdd â'r lein o Gasnewydd. Yr oedd gorsaf Brecon Road wedi agor ym 1862 ac yr oedd ganddi sied injans fawr, iard nwyddau a barics i'r staff, ond pan gaewyd y lein i Ferthyr ym 1958 nid oedd ei hangen mwyach ac fe'i dymchwelwyd. Caewyd gorsaf y Junction hefyd ym 1958. Yn Abertawe,

yr oedd gan y London, Midland & Scottish Railway ei gorsaf ei hun, gorsaf Victoria, oherwydd i'r cwmni lyncu'r London and North Western Railway. Gan fod modd i hen orsaf y Great Western yn High Street gymryd yr ychydig nwyddau a theithwyr a deithiai drwyddi, caewyd gorsaf Victoria ym mis Hydref 1965.

Yr oedd yr ymgiprys rhwng y cwmnïau rheilffyrdd yn ystod y bedwaredd ganrif ar bymtheg a dechrau'r ugeinfed ganrif wedi creu rhai anghysonderau. Er mai'r bwriad wrth sefydlu'r Manchester and Milford Railway oedd cysylltu Aberdaugleddau ag ardal y ffatrïoedd cotwm yn swydd Gaerhirfryn, yr hyn a gafwyd mewn gwirionedd oedd lein a ddechreuai yng Nghaerfyrddin. Ac er iddi anelu at fynyddoedd y Canolbarth, pallodd ei brwdfrydedd ychydig i'r gogledd o Dregaron, a throdd draw at yr arfordir yn Aberystwyth. Fe'i llyncwyd gan y Great Western ym 1906 am fod y cwmni hwnnw'n llygadu'r incwm a geid o'r teithwyr a deithiai i Fae Ceredigion i dreulio'u gwyliau. Un o'r gwelliannau a wnaed gan y perchnogion newydd oedd ailwampio gorsaf Llanilar ymhell y tu hwnt i ofynion y gymuned wledig honno. Oherwydd y llifogydd a gafwyd ym 1964, caewyd y lein yn swyddogol y flwyddyn ganlynol. Fel llawer i hen reilffordd, llwybr beicio yw hi bellach.

David Percival

Uchaf: Gorsaf pentref Llanilar, Ceredigion, a gaewyd ym 1965.

DI2008_0607 NPRN 41354

Uchod: Map a gasglwyd gan y Parch. Rokeby tua 1959 o'r hen Manchester and Milford Railway. Yr oedd y gwasanaethau i Gastellnewydd Emlyn ac Aberaeron eisoes wedi dod i ben, ond bu tri thrên y dydd yn cludo teithwyr o Gaerfyrddin i Aberystwyth tan 1964.

DI2008_0608 NPRN 91660

De: Agorwyd Gorsaf Victoria yn Abertawe ym 1867. Yma y codwyd canolfan hamdden Abertawe yn ystod y 1970au.

DI2008_0604 NPRN 34874

090 Clough Williams-Ellis a Phortmeirion wedi 1945

Llun o Bortmeirion yn yr haf.
AP_2005_0582 NPRN 28697

isgrifiad Clough Williams-Ellis ohono'i hun oedd mai ef 'owns and is designer and builder of the new model resort of Portmeirion'. Dros gyfnod o hanner canrif a rhagor, yr oedd i'r elfen gyson hon yn ei fywyd ddau gyfnod, sef o'r 1920au tan y 1930au ac o'r 1950au tan y 1970au. Dechreuodd weithio ar Bortmeirion ym 1925, yn oes aur trefi fel Llandudno, drwy godi'r grŵp o fythynnod o amgylch y Campanile gan roi ar waith ei ddaliadau am yr angen i godi adeiladau gwâr: yr oeddent yn gweddu i'r dirwedd, yn rhoi pleser i'r llygad ac yn meithrin ymwybyddiaeth o hanes. Yr hyn a daniodd y daliadau hynny yn y 1920au oedd awydd angerddol y rhai a ddaeth drwy'r Rhyfel Byd Cyntaf i greu Prydain well, a'r dicter a deimlai Clough ei hun o weld nad esgor ar bensaernïaeth a wnaeth hynny ond ar godi rhesi unffurf o dai.

Wedi 1945, encôr annisgwyl i'w ddaliadau oedd iddo arddel cred y mudiad y 'Celfyddydau a'r Crefftau' mewn crefftwriaeth a llythrennu, cyflwyno bwâu'r porthordai dros y llwybrau at y pentref, codi cryndo trawiadol, dod â lliwgarwch newydd i'r cynllun a theimlo bod ei arddull wedi datblygu (jôc Clough a'i wraig, yr awdur Amabel Strachey, oedd sôn am 'the Early Curly and the Late Straight'). Erbyn hynny, daethai'n arfer gan bawb gymryd gwyliau, ac at ddarllenwyr llyfrau yr anelodd Clough *Portmeirion: The Place and its Meaning* ym 1963. Lluniodd Lewis Mumford, y beirniad o America, gyflwyniad hael iddo a mwynhaodd Clough y clod a gâi o America bell, gan gynnwys edmygedd Frank Lloyd Wright. I lawer o benseiri eraill a gymerai eu gwaith yn gwbl o ddifrif, yr oedd y fath ysgafnder yn ddirgelwch llwyr.

Nid yr un yw'r fersiwn cynnar a'r fersiwn diweddarach o'r pentref. Oherwydd yr Ail Ryfel Byd, bu'n rhaid i Clough gau ei bractis fel pensaer yn Llundain ac ychwanegu enw ei fab Christopher at y gofeb ryfel yr oedd wedi'i chodi yn Llanfrothen yn y 1920au. Er mai effaith dileu'r cyfyngiadau ar adeiladu oedd ailfywiogi cydwybod bensaernïol a chymdeithasol Clough, yr oedd to ifancach o benseiri wedi codi bellach – ac er mai ef a ysgrifennodd y llyfr ar gyfer y Festival of Britain, ni wahoddwyd mohono i godi'r un adeilad ynddi.

Dechreuodd syniadau mawr newydd apelio ato – sefydlu Parc Cenedlaethol Eryri, cadeirio comisiwn cyntaf y Trefi Newydd – ef oedd y gŵr hynaf erioed i gael ei urddo'n farchog ac ef ei hun erbyn hynny yn rhan fyw o hanes.

Yn Rhesdai'r Siantri cafwyd ymgorfforiad o'r terasau un-lefel o dai cyngor a gynlluniwyd ym 1941 ar gyfer Workington ond na chodwyd mohonynt. Ymgododd fersiynau bach ansylweddol o blastai clasurol ymhlith creigiau Portmeirion ac o amgylch y sgwâr canolog ymgasglodd delweddau hanesyddol pryfoclyd fel y logias gardd Gothig o ddiwedd y ddeunawfed ganrif. Gwelwyd eiliadau o dalu teyrnged, fel pan gyflwynwyd cerflun efydd Brodie o Atlas ym 1959. Yn olaf, ym 1973 pan oedd Clough yn 93 oed a'i greadigaeth yn boblogaidd tu hwnt, codwyd porthdy newydd i werthu tocynnau ynddo: sylw John Cornforth amdano oedd y câi ei restru'n awtomatig cyn gynted ag y câi ei orffen.

Yr oedd paradocsau'r cyfan yn glir. Er bod Clough yn dadlau'n danbaid dros y Deddfau Cynllunio Gwlad a Thref a chadwraeth bensaernïol, synnai o weld cymhwyso rheolau at ei waith ei hun. Daeth yr hyn a oedd, i ddechrau, yn encilfa glan-môr i elît o Lundain yn ysgogiad mawr i fywyd a thwristiaeth yng Nghymru, ond credai ei gyfeillion iddo'i ddifetha drwy ei orlenwi. Ac er i Bortmeirion gael ei godi i fynd i'r afael â phroblemau a rhyddid pensaernïol yr ugeinfed ganrif, effaith y cwlt a dyfodd o amgylch y gyfres deledu *The Prisoner* oedd uniaethu'r lle â pharanoia'r Rhyfel Oer. Mae'n ysgrif bensaernïol bwysig, ond nid oes neb eto wedi llwyddo i'w deall i gyd.

Richard Haslam

Uchod: Y safle y nodwyd mai arno y safai castell Aber Iâ, castell a fu'n gadarnle i un o dywysogion Gwynedd tua diwedd y ddeuddegfed ganrif. Ychwanegodd Clough ragfur castellog ato yn y 1960au.
DS2008_172_001 NPRN 302700

De: Neuadd y dref a'r cerflun o Atlas.
DS2007_449_020 NPRN 28697

Isod: Awyrlun o bentref Portmeirion.
GTJ25743 NPRN 28697

091 Tai Arobryn: 1-6 Little Orchard

Lolfa 6 Little Orchard, 1973, fel y'i dodrefnwyd gan Thomas Glyn Jones. Yn 2006 y tynnwyd y ffotograff hwn.
DS2006_015_017 NPRN 404533

Nid yw hanes pensaernïaeth yng Nghymru'r ugeinfed ganrif bob amser yn cael sylw haeddiannol ac mae llawer i'w fawrygu yn y ffordd y cafodd moderniaeth ei harddel a'i chymathu. Dylid sôn yn arbennig am y ffordd y cynhaliwyd yr ymwybyddiaeth o hunaniaeth wrth wynebu'r sialensiau newydd. Er mai'r elfennau sy'n effeithio fwyaf ar y canfyddiadau o bensaernïaeth fodern yw cynlluniau mawr – prosiectau peirianegol, ffatrïoedd, ystadau tai – ceir hefyd rai enghreifftiau hynod o gelfydd o ddatblygiadau bach. Gall y rhain, yn ogystal â phensaernïaeth hanesyddol, oleuo diwylliant a chyd-destun eu cyfnod gan ein hatgoffa bod hyd yn oed bethau cymharol ddiweddar yn rhan o'n hanes.

Datblygiad o'r math hwn yw Little Orchard yn Ninas Powys, sef chwe thŷ gan y penseiri o Gaerdydd, Thomas Glyn Jones a John R. Evans, dau a fu'n byw mewn dau o'r tai hyn. Cymeradwywyd cam cyntaf y cynlluniau ym 1966 a chwblhawyd pedwar tŷ erbyn 1968. Codwyd y ddau arall ym 1973. Enillodd y cam cyntaf Fedal Tai y Swyddfa Gymreig ym 1968 a Gwobr y Gymdeithas Goncrid ym 1969. Ym 1972 enillodd y cynllun wobr aur mewn pensaernïaeth yn yr Eisteddfod Genedlaethol.

Mynegiant o feddylfryd bensaernïol flaengar ei ddydd sydd yma, sef cynllun yn yr idiom bictwrésg fodern. Mae'r chwe thŷ yn grŵp hunangynhaliol ac yn gydgysylltiedig mewn dilyniant rhythmig sy'n gyfansoddiad cydnaws. Cynlluniwyd y lleoliad yn ofalus drwy weithio gyda'r darn tir a oedd yno'n barod a chadw sawl un o'r coed. Mae'r tai'n ymgorfforiad beiddgar o ddaliadau moderniaeth, yn enwedig o ran eu defnydd o ddefnyddiau a'u ffordd o drin gofod. Defnyddiwyd concrid mewn amrywiol ffyrdd diddorol a strwythurol-onest i gyflawni gwahanol elfennau'r cynllun, a'r hyn sy'n arbennig o drawiadol yw'r

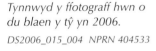

Manylyn o furiau concrid asennog a morthwyliedig y prif lawr.

DS2006_015_010 NPRN 404533

Tynnwyd y ffotograff hwn o du blaen y tŷ yn 2006.

DS2006_015_004 NPRN 404533

defnydd, yn y prif lawr, o goncrid asennog a gastiwyd yn y fan a'r lle ac a forthwyliwyd wedyn i greu ymylon toredig. Yr oedd y mynegiant byw hwn o briodoleddau'r defnydd yn thema ar y pryd ym myd pensaernïaeth fodern yn Ewrop (yng ngwaith Le Corbusier) ac yn yr Unol Daleithiau (lle'r oedd Paul Rudolph wedi defnyddio'r dechneg yn Adeilad Celfyddyd a Phensaernïaeth Prifysgol Yale ym 1966), a chredai'r penseiri fod ymylon garw'r concrid yn adleisio gerwinder tirwedd Cymru. Yr oedd y darnau helaeth o wydr yn fodd i'r mannau mewnol ac allanol ymdreiddio i'w gilydd gan ail-gyfnerthu perthynas y tai â'u lleoliad a chynnig cyferbyniadau diddorol rhwng y solid a'r gwag, y garw a'r llyfn. Mae geometreg drylwyr a chelfydd ar waith yn nilyniant y planau a'r cyfeintiau sy'n cynnwys y mannau byw ond sydd, i bob golwg, heb fod yn cyfyngu arnynt.

Er bod rhywfaint o newid wedi bod ar rai o'r tai, mae cydlyniad y cynllun gwreiddiol wedi goroesi'n dda. Mae'n syndod cyn lleied o newid sydd wedi bod ar rif 6, cartref Thomas Glyn Jones, ers ei gwblhau ym 1973. Yn 2006, gwnaeth y Comisiwn Brenhinol arolwg ffotograffig llawn o'r tŷ tra oedd y celfi ynddo'n dal i fod yn unol â bwriad y pensaer, a rhestrwyd y grŵp cyfan o dai yn un sydd o ddiddordeb pensaernïol a hanesyddol arbennig. Rhoddwyd copïau o'r cynlluniau gwreiddiol yn y Cofnod Henebion Cenedlaethol.

Judith Alfrey

092   Pensaernïaeth i Gymru: Plas Menai

Plas Menai a'r dirwedd o'i amgylch, o'u gweld o ochr Môn i Afon Menai,
gan ddangos toeon Plas Menai ar y tir rhwng y môr a'r mynyddoedd.
DS2008_413_004   NPRN 406861

Codwyd Plas Menai, y Ganolfan Chwaraeon Dŵr Genedlaethol, yn ganolfan gweithgareddau awyr-agored ar gyfer Cyngor Chwaraeon Cymru ym 1982. Gan fod y safle'n edrych allan dros y Fenai hanner ffordd rhwng Caernarfon a Bangor, yr oedd y môr, yr afonydd a'r mynyddoedd o fewn cyrraedd hwylus. Galwai'r briff, felly, am i'r safle gynnwys ystafelloedd addysgu, pwll nofio, storfeydd helaeth i gychod ac offer ynghyd â gweithdai, cegin ac ystafell giniawa, ystafelloedd gwely o safon gwesty i drigain o bobl, a llety i'r staff ar wahân. Y penseiri, dan arweiniad Bill Davies, oedd Partneriaeth Bowen Dann Davies o Fae Colwyn a Bangor, a Jonathan Knox oedd pensaer y gwaith. Er mai hwn oedd eu comisiwn mawr cyntaf, fe enillodd y cynllun wobr gan yr Ymddiriedolaeth Ddinesig ym 1984, Medal Aur gan yr Eisteddfod, a Chanmoliaeth Ranbarthol gan Sefydliad Brenhinol Penseiri Prydain.

Plas Menai: yr wyneb at y môr (brig) a'r tir (gwaelod).
DS2007_413_003 a
DS2007_413_002 NPRN 406861

Gellir trafod, ar sawl lefel gysylltiedig, yr elfennau sy'n peri mai'r ganolfan hon yw un o'r adeiladau newydd gorau a godwyd yn y gogledd yn ystod ail hanner yr ugeinfed ganrif. Yn gyntaf, mae'r ymateb i'r safle'n feistrolgar. Mae'r tir yn disgyn yn raddol i Afon Menai tua'r gogledd tra bo mynyddoedd Eryri'n gefndir i'r cyfeiriad arall. Creodd y cynllunwyr, felly, dirwedd newydd sy'n adleisio disgyniad naturiol y tir. Mae'r toeon helaeth, sydd i gyd o lechi porffor y Penrhyn, yn rhaeadru i lawr ar blatiau digyswllt sy'n camu ac yn llithro heibio'i gilydd. Er bod pedwar llawr i'r adeilad, nid yw'n teimlo fel adeilad uchel yn unman.

Mae trefn yr adeilad mawr yn fedrus hefyd. Lle bo angen golygfeydd ar yr ystafelloedd gwely, maent wedi'u gosod ar hyd y cyfuchliniau; os nad yw'r golygfeydd yn bwysig, mae'r adeilad yn troi ar ongl sgwâr i ddilyn y llethr (ond mae'r toeon yn dal i lithro tuag i lawr). Canlyniad hynny yw cynllun llac ar ffurf y llythyren E, a dau gwrt agored ac ymlaciol rhwng yr adenydd. Mae'r cwrt isaf yn perthnasu â'r cychod a glan y dŵr, a chynlluniwyd iddo fod â naws cei sydd â chychod yn galw heibio iddo. Cwrt gwyrddach a meddalach yw'r un uchaf, ac mae hwnnw rhwng yr adenydd sy'n cynnwys yr ystafelloedd gwely. Ceir trydydd cwrt mewn bloc ar wahân ar gyfer y staff.

Mae lliwiau'r defnyddiau yn syml ac yn draddodiadol: ffenestri o bren tywyll garw a lled wyn, a llechi porffor. Yma ac acw, ceir llechi neu ddarnau o wenithfaen ar hyd y muriau. Effaith y bargodion llydan yw creu mannau cysgodol braf, a lle ceir gofod lled-allanol dan do ceir gwaith saer sy'n dywyllach ac yn gelfydd ei gynllun ond heb fod yn or-gywrain.

Er nad oes dim sy'n gynhenid Gymreig ynghylch ffurf na manylion yr adeilad fe geir ym Mhlas Menai, ac mewn adeiladau eraill gan yr un cwmni, bensaernïaeth 'frodorol' sy'n gweddu i'r ardal. Ceir yr un teimlad wrth astudio adeiladau Herbert Luck North [079], a chan i Frank Dann weithio gyda phartner a mab-yng-nghyfraith North, P. M. Padmore, nid yw'n syndod canfod ei ddylanwad yn y ganolfan hon. Mewn cyfnod o unffurfiaeth fyd-eang gynyddol, pan fo tuedd fynych i adeiladau ymdebygu i'w gilydd o ran pryd a gwedd lle bynnag y cânt eu codi, mae Plas Menai yn ein hatgoffa ni y gellir, ac y dylid, eu gwreiddio yn eu cyd-destun.

Adam Voelcker

093 Cau'r Gwallgofdai

*Awyrlun o Ysbyty Gogledd Cymru, Dinbych, ar ôl ei gau, gan ddangos
holl hyd a lled yr adeiladau a oedd wedi'u codi yno dros ganrif a hanner.*

AP_2006_1006 NPRN 3010

Gwisg o ddefnydd bras na ellid ei rwygo, ac esgidiau y gellid eu cloi. Cadwyd y rhain yn amgueddfa'r ysbyty.

DI2008_0468 a DI2008_0467 NPRN 3010

Gan mai cau'r gwallgofdai oedd un o effeithiau mwyaf dramatig unrhyw bolisi cyhoeddus yn 1980au a'r 1990au, deilliodd sawl datblygiad ohono: sefydlu clinigau i gleifion allanol, datblygu tawelyddion a weithredai am gyfnod maith, a threfnu rhaglenni gofal yn y gymuned. Yr oedd sawl gwallgofdy mawr a thrawiadol ei bensaernïaeth yng Nghymru, gan gynnwys yr ysbyty ar ffurf tebyg i fwthyn ym Mhen-y-fâl, Abergafenni, yr adeilad Eidalaidd ei olwg yn Ysbyty Dewi Sant yng Nghaerfyrddin a'i dyrau dŵr sylweddol, a'r casgliad o adeiladau ar fryn yng Nghefn Coed, Abertawe. Er bod y mwyafrif ohonynt yn llai na chanrif oed, nid oedd fawr ddim o unrhyw ragoriaeth wedi'i ychwanegu atynt ers yr Ail Ryfel Byd, ac eithrio llyfrgell nodedig Caerfyrddin. Bellach, mae pob un ohonynt wedi'i gau neu'n cael ei ddefnyddio at ddiben arall.

Y mwyaf ohonynt yw hen Wallgofdy Siroedd Gogledd Cymru yn Ninbych. Fe'i codwyd drwy danysgrifiad cyhoeddus, yn bennaf oherwydd y pryder ynghylch lles y Cymry Cymraeg a gâi eu hanfon cyn hynny i wallgofdai Lloegr. Craidd gwreiddiol yr ysbyty oedd adeilad trawiadol mewn arddull Jacobeaidd ar ffurf y llythyren U. Yr oedd yno hefyd dŵr canolog i'r cloc. Y cynllunydd oedd Thomas Fulljames o Gaerloyw ac agorwyd yr adeilad ym 1848. I goffáu'r prif noddwr, y tirfeddiannwr lleol Joseph Ablett, gosodwyd penddelw ohono mewn cilfach yn y cyntedd. Yr oedd lle yn yr adeilad gwreiddiol i 200 o gleifion, ond fe ehangwyd mwy a mwy arno nes bod yno, erbyn 1908, 'bentref' hunangynhaliol o fil o gleifion a staff ynghyd â chapel, fferm, gweithdai, a chyflenwadau preifat o ddŵr a thrydan. Ymhlith y datblygiadau pwysig a welwyd wedi'r rhyfel yr oedd cynlluniau i wasgaru'r cleifion a'r staff: cynlluniwyd chwe fila unigol i'r cleifion (ond dwy yn unig a godwyd), ychwanegwyd at hynny gartref sylweddol i'r nyrsys a chodwyd ysbyty i

dderbyn cleifion gwirfoddol ('ysbyty'r nerfau') mewn fila gerllaw.

Yn y 1980au cyhoeddwyd bwriad i gau Ysbyty'r Gogledd ac fe'i caewyd yn derfynol ym mis Medi 1995. Ymwelodd staff o'r Comisiwn Brenhinol ag ef ychydig cyn ei gau i wneud cofnod ffotograffig ohono. Ymhlith yr eitemau a gyffyrddai fwyaf â'r galon yr oedd y dillad yr arferai'r cleifion eu gwisgo, gan gynnwys gwisgoedd o ddefnydd bras ac esgidiau uchel y gellid eu cloi – eitemau a wnaed yn benodol ar gyfer y cleifion a fyddai'n rhwygo'u dillad neu'n cicio'u hesgidiau oddi ar eu traed. Ymhlith eitemau tebyg eraill yr oedd darlun gan glaf o'r cwrt yn y gwallgofdy lle câi'r dynion dipyn o awyr iach, a hwnnw'n gwrt cwbl wag. Y syndod oedd bod llawer o gofnodion y cleifion yn dal ar glawr, a rhai ohonynt yn dyddio'n ôl i gyfnod sefydlu'r ysbyty. Bu'r archif yn sail i brosiect ymchwil ar hanes salwch meddwl yn y gogledd dan arweiniad Dr Pam Michael o Brifysgol Cymru, Bangor.

Mae sicrhau cadwraeth y casgliadau rhyfeddol hyn o adeiladau a'r broses o'u haddasu at ddefnydd newydd wedi codi problemau, a gwag ac eithaf anghyfannedd yw gwallgofdai Talgarth a Dinbych ers blynyddoedd lawer. Yr ateb a gafwyd amlaf i'r broblem hon oedd dymchwel y gwahanol ychwanegiadau atynt a chadw'r adeiladau gwreiddiol. Mewn rhai achosion, fel yn achos ysbyty'r Eglwys Newydd yng Nghaerdydd, parheir i gyflawni amryw o swyddogaethau'r gwasanaeth iechyd ynddynt. Yn Abergafenni, llwyddwyd i droi'r adeiladau yn fflatiau ers i'r ysbyty gau ym 1996, a thalwyd cryn dipyn o gost ailwampio'r adeiladau gwreiddiol drwy roi 'datblygiad galluogi' ar waith a chodi tai ar y tiroedd helaeth. Dyna'r union ateb y gobeithir ei weld yn Ninbych.

Richard Suggett

Tu blaen gwallgofdy Dinbych. Codwyd yr adeilad ym 1847 yn wreiddiol.

DI2008_0486 NPRN 3010

094 Goroeswyr: Gwaith Argraffu Gwasg Gee

Y peiriant leinoteip: prif offer argraffydd y tu allan i'r dinasoedd mawr.

DI2008-0481 NPRN 41216

Mynedfa Gwaith Argraffu Gee (y tu allan).

DI2006_0271 NPRN 41216

De, uchod: Mynedfa Gwaith Argraffu Gee (y tu mewn) a ffenest grom y perchennog. De, isod: Y rhwymfa.

DI2008_0475 a DI2008_0480 NPRN 41216

Isod: Yr argraffdy.

DI2008_0479 NPRN 41216

T an i wasg argraffu wreiddiol Gwasg Gee yn Ninbych gau yn 2001, yr oedd hi'n siop argraffu draddodiadol a oedd wedi llwyddo'n rhyfeddol i dal ei thir. Hi oedd yr esiampl olaf o'i bath yng Nghymru ac fe gynrychiolai draddodiad cadarn o argraffu a chyhoeddi yn y Gymraeg. Fe'i sefydlwyd ym 1808 ac ym 1813 fe'i prynwyd gan Thomas Gee. Yn ystod y 1830au, dechreuodd mab Thomas Gee, Thomas arall (1815-98), reoli'r wasg a datblygu rhaglen gyhoeddi uchelgeisiol. Bu'r adeilad yn Lôn Swan yn gartref i'r wasg yn ddi-dor o'r 1830au ymlaen ac nid yw'r lle wedi gweld fawr o newid ers canol y bedwaredd ganrif ar bymtheg pan arweiniodd y mecaneiddio cynyddol at ehangu adeiladau'r wasg. Ychwanegwyd cwrt atynt ac, o dan ffenestr swyddfa Thomas Gee ar y llawr cyntaf, crëwyd mynedfa a oedd yn ddigon mawr i geirt allu dod drwyddi. Er i'r teulu Gee gadw mewn cysylltiad agos â'r busnes yn yr ugeinfed ganrif, prynwyd y wasg ychydig cyn yr Ail Ryfel Byd gan Morris T. Williams a'i wraig, Kate Roberts, y llenor y ceir portread mor fyw o fywyd chwarelwyr Cymru a'u teuluoedd yn ei nofelau a'i storïau byrion [088].

Rhoddwyd y ffurf derfynol ar y wasg yn ystod y blynyddoedd wedi'r Ail Ryfel Byd, ac er i Morris Williams farw ym 1946 daliodd Kate Roberts i redeg y wasg a chyhoeddi'r papur newydd cenedlaethol Cymraeg, *Baner ac Amserau Cymru* (neu *Y Faner*), am ddeg mlynedd arall. Y tu cefn i'r adeilad mae ffwrnais fach lle câi'r teip plwm ei gastio. Cynnyrch ffatrïoedd yn yr Almaen yn yr ugeinfed ganrif yw'r rhan fwyaf o'r peiriannau. Yn eu plith mae gilotîn Polar-Mohl, peiriant gwnïo llyfrau Brehmer Leipzig, peiriant plygu Stahl, a gweisg Heidelberg yn yr ystafell argraffu. Yn ystafell y cysodwyr mae chwe pheiriant leinoteip. Y rheiny yw'r prif offer a ddefnyddid gan argraffwyr mewn trefi, a thua'r diwedd fe'u defnyddid i argraffu taflenni angladdau a phriodasau ac eitemau tebyg. Hyd y

diwedd, parhâi Gwasg Gee i gadw raciau hen-ffasiwn o deip poster a meini cysodi.

Tynnwyd ffotograffau o'r gwaith argraffu ym 1998 cyn iddo gau. Er bod newidiadau technolegol heddiw wedi cwtogi ar nifer y prosesau sydd ynghlwm wrth argraffu, mae unrhyw fuddsoddi sylweddol ynddynt yn golygu bod rhaid wrth gryn ddarbodion maint a bod rhaid codi adeiladau mawr ar ystadau diwydiannol ar eu cyfer yn hytrach na bod y cyfan wedi'i wasgu i adeiladau hanesyddol go gyfyngedig eu maint yng nghanol tref. Gan fod Gwasg Gee, er hynny, yn dal i fod yn elfen bwysig yn nhreftadaeth adeiledig Dinbych, mae ymddiriedolaeth wrthi'n chwilio am ffyrdd newydd o ddefnyddio'r adeilad a'r gobaith yw y bydd hynny'n cynnwys agor amgueddfa argraffu.

Richard Suggett

095 Eco-dai

Malator yn Nolton, Sir Benfro, dan drwch o dyweirch. Mae ei fur o wydr yn edrych allan i'r môr.
DI2006_1034 NPRN 309561

Mae deall hanes pensaernïaeth Cymru wedi arwain at werthfawrogiad helaethach o ddefnyddio defnyddiau adeiladu brodorol – a phren, clai a thyweirch yn arbennig – ac fel y mae llyfr Clough Williams-Ellis ym 1919, *Cottage Building in Cob, Pise, Chalk and Clay*, yn dangos, cododd y diddordeb modern yn y defnyddiau hynny yn gynnar yn yr ugeinfed ganrif. Erbyn heddiw, mae'n cyd-ddigwydd â'r diddordeb cynyddol mewn cynaladwyedd ac mewn creu adeiladau eco-gyfeillgar.

Ers i Ganolfan y Dechnoleg Amgen gael ei sefydlu ym Machynlleth ym 1973 a chwarae rhan bwysig wrth ddatblygu ac arddangos dulliau newydd, mae gan Gymru hanes o wneud gwaith arloesol ym myd cynaladwyedd. Gerllaw'r Ganolfan, mae Parc Eco Dyfi a agorwyd ym 1997 yn barc busnes gwyrdd lle defnyddiwyd defnyddiau naturiol a lleol bob cyfle posibl. Codwyd fframiau pren i'r adeiladau, er enghraifft, yn lle'r fframweithiau dur sydd mor gyffredin. A thrwy godi'r Tŷ Gwyrdd, mae Amgueddfa Werin Cymru yn Sain Ffagan hefyd wedi arddangos technoleg eco-gyfeillgar.

Wrth iddo baratoi ar gyfer cyfrol Pevsner ar Sir Benfro yn y gyfres *Buildings of Wales*, tynnodd y Comisiwn Brenhinol ffotograffau o enghreifftiau nodedig o 'eco-dai' sydd i'w cael yng ngorllewin Cymru. Rhaid gwahaniaethu rhwng y tai yn nhraddodiad 'gwneuthuriad cartref' a'r rhai sydd wedi'u cynllunio gan bensaer. Mewn rhai achosion, mae'r tai 'gwneuthuriad cartref' yn rhai answyddogol ac wedi'u codi heb ganiatâd cynllunio. Achos nodedig ym myd cynllunio erbyn hyn yw'r Round House yn y Brithdir Mawr ger Trefdraeth yn Sir Benfro, sef 'eco-gartref' o bren a chob, ac iddo ffenestri sydd wedi'u hailgylchu, a tho o dyweirch. Ynni'r haul a thyrbinau gwynt sy'n cynhyrchu trydan iddo, ac mae ganddo dŷ bach compost, a chorslwyni i ailgylchu dŵr llwyd. Fe'i codwyd ganol y 1990au heb ganiatâd cynllunio, ond sylwyd arno o awyren arolygu y Parc Cenedlaethol. Gorchmynnwyd ei ddymchwel ond cafwyd protestiadau o blaid ei gadw.

Er i'r Round House apelio at ddychymyg y cyhoedd, ceir adeiladau 'eco-gyfeillgar' nodedig eraill yn Sir

De: Ysgol Nant-y-cwm gan Steiner: y tu mewn (isod) a thu allan y feithrinfa a'i tho o dyweirch.

DI2008_0470 a DI2008_0472
NPRN 32113

Isod: Malator a'i gyffiniau.
DI2006_1036 NPRN 309561

Benfro. Disgrifia cyfrol Pevsner ymddangosiad corff o waith ar egwyddorion ecolegol, a llawer ohono'n waith arloesol. Er enghraifft, addaswyd ysgol fwrdd o oes Fictoria, Ysgol Steiner Nant-y-cwm yn Llan-y-cefn, drwy ychwanegu ati ystafell ddosbarth gan Christopher Day ym 1982. Meddai Julian Orbach amdani yng nghyfrol Pevsner, 'Day achieved an iconic building of the then barely nascent ecological movement, a little building where the forms flow from the earth in battered roughcast walls, anchored by a turf roof'. Mae adeiladau addysgol, gan gynnwys canolfannau ymwelwyr, wedi bod yn ganolbwynt ffrwythlon i bensaernïaeth arloesol. Mae cyfrol Pevsner ar Sir Benfro yn cyfeirio at y ganolfan ymwelwyr yn Scolton Manor gan Peter Holden Architects (1993), y ganolfan wybodaeth i ymwelwyr yn Nhyddewi a'r ganolfan ymwelwyr wrth fryngaer Castell Henllys (1993-4).

Yn y rhain ac eco-adeiladau eraill, mae'r to o dyweirch yn fynegiant o bensaernïaeth arloesol tua diwedd yr ugeinfed ganrif, ac mae'r ffaith bod tyweirch yn disodli llechi yn symbolaidd. Un o'r enghreifftiau yn Sir Benfro sydd wedi tynnu sylw'n arbennig yw Malator, Nolton, gan Future Systems (1998), adeilad sy'n swatio dan garped o dyweirch a chanddo fur o wydr yn edrych allan tua'r môr. Mae'n dŷ apelgar o gyfoes sy'n cyfuno cynllunio at y dyfodol â sicrhau cynaladwyedd amgylcheddol.

Richard Suggett

Ymlaen i'r Dyfodol

Peter Wakelin

Petai helwyr-gasglwyr Palaeolithig yn cyrraedd Cymru yn yr unfed ganrif ar hugain, caent drafferth enbyd i adnabod y dirwedd. Mae'r môr wedi gorlifo'r gwastadeddau isel a arferai fod yn gynefin iddynt ac mae'r hinsawdd yn fwynach o lawer. Byddent yn deall llai byth, hyd yn oed, am y newidiadau y mae'r ddynoliaeth wedi'u gwneud i'r dirwedd – o godi beddrodau Neolithig i greu dinasoedd modern – wrth i anghenion a galluoedd pobl gynyddu. Er na allwn hyd yn oed ddyfalu sut y bydd y dirwedd yn newid dros y milenia sydd i ddod, mae profiad diweddar yn cynnig rhyw awgrym ynglŷn â'r ychydig ddegawdau nesaf wrth i'n bywydau ni heddiw droi'n hanes yn y dyfodol.

Yn y dyfodol agos, bydd y dirwedd a'r stoc gyfarwydd o adeiladau yn aros. Bydd y mwyafrif o'r bobl yn byw mewn tai a godwyd yn y bedwaredd ganrif ar bymtheg neu'r ugeinfed ganrif, a bydd y rhan fwyaf o Gymru yn parhau i fod yn dir gwledig. Mae rhai o'r tueddiadau presennol hefyd yn debyg o barhau: mae'n fwy na thebyg y bydd tai a datblygiadau masnachol yn dal i ehangu, gall prif strydoedd trefi a dinasoedd barhau i gael eu hadnewyddu'n fynych, gall ysgolion ac ysbytai newydd yn hawdd ddisodli hen rai, a gall eglwysi a chapeli gau os bydd eu cynulleidfaoedd yn dal i brinhau. Yng nghefn gwlad, rhoir y gorau i ddefnyddio ffermydd traddodiadol, neu fe gânt eu haddasu, ac mae'n fwy na thebyg mai cynyddu a wna defnyddio tir at ddibenion hamdden.

Peth annisgwyl, yn aml, yw newidiadau mawr. Efallai y gwêl yr unfed ganrif ar hugain ddigwyddiadau a fydd yn cyfateb i'r trawsffurfiadau syfrdanol a gafwyd yn yr ugeinfed ganrif fel y dileu llwyr, bron, ar y diwydiannau trwm traddodiadol: mae'n werth cofio i'r Bwrdd Glo Cenedlaethol ragweld mor ddiweddar â'r 1980au fod digon o lo dan ddaear i bara am ddwy genhedlaeth arall. Os bydd y pwysau ar y cyflenwadau bwyd yn cynyddu a'r hinsawdd yn cynhesu, gellid troi tir pori yn dir âr ac ailddechrau ffermio tir ymylol. Gellid gweld newid llwyr yn y duedd i godi datblygiadau manwerthu ar gyrion trefi wrth i brisiau olew godi, a gweld canol trefi a dinasoedd yn bywiogi eto. Mae'n bosibl, hyd yn oed, y gwelir agor pyllau dwfn unwaith yn rhagor i ateb y galw am gynhyrchu pŵer.

Efallai mai'r hinsawdd fydd yn ysgogi'r pwysau mwyaf o blaid newid. Mae astudiaethau o effeithiau posibl y newidiadau yn yr hinsawdd yn rhybuddio y gwelir canlyniadau go ddifrifol. Disgwylir i lefel y môr godi 40 centimetr erbyn 2080 a gallai hyrddiadau

stormydd effeithio ar dir sydd fetr uwchlaw lefel bresennol y môr. Rhagwelir y bydd cynnydd o 30 y cant mewn glaw ac eira erbyn 2100. Byddai hynny'n cynyddu'r llifogydd ar hyd afonydd ac yn cyflymu'r erydu ar fawn bregus yr uwchdiroedd, yn enwedig os caiff y mawn ei sychu'n grimp gan yr hafau cynhesach a sychach y disgwylir eu cael. Gan fod llawer o drefi ac aneddiadau yn clystyru ar hyd glannau afonydd a chan fod bron un o bob pump o safleoedd archaeolegol hysbys Cymru mewn priddoedd mawn, bydd hynny'n fygythiad o bwys i'r dreftadaeth. Gall camau i leddfu effaith y newid yn yr hinsawdd gynnwys codi ffermydd gwynt ar dir a môr ac, efallai, forglawdd dros Fôr Hafren, newid adeiladau i wella'u perfformiad amgylcheddol, plannu coed, gwneud gwaith draenio i gwtogi ar erydu mawn, a chodi amddiffynfeydd rhag llifogydd.

Gall newidiadau o'r fath gynnig llawer her i'r Comisiwn Brenhinol a'i bartneriaid. Gall y newidiadau

Gyferbyn: Gall prosiectau heddiw esgor ar dreftadaeth yfory, fel y gwna tŷ gwydr mawr yr Ardd Fotaneg Genedlaethol. Norman Foster a'i Bartneriaid oedd y penseiri. Yr oedd y gwaith o'i godi yn tynnu at y diwedd ym mis Chwefror 2000.

GTJ26987 NPRN 307111

Isod: Mae cyflymdra diflaniad y diwydiannau traddodiadol wedi bod yn frawychus, yn enwedig i gymunedau'r cymoedd: dyma weithfeydd dur Glynebwy yn 2001 (brig) a 2003.

DI2008_0415 a CD2003_603_017
NPRN 34135

De: Collir llawer o olion helaeth diwydiant llechi'r Gogledd wrth i brosesau naturiol beri iddynt ddirywio. Yr oedd lefelau chwarel Dinorwig yn Llanberis wedi ymledu ar draws llethrau'r mynydd.

AP_2007_5203 NPRN 40538

mewn gweithgarwch economaidd roi pwysau ar raglenni cofnodi, fel y digwyddodd yn y 1990au wrth i weithfeydd dur a phyllau glo gau'n gyflym y naill ar ôl y llall. Mae llinynnau pwysig o hanes cymdeithasol, fel y gwersylloedd gwyliau sydd wedi diflannu dros y blynyddoedd diwethaf, hefyd yn haeddu cael eu cofnodi [098]. Gall archaeoleg gyfoes, sy'n arsylwi prosesau byw yn hytrach na'u hadlunio ar sail olion tameidiog, fod yn arbennig o gynhyrchiol [083], a doeth o beth efallai fyddai cofnodi, er enghraifft, yr amryfal siopau bach sydd dan fygythiad oherwydd y duedd fyd-eang i siopa mwy a mwy dros y we.

Isod: Mae adeiladau traddodiadol yn parhau i gael eu colli, ond gall cofnodi gofalus fod o gymorth i'w hadfer neu i ddiogelu gwybodaeth amdanynt. Mae bythynnod o glom neu gob yn arbennig o fregus os cânt eu gadael.

DI2005_0852 NPRN 17223

Nid yw hyd yn oed safleoedd ac adeiladau sydd wedi eu hamddiffyn bob amser yn ddiogel. Gellir aredig dros safleoedd ôl cnydau, mae caerau pentir o'r Oes Haearn yn syrthio i'r môr, ac mae'n bosibl na ddaw neb i achub llawer o blastai gwledig, eglwysi ac adeiladau diwydiannol. Er bod y peiriannau stêm cynnar ym Mhyllau Glyn, Pont-y-pŵl, sydd wedi'u cofnodi'n fanwl gan y Comisiwn, ymhlith henebion diwydiannol hynotaf y wlad, nid yw blynyddoedd o ymdrechu wedi llwyddo i'w diogelu hyd yn hyn. Ni ellir diogelu ond ychydig o'r miloedd o adeiladweithiau sy'n weddill o chwareli llechi'r gogledd er bod hwnnw'n ddiwydiant arbennig ac o bwys rhyngwladol, a bod iddo arwyddocâd diwylliannol mawr. Drwy ymchwilio ymhellach bydd modd canfod pa rai o'i nodweddion sydd fwyaf teilwng o gael gofal, a chofnodi eraill er mwyn yr oesoedd a ddêl. Ceir ambell dân trychinebus fel y rhai sydd, dros y blynyddoedd diwethaf, wedi dinistrio grŵp o dai Sioraidd yn Ninbych-y-pysgod, capel rhestredig yn Aberystwyth a thu mewn Plas Hafodunos. Os bydd cofnodion wedi'u gwneud ymlaen llaw, gellir eu defnyddio wrth wneud gwaith adfer neu i alluogi pobl yn y dyfodol i ddeall yr hyn sydd bellach ar goll.

Rhai o'r eitemau yr ymgynghorir â hwy fynychaf yn y Cofnod Henebion Cenedlaethol yw'r rhai sy'n dangos

Chwith: Gall y drysau sydd wedi goroesi ym mhorth Castell y Gelli Gandryll yn Sir Faesyfed fod ymhlith yr hynaf yn y wlad. Drwy ddyddio blwyddgylchau'r pren ynddo, cafwyd bod y drws ar y chwith yn dyddio o gyfnod rhwng 1610 a 1640. Mae'n debyg i'r drws ar y dde gael ei wneud yn y bedwaredd ganrif ar ddeg, ond nid oedd modd ei ddyddio drwy arfer y technegau cyfredol.

DI2006_0404 NPRN 25593

natur [100]. Yn y Fframwaith Ymchwil ar gyfer Archaeoleg Cymru (2008) nodwyd y bylchau yn ein dealltwriaeth o bob cyfnod, gan gynnwys pryd a sut y cyrhaeddodd ac yr ymadawodd y bodau dynol cynharaf, a'r trosglwyddo rhyngwladol a fu ar dechnolegau adeg y Chwyldro Diwydiannol. Mae llu o dechnegau newydd yn cynnig cyfleoedd cyffrous i ateb cwestiynau pwysig, ac archaeoleg amgylcheddol yn esgor ar wybodaeth amhrisiadwy am yr hinsawdd yn y gorffennol ac am y llystyfiant o ddyddodion mawn. Bellach, ceir gwell deall ar ddefnyddio bathymetreg a samplu tanddwr i ymchwilio i'r tirweddau hynny oddi ar yr arfordir presennol y bu pobl Balaeolithig yn byw arnynt. Drwy ddyddio adeiladau ar sail y blwyddgylchau yn eu pren, gwelwyd camau cyntaf y mireinio ar gronoleg pensaernïaeth frodorol a fydd yn gymorth i ddeall adeiladau yn eu cyd-destun cyfoes [097]. Mae'n sicr y bydd archwilio delweddau laser yn yr awyr (Lidar) yn arwain at amlygu rhagor o safleoedd archaeolegol. Drwy raglen systematig y Comisiwn Brenhinol o astudio capeli dechreuir canfod patrymau ym 'mhensaernïaeth genedlaethol' Cymru, a dylai'r data helaeth sy'n deillio o Fenter Archaeoleg yr Uwchdiroedd esgor ar gasgliadau ynghylch mwyngloddio, amaethu, defodau Neolithig a hinsoddau'r gorffennol, ymhlith llu o themâu eraill.

Mae hwn yn gyfnod cyffrous a llawn her. Fel y dywedodd Prif Weinidog Cymru yn ei neges adeg canmlwyddiant y Comisiwn Brenhinol yn haf 2008, mae swyddogaethau creiddiol y sefydliad o ran datblygu ein gwybodaeth a'n cofnod o Gymru mor bwysig ag erioed. Meddai, 'Mae dyfodiad canmlwyddiant yn foment bwysig i edrych yn ôl ar yr hyn a gyflawnwyd ac i ymfalchïo ynddo. Yr un pryd, mae llawer i edrych ymlaen ato yn y blynyddoedd nesaf. Rwy'n siŵr y bydd y Comisiwn yn wynebu sialensiau ei ail ganrif â'r un agwedd benderfynol ac â'r un parodrwydd i arloesi â chynt.'

prosiectau adeiladu ar waith, ac un ohonynt yw'r albwm sy'n cofnodi codi cronfeydd dŵr cwm Elan [078]. Gan fod cynlluniau adeiladu mawr y dyfodol hefyd yn haeddu cael eu cynrychioli, mae'r Comisiwn wedi tynnu ffotograffau o'r Ardd Fotaneg Genedlaethol, Senedd Cynulliad Cenedlaethol Cymru a Stadiwm y Mileniwm ymhlith prosiectau pwysig diweddar [096].

Wrth i ddiddordeb a disgwyliadau'r cyhoedd gynyddu, mae'r Cofnod Henebion Cenedlaethol wedi newid o fod yn rhestr ac archif a ddefnyddid yn bennaf gan swyddogion proffesiynol i fod yn adnodd a ddefnyddir gan gynulleidfa eang. Wrth i'r we ddatblygu yn rhan o'n bywyd beunyddiol, mae haneswyr ac archaeolegwyr yn manteisio ar y cyfleoedd i weithio mewn partneriaeth ac i drefnu i'w hadnoddau fod ar gael i bawb [099]. Er bod animeiddio cyfrifiadurol a theithiau ac e-lwybrau sain symudol ymhlith yr offer dehongli newydd, mae esblygiad deunyddiau digidol hefyd yn gosod cyfrifoldebau ar archifwyr proffesiynol i sicrhau y bydd modd defnyddio'r deunyddiau hynny ymhen canrif arall.

Gwelwyd chwyldro ym marn pobl am yr hyn sy'n dreftadaeth iddynt ac mae'r diffiniad o dreftadaeth yn estyn ymhell y tu hwnt i'r diddordebau a geid ganrif yn ôl. Credir bod meysydd chwaraeon lawn mor bwysig, yn eu ffordd, â mynachlogydd neu gestyll ac mae adeiladau modernaidd yn ysgogi bron cymaint o ymateb ac o frwdfrydedd â rhai oes Fictoria. Wrth i safleoedd brwydrau hanesyddol ddechrau ennyn cryn ddiddordeb ymhlith y cyhoedd, wynebir sialensiau newydd wrth astudio treftadaeth sy'n llai diriaethol ei

Isod: Mae'r Comisiwn Brenhinol yn defnyddio Lidar mewn partneriaeth ag Ymddiriedolaeth Archaeolegol Dyfed a Cadw i gofnodi safleoedd y mae perygl iddynt gael eu dinistrio wrth i'r môr erydu'r glannau. Cynhyrchwyd y llun hwn ar sail data Asiantaeth yr Amgylchedd ac mae'n dangos gwrthgloddiau'r gaer bentir ym Mae Flimston yn Sir Benfro.

NPRN 94227
Hawlfraint Asiantaeth yr Amgylchedd

096 Prosiectau Adeiladu Mawr:
Stadiwm y Mileniwm

Ffotograff o Stadiwm y Mileniwm adeg camau cynnar ei godi ym mis Awst 1998.
Yn y pen pellaf mae'r rhan o'r hen eisteddle a gadwyd i gynnal cadernid adeiladwaith eisteddle Caerdydd gerllaw.

DI2008_0346 NPRN 309686

Uchod: Tynnwyd y llun hwn o dwnnel y chwaraewyr yn yr hen Faes Cenedlaethol ym 1997.

GTJ22272 NPRN 3064

De: Y Maes Cenedlaethol, gan ddangos siâp 'U' arbennig ei do a chamau cynnar dymchwel yr hen Eisteddle Gorllewinol.

D12007_1432, GTJ 22268 NPRN 3064

Isod: Stadiwm y Mileniwm, Caerdydd, gan ddangos ei leoliad canolog ac adeiladwaith enfawr ei do symudol. Wrth ei ymyl mae maes rygbi Caerdydd.

CD 2003_606_023 NPRN 309686

Mae'r Comisiwn Brenhinol yn unigryw am ei fod yn llunio cofnodion parhaol o ddatblygiadau cyfoes pwysig yng Nghymru – o'r hyn a ddaw'n dreftadaeth yn y dyfodol wrth iddo gael ei greu – yn ogystal ag o adeiladweithiau a safleoedd hanesyddol sydd dan fygythiad. Bu codi Stadiwm y Mileniwm erbyn Cwpan Rygbi'r Byd ym 1999 yn gyfle i wylio dymchwel un o eiconau treftadaeth Cymru a geni un newydd. Cynigiai arbenigedd y Comisiwn mewn ffotograffiaeth bensaernïol ac mewn archaeoleg o'r awyr bersbectifau unigryw ar yr hen Faes Cenedlaethol ac ar ddatblygu'r stadiwm a godwyd yn ei le.

Mae Stadiwm y Mileniwm yn adeiladwaith Cymreig sydd eisoes wedi ennill cydnabyddiaeth ledled y byd. Fe'i codwyd rhwng 1995 a 1999 ar safle dau hen faes rygbi rhyngwladol, sef maes gwreiddiol Parc yr Arfau, Caerdydd, ac, yn ddiweddarach, y Maes Cenedlaethol, gan droi'r hen faes naw deg gradd. Costiodd £126 miliwn i'w godi, ac fe'i hariannwyd yn rhannol gan Gronfa Loteri'r Mileniwm. Mae ynddo seddau i 74,500 o bobl ar dair prif lefel, ac er mwyn cwtogi ar effaith weledol y stadiwm ar ganol y ddinas mae'r lefel isaf islaw lefel y tir o'i hamgylch. Un o'u lu nodweddion hynod y stadiwm yw'r to am fod modd symud 8,960 o fetrau sgwâr ohono'n ôl ac ymlaen. Nodwedd arall yw bod y maes chwarae wedi'i osod ar 7,412 o baletau symudol, cymaint ohonynt nes bod angen 188 o lwythi ar lorïau cymalog i'w cludo o'r safle. Efallai'r mai'r nodwedd fwyaf arbennig yw bod pawb yn y stadiwm yn teimlo'n agos at y gêm: mae sedd gefn y lefel uchaf yr un pellter o ymyl y maes ag oedd y rhes gefn yn yr hen Faes Cenedlaethol.

O ganol y bedwaredd ganrif ar bymtheg ymlaen, cynhaliwyd digwyddiadau milwrol a chwaraeon ar y ddôl ar lan yr afon wrth ochr hen westy'r Cardiff Arms Park, ac yno y cynhaliwyd gêm ymarfer gyntaf

Clwb Rygbi Caerdydd ym 1878. Yn y dyddiau cynnar, codai ardalydd Bute rent rhad ar glybiau rygbi a chriced Caerdydd i ddefnyddio'r safle. Dymchwelwyd y gwesty ym 1882 ac agorwyd yr eisteddle mawr cyntaf ar Ŵyl San Steffan 1885; yr oedd wedi costio £365. Yna, codwyd un eisteddle ar ôl y llall wrth i'r tyrfaoedd gynyddu, ac yn y pen draw gwerthodd yr ardalydd y tir i gonsortiwm o Undeb Rygbi Cymru a Chlwb Rygbi Caerdydd ym 1922. Gwelwyd datblygiadau pellach fesul tipyn tan i Barc yr Arfau gael ei ddisodli'n llwyr yn y 1960au gan y Maes Cenedlaethol, stadiwm pwrpasol ac iddo do arbennig ar ffurf 'U'. Cost codi'r stadiwm hwnnw oedd £9 miliwn. Dyma lle gwelwyd tîm rygbi cenedlaethol Cymru yn codi i'r uchelfannau a dod yn enwog ledled y byd. Er gwaetha'r teitl swyddogol 'Maes Cenedlaethol', parheid i'w alw'n Barc yr Arfau. Yr oedd enw'r adeilad newydd – Stadiwm y Mileniwm – yn un o ofynion Cronfa Loteri'r Mileniwm. Cymaint oedd gafael yr hen faes ar serchiadau pobl nes i rywun, mewn cyfarfod o Gyngor Deddfwriaethol De Cymru Newydd yn Awstralia, holi pam nad oedd y stadiwm newydd wedi'i alw'n Barc Newydd yr Arfau, Caerdydd.

Neil Harries

097 Dyddio Gwaith Pen-saer: Old Impton

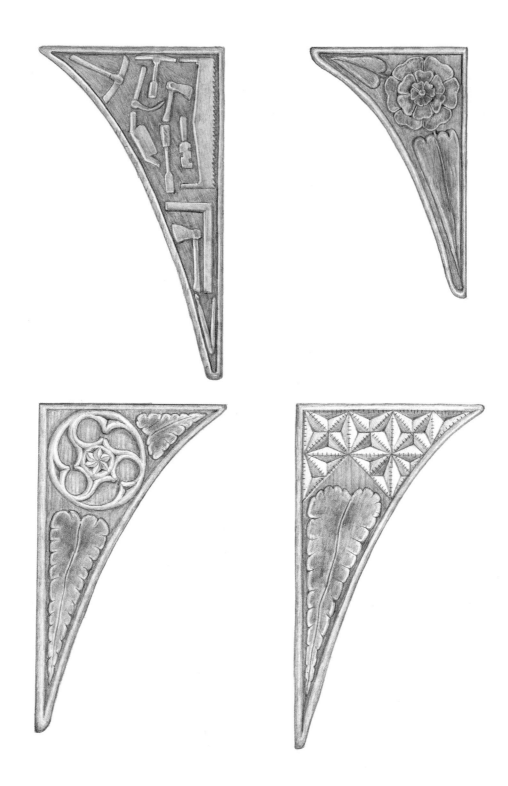

Old Impton: Bracedi cerfiedig y cyntedd (1542), gan gynnwys (brig, chwith) y llun o offer y saer.
DI2005_0043 NPRN 81445

Bydd rhai adeiladau yn rhoi gwedd gliriach nag eraill ar hanes adeiladu ac yn codi cwestiynau maes o law a ddaw'n destun ymchwil. Un ohonynt yw Old Impton yn Sir Faesyfed, tŷ sy'n enghraifft o'r newid a fu yng Nghymru tua diwedd yr Oesoedd Canol o adeiladu mewn cerrig i adeiladu mewn pren. Er bod y gwaith pren ynddo o'r safon uchaf, ni wyddom pwy oedd y saer. Tua diwedd yr Oesoedd Canol yng Nghymru, yr oedd crefft y saer mewn tŷ ac eglwys o bwys mawr. Er na châi enwau penseiri eu cofnodi fel rheol ac er na wyddom fawr ddim am eu personoliaethau, yr oeddent lawn mor enwog yn eu dydd â'r beirdd a'r cerddorion gorau ac yr oedd llawn cymaint o alw am eu gwaith. Un o gampau gwaith arolygu'r Comisiwn Brenhinol ers i *Houses of the Welsh Countryside* gael ei gyhoeddi ym 1975 yw dadlennu hanes cudd ac eithriadol adeiladau pren yng Nghymru. Mae dyddio ar sail blwyddgylchau pren yn mireinio rhagor eto ar ein dealltwriaeth o'r maes.

Tŷ cymhleth yw Old Impton, a'r ffordd orau o'i werthfawrogi yw gwneud hynny oddi fry. Ond mae dyddio blwyddgylchau'r pren ynddo wedi dangos bod camau ei ddatblygiad yn symlach ac yn gyflymach nag a dybid cynt. Nid oedd ond dau gam i'r broses, sef codi tŷ neuadd o gerrig ym 1471 ac yna, ym 1542, godi ychwanegiadau soffistigedig – a'r rheiny mewn pren. Drwy ymchwilio mewn dogfennau, ceir gwybod am yr hyn a oedd yn digwydd ar y ddau ddyddiad hynny. Ym 1471 cododd derbynnydd arglwyddiaeth Maelienydd neuadd â muriau o gerrig yma. Ddwy genhedlaeth yn ddiweddarach, priododd ei ŵyr, Thomas ap Watkin, â merch marchog o Swydd Amwythig, Syr John Bradshaw, ac mae'n debyg mai canlyniad i'r briodas fanteisiol honno oedd ailgodi Old Impton ym 1542.

Er i bob un o'r ychwanegiadau mewn pren fod yn rhai o'r safon uchaf, yn y fynedfa newydd y dangoswyd addurniadau gorau'r tŷ. Mae'r cyntedd a godwyd bryd hynny ar ddau lawr, a'r uchaf o'r ddau lawr yn ymwthio allan yn ôl ffasiwn gorau oes y Tuduriaid. Mae distiau'r nenfwd yn ffurfio dôm isel, a phroses ddrud oedd eu mowldio. Cerfiwyd deiliach a sgwariau a chylchoedd rhyngblethol ar gapan y drws ac ar y bracedi sy'n cynnal y llawr ymwthiol uwch ei ben. Dyma lle mae'r cerfiwr yn dangos ei grefft ar ei gorau. Yr hyn sydd hyd yn oed yn fwy trawiadol, ac yn uchel ar fraced ar y llawr uwchben a heb fod yn hawdd ei weld o'r llawr, yw bod y saer wedi darlunio'r holl offer yr oedd eu hangen i godi'r tŷ – o fwyell torri coed i lif a tharadr – llun sy'n cyfleu yn fyw iawn falchder y saer yn ei grefft.

Mae dyddio blwyddgylchau'r pren yn fanwl-gywir wedi bod yn hollbwysig wrth geisio deall Old Impton ac yn cyfleu'n glir sut mae'r dull hwnnw'n amlygu ac yn ail-ddehongli'r traddodiad cenedlaethol o godi adeiladau o bren. Mae'n broses anhepgor am ei bod yn fodd i osod adeilad yn ei gyd-destun hanesyddol. Os yw'r holl wynnin yn y pren wedi goroesi, gellir dyddio'r pren hwnnw'n fanwl-gywir hyd at yr union flwyddyn a hyd yn oed at dymor cwympo'r coed y cafwyd y pren ohonynt. Gyda chymorth Labordy Dendrocronoleg Rhydychen mae'r Comisiwn Brenhinol wedi dyddio dros hanner cant o adeiladau. Drwy wneud hynny, gellir llunio cronoleg a fydd yn helpu i ddyddio blwyddgylchau pren ym mhob rhan o Gymru a thu hwnt. Mae i hyn y potensial dros y blynyddoedd nesaf i fireinio ein dealltwriaeth o hanes adeiladu yng Nghymru ac, wrth gwrs, i'n goleuo ynglŷn â bywyd a gwaith penseiri Cymru.

Richard Suggett

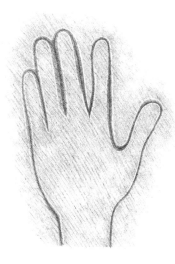

Uchod: Upper Dolley (Llanandras), llaw'r saer wedi'i cherfio ar un o'r bracedi.

DI2005_0041 NPRN 81574

De: Cyntedd Old Impton, campwaith o greu fframiau pren.

DI2007_0335 NPRN 81445

Isod, Old Impton: Adluniad bras sy'n dangos y berthynas rhwng y neuadd a godwyd o gerrig (1471) a'r ychwanegiadau a godwyd o bren (1542).

DI2008_0852 NPRN 81445

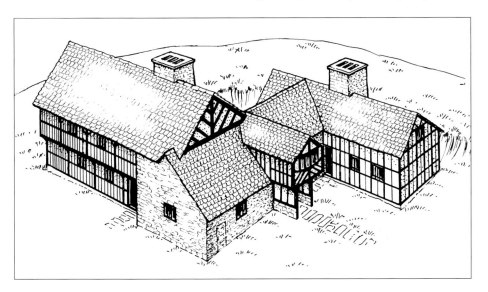

098 Adeiladau mewn Perygl: Gwersyll Gwyliau Prestatyn

Gwersyll gwyliau Prestatyn: twred grisiau a phen crwn Lolfa Britannia.
DI2005_1093 NPRN 300218

Uchod: Bloc y dderbynfa a'r
twˆr arsylwi.

DI2008_0853   NPRN 300218

Isod: Cabanau Sunfish Bay a'r
neuadd ddawns yn y cefndir.

DI2008_0855   NPRN 300218

Gan fod adeiladau sydd o ddiddordeb hanesyddol bob amser mewn perygl, bydd y Comisiwn Brenhinol yn annog awdurdodau lleol, Cadw a'r cyhoedd i enwebu adeiladau a allai ddirywio neu gael eu difrodi ac y gellid rhoi blaenoriaeth i'w cofnodi. Er bod y rhan fwyaf ohonynt dan warchodaeth gyfreithiol rhag cael eu dymchwel, mae perygl iddynt o hyd. Gall rhai ohonynt gael eu hachub ac eraill eu colli. Yn y naill achos a'r llall, mae'n bwysig gwneud arolwg ohonynt am fod hynny'n gymorth i'w hadfer neu i ddiogelu gwybodaeth amdanynt at y dyfodol. Bydd adeiladau sydd heb eu hamddiffyn, hefyd, o ddiddordeb hanesyddol yn aml. Un o'r rheiny oedd y gwersyll gwyliau yn yr arddull art deco ym Mhrestatyn yn Sir y Fflint. Gan mai'r bwriad yn 2001 oedd clirio ac ail-ddatblygu'r safle heb wneud unrhyw gofnod ohono, cysylltodd y Comisiwn Brenhinol â'r perchnogion i ofyn am ganiatâd i wneud arolwg ffotograffig brys ohono tra oedd y gwaith dymchwel yn mynd yn ei flaen.

Agorwyd gwersyll gwyliau Prestatyn ym 1939 gan British Holiday Estates Cyfyngedig, sef menter ar y cyd rhwng y London, Midland and Scottish Railway a Thomas Cook. Fe'i cynlluniwyd gan William H.

Hamlyn, pensaer y cwmni rheilffordd. Yn wreiddiol, yr oedd yno 900 o gabanau ac ynddynt lety i 1,700 o bobl o amgylch yr amwynderau canolog. Ar ochr y môr i'r gwersyll yr oedd cyrtiau tennis, trac rhedeg, pwll nofio awyr-agored a chyfleusterau eraill tebyg. Bob ochr i piazza mawr, yr oedd casgliadau o adeiladau art deco arbennig a gysylltid â'i gilydd gan lwybrau cerdded dan do, ac yr oedd i'r piazza gorneli a ffenestri crwn nodweddiadol. Yn y naill floc yr oedd y dderbynfa, campfa, ystafell filiards, lolfa gymunedol fawr, a thwˆr arsylwi a oedd dros 30 metr o uchder ac iddo lwyfan gwylio y tu ôl i wydr. Yn y bloc arall yr oedd lolfa, neuadd ddawns, mannau gwasanaethu, ac ystafell giniawa a oedd dros 55 metr o hyd a bron yn 30 metr o led. Codwyd yr adeiladau o fframiau dur a'u mewnlenwi â brics a oedd wedi'u rendro.

Yr oedd tri math o gaban: unedau teuluol mewn blociau o bedwar, unedau i ddau berson mewn parau cefngefn, a blociau teras cefngefn o gabanau i unigolion. Cynhaliai rafftiau sylfaen o goncrid furiau concrid rhychiog y gosodid y paneli mur parod ynddynt. Gwnaed y paneli o ffibr pren-gwlân a atgyfnerthwyd â sment, ac yn yr unedau pen ceid ffenestri a drws ac iddynt fframiau dur. Yr oedd y toeon yn wastad, ac yn y pen blaen estynnent i gynnig cysgod rhag stormydd. Goleuid y cabanau â thrydan a chynhwysent fasn ymolchi a thap dŵr oer; yn y blociau cymunedol yr oedd y toiledau a'r cawodydd.

Yn ystod yr Ail Ryfel Byd, y lluoedd arfog fu'n defnyddio'r gwersyll. Wedi'r rhyfel, newidiodd disgwyliadau'r cyhoedd. Yr oedd yr angen am lety i deuluoedd yn llawer mwy na'r angen am lety i unigolion a chyplau, a disgwylid i gyfleusterau en-suite a dŵr poeth fod yn rhan arferol o'r ddarpariaeth. Cyfunwyd yr unedau sengl yn gabanau ac ynddynt ddwy ystafell wely ac ystafell ymolchi breifat. Parhawyd i wella ac ehangu'r gwersyll ond ni ellid ei ddatblygu mor gyflym ag y newidiai'r farchnad wyliau.

Er nad Prestatyn oedd y gwersyll gwyliau cyntaf, yr oedd yn ymdrech gynnar i gyfuno teithio, llety ac adloniant torfol mewn un pecyn, yn ymarfer arloesol mewn defnyddio defnyddiau adeiladu parod, ac yn greadigaeth bensaernïol nodedig. Er bod y safle'n ddiffaith, mae'r ffotograffau'n cyfleu optimistiaeth a steil y cyfleoedd newydd a gâi pobl gyffredin ganol yr ugeinfed ganrif i fwynhau eu hamser hamdden. Mae'r Comisiwn Brenhinol wedi arolygu miloedd o adeiladau sydd dan fygythiad, ac mae'r angen yn parhau i gofnodi eraill er mwyn yr oesoedd a ddêl.

David Percival

099 Edrych tua'r Dyfodol: Technolegau Digidol

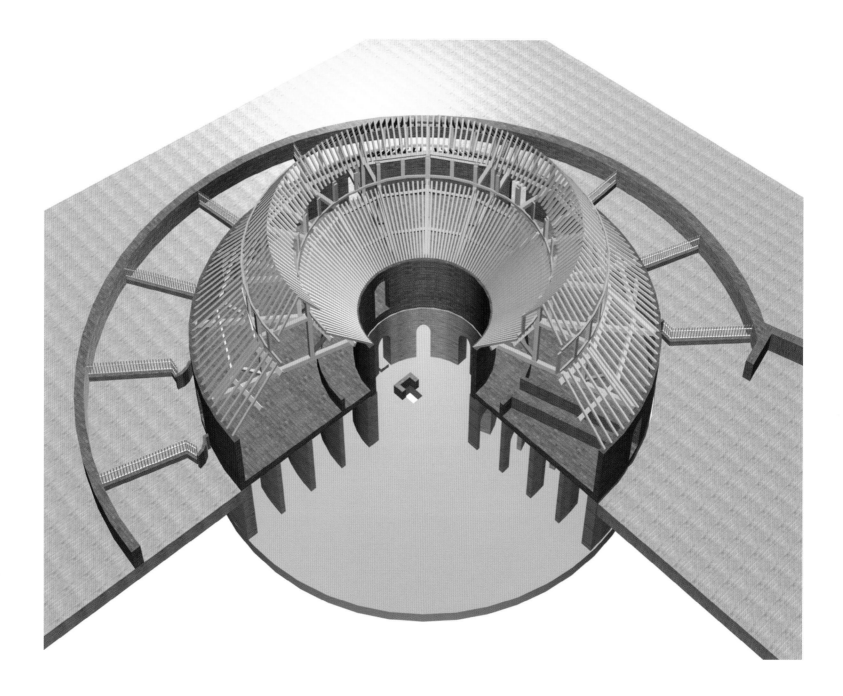

Torlun digidol a deongliadol o gwt y moch ar fferm fodel Leighton Park ger y Trallwng [072]. O dan do crwn yr adeilad, byddai'r slyri'n llifo i'r tanc islaw, yn cael ei gymysgu â dŵr ac yna'n cael ei bwmpio allan i'r caeau.

NPRN 80542

Uchod: Yn Llawlyfr y Comisiwn Brenhinol, a gyhoeddwyd yn 2008, ceir arweiniad ynghylch datblygu e-lwybrau.

M ae'r cynnydd aruthrol yn y defnydd o'r rhyngrwyd wedi trawsffurfio'r ffyrdd sydd gan y Comisiwn Brenhinol o gyflwyno'i wybodaeth a'i gasgliadau i gynulleidfaoedd ehangach a mwy amrywiol nag erioed o'r blaen. Ers y 1980au, mae wedi creu'r naill adnodd digidol ar ôl y llall, a chyda'i bartneriaid mae wedi arloesi wrth ddarparu gwasanaethau ar-lein sydd eisoes wedi rhoi atebion safonol i gannoedd o filoedd o ymholiadau. Edmygir yn eang ei bartneriaeth ym myd technoleg y we â Chomisiwn Brenhinol Henebion yr Alban, sef y Gwasanaethau Gwybodaeth Gwe a Rennir ar gyfer Treftadaeth (SWISH).

Yn 2004 lansiwyd y gronfa ddata ar-lein, Coflein. Ceir ei defnyddio'n rhad ac am ddim ac ynddi mae manylion nodweddion o ddiddordeb archaeolegol a hanesyddol ledled Cymru. Gall ymwelwyr â Coflein chwilio am safleoedd ar sail enw safle neu fath o safle, neu chwilio drwy fapiau, yn ogystal â gweld y catalog o archifau a llu o ddelweddau digidedig. Bydd y disgwyliadau ynglŷn â chynnwys Coflein yn dal i gynyddu. Ymhlith y sialensiau at y dyfodol mae cyfoethogi'r cofnodion a luniwyd gan arbenigwyr yn y gorffennol heb iddynt sylweddoli y byddai'r cofnodion hynny ar gael i gyhoedd ehangach. Bydd angen amser ac arbenigedd i gatalogio'r cofnodion a llunio disgrifiad cryno o bob safle.

Yn 2006 lansiwyd Porth Cymru Hanesyddol i adeiladu ar Goflein a bod yn fodd i weld deunydd y Comisiwn Brenhinol ochr yn ochr â'r 200,000 o wrthrychau sydd yng nghasgliadau archaeolegol Amgueddfa Cymru, y data sydd gan Cadw am safleoedd sydd wedi'u diogelu'n statudol, y cofnodion o'r amgylchedd hanesyddol a gedwir gan bedair Ymddiriedolaeth Archaeolegol Cymru, a'r wybodaeth sydd ar gael gan ffynonellau eraill. Dyma greu, felly, borth cyfannol i amgylchedd hanesyddol Cymru ac un sydd â photensial aruthrol. Yn 2008 ymgymerodd y Comisiwn â rôl bellach, sef dehongli hanes cymdeithasol yn ddifyr ac yn arloesol fel un o bartneriaid datblygu Casgliad y Bobl – casgliad gan Lywodraeth y Cynulliad.

Wrth i'r defnydd o'r we barhau i aeddfedu ac i'w thechnoleg a'i chynnwys ddatblygu ymhellach, bydd sialensiau a chyfleoedd newydd yn codi. Bydd ail-lansio cyson ar Coflein a Phorth Cymru Hanesyddol yn manteisio ar y cyfleoedd hynny. Mae'r gwelliannau yn y dylunio, yr ymholi ac yn y ffordd y cyflwynir y data wedi'u hysbrydoli gan wefannau rhyngwladol fel Google, Flickr a Google Earth ac mae modd eu cyflwyno oherwydd peirianneg hyblyg y cronfeydd data gwaelodol. Maes pwysig i'w ddatblygu ymhellach fydd creu fersiynau mwy personoleiddiedig o Coflein er mwyn i'r defnyddwyr allu ychwanegu eu cynnwys eu hunain ati gan gynyddu'r gronfa o wybodaeth, yn null Wikipedia, heb i hynny amharu ar yr awdurdod a'r wybodaeth ddiduedd sydd wedi ennyn cymaint o barch i'r Cofnod Henebion Cenedlaethol.

Mae'r Comisiwn wedi bod yn arloesi wrth gyflwyno gwybodaeth drwy ddyfeisiau symudol. Cafodd ei brosiectau peilot dderbyniad brwd yn Rhuthun a Blaenafon wrth iddynt ddod â gwybodaeth am yr amgylchedd hanesyddol i gynulleidfaoedd newydd mewn ffyrdd newydd, a chafodd ei brofiad ei rannu gyda sefydliadau eraill. Bydd rhaglenni digido a rhaglenni o dynnu ffotograffau yn ychwanegu deunydd yn gyson, a gellir trefnu i wybodaeth sydd wedi'i chasglu yn y maes fod ar gael yn gyflymach o lawer nag a oedd yn bosibl cynt. Yn yr un modd, mae datblygiadau ym maes fideo a modelu tri-dimensiwn yn fodd o ddefnyddio cyfryngau confensiynol a'r we i gynrychioli ac esbonio safleoedd yn ddifyr.

Mae'r Comisiwn Brenhinol wedi ymrwymo i ddefnyddio'r technolegau newydd i wella'i wasanaethau a sicrhau drwy hynny fod ei waith a'i gasgliadau yn parhau i fod yn berthnasol i anghenion cymdeithas sy'n ymddiddori'n frwd yn ei hanes ac yn awyddus i gael y budd mwyaf o'i threftadaeth gyfoethog.

David Thomas

Isod: Porth Cymru Hanesyddol adeg cam cyntaf ei ddatblygu, 2006-8.

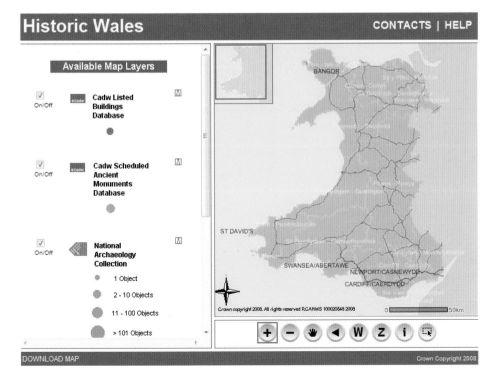

100 Treftadaeth Ansicr: Chwilio am Safleoedd Brwydrau

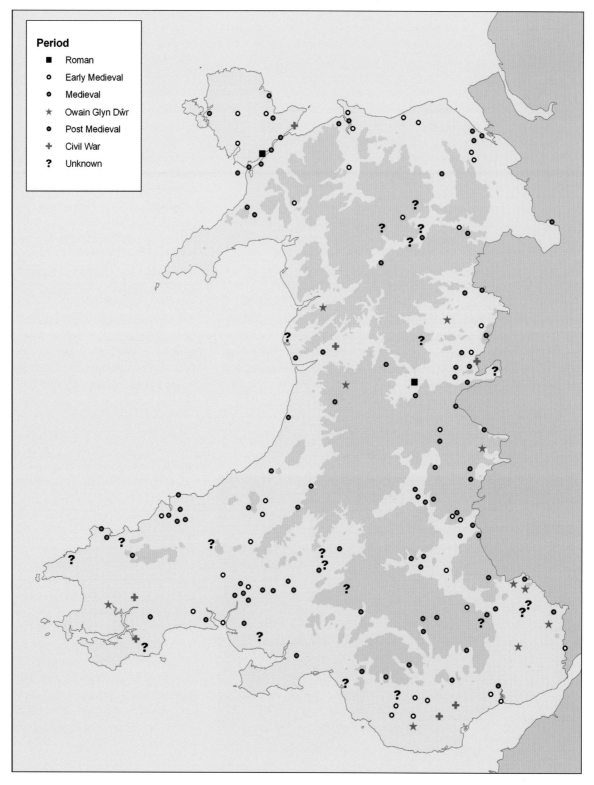

Period
- ■ Roman
- ○ Early Medieval
- ◉ Medieval
- ★ Owain Glyn Dŵr
- ● Post Medieval
- ✚ Civil War
- ? Unknown

Mae map o'r 170 a rhagor o safleoedd gwrthdaro milwrol sydd wedi'u nodi hyd yn hyn gan y Comisiwn Brenhinol yn ein hatgoffa o'r cyfnodau gwaedlyd yn hanes Cymru.

Hawlfraint y Goron: Cedwir pob hawl. Trwydded rhif 100017916 yr Arolwg Ordnans.

Ym Mhwll Melyn yn Sir Fynwy, trechodd milwyr Lloegr ymosodiad gan Gruffydd, mab Owain Glyndŵr, ar Gastell Brynbuga ym 1405. Er bod adeiladau wedi'u codi dros lawer o'r safle, gellir dod o hyd i'r safle hwnnw ar sail y pwll sy'n dal i gael ei alw'n Bwll Melyn (y man coediog yn y canol). Cafwyd hyd i ysgerbydau yno yn ystod y bedwaredd ganrif ar bymtheg.

AP_2006_1916 NPRN 402320

Maes brwydr Sain Ffagan, ger Caerdydd, lle trechodd lluoedd y Senedd gefnogwyr y Brenin ym 1648 yn ystod y Rhyfel Cartref. Mae ffordd ddeuol yn torri ar draws y safle erbyn hyn.

AP_2006_1802 NPRN 307776

De: Yng Nghymerau yn Sir Gaerfyrddin ym 1257, wrth gymer afonydd Tywi a Chothi mae'n debyg, ymosododd llu o Gymry ar filwyr Eingl-Normanaidd a oedd yn dychwelyd o Landeilo i Gaerfyrddin, a lladd rhwng dwy a thair mil ohonynt.

GTJ26916 NPRN 404717

Mae safleoedd brwydrau yn destun sydd o ddiddordeb mawr i'r cyhoedd. Gallant daflu goleuni ar holl gythrwfl hanes a chwrs digwyddiadau allweddol pwysig, a bydd llawer o bobl yn teimlo'r angen i anrhydeddu'r rhai a gollwyd mewn brwydrau yn y gorffennol drwy gydnabod y mannau lle buont yn ymladd a marw. Ond gan amlaf nid oes fawr o ddim i'w weld i ddangos lle bu'r brwydro, a chan mai'n anaml y bydd ffynonellau dogfennol yn rhoi gwybodaeth am leoliad brwydrau hanesyddol, mae ymchwilio iddynt yn sialens arbennig.

Yn aml, bydd *Inventories* cynnar y Comisiwn Brenhinol o'r siroedd yn cynnwys nodiadau am frwydrau hanesyddol neu enwau caeau sy'n awgrymu gwrthdaro. Yn 2005 dechreuodd y Comisiwn nodi brwydrau'n systematig a cheisio cyflawni sawl nod, sef darlunio'r safleoedd pwysicaf ar fapiau, cynyddu ymwybyddiaeth y cyhoedd ohonynt, nodi blaenoriaethau gwaith ymchwil pellach, a chyflwyno gwybodaeth i Lywodraeth y Cynulliad i'w helpu i ystyried y posibilrwydd o ddiogelu'r safleoedd perthnasol. Gan fod y term 'brwydr' yn gallu cwmpasu llawer math o ddigwyddiad, a chan y gall pwysigrwydd y digwyddiadau hynny amrywio, penderfynwyd ystyried pob lleoliad lle cafwyd gwrthdaro rhwng grymoedd milwrol ar fwy nag un ochr. Dechreuwyd gweithio ar frwydrau lle bu niferoedd helaeth o filwyr yn ymladd, ac mae'r gwaith yn graddol ymestyn i fathau eraill o wrthdaro a allai fod yr un mor bwysig o safbwynt hanesyddol, megis gwarchaeau, ysgarmesau, ymosodiadau, gwrthdaro ar y môr, a gwrthdaro rhwng milwyr a sifiliaid fel yr hyn a welwyd adeg Gwrthryfel Merthyr ym 1831.

Hyd yn hyn, mae safleoedd rhyw 170 o frwydrau wedi'u cofnodi yn y Cofnod Henebion Cenedlaethol (gellir cyrchu pob un ohonynt drwy Coflein), a dyddiant o'r goncwest Rufeinig (y cyfnod sy'n cynnig y dystiolaeth ddogfennol gyntaf o frwydrau) hyd at yr Ail Ryfel Byd. Gan mai prin yw'r cyfeiriadau dogfennol,

brwydrau yn ystod yr Oesoedd Canol Cynnar – fel yr un yn Rhuddlan yn 795 – yw'r rhai anoddaf eu lleoli. Mae llawer ohonynt wedi'u nodi o'r Oesoedd Canol ymlaen: grŵp arbennig o bwysig ohonynt yw'r rhai a gysylltir ag Owain Glyndŵr rhwng 1400 a 1410 fel Bryn Glas (neu Pilleth) yn Sir Faesyfed a Phwll Melyn yn Sir Fynwy. Ymhlith y brwydrau ôl-ganoloesol mae brwydrau'r Rhyfel Cartref fel yr un yn Sain Ffagan ger Caerdydd a Colby Moor yn Sir Benfro. Dyfalwyd bod brwydrau diddyddiad wedi digwydd ar safleoedd lle cafwyd hyd i ddarganfyddiadau archaeolegol neu lle ceir enwau lleoedd fel 'Bloody Field' ym Mugeildy yn Sir Faesyfed.

Cyn gallu cynnig y dylid ychwanegu safleoedd at fapiau neu gofrestr o feysydd brwydrau, mae'n bwysig barnu eu harwyddocâd ac a oes modd dynodi lleoliad manwl-gywir iddynt. Mae'r Comisiwn, felly, wedi ymgynghori â haneswyr, Ymddiriedolaethau Archaeolegol Cymru a grwpiau â diddordeb arbennig ynglŷn â'r wybodaeth y mae wedi'i chasglu. Hyd yn hyn, cytunir yn gyffredinol bod dwy frwydr ar hugain o'r pwys pennaf wedi digwydd ac y gellir bod yn rhesymol o ffyddiog ynghylch lleoliad deuddeg ohonynt. Mae'r argymhellion hynny wedi'u trosglwyddo i'r Arolwg Ordnans er mwyn iddynt ddarlunio'r safleoedd hynny ar fapiau graddfa-fach. Ond erys rhai brwydrau pwysig yn hanes Cymru nad oes modd eu lleoli'n rhwydd ac yn awdurdodol. Er bod cofadail i fuddugoliaeth Glyndŵr yn Hyddgen ym 1401, er enghraifft, fe'i codwyd ganrifoedd ar ôl y frwydr honno.

Mewn partneriaeth â Cadw, gwneir rhagor o ymchwil drwy astudio ffynonellau uniongyrchol, holi mapiau hanesyddol gan dynnu ymaith nodweddion diweddarach y dirwedd, cynnull awyrluniau, asesu topograffeg safleoedd, a llunio rhaglenni o geoffiseg a gwerthuso archaeolegol. Efallai y daw'r gwaith hwn â rhagor o sicrwydd i'r rhannau mwyaf cudd a phwysig hyn o dreftadaeth Cymru.

Brian Malaws a Peter Wakelin

Eglwys Sant Llawddog, Cenarth, Sir Gaerfyrddin: bedyddfaen o'r ddeuddegfed ganrif neu'r drydedd ganrif ar ddeg ac arno bum pen sydd o bosibl yn cynrychioli Crist a'r Efengylwyr. Daeth yn wreiddiol o Landysiliogogo, Ceredigion.

DI2006_0214 NPRN 309895

Y Comisiynwyr Brenhinol, 1908-2008

Cadeiryddion

Syr John Rhŷs 1908-1915
Evan Vincent Evans 1916-1934
Ivor Miles, iarll Plymouth 1935-1943
Thomas Jones 1944-1948
Robert Richards 1948-1954
John Goronwy Edwards 1955-1967
William Francis Grimes 1967-1979
Hubert Newman Savory 1979-1983
Richard John Copland Atkinson 1984-1986
Glanmor Williams 1986-1990
Jenkyn Beverley Smith 1991-1998
Ralph Alan Griffiths 1999 –

Ysgrifenyddion

Edward Owen 1908-1928
Wilfred Hemp 1928-1946
Courtenay Arthur Ralegh Radford 1946-1948
William Eric Griffiths 1948-1949
Alexander Hubert Arthur Hogg 1949-1973
Peter Smith 1973-1991
Peter Robert White 1991-2005
Alexander Peter Wakelin 2005 –

Y Comisiynwyr

Edward Anwyl 1908-1914
Robert Carr Bosanquet 1908-1925
Robert Hughes 1908-1925
Griffith Hartwell Jones 1908-1944
William Edwin Llewellyn Morgan 1908-1925
Evan Vincent Evans 1908-1934
  (Cadeirydd 1916-1934)
Henry Owen 1914-1919
Joseph Alfred Bradney 1916-1933
Syr John Morris-Jones 1920-1929
John Fisher 1925-1930
Cyril Fred Fox 1925-1960
John Edward Lloyd 1930-1947
Charles Frederic Roberts 1930-1942
Ivor Miles, iarll Plymouth 1934-1943
  (Cadeirydd 1935-1943)
Courtenay Arthur Ralegh Radford 1935-1948
Henry Harold Hughes 1935-1940
William Garmon Jones 1935-1937
Robert Richards 1943
  (Cadeirydd 1948-1954)
Ifor Williams 1943-1963
John Goronwy Edwards 1949
  (Cadeirydd 1955-1967)
Thomas Alwyn Lloyd 1949-1960
William Francis Grimes 1949
  (Cadeirydd 1967-1979)
Idris Llewelyn Foster 1949-1983
Victor Erle Nash-Williams 1955
Arthur Herbert Dodd 1956-1966
Arnold Joseph Taylor 1956-1983
Richard John Copland Atkinson 1963
  (Cadeirydd 1984-1986)
Glanmor Williams 1963
  (Cadeirydd 1986-1990)
Raymond Bernard Wood-Jones 1963-1982

Edward Martyn Jope 1963-1986
John Davies Knatchbull Lloyd 1967-1973
John Gwynn Williams 1967-1991
Dewi-Prys Thomas 1970-1985
Hubert Newman Savory 1970
  (Cadeirydd 1979-1983)
David Morgan Rees 1974-1978
George Counsell Boon 1979-1990
David Gordon Tucker 1979-1984
Michael Ross Apted 1983-1992
Ronald William Brunskill 1983-1997
David Ellis Evans 1984-1996
John Geraint Jenkins 1984-1989
Jenkyn Beverley Smith 1984
  (Cadeirydd 1991-1998)
Leslie Alcock 1986-1990
Richard Michael Haslam 1986-1998
Geoffrey John Wainwright 1987-2003
Stuart Brian Smith 1990-1996
Ralph Alan Griffiths 1991
  (Cadeirydd 1999 –)
Daniel Gruffydd Jones 1991-2001
Geraint Dyfed Barri Jones 1991-1999
Eurwyn Wiliam 1992-2006
Alexandra Nicol 1993-2001
Patrick Sims-Williams 1998-2008
David Wyatt Crossley 2000-2007
John Arthur Newman 2000 –
Llinos Olwen Wyn Smith 2000 –
Anthony David Carr 2001 –
James Neil Osborne Harries 2001 –
John Wilson Lloyd 2001 –
Anne Sara Eastham 2004 –
Jonathan Matthews Hudson 2006 –
Henry Stuart Owen-John 2006 –

Darllen Pellach

Mae'r adrannau hyn yn argymell rhai o'r ffynonellau rhagarweiniol gorau i dreftadaeth Cymru. Ar ôl rhestru'r arolygon eang a'r gweithiau cyfeirio cyffredinol, ceir awgrymiadau ar gyfer pob cyfnod unigol. Mae llyfryddiaethau mwy cynhwysfawr i'w gweld yng nghyhoeddiadau'r Comisiwn Brenhinol ac yn llawer o'r gweithiau isod.

Cyffredinol

Mae *Inventories* y Comisiwn Brenhinol, a'i gyhoeddiadau eraill, wedi gwneud cyfraniadau sylfaenol i wybodaeth am dreftadaeth Cymru, ac fe'u rhestrir ar wahân ar dudalen 311. Ynddynt, ceir gwybodaeth a dehongliadau awdurdodol o'r rhan fwyaf o gyfnodau'r gorffennol ac o lawer o Gymru. Mae gwybodaeth am fwy na 80,000 o safleoedd unigol i'w gweld ar gronfa ddata cyhoeddus ar-lein y Comisiwn, www.coflein.gov.uk, a gellir ei chyrchu'n rhad ac am ddim. Gellir ei chwilio ar sail map neu destun, neu gan ddefnyddio'r Rhif Cofnodi Sylfaenol Cenedlaethol (NPRN) sydd wedi'i roi wrth bob ffotograff unigol yn y llyfr hwn.

Ymhlith y cyflwyniadau hwylus i hanes Cymru mae: Morgan, P. (gol.), *The Tempus History of Wales: 25,000 BC–A D 2000* (Stroud, 2001), sy'n gasgliad o draethodau arbenigol; Davies, J., *Hanes Cymru* (Harmondsworth, 1990); a Jenkins, G. H., *A Concise History of Wales* (Caergrawnt, 2007). Yn Davies, J., *The Making of Wales* (Stroud, 1996) ceir cyflwyniad ac ynddo luniau helaeth o hanes y dirwedd. Clasur yw Rees, W., *An Historical Atlas of Wales* (arg. newydd, Llundain, 1972), a cheir mapiau manylach sy'n ymwneud â Chymru'r ugeinfed ganrif yn Carter, H. a Griffiths, H. M. (goln), *National Atlas of Wales* (Caerdydd, 1980).

Yn y Gymraeg mae *Cof Cenedl*, gol. Jenkins, G.H. (Llandysul), yn gyfres flynyddol o lyfrau sy'n cynnwys amryw byd o ysgrifau ar wahanol agweddau ar hanes a diwylliant Cymru.

Mae cyfres Cadw *A Guide to Ancient and Historic Wales* (4 cyfrol, Llundain) yn rhestr ranbarthol gryno o safleoedd hynafol a chanoloesol, sef: *Dyfed* (gan Rees, S., 1992); *Glamorgan and Gwent* (gan Whittle, E., 1992); *Clwyd and Powys* (gan Burnham, H., 1995); a *Gwynedd* (gan Lynch, F., 1995). Mae'r llyfrau tywys a ddiweddarir yn gyson gan Cadw yn ffynhonnell awdurdodol – a helaeth eu darluniau – o wybodaeth am yr henebion unigol sydd yng ngofal y wladwriaeth.

Yng nghyfres Pevsner, *The Buildings of Wales*, ceir disgrifiadau manwl o adeiladau fesul dinas, tref a phentref: Haslam, R., *Powys* (Llundain a Chaerdydd, 1979); Hubbard, E., *Clwyd* (Llundain a Chaerdydd, 1986); Newman, J., *Gwent/Monmouthshire* (Llundain a Chaerdydd, 2000); Lloyd, T., Orbach, J. a Scourfield, R., *Pembrokeshire* (New Haven a Llundain, 2004); a Lloyd, T., Orbach, J. a Scourfield, R., *Carmarthenshire and Ceredigion* (New Haven a Llundain, 2006).

Mae gan sawl sir gyfrolau ar ei hanes, naill ai'n gyflawn neu ar y gweill: Lloyd, J. E. (gol.), *A History of Carmarthenshire*, 2 gyfrol (Caerdydd, 1935, 1939); Williams, G. (gol.), *Glamorgan County History*: cyfrol I, *Natural History*, gol. Tattersall, W.M. (Caerdydd, 1936); cyfrol II, *Early Glamorgan*, gol. Savory, H. N. (Caerdydd, 1984); cyfrol III, *Medieval Glamorgan*, gol. Pugh, T. B (Caerdydd, 1971); cyfrol IV, *Early Modern Glamorgan*, gol. Williams, G. (Caerdydd, 1974); cyfrol V, *Industrial Glamorgan*, gol. John, A. H. a Williams, G. (Caerdydd, 1980); cyfrol VI, *Glamorgan Society, 1780-1980*, gol. Morgan, P. (Caerdydd, 1988); Davies, E. a Howells, B. (goln), *Pembrokeshire County History*: cyfrol II, *The Middle Ages*, gol. Walker, R. F. (Hwlffordd, 2002); cyfrol III, *Early Modern Pembrokeshire*, gol. Howells, B. (Hwlffordd, 1987); cyfrol IV, *Modern Pembrokeshire*, gol. Howell, D. W. (Hwlffordd, 1993); *History of Merioneth*: cyfrol 1, *From the Earliest Times to the Age of the Native Princes*, gol. Bowen, E. G. a Gresham, C. A. (Dolgellau, 1967); cyfrol 2, *The Middle Ages*, gol. J. B. Smith (Dolgellau, 2002); Griffiths, R. A. (gol.), *Gwent County History*: cyfrol 1, *Gwent in Prehistory and Early History*, gol. Aldhouse-Green, M. a Howell, R. (Caerdydd, 2004); cyfrol 2, *The Age of the Marcher Lords, 1070-1536*, gol. Griffiths, R. A., Hopkins, T. a Howell, R. (Caerdydd, 2008); *Cardiganshire County History*: cyfrol 1, *From the Earliest Times to the Coming of the Normans*, gol. Davies, J. L. a Kirby, D. P. (Caerdydd, 1994); *Cardiganshire County History*: cyfrol 3, *Cardiganshire in Modern Times*, gol. Jenkins, G. H. a Jones, I. G. (Caerdydd, 1998).

Yng nghyfrolau *Archaeologia Cambrensis*, cyfnodolyn archaeoleg Cymdeithas Archaeolegol Cymru, ac yn *The Welsh History Review* ceir cyfoeth o bapurau ar amrywiol bynciau.

Cynhanes

Ceir cyflwyniad da i gynhanes yn: Lynch, F., Aldhouse-Green, S. a Davies, J. L., *Prehistoric Wales* (Stroud, 2000); Burrow, S., *The tomb builders in Wales 4000-3000BC* (Caerdydd, 2006); a Bewley, R., *Prehistoric Settlements* (Stroud, 2003).

Ymchwilir i themâu penodol yn: Green, S. and Walker, E., *Ice Age Hunters: Neanderthals and Early Modern Hunters in Wales* (Caerdydd, 1991); Aldhouse-Green, S. (gol.), *Paviland Cave and the 'Red Lady'* (Bryste, 2000); Burrow, S., *Catalogue of the Mesolithic and Neolithic Collection in the National Museums and Galleries of Wales* (Caerdydd, 2003); Britnell, W. J. a Savory, H. N., *Gwernvale and Penywyrlod: Two Neolithic Long Cairns in the Black Mountains of Brecknock* (Bangor, 1984); Cummings, V. a Whittle, A., *Places of Special Virtue: Megaliths in the Neolithic Landscapes of Wales* (Rhydychen, 2004); Oswald, A., Dyer, C. a Barber, M., *The Creation of Monuments, Neolithic Causewayed Enclosures in the British Isles* (English Heritage, Swindon, 2001); Bruck, J. (gol.), *Bronze Age Landscapes – Tradition and Transformation* (Rhydychen, 2001); Gibson, A., *Stonehenge and Timber Circles* (Stroud, 1998); Gibson, A., *The Walton Basin Project: Excavation and Survey in a Prehistoric Landscape 1993-7* (CBA Research Report 118, Caerefrog, 1999); Lynch, F., *Excavations in the Brenig Valley. A Mesolithic and Bronze Age Landscape in North Wales* (Bangor, 1993).

Yr Oes Haearn ac Oes y Rhufeiniaid

Ceir cyflwyniadau diweddar da yn: Green, M. a Howell, R., *A Pocket Guide to Celtic Wales* (Caerdydd, 2000); Ralston, I., *Celtic Fortifications* (Stroud, 2006); Arnold, C. J. a Davies, J. L., *Roman and Early Medieval Wales* (Stroud, 2000); a Manning, W., *Roman Wales* (Caerdydd, 2001).

Ymchwilir i themâu penodol hanes yr Oes Haearn yn: Avery, M., *Hillfort Defences of Southern Britain* (3 cyfrol, Rhydychen 1993);

Bevan, B. (gol.), *Northern Exposure: interpretative devolution and the Iron Ages in Britain* (Caerlŷr, 1999); Cunliffe, B., *Iron Age Communities in Britain* (Llundain, 2005); Gwilt, A. a Haselgrove, C. (goln), *Reconstructing Iron Age Societies, New approaches to the British Iron Age.* (Rhydychen, 1997); Haselgrove, C. a Moore, T. (goln), *The Later Iron Age in Britain and Beyond* (Rhydychen, 2007); Haselgrove, C. a Pope, R. (goln), *The Earlier Iron Age in Britain and the Near Continent* (Rhydychen, 2007); Hogg, A. H. A, *Hill-forts of Britain* (Llundain, 1975); Howell, R., *Searching for the Silures. An Iron Age Tribe in South-east Wales* (Stroud, 2006); Musson, C., *The Breiddin Hillfort: A later prehistoric settlement in the Welsh Marches* (Caerefrog, 1991); Williams, G. H. a Mytum, H., *Llawhaden, Dyfed: Excavations on a group of small defended enclosures, 1980-4* (Rhydychen, 1998).

Ymdrinnir ag amrywiol agweddau ar bresenoldeb y milwyr Rhufeinig yn: Nash-Williams, V. E., *The Roman Frontier in Wales* (ail arg., Caerdydd, 1969); Davies, J. L., Fragile Heritage: the archaeology of the early Roman campaigns in Wales and the borderland, *Archaeologia Cambrensis*, 155 (2006), 1-21; Brewer, R., *Caerleon and the Roman Army* (ail arg., Caerdydd, 2000); Zienkiewicz, J. D., *The Legionary Baths at Caerleon* (Caerdydd, 1986); Brewer, R. (gol.), *The Second Augustan Legion and the Roman Military Machine* (Caerdydd, 2000). Disgrifir dwy brif dref y *civitas* yn: Brewer, R., *Caerwent Roman Town* (3ydd arg., Caerdydd, 2006); James, H., *Roman Carmarthen: Excavations 1978-1993* (Exeter, 2003).

Gellir astudio rhai agweddau ar gefn gwlad Brythonig-Rufeinig yn: Allen, J. R. L. a Fulford, M. G., Romano-British settlement and industry on the wetlands of the Severn estuary, *Antiquaries Journal*, 67 (1987), 237-89; Blockley, K., *Prestatyn 1984-5: An Iron Age Farmstead and Romano-British Industrial Settlement in North Wales* (Rhydychen, 1989); Jarrett, M. G. a Wrathmell, S., *Whitton: An Iron Age and Roman Farmstead in South Glamorgan* (Caerdydd, 1981). I gael gwybod am yr agweddau eraill ar Gymru Rufeinig, gweler: Burnham, B. a Burnham, H., *Dolaucothi-Pumsaint. Survey and excavations at a Roman gold-mining complex 1987-1999* (Rhydychen, 2004); Nayling, N. a McGrail, S., *The Barland's Farm Romano-Celtic Boat* (Caerefrog, 2004).

Cymru'r Oesoedd Canol Cynnar

Trafodir prif themâu hanes Cymru'r Oesoedd Canol Cynnar yn: Alcock, L., *Economy, Society and Warfare among the Britons and Saxons* (Caerdydd, 1987); Davies, W., *Wales in the early Middle Ages* (Caerlŷr, 1982); Davies, W., *Patterns of Power in Early Wales* (Rhydychen, 1990); Edwards, N. a Lane, A. (goln), *Early Medieval Settlements in Wales, A.D. 400-1100* (Caerdydd, 1988); Redknap, M., *The Christian Celts. Treasures of Late Celtic Wales* (Caerdydd, 1991); Redknap, M., *Vikings in Wales: An Archaeological Quest* (Caerdydd, 2000); Redknap, M. a Lewis, J. M., gyda Charles-Edwards, G., Horák, J., Knight, J. a Sims-Williams, P., *A Corpus of medieval inscribed stones and stone sculpture in Wales*, cyfrol 1: *South-east Wales and the English Border* (Caerdydd, 2007); Edwards, N., gyda Jackson, H., McKee, H. a Sims-Williams, P., *A Corpus of medieval inscribed stones and stone sculpture in Wales*, cyfrol 2: *South-west Wales* (Caerdydd, 2007); Bromwich, R., Jarman, A. O. H. a Roberts, B. F. (goln), *The Arthur of the Welsh* (Caerdydd, 1991); Davies, S., *Welsh Military Institutions, 633-1283* (Caerdydd, 2004).

Yr Oesoedd Canol

Ceir disgrifiadau cyffredinol a dibynadwy yn: Walker, D., *Medieval Wales* (Caergrawnt, 1990), a Carr, A. D., *Medieval Wales* (Llundain, 1995). Ceir arolygon manwl a meistrolgar yn: Davies, R. R., *The Age of Conquest: Wales, 1063-1415* (arg. diwygiedig, Rhydychen, 2000), a Williams, G., *Wales, c.1415-1642* (Rhydychen, 1987).

Gellir ymchwilio i themâu penodol yn: Lord, P., *Diwylliant Gweledol Cymru: Gweledigaeth yr Oesoedd Canol* (Caerdydd, 2003), o'r bedwaredd ganrif tan yr unfed ganrif ar bymtheg, ynghyd â lluniau helaeth; Edwards, N. (gol.), *Landscape and Settlement in Medieval Wales* (Rhydychen, 1997); Griffiths, R. A., *Conquerors and Conquered in Medieval Wales* (Stroud, 1994); Jones, N. A. a Pryce, H. (goln), *Yr Arglwydd Rhys* (Caerdydd, 1990); Carr, A. D., *Medieval Anglesey* (Llangefni, 1982); Reeves, A. C., *The Marcher Lords* (Llandybïe, 1983); Taylor, A. J. (gol.), *The Welsh Castles of Edward I* (Llundain, 1986); Davies, R. R., *Lordship and Society in the March of Wales, 1282-1400* (Rhydychen, 1978); Williams, D. H., *Welsh History through Seals* (Caerdydd, 1984); Williams, G., *The Welsh Church from Conquest to Reformation* (ail arg., Caerdydd, 1976); Cowley, F. G., *The Monastic Order in South Wales, 1066-1349* (Caerdydd, 1977); Nayling, N., *The Magor Pill Medieval Wreck* (Caerefrog, 1998); Robinson, D. M., *The Cistercians in Wales: Architecture and Archaeology, 1130-1540* (Llundain, 2006); Griffiths, R. A. (gol.), *Boroughs of Medieval Wales* (Caerdydd, 1978); mae *Montgomeryshire Collections* 89 (2001) yn gyfrol arbennig sy'n disgrifio tŷ canoloesol diweddar Tŷ-mawr, Castell Caereinion; Suggett, R. F., The interpretation of late medieval houses in Wales, yn Davies, R. R. a Jenkins, G. H. (goln), *From Medieval to Modern Wales: Essays Presented to Kenneth Morgan and Ralph Griffiths* (Caerdydd, 2004), 81-103; yn Suggett, R. F., Dendrochronology: progress and prospects, yn Briggs, C. S. (gol.), *Towards a Research Agenda for Welsh Archaeology* (Rhydychen, 2003), 153-69, rhestrir pob dyddiad ar sail blwyddgylchau hyd at 2003.

Y Gymru Fodern Gynnar

Ceir arolygon cyffredinol da yn: Williams, G., *Recovery, Reorientation and Reformation, Wales, c.1415-1642* (Rhydychen, 1987); Jenkins, P., *History of Modern Wales, 1536-1990* (Llundain, 1992); Jones, J. G., *Early Modern Wales, c.1525-1640* (Llundain, 1994); Jenkins, G. H., *Hanes Cymru yn y Cyfnod Modern Cynnar, 1530-1760* (Caerdydd, 1998); a Jenkins, G. H. *The Foundations of Modern Wales: Wales 1642-1780* (Rhydychen, 1993).

Ar gyfer themâu penodol, gweler: Williams, G., *Wales and the Reformation* (Caerdydd, 1997); Jones, J. G., *The Welsh Gentry, 1536-1640* (Caerdydd, 1998); Jenkins, G. H., *The Foundations of Modern Wales, 1642-1780* (Rhydychen, 1993); Jenkins, G. H., *Protestant Dissenters in Wales, 1639-1689* (Caerdydd, 1992); Dodd, A. H., *Studies in Stuart Wales* (ail arg., Caerdydd, 1971); Jenkins, P., *The making of a ruling class: The Glamorgan gentry, 1640-1790* (Caergrawnt, 1983); Morgan, P., *The Eighteenth Century Renaissance* (Llandybïe, 1981); Suggett, R. F., Timber versus Stone in late-medieval and early modern Wales, yn Coulson, M. R. (gol.), *Stone in Wales: Materials, Heritage and Conservation* (Caerdydd, 2005), 70-6; Davies, C. (gol.), *Dr John Davies of Mallwyd: Welsh Renaissance Scholar* (Caerdydd, 2004);

Jenkins, G. H. (gol.), *A Rattleskull Genius: The Many Faces of Iolo Morganwg* (Caerdydd, 2005).

Y Genedl Ddiwydiannol Gyntaf

Ymhlith y cyflwyniadau gorau i'r Chwyldro Diwydiannol yng Nghymru mae Dodd, A. H., *The Industrial Revolution in North Wales* (ail arg., Caerdydd, 1951); Minchinton, W. E. (gol.), *Industrial South Wales 1750-1914: Essays in Welsh Economic History* (Llundain, 1969); Rees, D. M., *Mines, Mills and Furnaces: Industrial Archaeology in Wales* (Llundain, 1969); Rees, D. M., *Industrial Archaeology of Wales* (Newton Abbot, 1975); Rees, W., *Industry before the Industrial Revolution* (2 gyfrol, Caerdydd, 1968); Langton, J. a Morris, R. J., *The Atlas of Industrializing Britain, 1780-1914* (Llundain, 1986) ; a Gwyn, D., *Gwynedd: Inheriting a Revolution* (Chichester, 2006).

Ymchwilir i ddiwydiannau penodol gan: Bick, D., *The Old Metal Mines of Mid-Wales* (Newent, 1991); Hadfield, C., *The Canals of South Wales and The Border* (ail arg., Newton Abbot a Chaerdydd, 1967); Jones, N., Walters, M. a Frost, P. *Mountains and Orefields: Metal Mining Landscapes of Mid and North-east Wales* (Caerefrog, 2004); Lowe, J., *Welsh Industrial Workers' Housing 1774-1875* (Caerdydd, 1994); a Richards, A. J., *A Gazetteer of the Welsh Slate Industry* (Llanrwst,1991).

Ymdrinnir â phynciau trefol yn: Boorman, D., *The Brighton of Wales: Swansea as a Fashionable Seaside Resort c.1780-c.1830* (Abertawe, 1986); Miskell, L., *An Intelligent Town: An urban history of Swansea, 1780-1855* (Caerdydd, 2006); Carter, H., *The Towns of Wale:s A Study in Urban Geography* (ail arg., Caerdydd, 1966); Evans, C. 'The Labyrinth of Flames'. *Work and Social Conflict in Early Industrial Merthyr Tydfil* (Caerdydd, 1993); Williams, G.A., *The Merthyr Rising* (Caerdydd, 1978). Trafodir themâu gwledig a themâu'r dirwedd yn: Inglis-Jones, E., *Peacocks in Paradise* (Llundain, 1950); Macve, J., *The Hafod Landscape* (Ymddiriedolaeth yr Hafod, 2004); Howell, D. W., *The Rural Poor in Eighteenth-century Wales* (Caerdydd, 2000). Astudir tueddiadau cymdeithasol a diwylliannol eraill yn: Lord, P., *Diwylliant Gweledol Cymru: Y Gymru Ddiwydiannol* (Caerdydd, 1998).

Y Gymdeithas Fictoraidd

Ceir arolygon cyffredinol a defnyddiol yn: Evans, D. G., *A History of Wales 1815-1906* (Caerdydd, 1989), a Harrison, J. F. C., *Early Victorian Britain, 1832-51* (Glasgow, 1988).

Gellir ymchwilio i themâu cyfoethog y cyfnod hwn yn: Dixon, R. a Muthesius, S., *Victorian Architecture* (Llundain, 1995); Orbach, J., *Blue Guide: Victorian Architecture in Britain* (Llundain, 1987); Brooks, C. a Saint, A. (goln), *The Victorian Church: Architecture and Society* (Manchester, 1995); Stevens Curl, J., *Book of Victorian Churches* (Llundain, 1995); Jones, A., *Welsh Chapels* (Stroud, 1996); Girouard, M., *The Victorian Country House* (Llundain, 1990); Howell, D. W., *Land and People in Nineteenth-century Wales* (Llundain, 1977); Horn, P., *Labouring Life in the Victorian Countryside* (Guernsey, 1995); Pimlott,

J. A. R., *The Englishman's Holiday: A Social History* (Hassocks, 1976); Jones, I. G., *Communities: Essays in the social history of Victorian Wales* (Caerdydd, 1987); Adamson, S. H., *Seaside Piers* (Llundain, 1977); Seaborne, M., *Schools in Wales, 1500-1900: A Social and Architectural History* (Denbigh, 1987); Morgan, K. O., *Wales in British Politics, 1868-1922* (3ydd arg., Caerdydd, 1980); Williams, J., *Was Wales Industrialized? Essays in Modern Welsh History* (Llandysul, 1995); Davies, J., *Cardiff and the Marquesses of Bute* (Caerdydd., 1981); Jones, D. J. V., *Crime in Nineteenth-century Wales* (Caerdydd, 1992); Darby, M., *John Pollard Seddon* (Llundain, 1983); Lewis, W. J., *Born on a Perilous Rock* (Aberystwyth, 1980)

Blynyddoedd Cynnar yr Ugeinfed Ganrif

Ymhlith yr arolygon cyffredinol mae: Evans, D. G., *A History of Wales, 1906-2000* (Caerdydd, 2000); a Morgan, K. O., *Rebirth of a Nation, 1880-1980* (ail arg., Rhydychen, 1998).

Ymdrinnir â phynciau penodol yn: Croll, A., *Civilizing the Urban: Popular culture and public space in Merthyr, c. 1870-1914* (Caerdydd, 2000); Daunton, M. J., *Coal Metropolis: Cardiff, 1870-1914* (Caerlŷr, 1977); Smith, D. B. a Williams, G. W., *Fields of Praise: Official History of the Welsh Rugby Union, 1881-1981* (Caerdydd, 1980); Williams, C., *Capitalism, Community and Conflict: The South Wales Coalfield, 1898-1917* (Caerdydd, 1998); Lieven, M., *Senghennydd: The Universal Pit Village, 1890-1930* (Llandysul, 1994); Gaffney, A., *Aftermath: Remembering the Great War in Wales* (Caerdydd, 1998); Miskell, P.M., *A Social History of the Cinema in Wales, 1918-1951* (Caerdydd, 2006); Judge, C., *The Elan Valley Railway* (Oakwood Press, 1987); Lowry, B. (gol.), *Twentieth Century Defences in Britain – An Introductory Guide. Handbook of The Defence of Britain Project* (Caerefrog, 1995); Jenkins, A., *Drinka Pinta: The Story of Milk and the Industry that serves it* (Heinemann, 1970); a Culpin, E. G., *The Garden City Movement Up-to-date* (Llundain, 1913); Johnes, M., *Soccer and Society: South Wales, 1900-1939* (Caerdydd, 2002).

Cymru wedi'r Ail Ryfel Byd

Ceir arolygon cyffredinol yn: Morgan, K. O., *Rebirth of a Nation, 1880-1980* (ail arg., Oxford, 1998); Herbert, T. a Jones, G. E. (gol.), *Post-war Wales* (Caerdydd, 1995); Smith, D. *Wales! Wales!* (Llundain, 1989) a Jones, R. M., *Cymru 2000: Hanes Cymru yn yr Ugeinfed Ganrif* (Caerdydd, 2000).

Trafodir pynciau penodol yn: Francis, H. a Smith, D., *The Fed: A History of the South Wales Miners in the Twentieth Century* (Caerdydd, 1998); Suggett, R. F., Recent Emergency Recording in Wales, *Transactions of the Ancient Monuments Society* 45 (2001), 81-108; Herbert, T. a Jones, G.E., *Post-War Wales* (Caerdydd, 1985); Gildart, K., *North Wales Miners: A Fragile Unity, 1945-1996* (Caerdydd, 2001); Pryce, D. W. T., *History of the Church in Wales in the Twentieth Century* (Penarth, 1990). Mae cylchgrawn Cymdeithas Frenhinol Penseiri Cymru, *Context*, yn gyfnodolyn defnyddiol o ran pensaernïaeth gyfredol.

Prif Gyhoeddiadau'r Comisiwn Brenhinol, 1911-2008

Mae'r rhestr isod yn cynnwys prif gyhoeddiadau swyddogol y Comisiwn Brenhinol. Ni chynhwysir taflenni, newyddlenni nac adolygiadau blynyddol. Cyhoeddwyd y cyfrolau gan Wasg Ei Mawrhydi ar ran y Comisiwn Brenhinol oni nodir fel arall. Gan mai'r arfer yn ystod y blynyddoedd diwethaf yw nodi'r prif awduron, mae eu henwau i'w gweld rhwng cromfachau.

1911: *An Inventory of the Ancient Monuments in Wales and Monmouthshire. I. – County of Montgomery.*

1912: *An Inventory of the Ancient Monuments in Wales and Monmouthshire. II. – County of Flint.*

1913: *An Inventory of the Ancient Monuments in Wales and Monmouthshire. III. – County of Radnor.*

1914: *An Inventory of the Ancient Monuments in Wales and Monmouthshire. IV. – County of Denbigh.*

1917: *An Inventory of the Ancient Monuments in Wales and Monmouthshire. V. – County of Carmarthen.*

1921: *An Inventory of the Ancient Monuments in Wales and Monmouthshire. VI. – County of Merioneth.*

1925: *An Inventory of the Ancient Monuments in Wales and Monmouthshire. VII. – County of Pembroke*

1937: *An Inventory of the Ancient Monuments in Anglesey*

1956: *An Inventory of the Ancient Monuments in Caernarvonshire Volume I: East – The Cantref of Arllechwedd and the Commote of Creddyn*

1960: *An Inventory of the Ancient Monuments in Caernarvonshire Volume II: Central – The Cantref of Arfon and the Commote of Eifionydd*

1964: *An Inventory of the Ancient Monuments in Caernarvonshire Volume III: West – The Cantref of Lleyn. Together with the General Survey of the County*

1970: *National Monuments Record for Wales Report 1970*

1970: *Hand-lists of the Field Monuments of Wales (1) Cardiganshire*

1972: *National Monuments Record for Wales Report 1971*

1973: *Hand-lists of the Field Monuments of Wales (2) Monmouthshire (Gwent) (a) Early Monuments*

1975: *Houses of the Welsh Countryside – A study in historical geography* (Peter Smith)

1976: *An Inventory of the Ancient Monuments in Glamorgan Volume I: Pre-Norman Part I The Stone and Bronze Ages*

1976: *An Inventory of the Ancient Monuments in Glamorgan Volume I: Pre-Norman Part II The Iron Age and The Roman Occupation*

1976: *An Inventory of the Ancient Monuments in Glamorgan Volume I: Pre-Norman Part III The Early Christian Period*

1981: *An Inventory of the Ancient Monuments in Glamorgan Volume IV: Domestic Architecture from the Reformation to the Industrial Revolution Part I: The Greater Houses*

1982: *An Inventory of the Ancient Monuments in Glamorgan Volume III: Medieval Secular Monuments Part II: Non-defensive*

1986: *An Inventory of the Ancient Monuments in Brecknock (Brycheiniog) The Prehistoric and Roman Monuments Part ii: Hill-forts and Roman Remains*

1988: *An Inventory of the Ancient Monuments in Glamorgan Volume IV: Domestic Architecture from the Reformation to the Industrial Revolution Part II: Farmhouses and Cottages*

1988: *Houses of the Welsh Countryside – A study in historical geography* (Peter Smith; ail argraffiad wedi'i helaethu)

1988: *The Archaeology of the Montgomeryshire Canal – A Guide and study in Waterways Archaeology,* Aberystwyth: CBHC (Stephen Hughes)

1989: *Llantwit Major and Cowbridge – The archeology of an Early Railway System,* Aberystwyth: CBHC (Stephen Hughes)

1990: *The Archaeology of an Early Railway System: The Brecon Forest Tramroads,* Aberystwyth: CBHC (Stephen Hughes)

1991: *An Inventory of the Ancient Monuments in Glamorgan Volume III – Part Ia Medieval Secular Monuments The Early Castles From the Norman Conquest to 1217*

1992: *A Guide to the Industrial Archaeology of the Swansea Region,* Aberystwyth: CBHC (Stephen Hughes a Paul Reynolds)

1992: *An Architectural Study, Newport Castle (Pembrokeshire),* Aberystwyth: CBHC (David M. Browne a David Percival gydag A.J. Parkinson)

1994: *Lighthouses of Wales – Their Architecture and Archaeology,* Aberystwyth: CBHC (Douglas Hague, gol. Stephen Hughes)

1994: *An Architectural Study: The Cathedral Church of St. John the Evangelist, Brecon,* Aberhonddu: Cyfeillion Eglwys Gadeiriol Aberhonddu/CBHC (A. J. Parkinson)

1994: *Collieries of Wales – Engineering and Architecture,* Aberystwyth: CBHC (Stephen Hughes, Brian Malaws, Medwyn Parry a Peter Wakelin)

1994: *Wales from the Air – Patterns of Past and Present,* Aberystwyth: CBHC (Chris Musson)

1994: *Cardiganshire County History Volume 1 From the Earliest Times to the Coming of the Normans*, Caerdydd: Gwasg Prifysgol Cymru ar gyfer Cymdeithas Hanes Ceredigion ar y cyd ag CBHC (goln J.L. Davies a D. P. Kirby)

1995: *John Nash – Architect in Wales/Pensaer yng Nghymru*, Aberystwyth: CBHC a Llyfrgell Genedlaethol Cymru (Richard Suggett)

1996: *Eryri o'r Awyr – Patrymau yn y Tirlun*, Penrhyndeudraeth: Awdurdod Cenedlaethol Parc Eryri/CBHC (Peter Crew a Chris Musson); argraffiad Saesneg: *Snowdonia from the Air – Patterns in the Landscape*

1997: *An Inventory of the Ancient Monuments in Brecknock (Brycheiniog) The Prehistoric and Roman Monuments Part i: Later Prehistoric Monuments and Unenclosed Settlements to 1000 AD*, Aberystwyth: CBHC

1997: *Mynydd Du and Fforest Fawr – The Evolution of an Upland Landscape in South Wales*, Aberystwyth: CBHC (David K. Leighton)

1998: *Cardiganshire County History Volume 3, Cardiganshire in Modern Times*, Caerdydd: Gwasg Prifysgol Cymru ar gyfer Cymdeithas Hanes Ceredigion ar y cyd ag CBHC (goln. Geraint H. Jenkins ac Ieuan Gwynedd Jones)

2000: *An Inventory of the Ancient Monuments in Glamorgan Volume III – Part Ib Medieval Secular Monuments The Later Castles From 1217 to the Present*, Aberystwyth: CBHC

2000: *Copperopolis – Landscapes of the Early Industrial Period in Swansea*, Aberystwyth: CBHC (Stephen Hughes)

2001: *Bryngaer Pen Dinas Hill-Fort – A Prehistoric Fortress at Aberystwyth*, Aberystwyth: CBHC (David Browne a Toby Driver)

2001: *Guns Across the Severn – The Victorian Fortifications of Glamorgan*, Aberystwyth: CBHC (A. Saunders, C. J. Spurgeon, H. J. Thomas a D. J. Roberts)

2003: *The Archaeology of the Welsh Uplands*, Aberystwyth: CBHC (goln David Browne a Stephen Hughes)

2005: *Houses and History in the March of Wales – Radnorshire 1400-1800*, Aberystwyth: CBHC (Richard Suggett)

2006: *Thomas Thomas, 1817-88: the first national architect of Wales*, ailargraffwyd o *Archaeologia Cambrensis* 152 (2003) (Stephen Hughes)

2006: *Cefnllys Castle, Radnorshire*, Aberystwyth: RCAHMW (David Browne a A. Pearson) http://www.chbc.gov.uk/HI/CYM/Cyhoeddiadau/Cyhoeddiadau+Electronig/Cefnllys+Castle

2006: *Roman Camps in Wales and the Marches*, Caerdydd: Gwasg Prifysgol Cymru, ar y cyd ag CBHC CBHC (Jeffrey L. Davies a Rebecca H. Jones)

2007: *Pembrokeshire – Historic Landscapes from the Air*, Aberystwyth: CBHC (Toby Driver)

2008: Hanes Wrth Law: *Defnyddio Dyfeisiau Symudol i Ddehongli Treftadaeth/History in Your Hands: Using Mobile Devices in Heritage Interpretation*, Aberystwyth: CBHC (Tom Pert)

2008: *Denbigh Town Hall*, Aberystwyth: CBHC (Susan Fielding) http://www.cbhc.gov.uk/HI/CYM/Cyhoeddiadau/Cyhoeddiadau+Electronig/Denbigh+ Town+Hall

2008: *Pontcysyllte Aqueduct & Canal Nomination as a World Heritage Site – Nomination Document*, Wrecsam/Aberystwyth: Cyngor Bwrdeistref Sirol Wrecsam/CBHC

Rhestr o'r Cyfranwyr

Judith Alfrey BA, MA, FSA. Arolygydd adeiladau a thirweddau hanesyddol gyda Cadw. Mae'n gyd-awdur dau lyfr ar dreftadaeth ddiwylliannol ac wedi ysgrifennu am bensaernïaeth frodorol wledig Cymru yn ogystal ag am adeiladau a godwyd yng Nghymru yn ystod yr ugeinfed ganrif.

Louise Barker BA. Ymchwilydd archaeolegol yn y Comisiwn Brenhinol oddi ar 2004. Cyn hynny bu'n gweithio yn adran arolygu archaeolegol English Heritage. Mae'n ymddiddori'n arbennig yn archaeoleg y dirwedd.

Richard J. Brewer BA, FSA. Ceidwad archaeoleg yn Amgueddfa Cymru, cadeirydd Bwrdd Ymgynghorol Henebion Cymru a chymrawd ymchwil yn Ysgol Hanes ac Archaeoleg Prifysgol Caerdydd. Prif faes ei ymchwil yw archaeoleg Frythonig-Rufeinig.

C. Stephen Briggs BA, PhD, FSA, FGS, MIFA. Uwch-ymchwilydd gyda'r Comisiwn Brenhinol o 1973 tan 2006 ac ymgynghorydd ac ymchwilydd treftadaeth annibynnol. Mae wedi cyhoeddi'n eang ar hynafiaetheg, cynhanes, archaeoleg ddiwydiannol ac archaeoleg gerddi. Mae'n un o gyfarwyddwyr Sefydliad yr Archaeolegwyr Maes.

Harry Brooksby OBE, FSA. Aelod o staff y Comisiwn Brenhinol o 1963 tan 1994 fel ffotograffydd, ymchwilydd a ymdriniai â phensaernïaeth ddomestig, ysgrifennydd gweithredol a dirprwy ysgrifennydd.

David M. Browne BA, MA, FRAI, FRGS. Pennaeth cyhoeddiadau ac estyn-allan yn y Comisiwn Brenhinol. Ymunodd â'r Comisiwn ym 1975. Mae ef wedi cyhoeddi ar archaeoleg gyffredinol a chynhanesyddol a phynciau Rhufeinig a chanoloesol, ac mae'n awdurdod ar ddiwylliant Nasca cynhanesyddol Periw.

Steve Burrow BA, PhD, AMA, MIFA, FSA. Curadur archaeoleg Neolithig yn Amgueddfa Cymru oddi ar 1997. Ymhlith ei lyfrau mae *The Neolithic culture of the Isle of Man* a *The tomb builders in Wales 4000-3000 BC*, a enillodd Wobr Cyhoeddiad Poblogaidd British Archaeology, 2006.

Antony Carr MA, PhD, DAA, FSA, FRHistS. Athro emeritws hanes Cymru'r Oesoedd Canol ym Mhrifysgol Bangor, lle bu ar y staff o 1964 tan 2002. Yn gyn-archifydd, bu hefyd yn gyfrifol am redeg cwrs hyfforddi archifwyr o 1979 ymlaen. Mae wedi cyhoeddi'n helaeth ar Gymru'r Oesoedd Canol ac yn Gomisiynydd Brenhinol oddi ar 2001.

Timothy Darvill BA, PhD, DSc, FSA, FSA(Scot), MIFA, RPA. Athro Archaeoleg ym Mhrifysgol Bournemouth. Awdur dros ddwsin o lyfrau, gan gynnwys *Ancient Monuments in the Countryside*, *Prehistoric Britain*, *The Concise Oxford Dictionary of Archaeology* a *Stonehenge: the biography of a landscape*.

Toby Driver BA, PhD, FSA. Ymchwilydd-o'r-awyr i'r Comisiwn Brenhinol ac awdur *Pembrokeshire: Historic Landscapes from the Air*. Gwnaeth ei ddoethuriaeth ar yr Oes Haearn yng Ngheredigion. Mae'n gyn-gadeirydd y Grŵp Ymchwil Archaeoleg o'r Awyr ac yn gymrawd ymchwil er anrhydedd ym Mhrifysgol Cymru, Llanbedr Pont Steffan.

Gareth Edwards BA, DAA. Archifydd a rheolwr cofnodion Cofnod Henebion Cenedlaethol Cymru.

Susan Evans. Ers iddi ymuno â'r Comisiwn Brenhinol ym 1978, mae'n aelod o'r tîm a gyflogir i ofalu am y cofnodion a gedwir yng Nghofnod Henebion Cenedlaethol Cymru.

Susan Fielding BA, MA. Ymchwilydd pensaernïol yn y Comisiwn Brenhinol oddi ar 2005. Cyn hynny, bu'n gweithio fel archaeolegydd adeiladau i gwmnïau masnachol. Ymhlith ei harbenigeddau mae cestyll a delweddu tri-dimensiwn.

Alex Gibson BA, PhD, FSA, FSA(Scot), MIFA. Darllenydd yng nghynhanes Prydain ym Mhrifysgol Bradford. Cyn hynny, bu'n gweithio gyda Chanolfan Archaeoleg English Heritage. O 1989 tan 1998 bu'n gweithio i Ymddiriedolaeth Archaeolegol Clwyd-Powys ac yn 2002 enillodd Wobr G. T. Clark am ei gyfraniadau i gynhanes Cymru.

Ralph A. Griffiths OBE, BA, PhD, DLitt, FRHistS. Athro emeritws hanes yr Oesoedd Canol ym Mhrifysgol Abertawe. Mae'n Gomisiynydd Brenhinol oddi ar 1991 ac yn gadeirydd oddi ar 1999. Ymhlith ei lyfrau diweddar mae'r gyfrol ar yr Oesoedd Canol Diweddar yn *The Short Oxford History of the British Isles* a *The Household Book (1510-51) of Sir Edward Don*.

Deanna Groom BSc, MLitt, MIFA, FSA(Scot). Ymunodd â'r Comisiwn Brenhinol fel ei swyddog arforol yn 2007. Cyn hynny, bu'n rheolwraig prosiect gyda Wessex Archaeology a bu'n gweithio ar sefydlu cofnodion arforol i Gofnod Henebion Cenedlaethol yr Alban ac i sawl cofnod o'r amgylchedd hanesyddol.

David Gwyn MA PhD, MIFA FSA. Ymgynghorydd archaeoleg a threftadaeth, a golygydd yr *Industrial Archaeology Review*. Ymhlith ei gyhoeddiadau diweddar mae *Understanding the Workplace* a *Gwynedd: Inheriting a Revolution*.

Jenny Hall BSc. Ffurfiwyd partneriaeth Trysor ganddi hi a Paul Sambrook yn 2004 a bydd yn gwneud prosiectau maes ar yr uwchdiroedd i'r Comisiwn Brenhinol. Cyn hynny, bu'n gweithio fel swyddog cofnodion safleoedd a henebion yn Ymddiriedolaeth Archaeolegol Dyfed. Mae'n ymddiddori'n arbennig mewn helpu pobl i gael mynediad helaethach i'w treftadaeth.

Neil Harries BA, MAdd, FCMI. Cyn-gyfarwyddwr gwasanaethau addysg, hamdden a llyfrgelloedd yng Nghyngor Bwrdeistref Sirol Caerffili. Ers hynny, mae'n bennaeth polisi addysg yng Nghymdeithas Llywodraeth Leol Cymru ac yn gyfarwyddwr cyntaf y Grid Cenedlaethol ar gyfer Dysgu, Cymru. Ef yw cadeirydd pwyllgor cyhoeddiadau ac estyn-allan y Comisiwn Brenhinol.

Richard Haslam MA, FSA. Awdur ac ymgynghorydd ynghylch adeiladau. Bu'n Gomisiynydd Brenhinol o 1986 tan 1998. Mae wedi cyhoeddi'n helaeth ynghylch tai ac eglwysi, gerddi a thirweddau hanesyddol ac wedi cyfrannu i'r gyfres *Buildings of Wales*.

Stephen Hughes BA, MPhil, FSA, FRHistS. Pennaeth arolygu ac ymchwilio yn y Comisiwn Brenhinol. Ymhlith ei lyfrau mae *The Archaeology of the Welsh Uplands, Copperopolis, Collieries of Wales* a *The Archaeology of the Montgomeryshire Canal*. Mae ef wedi cydlynu astudiaethau rhyngwladol i Ysgrifenyddiaeth Treftadaeth y Byd.

Penny Icke BA. Mae'n gweithio yn y Comisiwn Brenhinol oddi ar 1996 ym maes cofnodi a gwasanaethau darllenwyr. Mae'n un o ymddiriedolwyr Ymddiriedolaeth Adeiladau Crefyddol Cymru a bu'n ysgrifennydd Capel, Cymdeithas Treftadaeth y Capeli, o 1997 tan 2002.

Olwen Jenkins BA, DipBdgCons, MLib. Bu'n arolygydd henebion ac adeiladau hanesyddol o 1969 tan 1987 cyn dod yn ymchwilydd gyda'r Comisiwn Brenhinol. Bu'n gyd-awdur *The Cathedral Church of St John the Evangelist, Brecon* ac yn gweithio ar brosiectau ar gapeli, tai ym Mlaenafon, a fferm fodel Leighton.

Rebecca Jones BA, PhD, FSA, FSA(Scot), MIFA. Rheolwr gweithrediadau arolygu a chofnodi yng Nghomisiwn Brenhinol Henebion yr Alban. Mae'n ymddiddori'n arbennig yn y fyddin Rufeinig a therfynau'r ymerodraeth Rufeinig. Cyd-awdur *Roman Camps in Wales and the Marches* gyda Dr Jeffrey L. Davies.

David Leighton BSc, MIFA, FSA. Ymchwilydd henebion maes gyda'r Comisiwn Brenhinol. Ef sy'n rheoli Menter Archaeoleg yr Uwchdiroedd ar hyn o bryd. Mae wedi ysgrifennu ynghylch uwchdiroedd Bannau Brycheiniog, henebion defodol ac angladdol cynhanesyddol ac agweddau ar hanes canoloesol ac archaeoleg yng Ngŵyr.

Thomas Lloyd OBE, MA, FSA. Hanesydd pensaernïaeth a chelfyddyd. Awdur *The Lost Houses of Wales* ym 1986. Cyn-gadeirydd Cyngor Adeiladau Hanesyddol Cymru ac Ymddiriedolaeth yr Adeiladau mewn Perygl. Cyd-awdur y cyfrolau yn y gyfres *Buildings of Wales* ar siroedd Penfro, Caerfyrddin a Cheredigion.

Frances Lynch MA, FSA. Yn gyn-ddarlithydd ar gynhanes ym Mhrifysgol Bangor, mae wedi cyfarwyddo gwaith cloddio yng Nghymru ac Iwerddon. Bu'n ysgrifennydd Cyngor Archaeoleg Prydain, Cymru ac mae'n aelod o'r Bwrdd Henebion. Hi yw cadeirydd Ymddiriedolaeth Archaeolegol Clwyd-Powys.

Hilary Malaws BLib, MIFA. Pennaeth y gangen rheoli gwybodaeth yn y Comisiwn Brenhinol.

Brian Malaws. Pennaeth mapio archaeolegol yn y Comisiwn Brenhinol.

David McLees MA, FSA(Scot). Bu'n arolygydd adeiladau hanesyddol yn Cadw gan fod â'r cyfrifoldeb proffesiynol dros ail-arolygu adeiladau hanesyddol ledled Cymru. Mae'n ymddiddori'n arbennig ym myd pensaernïaeth yn y bedwaredd ganrif ar bymtheg, ac ef oedd awdur canllaw Cadw i Gastell Coch a llyfryn Cadw ar dai gweithwyr diwydiannol.

Christopher Musson MBE, BArch, MIFA, FSA. Ymunodd â'r Comisiwn Brenhinol ym 1986 fel ei ymchwilydd cyntaf i dynnu awyrluniau. Cyn hynny, bu'n gweithio gyda'r Grŵp Archaeoleg Achub ac Ymddiriedolaeth Archaeolegol Clwyd-Powys. Bydd yn hybu archaeoleg-o'r-awyr ledled Ewrop gyda'r Grŵp Ymchwil i Archaeoleg o'r Awyr.

John Newman MA, FSA. Cyn-ddarllenydd mewn hanes pensaernïaeth yn Sefydliad Celf Courtauld, Prifysgol Llundain. Ef sydd wedi ysgrifennu'r cyfrolau yn y gyfres *Buildings of Wales* ar Forgannwg a Gwent/Sir Fynwy, a chafodd Wobr G. T. Clark am yr olaf. Mae'n Gomisiynydd Brenhinol oddi ar 2000.

Chris Nicholas BA, MA. Swyddog data'r Comisiwn Brenhinol. Mae'n gyfrifol am wella'r cronfeydd data ar-lein a chynnal ei isadeiledd technoleg gwybodaeth. Fe'i hyfforddwyd yn hanesydd canoloesol.

Julian Orbach BA. Hanesydd pensaernïaeth a chydawdur y cyfrolau ar siroedd Penfro, Caerfyrddin a Cheredigion, a Gwynedd yn y gyfres *Buildings of Wales*.

Henry Owen John BA, MIFA, FSA. Cyfarwyddwr rhanbarthol English Heritage ar gyfer gogledd-orllewin Lloegr. Cynt, bu'n cyfarwyddo gwaith cloddio ar safleoedd cynhanesyddol a Rhufeinig i Ymddiriedolaeth Archaeolegol Morgannwg-Gwent ac yn arolygydd henebion i English Heritage. Comisiynydd Brenhinol oddi ar 2006.

Anthony J. Parkinson MA, FSA. Ymchwilydd i'r Comisiwn Brenhinol o 1970 tan 1995, a gweinidog gyda'r Methodistiaid erbyn hyn. Awdur erthyglau ar hanes pensaernïaeth ac archaeoleg ddiwydiannol a chymrawd ymchwil er anrhydedd yn Amgueddfa Cymru.

Medwyn Parry. Mae'n gweithio yn llyfrgell a gwasanaeth ymholiadau y Comisiwn Brenhinol. Bu'n gydlynydd rhanbarthol Cymru y prosiect Amddiffyn Prydain a bydd yn darlithio, yn darlledu ac yn ysgrifennu ynghylch effaith gwrthdrawiadau'r ugeinfed ganrif ar y dirwedd.

David Percival. Rheolwr cofnodi manwl ar safleoedd ac adeiladau yn y Comisiwn Brenhinol tan 2008. Ymunodd â'r Comisiwn ym 1984 o'r Arolwg Ordnans. Ei ddiddordebau arbennig yw capeli anghydffurfiol, tirweddau diwydiannol a chludiant.

Tom Pert BA PGDip. Swyddog mapio y Comisiwn Brenhinol oddi ar 2002. Arbenigwr ar ddatblygu systemau mapio a thechnoleg gwybodaeth symudol, ac awdur *Hanes wrth Law* yn 2008.

Mark Redknap BA, PhD, FSA, MIFA. Curadur archaeoleg yr Oesoedd Canol a chyfnodau diweddarach yn Amgueddfa Cymru. Yn 2002 enillodd y Wobr am Lyfr Archaeolegol am ei lyfr *The Vikings in Wales* a Gwobr G. T. Clark am ei waith ar Gymru yn yr Oesoedd Canol Cynnar.

Sian Rees BA, PhD, FSA. Arolygydd henebion i Cadw ac yn gyfrifol am ogledd-ddwyrain Cymru ac archaeoleg y môr. Golygydd tywyslyfrau *Ancient and Historic Wales* ac awdur llyfrau tywys Cadw i Gastell Dinefwr, Ffwrnais Dyfi a Phriordy Hwlffordd.

Paul Sambrook BA, TAR a ffurfiodd bartneriaeth Trysor yn 2004 gyda Jenny Hall i wneud prosiectau maes ar yr uwchdiroedd i'r Comisiwn Brenhinol. Cyn hynny, bu'n gweithio fel rheolwr prosiect i Ymddiriedolaeth Archaeolegol Dyfed. Mae'n ymddiddori'n arbennig mewn archaeoleg gymunedol.

Malcolm V. J. Seaborne MA, PhD, HonLitt, FRHistS, FRSA. Bu farw yn 2008. Yr oedd yn athro emeritws ym Mhrifysgol Caer ac yn bennaeth Coleg Caer o 1971 tan 1987. Cyhoeddodd ddeunydd ar bensaernïaeth ysgolion, croesau Celtaidd, eglwysi, capeli a gwydr lliw.

Patrick Sims-Williams MA, PhD, FBA. Athro Astudiaethau Celtaidd ym Mhrifysgol Aberystwyth. Bu'n Gomisiynydd Brenhinol o 1998 tan 2008. Cyn hynny, bu'n ddarllenydd yn yr Adran Eingl-Sacsoneg, Norwyeg a Chelteg yng Nghaergrawnt. Enillodd Wobr G. T. Clark am ei lyfr *The Celtic Inscriptions of Britain*.

Anna Z. Skarżyńska BA, MSc(Econ), PhD. Archifydd yn Archifdy Ceredigion a chynorthwyydd ymholiadau yn y Comisiwn Brenhinol. Bu'n astudio Astudiaethau Celtaidd yn Aberystwyth a'i doethuriaeth oedd golygiad o chwedl fodern gynnar o Iwerddon am dwyllo.

J. Beverley Smith MA, FRHistS. Athro emeritws hanes Cymru ym Mhrifysgol Aberystwyth. Bu'n Gomisiynydd Brenhinol o 1984 tan 1998, ac yn gadeirydd o 1990 ymlaen. Mae wedi ysgrifennu'n helaeth ar Gymru'r Oesoedd Canol ac, yn arbennig, ar oes y tywysogion yn y drydedd ganrif ar ddeg.

Llinos Beverley Smith BA, PhD, FRHistS. Comisiynydd Brenhinol oddi ar 1990 ac is-gadeirydd. Yn gyn-uwch-ddarlithydd ar hanes Cymru yn Aberystwyth, mae wedi cyhoeddi'n eang ar hanes cymdeithasol ac economaidd Cymru'r Oesoedd Canol Diweddar.

Richard Suggett BA, BLitt, FSA, FRHistS. Mae'n gweithio ym maes cofnodi adeiladau yn y Comisiwn Brenhinol oddi ar 1984. Ymhlith ei gyhoeddiadau mae astudiaeth o John Nash, *Houses and History in the March of Wales*, yr enillodd Wobr G. T. Clark amdani, ac *A History of Witchcraft and Magic in Wales*. Mae'n gymrawd er anrhydedd o Ganolfan Uwchefrydiau Cymreig a Cheltaidd Prifysgol Cymru.

Robert J. Sylvester BA, FSA, MIFA. Dirprwy gyfarwyddwr Ymddiriedolaeth Archaeolegol Clwyd-Powys. Ef yw archaeolegydd esgobaeth Llanelwy ac mae'n aelod o Gomisiwn Eglwysi ac Eglwysi Cadeiriol Cymru. Ar hyn o bryd, mae ei astudiaethau'n ymwneud ag anheddu gwledig a hanes y dirwedd yn yr Oesoedd Canol ac ar ôl hynny.

David Thomas BA. Rheolwr data yn y Comisiwn Brenhinol. Ef sy'n gyfrifol am ddatblygu cynnwys digidol a chymwysiadau ar-lein y Comisiwn. Cynt, bu'n rheolwr prosiect i Ymddiriedolaeth Archaeolegol Clwyd-Powys.

Adam Voelcker MA, DipArch, RIBA. Pensaer sy'n arbenigo ar atgyweirio hen adeiladau, ac yn enwedig ar atgyweirio hen eglwysi yng Ngwynedd. Mae'n aelod o Bwyllgor Ymgynghorol Esgobaeth Bangor ac yn gyd-awdur y gyfrol ar Wynedd yn y gyfres *Buildings of Wales*.

Geoffrey Wainwright MBE, FSA, PhD, HonMIFA. Llywydd Cymdeithas yr Hynafiaethwyr a chyn-brif archaeolegydd English Heritage. Mae wedi gwasanaethu ar y Comisiwn Brenhinol fel aelod ac is-gadeirydd. Yn 2007 cafodd fedal Graham Clark gan yr Academi Brydeinig am ei wasanaeth i archaeoleg.

Peter Wakelin BA, MSocSc, PhD, FSA. Ysgrifennydd y Comisiwn Brenhinol oddi ar 2005. Cyn hynny, bu'n arolygydd gyda Cadw. Mae wedi cyhoeddi ar archaeoleg ddiwydiannol a hanes celfyddyd Cymru, ac ef a ysgrifennodd y tywyslyfr i Safle Treftadaeth Byd Blaenafon. Mae'n gymrawd er anrhydedd o brifysgolion Aberystwyth ac Abertawe.

Geoff Ward Cert.Arch.Hist. Mae'n gweithio i'r Comisiwn Brenhinol ers deg mlynedd ar hugain a rhagor, i gychwyn fel darluniwr ac yna fel ymchwilydd. Mae'n arbenigo ar bensaernïaeth frodorol, fframiau pren ac adeiladau fferm. Mae ei waith diweddar yn cynnwys arolwg o dai hanesyddol Dinbych.

Peter White OBE, BA, FSA. Ysgrifennydd y Comisiwn Brenhinol o 1991 tan 2005. Cyn hynny, bu'n bennaeth rhestru adeiladau hanesyddol yn English Heritage. Ef yw cadeirydd Panel Ymgynghorol yr Hafod a Cytal/Association of Preservation Trusts Wales. Mae'n gymrawd ymchwil er anrhydedd o Brifysgol Cymru, Llanbedr Pont Steffan.

Eurwyn Wiliam MA, PhD, FSA. Cyfarwyddwr casgliadau ac ymchwil a dirprwy gyfarwyddwr cyffredinol Amgueddfa Cymru. Mae'n awdur gweithiau niferus ar bensaernïaeth frodorol Cymru. Bu'n Gomisiynydd Brenhinol o 1992 tan 2006 ac yn is-gadeirydd o 2002 tan 2006.

Angharad Williams BSc, TAR. Hi yw swyddog addysg y Comisiwn Brenhinol oddi ar 2003. Cyn hynny, bu'n brifathrawes ysgol gynradd ac yn athrawes ymgynghorol i Awdurdod Addysg Lleol Ceredigion. Bydd yn ysgrifennu am yr amgylchedd hanesyddol i gyhoeddiadau addysgol.

Iain Wright FBIPP. Ffotograffydd y Comisiwn Brenhinol. Mae ef wedi darparu darluniau ar gyfer y pedair cyfrol ddiwethaf yn y gyfres *Buildings of Wales* a'r corpws o feini arysgrifedig canoloesol cynnar sy'n cael ei gynhyrchu ar hyn o bryd. Ym 1989 dyfarnodd Sefydliad Ffotograffiaeth Broffesiynol Prydain gymrodoriaeth iddo am ei waith yn y Comisiwn.

Mae ceblffyrdd, neu 'Blondins', yn chwarel Penyrorsedd, Sir Gaernarfon, ymhlith yr olion o'r diwydiant llechi a allai ddirywio'n hawdd.

DI2006_0029 NPRN 40565

Diolchiadau

Hoffai'r golygyddion gydnabod cymorth yr holl gyfranwyr a enwir ar dudalennau 313-315, ynghyd â Karen Andrews, Stephen Bailey-John, Susan Billingsley, Glenda Carr, Jane Durbin, Richard Edwards, Frances Foster, Sal Garfi, Charles Green, Cheryl Griffiths, Lilwen Jones, Dewi Vaughan Owen, Joanna Pettitt, Nicola Roberts, Andrew Wakelin, a Cadw, BBC Cymru, ac Element Productions.

O gasgliadau Cofnod Henebion Cenedlaethol Cymru y daw'r holl ddelweddau yn y llyfr, ac eithrio'r rhai sy'n perthyn i'r unigolion a'r sefydliadau isod. Hoffem ddiolch, felly, i bob un o'r unigolion a'r sefydliadau hyn:

Amgueddfa Cymru: tudalennau 47, 49, 53, 59, 93, 99, 105, 111, 115, 147
Cadw, Llywodraeth Cynulliad Cymru: tudalen 119
Fiona Grant: tudalen 49
Mrs Migallon: tudalen 21
Trysor: tudalen 201
Ymddiriedolaeth Archaeolegol Clwyd-Powys: tudalen 65
Yr Athro Geoffrey Wainwright/Prosiect SPACES: tudalennau 51, 57

Comisiwn Brenhinol Henebion Cymru sydd wedi creu'r mwyafrif o'r delweddau, ac mae Hawlfraint y Goron arnynt. Yr ydym wedi gwneud ein gorau glas i gysylltu â deiliaid hawlfraint y delweddau eraill. Os ydym wedi methu â dod o hyd i ddeiliad unrhyw hawlfraint, neu wedi methu â'i gydnabod neu ei chydnabod, byddem yn falch o gael gwybodaeth i'n cynorthwyo. Yr ydym yn ddiolchgar i'r unigolion a'r sefydliadau isod am ganiatáu i ddelweddau a ddelir yng Nghofnod Cenedlaethol Henebion Cymru gael eu hatgynhyrchu:

Asiantaeth yr Amgylchedd, data Lidar: tudalen 295
Geoperspectives, Model Digidol o'r Tir/Arwyneb: tudalennau 60, 74, 200
Casgliad Howarth-Loomes: tudalennau 135, 209
Casgliad Thomas Lloyd: tudalen 232
Heather James (ffotograff gan Terry James): tudalen 239
Landmark Information Group Cyf: tudalennau 74, 200
Ymddiriedolaeth Genedlaethol yr Eglwysi (am y ffotograff a dynnwyd gan D. W. Winkworth yng Nghasgliad Rokeby): tudalen 278
Yr Uned Modelu Tirwedd/Casgliad Caergrawnt o Awyrluniau: tudalen 54
Yr Ymddiriedolaeth Genedlaethol: tudalen 172
Medwyn Parry: tudalen 263
Mrs P.J. Phillips (am Gasgliad Herbert L. North): tudalennau 250, 251
Plaid Cymru: tudalen 277
Dylan Roberts: tudalen 76

Mae'r mapiau ar y tudalennau sy'n dilyn wedi'u seilio ar ddeunydd yr Arolwg Ordnans gyda chaniatâd yr Arolwg Ordnans ar ran Rheolwr Llyfrfa Ei Mawrhydi © Hawlfraint y Goron. Bydd unrhyw atgynhyrchu arnynt heb ganiatâd yn torri Hawlfraint y Goron a gall arwain at erlyn neu at ddwyn achos sifil. Rhif y drwydded: 100017916: tudalennau 29, 34, 55, 60, 69, 87, 88, 179, 202, 304.

Map o'r Siroedd Hanesyddol

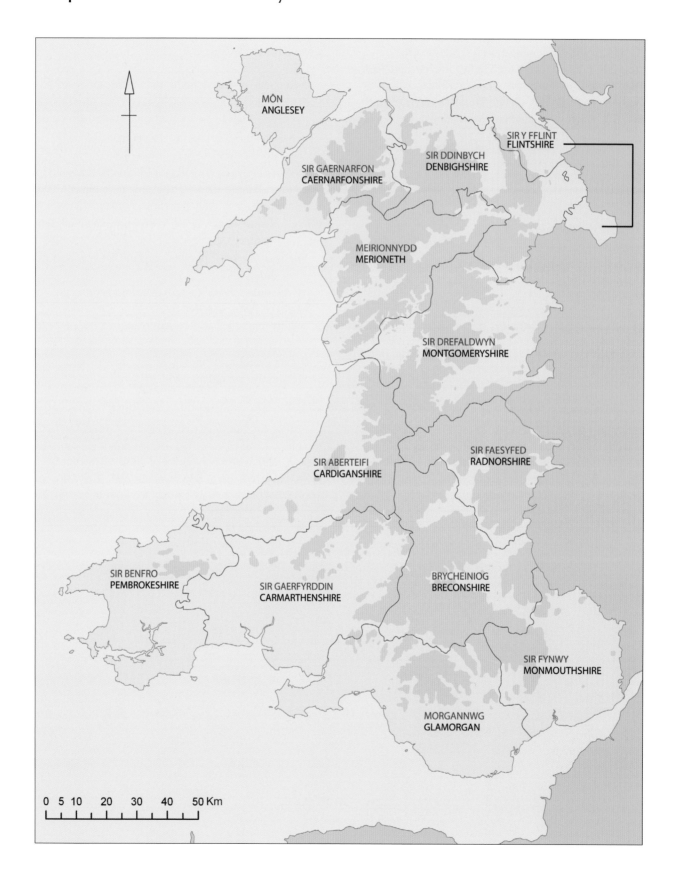

MÔN
ANGLESEY

SIR Y FFLINT
FLINTSHIRE

SIR DDINBYCH
DENBIGHSHIRE

SIR GAERNARFON
CAERNARFONSHIRE

MEIRIONNYDD
MERIONETH

SIR DREFALDWYN
MONTGOMERYSHIRE

SIR FAESYFED
RADNORSHIRE

SIR ABERTEIFI
CARDIGANSHIRE

SIR BENFRO
PEMBROKESHIRE

SIR GAERFYRDDIN
CARMARTHENSHIRE

BRYCHEINIOG
BRECONSHIRE

SIR FYNWY
MONMOUTHSHIRE

MORGANNWG
GLAMORGAN

0 5 10   20   30   40   50 Km

Mynegai

Mae rhifau'r tudalennau mewn print italig yn dynodi lluniadau a deunydd yng nghapsiynau'r lluniadau.